역사 속 한국비구니

【 일러두기 】

1. 이 책에 나오는 한문 인용문은 가독성을 높이기 위해 번역문만 본문에 싣고 원문은 미주로 처리하였다.

2. 비구니 역사와 관련된 자료로 판단되는 원전 자료의 경우는 본문에서 간단히 다룬 경우라도 미주에 전체 원문을 실어두었다. 비구니사 연구자들에게 조금이라도 도움이 되었으면 하는 의도에서 그렇게 하였다.

3. 한자는 의미가 널리 알려진 경우를 제외하고 같은 장에서 첫 회에 한하여 ( )로 병기했으나, 이해를 돕기 위해 필요시 중복해 병기하기도 했다.

4. 원전 번역 시 이해를 돕기 위해 필요 시 중간에 [ ]로 표시하고 이어주는 말을 추가했다.

5. 처음 등장할 때 인물명을 한자로 병기했으나 한자를 파악하지 못한 경우 한글로만 표기하였다.

6. 중국과 일본 지명, 서적명, 인명 등은 우리말 발음표기를 원칙으로 했다.

7. 한문 원전 중 『삼국유사』, 『삼국사기』, 『고려사』, 『조선왕조실록』은 국사편찬위원회 한국사 데이터베이스의 원문을 이용했으며, 이에 대해 별도의 출처를 표시하지 않았다.

역사 속
한국비구니

한국비구니승가연구소 저

집필 | 전영숙

감수 | 본각 · 수경 · 원광

최병헌 · 김광식 · 조은수 · 하춘생

민족사

발간사

저희 한국비구니승가연구소가 출범 후 5년 만에 마침내 우리나라 비구니스님의 역사를 한 권의 책으로 엮어 『역사 속 한국비구니』를 세상에 내놓게 되니 참으로 감개무량합니다.

한국비구니승가연구소는 2019년 11월 본각 스님이 제12대 전국비구니회 회장에 취임하면서 그동안 이끌어 오던 한국비구니연구소와 전국비구니회 한국비구니승가연구소를 합병하여 전국비구니회관 2층에 공간을 마련한 덕분에 활기찬 출발을 할 수 있었습니다. 본각 스님은 회장에 당선되자마자 한국비구니의 역사를 엮어 세상에 내놓는 일을 전국비구니회의 우선 과제 중 하나로 삼았습니다.

부족한 제가 연구소 소장을 맡아 책임을 잘 완수할 수 있을지 걱정이 되었습니다만, 그러나 20년에 가까운 시간 동안 본각 스님이 운영하시던 한국비구니연구소에서 간행한 23권의 결과물이 있었기에 저 또한 이에 의지하여 마음을 다잡을 수 있었습니다.

우리나라 비구니스님에 대한 자료가 거의 전무하다시피 한 상황에서 본각 스님은 중앙승가대 교수로 재직하시면서 1999년부터 2017년 퇴임 때까지 한국비구니연구소를 운영하였습니다. 이 연구소는 중앙승가대학인 97학번 비구니스님들이 전국으로 다니면서 어른스님들을 찾아 직접 발로 뛰어 녹취한 후, 그 자료를 현진 스님과 효범 스님이 주축이 되어 정리하였습니다. 그 지난한 걸음에 스님과 학인스님들이 쏟은 땀과 노력은 가히 한두 마디 말로 표현할 수 없을 것입니다.

당시만 해도 많은 어른스님들이 왜 굳이 상을 세우려 하느냐며 인터뷰를 거부하고 혼을 내기 일쑤였다고 합니다. 또, 설사 인터뷰에 응했다고 하더라도 상좌는 물론 본인도 자신의 출생연도조차 정확히 기억하지 못하는 경우가 다반사였고, 지역마다 다른 사투리 때문에 당황한 적이 한두 번이 아니었다고 합니다. 이처럼 어렵게 모아 엮은 자료집들을 인계받은 저 또한 한국비구니의 역사를 한 권의 책으로 간행하는 일을 연구소의 핵심 과제로 삼고 추진해 왔습니다.

주위를 둘러보면 불교를 믿는 나라는 많지만, 우리나라의 비구니승가처럼 전통과 역사가 잘 유지되고 조직력이 제대로 갖추어진 경우를 찾기는 어렵습니다. 사정이 이렇다 보니 1,700년이라는 비구니승가의 역사를 한 권의 책으로 조명한다는 것은 참으로 의미 있는 일이라고 생각합니다. 어떤 면에서 이 책은 한국의 비구니스님은 물론 세계의 비구니스님과 비구니승가에도 좋은 참고가 될 수 있을 것입니다. 또한, 한국비구니의 역사는 곧 한국여성의 역사이기도 하므로 이 책이 우리나라여성사의 지평을 넓히는 데에도 기여할 수 있으리라 생각합니다.

이 책이 출간될 수 있도록 바쁜 시간을 쪼개어 꼼꼼히 읽어주고 의견을 주신 고마운 분들이 많습니다. 먼저, 이 책의 방향에 대해 처음부터 귀한 조언을 아끼지 않으신 서울대학교 철학과 명예교수 조은수 선생님께 깊은 감사를 드립니다. 또, 바쁘신 중에도 연구소의 요청으로 원고를 읽어주신 원광 스님께도 감사드립니다. 자칫 놓치기 쉬운 중요한 부분들을 전문가의 예리한 시각으로 꼼꼼히 짚어주신 서울대학교 국사학과 명예교수 최병헌 선생님, 동국대학교 김광식, 하춘생 교수님께도 진심으로 감사의 말씀을 올립니다. 오탈자를 찾아주고, 독자의 관점에서 좋은 의견을 내주신 유정 스님, 혜달 스님, 계미향 박사님, 연구소 봉사자 김은희, 김계숙, 이병두 선생님께도 고마움을 표합니다. 흔쾌히 출간해 주신 민족사 윤창화 대표님과 좋은 책을 만들기 위해 애써주신 사기순 주간님께도 깊이 감사드립니다. 마지막으로 원고를 꼼꼼히 검토해 주시고 격려해 주신 제12대 회장 본각 스님, 자비로운 격려와 미소로 인내심을 갖고 본서의 출간을 기다려 주신 제13대 회장 광용 스님께도 감사의 마음을 올립니다. 그리고 본서의 출간을 위해 지난 5년을 저와 함께 애써온 집필자 전영숙 선생님께 고마움을 전하며, 이 책이 스님들과 세상 사람들의 가슴에 불법의 등불을 밝히는 데 밑거름이 되기를 바랍니다.

2024년 12월 초
한국비구니승가연구소 소장 수경 합장

머리말

　세계 여성불교의 역사에서 1,700년이라는 유구한 비구니역사를 중단
없이 이어온 나라는 한국 외에 찾아보기 어렵다. 그러나 막상 한국비구
니에 대한 자료를 찾기 시작하면 당혹감을 감추지 못하게 된다. '그렇게
긴 역사를 지켜왔는데 자료가 이렇게 없다니!' 지금도 적지 않은 비구니
스님들이 '상을 내지 않는다.'라는 미명하에 본인은 물론 윗대 스님들의
자료를 대부분 불태운다. 그러나 생각해 보면 오늘의 힘은 어제에서 나
오며, 역사는 내일을 향한 이정표가 된다. 앞으로 더는 기록을 등한시
하지 말고 집단지성의 힘을 발휘하여 지속적으로 자료를 축적하고, 공
유하고, 재해석해 가야 할 것이다.

　다행스러운 것은 가까스로 전해오는 소중한 자료들의 편린(片鱗)을
통하여 지나온 시대 상황을 어느 정도는 분명히 알 수 있다는 점이며,
그 특징을 다음과 같이 요약할 수 있다.

　첫째, '걸출한 비구니 인물이 이렇게 많았다니!' 하는 감탄이 절로 나
온다는 점이다.

　둘째, 지금의 한국비구니승가가 이처럼 힘차게 활약할 수 있는 것은
단기간에 저절로 나온 것이 결코 아니며, 윗대 비구니들이 쌓아온 노력

과 실력과 열정 덕분이라는 점이다.

이제 구체적으로 각 장에서 소개한 내용을 간추려 보기로 하자.

먼저, '제1장 삼국시대'에서는 신라에 불교를 전한 아도 스님의 뒤에서 모친 고도녕이 바친 불법에 대한 애정과 노력과 열정을, 신라의 첫 여성출가자가 남성이 아닌 여성이었다는 점을 다룬다. 또한, 멀리 일본 땅의 첫 여성출가자들을 백제에서 교육시키고 계맥을 전해 준 여성출가자들, 일본의 여성들이 출가의 마음을 내도록 이끌어 준 고구려의 비구니도 살펴보겠다. 자료가 매우 부족하기는 하지만 가야와 발해의 여성 불교에 대해서도 간략히 다룬다.

'제2장 고려시대'에서는 불교가 국가불교가 된 후 정부 주도의 계단 사원과 승과제 운영으로 말미암아 비구니들이 교단 운영의 중심에서 설 자리가 약화된 점을 살펴본다. 아울러, 어려움 속에서도 진리를 향한 비구니 구도자의 진지함, 아낌없는 보시, 다양한 기술적 능력, 원나라 수도에서 활약하며 지공 선사와 나옹 화상 등을 도와 한국 선불교의 오늘이 있게 하는 데 소리 없이 큰 역할을 한 해외 비구니의 활약을 살펴본다.

'제3장 조선시대'에서는 숭유억불의 암흑기를 맞아 비구니와 여성불자들이 불교를 지켜내기 위해 얼마나 노력했는지를 살펴본다. 흔히 조선시대를 연구하는 학자들 중에 조선은 성격상 전기와 후기를 전혀 다른 사회로 보아야 한다고 주장하는 사람들이 있을 만큼 조선시대 시대상황은 전후의 차이가 컸다. 조선 전기에는 왕실 출신의 여성출가자와 여성재가자들이 혼신의 힘으로 불교를 지켜내는 데 일조했으며, 후기에는 지방의 비구니들이 목숨을 걸고 시위를 하고, 평범한 여성들과 상궁 출신의 여성들도 지극한 신심으로 불교를 지켜내는 데에 큰 역할을 하였다. 조선시대에도 걸출한 비구니들이 여럿 나왔는데, 백성으로부터 생불이라 칭송되고 비구니승가로부터 진정한 스승으로 존경 받았던 사실(師室) 스님이 그 대표적 예이다.

'제4장 개항기에서 한국전쟁 이전'에는 서울과 지방에서 각각 불교를 지켜내고 목숨 바쳐 수행에 임한 여러 비구니스님들을 조명한다. 이 시기에 한양에서는 사승방을 중심으로 비구니스님들이 활약했는데, 특히 친일 권승 강대련에 끝까지 저항하며 절을 지켜낸 탑골 보문사의 은영스님을 주목할 만하다. 이 외에 국채보상운동과 독립운동에 참여한 많은 비구니스님들, 금강산과 수덕사 견성암, 오대산 지장암, 윤필암 등을 중심으로 치열하게 수행한 비구니선객들, 어려운 여건 속에서도 뛰어난 교학적 능력을 갖추고 활약한 금룡, 수옥, 혜옥 세 비구니 강백도 주목해야 할 것이다. 또한 비구니 봉려관 스님이 수백년 간 불교 명맥이 끊어졌던 제주도에 불교를 중흥시켰다.

'제5장 한국전쟁기부터 전국비구니회관 건립 이전'에서는 바야흐로 비약적으로 성장하는 비구니승가를 종합적으로 다루었다. 이 시기에는 조선 5백년과 일제강점기, 한국전쟁 등을 거치며 전국적으로 폐사지 또는 폐사가 되다시피 한 황폐해진 절들로 나아가 온갖 어려움을 마다하지 않고 사찰을 중건하거나 창건한 비구니스님들이 수를 헤아리기 어려울 정도로 많았다. 또한 재건한 사찰 곳곳에 비구니선원이 들어섰다. 비구니스님들이 정화운동에 참여하며 불교계에 만연한 성불평등 문제에 직면하면서 단합과 조직화의 중요성을 깨닫게 된 과정을 살펴본다. 이 시기에는 비구니문중들이 결성되었고, 비구로부터 전강을 받은 비구니강사들이 늘어나 전국적으로 20여 곳에 비구니강원이 들어섰다. 이 시기는 또 자운 율사의 도움을 받아 성장한 묘엄 스님에 의해 비구니전문율원인 금강율원이 설립된 시기이기도 하다. 이처럼 20세기 이래 비구니에게 우호적인 몇몇 뛰어난 비구선사와 강사, 율사들의 진심어린

애정과 교육에 비구니 특유의 강인함과 인내가 어우러져 짧은 시기에 한국의 비구니승가는 큰 발전을 이루게 되었다.

'제6장 미래로 나아가는 한국비구니승가'에서는 우담바라회가 전국비구니회로 거듭난 후 전국비구니회관이 건립된 과정을 살펴보고, 비구니회관 건립 후 비구니승가가 어떻게 또 한번의 비약적인 도약을 이루었는지를 살펴본다. 아울러 이러한 과정에서 비구니승단 내부의 민주화와 소통을 요구하는 '정혜도량'과 '열린비구니모임'의 활동도 살펴볼 것이다. 마지막으로 각 분야별 비구니스님의 활약상과 샤카디타 세계대회 등을 통하여 세계 여성불교계에서 차지하는 한국비구니의 위상, 미래 지속 가능한 비구니승가의 발전 방향을 모색해 본다.

늘 그렇듯 시대의 흐름은 변화무상하다. 한국의 비구니승가가 시대의 흐름에 뒤처지지 않기 위해서는 스스로를 가다듬고, 더욱 결속하며, 미래의 변화를 예견하고 준비하지 않으면 안 된다. 이 책에서 지난 역사를 조명한 이유도 바로 여기에 있다. 우리는 지난날의 역사를 찬탄이나 비탄만 해서는 안 되며, 미래를 어떻게 살 것인지가 무엇보다 중요하다. 이 책이 미래를 위해 한국의 비구니승가가 무엇을 어떻게 준비해 나갈지를 함께 고민하는 데에 일조하기를 바란다.

차례

제1장

:

삼국시대

제1장

삼국시대

삼국시대의 불교문화는 오늘날 한국 전통문화를 대표할 만큼 찬란하고 풍부하다. 이 시기에는 매력적이고 다양한 불교설화, 우수한 건축물과 조형예술, 국제무대에서 활약한 인물 등 지금 관점에서 보아도 흥미로운 이야깃거리가 넘쳐난다. 세월 따라 사라진 자료도 많지만, 남아있는 것만으로도 한국문화의 저력이라 자부하기에 모자람이 없다.

그동안 이 시기 비구스님의 인물 면면에 대해서는 많은 연구가 있었고, 대중적으로도 많이 알려졌다. 반면 비구니스님에 대해서는 남아있는 기록도 적고 연구도 많이 이루어지지 않았다. 현존하는 제한적 자료와 선행연구 결과에 의지하여 당시 상황을 살펴보기로 하자.

우선 불교 전래 전후 삼국의 여성들이 사회적으로 어떤 대접을 받고 어떤 활동을 했는지 살펴보자. 이러한 고찰은 불교계 여성들의 사회활동을 가늠하는 데에도 도움을 줄 수 있을 것이다. 결론적으로 말하자면, 당시 여성 중에는 국왕의 멘토 역할을 한 사람도 있었고, 집안의 제사를 주관하거나 정신적 스승으로 활동한 경우도 있었다.

먼저, 조정의 신하로 활동했거나 국왕의 멘토 역할을 한 사례를 살펴보자. 『삼국사기』의 「고구려본기」에는 부여의 한 연륜 깊은 여성[老嫗]

이 등장하는데, 이 여성은 왕과 함께 국정을 논의하는 조정의 신하들 가운데 한 사람이었다. 또한 신라 왕이 지방에 행차할 때에 한 식견 있는 여성의 집에 머물렀는데, 그녀가 신라 왕에게 국왕의 행실이 바르지 않으면 장차 큰 화를 당하게 되리라 경책하는 내용이 등장한다.[1]

둘째, 여성이 집안 시조의 제사를 주관한 기록이 보인다. 『삼국사기』 권2의 「제사」조에 의하면 신라에서는 제2대 남해왕 3년(서기 6년)에 시조 혁거세의 사당을 세워 춘하추동 사계절에 제사를 지냈는데, 왕의 친누이인 아로(阿老)에게 제사를 주관하도록 하고 있다.[2]

셋째, 조직의 수장을 지내며 리더십을 발휘한 여성을 볼 수 있다. 진흥왕 때 남모(南毛)·준정(俊貞) 두 여성은 화랑의 대표였다. 화랑은 이 두 여성 아래에 약 삼백여 명의 생도를 둔, 신앙을 중심으로 한 인재 양성 기관이었다.[3] 물론 문헌에는 두 여성이 서로 질투를 해서 수장을 남성으로 대체했다고 말하고 있으나, 과연 수백의 생도를 거느린 조직의 수장이 사사로운 질투로 말미암아 남성으로 교체당했다는 기록을 곧이곧대로 믿을 만한 것인지에 대해서는 회의적 견해를 보이는 학자도 적지 않다.

넷째, 뛰어난 예지력과 안목으로 미래 인재를 내다보는 여성들이 있었다. 『삼국사기』에는 용의 옆구리에서 여자아이가 태어나자, 예지력을 지닌 한 여성이 이 아이가 장차 비범한 인물이 될 것을 예언하고 아이를 거둔다. 이렇게 키워진 아이가 바로 알영(閼英)이다. 이 범상치 않은 여성의 예언대로 훗날 알영은 박혁거세의 배필이 되었고, 알영의 훌륭한 인품에 감동한 백성들은 그녀를 단순히 왕비로서만이 아니라, 남편 혁거세와 함께 나란히 '성인(聖人)'이라 칭송했다.[4]

또한, 탈해왕이 어린 시절 상자에 담겨 바닷가에 떠밀려 왔을 때, 안에 장차 큰 인물이 될 아이가 실려 있음을 알아차리고 아이를 구한 사람도 여성이었다.[5] 그리고 고구려 미천왕(美川王) 을불(乙弗)이 왕위에 오르기 전 천지를 떠돌며 고생할 때, 그에게 모진 시련을 주는 늙은 할멈이 등장하는데, 그녀 또한 을불이 왕위에 오르기 전에 일부러 시련을 주어 강인한 인물로 배양하는 선지자였을 수 있다.[6]

이처럼 삼국시대 여성들은 이후 조선시대의 경우와 비교할 때 매우 활발하게 사회활동을 하고 있다. 여성들이 사회적으로 적극적인 활동을 하고 있었기 때문에, 불교 유입 초기 여성들 가운데 출가를 하거나 포교 일선에서 적극적인 역할을 하는 사람들도 많았다. 그렇기는 하지만 불교 유입 전 여성 리더는 어디까지나 개별적 사례로 나타날 뿐, 당시 여성 인재 양성을 위한 사회적 시스템이 구축되어 있던 것은 아니었다.

그러나 불교가 본격적으로 전래되고 비구니승단이 생기면서 여성들은 비로소 자신이 속한 가정의 울타리를 넘어 공동체를 이루고, 수행과 포교라는 공동의 목표와 교육 시스템 아래에서 활동하기 시작했다. 이런 면에서 불교의 유입과 여성출가자의 탄생이 우리나라 여성들의 정신문화 수준을 새로운 차원으로 끌어올리는 데에 크게 기여했다고 할 수 있다.

1. 불교 전래 과정에서 여성의 공헌

우리나라 불교의 전래와 관련해서 가장 먼저 언급될 수 있는 것이 가야 불교이다. 가야 불교를 거론하자면, 가락국 시조 수로왕의 왕비인 서역에서 온 허황후(許皇后)를 빼놓고 이야기할 수 없다.

『삼국유사』권3의 「탑상(塔像)」에는 허황후가 서기 48년 수로왕에게 시집오면서 아유타국(阿踰陁國)에서 파사석탑(婆娑石塔)을 싣고 왔다는 내용이 전한다. 비록 그 후 가야 불교의 전개 양상에 대해서는 제대로 밝혀진 것이 많지 않아 앞으로 더 면밀한 연구가 필요한 부분이기는 하지만, 여성에 의해 가야에 불교가 전해졌다는 점은 분명히 할 필요가 있다.

고구려와 백제의 불교 유입과 포교 과정에 대한 자료 또한 충분히 남아있지는 않지만, 두 나라 모두 불교가 하루아침에 저절로 정착되지는 않았을 것이다. 필시 정부의 공식 기록 이전에 민간에서 먼저 접촉이 있었을 것이고 그 과정 중에 숱한 난관이 있었을 것이다. 반면 신라의 경우는 관련 기록이 전해 오고 있어 그 대략을 짐작할 수 있다. 이 가운데 흥미로운 것은 신라에 불교가 전해지는 데에 결정적 기여를 한 사람들이 주로 여성이라는 점이다.

1) 고구려 아도 스님의 어머니 고도녕

신라에 불법을 전한 아도(阿道) 스님[7]의 설화를 전하는 문헌에 공통으로 등장하는 두 명의 여성이 있다. 한 사람은 아도 스님의 어머니, 또한 사람은 아도 스님의 제자이자 신라 최초의 출가자인 사씨(史氏) 스님이다. 『삼국유사』의 「아도기라(阿道基羅)」조에는 다음과 같은 내용이 나온다.

아도 [스님]은 고구려 사람으로 어머니는 고도녕이다. 정시(正始, 240~249) 연간에 조씨(曹氏) 왕조인 중국 위나라의 아굴마가 고구려에 사신으로 왔을 때 사랑을 나누고 돌아간 후 [고도녕은] 아도를 낳았다. 아도는 어머니에 의해 5세에 출가하고 16세에 위나라로 가서 아버지 아굴마를 상봉했다. 이어서 [위나라] 현창(玄彰) 스님 밑에서 공부하고, 19세에 [고구려로] 돌아왔다. 그러자 스님의 어머니는 [기다렸다는 듯이] 다음과 같이 말했다.

"저 나라(신라)는 아직 불법을 알지 못하지만 앞으로 3천여 달 뒤에는 [신라 수도] 계림에 훌륭한 왕이 출현하여 불교를 크게 일으킬 것이다. 그 나라 수도 안에는 일곱 군데의 가람 터가 있다. … 이 절터들은 모두 석가모니 부처님 이전 시절의 가람 터로서 법의 강물이 오래도록 흐를 땅이다. 네가 그곳으로 가서 불교를 전파시키면 부처님의 제사를 받드는 일이 동방으로 [확산되어] 갈 것이다."[8]

위의 기록을 통해서 우리는 고구려 아도 스님이 신라 땅에 불교를 전한 인물임을 알 수 있다. 비록 『삼국유사』, 『삼국사기』, 『해동고승전』 등에 적힌 아도 스님의 행적과 활동 연대는 서로 조금씩 차이가 있지만, 토착신앙에 의지한 당시 신라의 정치세력이 아도 스님이 신라에 들어오자, 자객과 독약 등 갖은 방법으로 스님을 죽이고자 시도했던 사정에 대해서는 공통점이 있다.

아도 스님의 어머니 고도녕(高道寧)은 성씨가 고씨인 것으로 보아 고구려 왕가의 여성불자일 가능성이 높다. 자신은 출가하지 않고 재가여성으로 남은 듯 보이는데, 불법에 대한 굳은 믿음으로 5세에 아들을 출가시키고, 부친이 있던 중국 위나라로 아들을 유학 보내어 불교 교육을 잘 받을 수 있도록 하였다.

교육을 마친 아도 스님이 귀국하자 모친 고도녕은 아직 불법이 전해지지 않은 땅에 불교를 전파하는 일을 아들인 아도 스님을 통해 실현하

역사 속 한국비구니

고자 했다. 그래서 당시로서는 사지나 다름없는 신라 경내에 잠입하도록 아들 아도 스님을 독려하여 전 생애를 바쳐 신라에 불교를 전파하도록 이끌었다. 이렇게 볼 때 아도 스님의 어머니 고도녕은 국제적 안목과 예지력을 지닌 뛰어난 불교 여성 수행자였음이 분명하다.

2) 신라 최초의 출가자 사씨(史氏) 스님

『삼국유사』에는 신라로 잠입한 이후의 아도 스님의 행적이 기록되어 있는데, 이 과정에도 여성의 활약이 자못 두드러진다. 그 내용을 살펴보자.

> 아도 [스님]이 [어머니 고도녕의] 분부를 받들고 계림에 와서 왕성(王城)의 서쪽 마을에 살았는데, [그곳이 곧] 지금의 엄장사(嚴莊寺)이다. (중략) 궁궐에 나아가 불법을 가르치고자 청했으나 세상에서는 전에 보지 못하던 것이라고 하여 꺼리고, 심지어는 스님을 살해하려는 사람까지 있었다. 그래서 [아도 스님은] 속림(續林) 모록(毛禄)의 집으로 도망가서 숨어있었다. **9)**

> 3년이 지났을 때 성국공주(成國公主)가 병이 났는데, 무의(巫醫)도 효험이 없자 사람을 사방으로 보내어 의원을 찾으려고 했다. [아도] 스님이 급히 대궐로 불려 가서 마침내 [공주의] 병을 고쳐 주었다. 왕은 크게 기뻐하며 스님에게 소원을 물으니, [스님이] 대답하기를, "빈도(貧道)는 백에 [한 가지도] 구할 것이 없고, 다만 천경림(天境林)에 절을 지어 불교를 크게 일으켜 나라의 복을 비는 것이 소원일 뿐입니다."라고 답했다.

왕은 이를 허락하고 [절 짓는] 공사를 착수하도록 명하였다. [천경림에 지은 절의] 풍속이 질박하고 검소하여 띠풀을 엮어 지붕을 이었는데, [스님이 이곳에] 머물면서 설법을 하니 가끔 하늘에서 꽃이 땅으로 떨어졌다. 절 이름을 흥륜사(興輪寺)라고 하였다.[10]

모록의 누이동생 사씨(史氏)가 스님에게 귀의하여 여승이 되었다. 그녀 역시 삼천기에 절을 짓고 살았는데 절 이름을 영흥사라 하였다. 오래지 않아 미추왕이 죽자, 나라 사람들이 아도 스님을 해치려고 하였다. 그러자 스님은 모록의 집으로 돌아와 스스로 무덤을 만들어 문을 닫아걸고 돌아가셨으며 끝내 [세상에] 다시 나타나지 않았다. 이로 인하여 불교 또한 폐지되었다. 23대 법흥대왕(法興大王)이 소량(蕭梁) 천감(天監) 13년 갑오(514년)에 왕위에 올라 불교를 일으켰다. 계미년 미추왕 시대로부터 252년 뒤의 일이다. 고도녕이 예언한 3천여 달이라는 말이 들어맞은 것이다.[11]

문헌에 따라 아도 스님의 활동 시기에 대해서 기록상 다소 차이가 있지만, 아도 스님이 신라에 잠입할 당시 신라에는 토착 신앙 신봉자들이 스님을 해치려고 곳곳에 도사리고 있었음은 분명하다.

위의 내용은 위기에 처할 때마다 아도 스님이 일선군의 귀족 모록(모례)의 집에 숨었음을 알려준다. '모록'은 문헌에 따라 '모례(毛禮)'라고도 쓰여 있는데, 이 둘은 음운학적으로 매우 근접한 발음으로 동일 인물을 지칭한다.

모례에서 '모(毛)'가 '털'을 뜻하므로, '모례'는 '털레'라고 부를 수도 있고, 털레가 '터레→더레→더레'로 변하여 현재의 '절'이 되었으며, 절의 일본어 발음인 '데라(てら)'도 모례에서 유래하였을 것으로 추정된다.[12]

학자들에 따르면 일선군은 오늘날 경북 선산에 해당하며, 당시 선산은 신라의 수도 경주에서 고구려로 가는 육로의 하나로서 교통의 요충지였다. 그때만 해도 신라는 고구려나 백제보다 폐쇄적이고 발전이 늦은 상태였으나, 교통의 요충지 선산에 살던 모례의 집안은 나라 밖 소식에도 밝아 일찌감치 불교를 알았던 것으로 추정된다.

그런데 우리의 시선을 끄는 여성 인물이 바로 모례의 누이 사씨이다. 사씨는 위기 때마다 고구려 사람인 아도 스님을 숨겨주었고, 나아가 아도 스님 밑에서 출가하여 신라 최초의 출가자가 되었다. 아도 스님이 모례의 집에 처음 도착해서 3년을 머무는 동안 사씨가 스님을 뒷바라지했음을 짐작하고도 남는다. 또한 공주가 병이 났을 때 아도 스님을 이끌어 궁중으로 안내하고 천경림에 흥륜사를 창건했을 때 사람들을 모아서 스님의 법문을 듣도록 주선한 사람도 사씨로 추측된다. 사씨는 훗날 자신도 출가하여 흥륜사 가까이에 영흥사를 지어 본사와 산내 암자의 관계가 되어 아도 스님과 밀접히 왕래하였을 것이다.

훗날 신라에 불교가 공인된 후 법흥왕과 왕비가 출가하여 각각 비구사찰 흥륜사와 비구니사찰 영흥사를 창건·주석했던 것을 고려할 때 신라의 비구와 비구니의 정신적 원류는 고구려 사람인 아도 스님과 신라여성인 사씨 스님이었음을 짐작할 수 있다. 따라서 신라인의 입장에서보자면, 신라 최초의 출가자는 남성이 아닌 여성이다. 비록 사씨 스님이여법한 수계 절차를 거쳐 정식 비구니 구족계까지 받지는 못했지만, 당시의 여건을 고려한다면 불가피한 상황이었다. 사씨 스님은 지방 유력가문의 딸로서 오빠와 함께 불교를 믿었는데, 오빠는 한 사람의 재가불자로 남았음에 비해 여동생 사씨는 신라 최초의 출가자가 되어 주위 사람들에게 불법을 알리고 교화하는 길을 선택했던 것으로 보인다.

2. 국제무대에서 삼국 비구니의 활동

불교 전래 이후 비구니스님들의 활동은 곳곳에서 활발히 이루어졌다. 비록 당시 기록이 많이 남아있지는 않지만 몇 가지 남은 자료만으로 그 대략을 가늠해 보는 것은 어려운 일이 아니다. 고구려, 백제, 신라의 비구니는 국경을 넘나들며 국제무대에서 활동했다.

1) 일본에 비구니계맥을 전한 백제의 비구니승가

해외 역사서에 백제 비구니와 비구니사찰의 상황을 짐작하게 해 주는 기록이 있다.

> [백제인의] 습속은 말타기를 중시하면서도 동시에 경전과 역사서 읽기를 좋아하고 뛰어난 사람은 제법 문장을 지을 줄도 안다. (중략) 남승과 여승, 절과 탑은 매우 많으나, 도교의 도사는 없다.[13]

위의 자료를 통하여 우리는 비구와 더불어 비구니가 나란히 거론될 만큼 당시 백제에 비구니의 숫자가 많았음을 알 수 있다.

백제 침류왕(枕流王, 재위 384~385) 즉위 원년에 인도 승려 마라난타(摩羅難陀)가 중국 동진(東晉)을 거쳐 백제로 왔고, 국왕이 먼저 그를 받들어 모시자, 백제에서 불교는 마치 '파발이 왕명을 전하는 것처럼'[14] 빠르게 전파되었다. 이렇게 되자 무엇보다 급한 일이 계를 줄 법사(法師)의 양성이었다.

한산(漢山)에 절을 창건하고 승려 10명을 출가시킨 것은 법사(法師)를 존중하기 때문이다.[15)]

이는 계를 주기 위해서 10명의 법사가 필요하다는 사실을 백제가 잘 알고 있었음을 보여 준다. 물론 여기에는 남성 출가자를 위한 법사 양성 관련 내용만 등장하지만, 백제의 비구니 승단 또한 동일한 방식으로 시작되었을 것이다.

이능화의 『조선불교통사』에 수록된 「미륵불광사사적(彌勒佛光寺事蹟)」에 의하면, 백제의 비구 겸익(謙益) 스님은 성왕(聖王, 재위 523~554) 4년(526년) 계율을 공부하겠다고 굳게 맹세하고 중인도 상가나대율사(常伽那大律寺)로 건너갔다. 스님은 그곳에서 5년을 머물며 산스크리트어와 율학에 통달한 후, 배달다(倍達多) 삼장과 함께 산스크리트어본 『아비담장(阿毘曇藏)』과 『오부율(五部律)』을 가지고 귀국하였다. 이때 국왕은 직접 성문 밖까지 나와 스님을 맞이하고, 의장대까지 갖추어 극진한 의전을 베푸는 한편, 함께 온 일행을 흥륜사(興輪寺)에 주석하게 하고 국내 이름난 승려 28인과 함께 율부(律部) 72권을 번역하게 했다. 담욱(曇旭)과 혜인(惠仁) 두 비구스님은 이에 대해 풀이를 한 『율소(律疏)』 36권을 지었다.[16)]

이처럼 국가 주도하에 나라의 대표적 승려 수십 명이 참여하여 율부를 번역하고 이에 대한 풀이집까지 수십 권으로 편찬했다는 사실은 백제불교가 수계에 필요한 법사의 양성은 물론 출가 후 지켜야 할 계율의 중요성까지 잘 숙지하고 있었음을 의미한다. 따라서 백제 비구니승가의 수계제도 또한 율부에 의거하여 여법한 절차를 거쳐 이루어졌을 것이다.

우리는 그동안 백제가 일본에 불교를 전했다는 사실은 익히 들어서 알고 있다. 『일본서기(日本書紀)』에는 일왕 흠명천황(欽明天皇) 13년인 552년 백제의 달솔(達率) 지위에 있던 노리사치계(怒唎斯致契)가 성왕의 명에 따라 일본에 금불상과 불경을 전하면서 일본 불교가 시작되었다고 전한다. 또한 일본 성덕태자(聖德太子)의 전기인 『상궁성덕법왕제설(上宮聖德法王帝説)』이나 비조시대(飛鳥時代)에 세워진 원흥사(元興寺)의 역사를 기록한 『원흥사가람연기(元興寺伽藍緣起)』 등의 기록에는 538년에 백제가 일본에 불교를 전했다는 기록이 있다.

그런데 한 사회에서 불교가 종교로서 제대로 기능하려면 무엇보다 중요한 것이 출가자의 출현이다. 출가자에 의해서 승단이 꾸려졌을 때 비로소 불교 의례를 행하고 포교를 할 수 있는 기반이 갖추어진다.

일본 문헌에 전해오는 최초 일본 비구니의 수계에 관한 기록을 통해 우리는 한반도 비구니의 수계시스템과 한반도 비구니의 사정에 대해서 유효한 정보를 얻을 수 있다. 그러한 자료 가운데 가장 대표적인 자료가 「원흥사가람연기병류기자재장(元興寺伽藍緣起并流記資財帳)」이다.[17] 이 자료에 의하면 백제 성왕이 무오년(538)에 싯다르타 태자상(太子像)과 관불기(灌佛器) 및 불경 1권을 일본에 보냈다. 그러자 일본 천황과 대신들 사이에는 외래 종교인 불교를 수용할 것인가 말 것인가를 두고 갑론을박이 펼쳐졌다. 신하들은 외래신을 섬기는 것을 반대하지만 도목대신(稻目大臣)은 찬성하여 마침내 절을 짓고 백제에서 가져온 불상을 안치하였다. 그러나 얼마 지나지 않아 찬성했던 신하와 천황이 죽자, 신하들은 즉시 사찰과 불상과 불경을 불태웠다.

그런데 얼마 후 나라에 전염병이 돌아 많은 사람이 죽어 나가고, 가뭄과 홍수가 번갈아들며, 궁전에 화재가 발생하는 등 재난이 끊이지 않자, 조정은 극도의 혼란에 빠진다. 사람들은 불교를 신묘한 힘을 지닌 귀신의 하나로 생각하며, 부처라는 새로운 귀신을 받아들이지 않아서 보복당한 것이라 여겼다. 두려움과 공포에 휩싸인 조정에서는 결국 불교를 받아들이기로 결정하고 출가할 사람을 찾았지만, 지원자가 없었다.

수소문 끝에 마침내 고구려에서 일본에 와 있던 노비구 혜편(惠便)과 노비구니 법명(法明) 스님을 찾아냈다. 다만 당시 그들이 승복을 벗고 있었다는 표현으로 보아, 일본에 포교하러 왔다가 여의치 않아서 시절 인연이 도래하기를 기다리며 속복을 입고 숨어 있었던 것은 아닐까 추정된다. 앞서 신라의 경우와 마찬가지로 일본에서도 토착신앙 세력의 힘이 그만큼 막강했기 때문이다.

조정에서는 이 두 사람 밑에서 배울 수 있는, 일본인 가운데 출가를 원하는 사람을 찾기 위해 백방으로 노력했으나 남성 지원자는 아무도 나오지 않았다. 그러던 중 마침내 3명의 지원자가 나타났는데 놀랍게도 이들은 모두 여성이었다. 이들 3명의 출가를 원하는 여성들은 법명(法明) 스님에게 나아가 불법 배우기를 청하였다. 이들은 모두 백제계 도래인 출신의 귀족 집안 여성이었으며 출가하여 각각 선신(善信), 선장(禪藏), 혜선(惠善)이라는 법명을 받았다. 나라에서는 세 여승이 주석할 사찰을 지어주었고 고구려 비구니 법명 스님이 이들을 지도하였다. 현전 기록상 이것이 일본 불교의 시작이다.

이처럼 일본 문헌에 고구려인 비구니스님이 등장하고 또 그녀가 최초의 백제계 일본인 여성출가자들을 지도했다는 것은 삼국에서 비구니의 활동이 매우 활발했음을 의미한다.

앞서 아도 스님의 어머니 고도녕의 경우 비록 고도녕이 출가한 여성은 아니라 하더라도 지극한 불심을 지닌 인물임을 확인할 수 있었다. 고도녕과 법명 스님의 사례를 통해서 볼 때 당시 고구려 여성들의 불교 신앙은 이미 개인적 차원의 신앙을 초월해 있었고, 해외 포교에까지 매우 적극적이었음을 알 수 있다.

한편 일본에서 이들 3명의 여성이 출가한 다음 해에 백제에서 사신이 와서 돌로 된 미륵보살상을 전해주었다. 이에 세 스님은 미륵보살상을 모시고 예불하였다. 그러나 일본 조정에서는 불교에 대해서 여전히 회의적인 여론이 많았다. 타전천황(他田天皇)은 사찰의 기둥을 도끼로 찍어버리고 불교를 받아들인 대신들과 이미 불교도가 된 사람들을 크게 문책한 후 불상과 사찰을 모두 불태워 버렸다. 또한, 위의 3명의 여성출가자에게도 환속하라고 명령하였다. 그러나 이들은 환속하기를 완강히 거부하였다.

그러던 중 조정 대신이 병이 나자, 일본 타전천황도 결국 불교를 수용하는 쪽으로 마음을 바꾸었다. 결국 천황은 일단 병에 걸린 대신에게만 불교를 믿는 것을 허용했다. 그는 불교가 치병에 큰 힘이 있다고 생각했다.

일본에서 3명의 여성출가자가 나왔음에도 일본 조정에는 여전히 불교에 대해 반대하는 세력이 우세했다. 그런데 천황이 사망하고, 아들 지변황자(池邊皇子)가 즉위하면서 불교에 우호적인 정책을 펼치기 시작했다. 천황은 이들 3명의 여성출가자가 부처님께 공양 올리는 것을 다시 허용하였다. 그러자 이 3명의 여성출가자가 천황에게 나아가 제기한 문제가 바로 여성출가자의 여법한 수계와 관련한 것이었다. 이들은 천황에게 다음과 같이 말했다.

들어보니, 출가자는 계(戒)를 근본으로 한다고 하는데 우리는 계사(戒師)가 없습니다. 그래서 백제로 건너가서 계를 받고자 합니다.[18]

그렇다면 3명의 일본 여성출가자에게 수계의 중요성을 일깨워 주고, 당시 상황에서 일본과 가장 교류가 빈번했던 백제의 비구니에게 수계를 받는 것이 좋겠다는 귀띔을 해 준 사람은 누구였을까? 제대로 불교를 아는 일본인이 전무했던 당시 상황에서 이러한 정보를 주었을 가능성이 가장 큰 사람은 이들을 삭발·출가시키고 습의를 지도했던 고구려의 노비구 혜편 스님과 노비구니 법명 스님일 것임을 자연스럽게 짐작할 수 있다.

「원흥사가람연기병류기자재장(元興寺伽藍緣起幷流記資財帳)」의 내용에 의하면, 이들 3인의 여성출가자의 건의가 있고 나서 얼마 지나지 않아 때마침 백제에서 사신이 왔다. 이에 일본 조정에서는 사신에게 다음과 같이 물었다.

이 3명의 여성출가자들이 백제에 가서 계를 받기를 원하는데 이 일을 어찌하면 좋겠소?[19]

그러자 백제의 사신은 다음과 같이 답했다.

비구니들이 계를 받기 위해서는 비구니와 비구니 암자 규율이 있소. 먼저 10명의 니사(尼師)를 청해서 계를 받고, 그다음에 법사가 계신 절로 가서 10명의 법사를 청해야 하오. 먼저 10명의 니사(尼師)까지 포함해서 도합 20명의 법사에게 계를 받는 것이지요. 그런데 이 나라(일본)는 여승의 사찰만 있지 [비구가 머무는] 법사 사찰과 비구가 없으니 [이 세 명의] 비구니들이 만약 여법하게 [수계]하려면 [비구] 법사들이 머물 사찰을 세워야 하고 백제의 승니들을 모셔 와서 계를 주도록 해야 할 것이오.[20]

이상과 같은 백제 사신의 말을 들은 후 조정에서는 비구 법사가 주석할 사찰을 지을 곳을 정하도록 명한다. 그러자 백제 사신은 "우리나라에서는 법사의 사찰과 비구니사찰 사이는 종소리가 서로 들리는 거리라 [수계를 하는 것이] 어렵지 않으며, [비구니가] 반달에 한 번 한낮 이전에 [갔다가] 돌아올 수 있는 곳에 비구가 주석할 법사사(法師寺)를 짓는다."[21]라고 조언해 주었다.

이에 천황의 아들과 대신들이 함께 나서서 법사사를 세울 곳을 찾았고, 천황은 귀국하는 백제 사신들에게 일본에 사찰을 지을 수 있도록 장인을 보내 줄 것을 부탁했다. 그런데 아쉽게도 백제의 사신단이 일본에 도착하기 전에 천황이 죽고 말았다. 무신년에 4명의 장인과 함께 백제에서 6명의 비구를 파견해 주었는데 영조 율사(令照律師)와 제자 혜총(惠恖), 영위 법사(令威法師)와 제자 혜훈(惠勳), 도엄 법사(道嚴法師)와 제자 영계(令契)가 이들이다.

여법한 수계가 어렵다고 판단한 3명의 여성출가자들은 수계절차를 정식으로 밟기 위해 자신들이 아예 백제로 건너가서 수계를 하고 오겠다고 건의했다. 왜냐하면, 백제에서 단지 6명의 비구만 왔기 때문이다. 이에 3명의 여성출가자들이 다시 정식으로 조정에 건의하기를 자신들이 아예 백제로 건너가서 수계를 하고 오겠다는 처음의 뜻을 다시 분명히 했다. 이 말을 들은 후 일본 조정에서는 백제에서 건너온 6명의 비구에게 어떻게 할지를 물어보았다. 그러자 이들의 대답은 앞서 백제 사신이 말한 바와 같았다. 즉 10명의 니사(尼師, 비구니 스승)와 10명의 비구 법사가 있어야 한다는 것이었다.

3명의 여성출가자들은 시종일관 여법하게 수계 절차를 밟을 수 있도록 해달라고 정부에 강력히 요청했다. 결국 지속되는 간청에 조정은 승낙할 수밖에 없었던 모양이다. 3명의 여성출가자들은 조정으로부터 허락을 받아냈고 자신들의 제자까지 포함하여 도합 5명이 백제를 향해 바다를 건넜다. 일본 조정에서는 여기에 발맞추어 이미 백제 장인이 와서 비구 사찰 두 곳을 지었는데, 아직 비구니사찰 건립이 답보 상태에 있었으므로 법사가 머물 법사사를 세워서 백제에서 파견된 6명의 비구스님들이 머물 곳을 마련했다. 2년 후에 백제에 가서 비구니 수계를 한 스님들이 돌아와 고하기를 "무신년에 육법계(六法戒, 식차마나계)를 받고 기유년 삼월에 대계(大戒, 비구니계)를 받았다."라고 보고하였다. 22)

이러한 사정을 종합해 보면서 우리는 다음을 유추할 수 있다.

첫째, 삼국시대에 여성출가자를 위한 수계제도가 율장의 내용에 맞게 잘 시행되고 있었다는 사실이다. 이는 538년 백제 재가자가 일본에 사신으로 와서 비구니 이부승 수계제도는 물론 비구니 갈마를 위한 법사사와의 거리까지 정확히 조언해 주는 것을 보아도 알 수 있다.

둘째, 일본에서 불교가 공인되기 전 한반도의 비구와 비구니가 일본으로 건너가 활동하고 있었다는 사실이다. 숨어 살던 고구려의 노비구와 노비구니스님이 일본에서 최초로 출가를 자원한 3명의 여성에게 필요한 제반 교육을 실시한 점을 통해 알 수 있다.

셋째, 초기에 출가했던 일본의 여성출가자들은 자신들의 출가가 정통 수계 절차에 의한 것인지에 대해 관심이 많았으며, 또한 여성들 스스로 여법한 절차를 밟을 길을 모색하고 실천해 나갔다는 점이다.

더불어 3인의 일본 여성출가자가 백제에 와서 2년간 머물며 구족계를 받고 일본으로 돌아간 점으로 미루어 그 이후에도 백제 비구니와 일본 비구니 사이에 일정 정도의 교류가 있었을 것이라는 점도 짐작할 수 있다. 실제로 유물 발굴을 통하여 일본에서 백제 비구니가 활동했던 흔적을 찾을 수 있다. 1997년 일본 천왕사(天王寺) 세공곡(細工谷) 유적지에서 과거 백제 비구니사찰의 유적이 발견되었다. 우리는 '백제니(百濟尼)'라고 적힌 기와 조각을 통하여 과거 이곳이 백제 비구니들이 주석하던 절터임을 추정할 수 있다.

또한, 같은 곳에서 백제 남성 재가자의 이름이 적힌 목간이 발견되기도 했다. 이 목간은 비구니사찰에 출입하는 일종의 출입증으로서 가족 중 비구니로서 출가하여 경내에 머무는 사람을 만나는 데에 이용되었을 것이라는 학자의 견해가 있다. [23]

2) 한중일 비구니들의 상호 협조

3인의 비구니가 백제에서 구족계를 받고 귀국하자, 일본 조정에서는 이들을 위해 비구니사찰인 앵정사(櫻井寺)를 지어 머물도록 했다. 『일본서기』 21권에는 이들을 은사로 출가한 신라 여성과 백제 여성에 관한 내용이 등장한다.

> 3년(590) 봄 3월 학문을 배우러 간 비구니 선신(善信) 등이 백제로부터 돌아와 앵정사(櫻井寺)에 머물렀다. 이 해에 출가한 여성으로 대반협수언련(大伴狹手彦連)의 딸 선덕(善德), 대반박(大伴狛) 부인(夫人), 신라 여성 선묘(善妙), 백제 여성 묘광(妙光), 중국인 여성 선총(善聰)·선통(善通)·묘덕(妙德)·법정조(法定照)·선지총(善智聰)·선지혜(善智惠)·선광(善光) 등이 있다. 안부사마달등(鞍部司馬達等)의 아들 다수나(多須奈)도 함께 출가하여 덕제 법사(德齊法師)라고 불리었다. [24]

위의 내용을 통해서 우리는 일본 사미니 선신 스님 등 3명이 백제에

비구니 구족계를 받기 위해 백제로 건너오는 일본의 여성출가자 상상도. 출처: 부여 고란사 대웅전 뒷벽.

건너가서 정식 식차마나 교육을 마치고 이부승수계로 구족계를 받고 비구니가 되어 590년 봄에 일본으로 귀국했음을 알 수 있다. 그리고 이들 비구니들을 은사로 삼아서 당시 일본에 정착해 있던 백제 출신 여성과 신라 출신 여성이 출가하여 백제 출신 여성은 묘광(妙光) 스님이 되었고, 신라 출신 여성은 선묘(善妙) 스님이 되었음을 알 수 있다. 더불어 일본 여성과 중국 출신 여성도 선신 비구니 등을 통하여 계를 받고 비구니가 되었음을 알 수 있다.

이처럼 『일본서기』 21권에 기록된 내용은 우리에게 많은 것을 일깨워 준다. 무엇보다 백제 비구니 승단은 이부승수계를 여법하게 시행하고 있었던 만큼 매우 체계적인 수계시스템을 갖추고 있었음을 알 수 있다. 백제 비구니 승단은 이러한 환경 속에서 일본 여성출가자들을 받아들여 필요한 교육을 해 주고 계를 줄 수 있었다. 또 일본의 여성출가자들이 백제에 와서 비구니계를 받고 돌아가서 다시 일본에 있던 백제와 신라 여성 및 중국 여성들이 일본 비구니에게서 계를 받았다.

이런 상황은 중국의 비구니 수계제도 정착기에도 비슷하게 발생했다. 중국 북방에서는 진나라 낙양 사람으로 중국에서 최초로 비구니 구족계를 수계한 정검(淨撿) 스님이 정식 구족계를 받기 위해 노력한 여정을 통해서 알 수 있다. 정검 스님은 출가 전에 재가여성불자로 지내면서 비구스님으로부터 불경을 빌려 읽는 과정에서 '비구'와 '비구니'라는 용어가 나오는 것을 발견했다. 이에 정검 스님은 비구니 수계에 대해 궁금증을 느끼고 정식 수계 절차를 밟고자 수십 년간 노력을 아끼지 않았다. 결국 스님은 70이 넘은 나이에 이르러서 마침내 그 원을 이루었다.[25]

중국 남쪽 지방에서 살던 여성출가자의 경우도 사정은 마찬가지였다. 초기 여성출가자들은 여법한 구족계 수계를 위해 스리랑카의 비구니를 초청하여 구족계를 받고자 수년간 노력했다. 하지만 스리랑카의 비구니들이 풍랑을 만나 정족수가 채워지지 못하는 일이 벌어졌다. 그러자 스리랑카 비구니들 쪽에서도 여기에서 멈추지 않고 지속적으로 노력하였고, 몇 년 후 추가로 배를 타고 건너와 마침내 정족수를 갖추고 300여 명의 중국인 여성출가자들에게 당시 중국 송나라의 수도 건강(建康, 현재 중국 남경)에 위치한 남림사(南林寺)에서 여법한 절차에 따라 비구니 구족계를 주었다.[26]

이상을 통해 고대사회에서 초기 여성출가자들이 다른 나라 여성들의 스승이 되어 교육을 진행하고 계를 주거나, 반대로 다른 나라 여성들을 스승으로 섬기며 가르침을 받고자 직접 바다를 건넜다는 사실을 살펴보았다. 이를 통해 우리는 당시 동아시아 불교국 사이에 여성출가자들의 교류가 매우 활발했음을 알 수 있다. 동아시아의 여성출가자들은 불교라는 큰 우산 아래에서 국가나 민족의 차원을 넘어 서로 협력하여 출가의 길을 열어갔다. 뒤이어 신라에서 불교가 공인된 후 신라불교는 백제불교와 많은 교류를 한 만큼 신라 비구니의 교육과 수계도 백제나 고구려의 경우와 동일했을 것이다.

3. 삼국시대 비구니의 수행과 교육

앞서 우리나라 여성들 가운데 삼국시대에 사회적 리더 역할을 했던 여성들이 적지 않았음을 살펴보았는데, 이런 사회적 분위기는 불교유입과 정착에도 직·간접적 도움이 될 수 있었음을 시사한다. 그러나 여성이 출가하여 비구니로 사는 것은 앞서 언급한 개별 여성 리더들의 사례와는 현저한 차이가 있었을 것이고, 가정에서 불교를 신앙하는 재가여성 불자와도 큰 차이가 있었을 것이다.

출가자로서 독신을 고수하고 공동체 생활을 하며 머리 모양과 복장이 일반인과 뚜렷이 구분되는 점만으로도 여성출가자는 일반여성과 완전히 다른 삶을 살 수밖에 없었다. 당시는 여성이라면 누구나 적령기에 결혼하고 아이를 낳고 평생을 가족 안에서 살아가는 것이 자연의 섭리라 생각하던 시대였다. 그런 사회 안에서 여성과 남성이 동일한, 일반인과 확실하게 구별되는 복장을 하고 그들만의 공동체를 유지하며 살아간다는 것은 매우 파격적이고 신선한 길로 간주되었을 것이다.

1) 삼국시대와 남북국시대의 여성출가자

삼국시대 및 남북국시대[27] 여성출가자에 대한 기록이 많지는 않지만, 현재까지 알려진 내용을 표로 정리해 보면 다음과 같다.[28]

법명 혹은 속명	출가 시기	특징	출전
사씨(史氏)		모례의 누이로서 고구려 아도 화상을 도와 불교 포교에 노력하고 영흥사를 짓고 아도 화상을 은사로 출가. 여건 상 정식 수계절차를 밟지는 못함.	『삼국유사』·『삼국사기』
묘법(妙法), 법류(法流), 파조부인(巴刁夫人)[29]	539년 이전	출가 전 법흥왕의 왕비. 만년에 왕이 직위를 내려놓고 출가할 때 왕비도 사씨의 유풍을 사모하여 함께 출가하여 535년 영흥사를 창건하고 주석함. 『삼국유사』 「흥법」에서는 『책부원귀(册府元龜)』를 근거로 법명을 묘법(妙法)이라 했으나, 「기이」에서는 법명을 법류(法流)라 기록함. 불명이 두 개였을 가능성도 있음.	『삼국유사』·『지리산화엄사사적(智異山華嚴寺事蹟)』·『불국사고금창기(佛國寺古今創記)』
	진흥왕 5년 (544년)	국가에서 출가를 공식적으로 허용함.	『삼국사기』
법운(法雲), 사도부인 박씨(思刀夫人 朴氏)	576년 이전	남편 진흥왕을 따라 만년에 출가하여 영흥사에 주석. 남편과 동일한 법명임.	『삼국유사』
백제 비구니 6인	577년 5월 이전	577년 5월 백제 비구니로 사신단과 함께 일본에 파견됨.	『일본서기』·『원형석서』

역사 속 한국비구니

법명(法明)	585년 이전	고구려 출신 비구니로 일본에서 활동하며 일본 최초 여성출가자 3인을 교육함.	『일본서기』·「원흥사가람연기병류기자재장」
묘광(妙光), 선묘(善妙), 선덕(善德)	590년	590년 백제 비구니들로부터 비구니계를 받은 일본 최초 비구니 3인 중 한 명인 선신(善信) 스님을 은사로 일본에서 출가. 묘광(妙光)은 백제, 선묘(善妙)와 선덕(善德)은 신라 출신. 이때 일본인 비구니 3인만으로 계사가 충원되지 않았을 것이며 일본에서 활동하던 백제 비구니들이 계사로 참가했을 것으로 추정됨.	『일본서기』
지혜(智惠)	진평왕 (579~631) 대	안흥사(安興寺)에 주석하다가 꿈에 나타난 선도산 성모의 도움으로 성모를 모신 신사 밑에서 황금 160량을 얻어 새 절을 창건함. 해마다 봄가을 10일씩 점찰법회를 진행함.	『삼국유사』
법명 미상	635년	비구 원광 법사의 점찰법회 소요 경비 마련 과정에서 토지 100결을 시주함.	『삼국유사』
화보(花寶)와 연보(蓮寶) 자매	600년대 중반	김양도(金良圖, ?~670)의 두 딸. 태종무열왕 때 출가하여 절의 노비로 봉사함.	『해동고승전』
법명(法明)	656년 이전	백제의 비구니로 『유마경』 독송을 통하여 일본 재상의 병을 치유함.	『원형석서』

법명 미상	문무왕 (661~ 681)~ 신문왕 (?~692) 무렵	병에 걸렸던 비구 경흥의 병을 치료해 줌.	『삼국유사』
설요(薛瑤)	600년 대 후반	부친 설영충(薛永沖)이 김인문과 함께 당나라에 파견되었을 때 함께 당으로 감. 15세에 부친 별세 후 당나라에서 출가했으나 6년 후 환속함. 여류시인 으로 문학적 재능이 뛰어나 환속하면 서 지은 「반속요(返俗謠)」가 『전당시(全 唐詩)』와 『대동시선(大東詩選)』에 전함.	「관도곽공희 설씨묘지명 (館陶郭公姬 薛氏墓誌銘)」
법명 미상	600년 대 후반 ~700년 대 중후 반 생존 추정	신라 왕자로 출가한 정중무상(淨衆無 相, 684~762) 선사의 막내 여동생으로 일찍이 출가의 길을 결심하고 혼담이 오가자 스스로 얼굴을 칼로 그어 가족 들에게 자신의 의지를 표현함. 출가해 서 비구니가 되었을 것으로 추정됨.	돈황본 『역대법보기』
법정(法淨), 지소부인 (智炤夫人)	712년 8월	김유신의 아내이자 태종무열왕 김춘 추의 딸. 673년 김유신이 죽고 만년에 출가함.	『삼국사기』
이원(理願)	?~735	신라 출신으로 비구니로서 일본에 건 너가 30여 년간 활동함.	『만엽집』

원적(圓寂)	828	828년(흥덕왕 3) 법광사 석탑(포항시 소재) 건립 비용을 비구 향조(香照)와 함께 시주함.	『법광사석탑기(法光寺石塔記)』[30]
불명 미상의 비구니 3명	840년 전후	현 중국 산동성 위해(威海)의 영성시(榮成市) 적산법화원(赤山法華院)에 주석하며 포교 활동을 함.	『입당구법순례행기(入唐求法巡禮行記)』 제2권
김흔(金昕)의 아내. 법명 미상	849년	남편 김흔(金昕)은 태종무열왕의 9대손. 남편이 사망하자 상을 마친 후 동년 9월 10일 출가함.	『삼국사기』

이상의 인물들과 관련된 내용을 정리해 보면 그 특징은 다음과 같다.

첫째, 삼국시대 비구니는 계층으로 볼 때 최상류층 집안 출신이 대다수였다. 따라서 삼국의 비구니는 양질의 교육을 받은 인물이 많았을 것이다. 신라에서 출가하여 일본에서 활약한 비구니 이원(理願, ?~735)과 중국에서 출가했다가 환속한 설요(薛瑤, 7세기경) 등은 해외에까지 문학과 학문으로 이름이 났다. 이들은 불경이나 고전을 '읽는' 정도에 그친 것이 아니라 자유자재로 '작문'을 할 만큼 문장 실력이 높았다.

둘째, 왕비나 귀족 부인 중에 어머니와 아내로서 해야 할 일을 마친 후 만년에 출가한 경우가 많다. 법흥왕의 왕비였던 법류 비구니, 진흥왕의 왕비였던 법운 비구니, 김유신 장군의 아내였던 법정 비구니 등은 모두 남편의 사별 후 노년에 출가한 경우다.

셋째, 현존하는 이름난 우리나라의 대표 사찰 가운데에는 비구니사찰에서 유래한 경우가 종종 보인다. 그 대표적 예로 법흥왕의 왕비였던 비구니 법류(法流) 스님의 사례가 있다. 앞서 표에서 다룬 바와 같이 법류 스님은『삼국유사』에도 등장하며 출가 전 법흥왕의 왕비였고 출가 후 영흥사를 세워 주석한 인물이다. 그런데 조선시대에 법류 스님에 대한 기록이 추가로 등장하는데, 아마도 구전으로 전해오던 것을 기록한 것으로 보인다. 그 주된 내용은 경주 불국사, 지리산 화엄사, 해남 대흥사에 처음 절을 짓고 법류 스님이 주석했다는 내용이다.

1636년(인조 14) 비구 해안(海眼, 1567~?) 스님이 저술하고 1696년(숙종 22) 2월 비구 성총(性聰, 1631~1700) 스님이 발문을 지은『지리산화엄사사적(智異山華嚴寺事蹟)』에 의하면, 법흥왕의 왕비였던 비구니 법류(法流) 스님이 주석했던 곳이 오늘날 구례 화엄사가 되었다고 한다.[31] 해안 스님은 해남 고찰 대흥사의 창건 연기를 쓴『죽미기(竹迷記)』라는 저술도 남겼는데, 대흥사의 유래를 설명하는 부분에서도 이곳이 법흥왕 왕비 출신 비구니 법류 스님이 주석했던 곳이라 하여 화엄사의 유래와 대동소이한 내용을 소개하고 있다. 그런데 조선 영조 16년(1740) 비구 동은(東隱, 18세기 전후) 스님이 지은『불국사고금창기(佛國寺古今創記)』에 의하면 법류 스님이 주석하던 곳이 오늘날 불국사가 되었다고 한다.[32]

이러한 기록에 대해 해안 스님보다 약 180여 년 후의 인물인 비구 응윤(應允, 1743~1804) 스님은「화엄사기(華嚴寺記)」에서 "장륙전 위 세존 사리탑 9층에는 철면자(鐵面子)의 글이 있는데, 내가 읽어 보니 경주 불국사의 사적이 이 절의 것으로 잘못 기록되어 있다. [이] 옛 기록은 황당하고 근거가 없어 취하여 기록하지 않는다."[33]라고 적고 있다. 여기서 철면자는 해안(海眼, 1567~?) 스님의 별호이다. 응윤 스님의 논리를 따른다면 화엄사뿐 아니라 대흥사 유래 부분에서 거론한 법류 스님의 이야기는 모두 불국사와 관련된 일이 와전된 것일 수 있다.

그러나 화엄사가 진신사리탑 앞의 비문에까지 이 문장을 기록해 두었다는 것을 볼 때 응윤 스님이 특별한 이유 없이 불국사 유래가 와전된 것이라고 단정한 것에 대해 의문을 제기하지 않을 수 없다. 실제로 우리는 한국의 적지 않은 사찰의 창건 유래 가운데 원효 대사나 의상 대사와 관련된 이야기를 자주 만나게 된다. 이것들을 받아들인다면 법흥왕의 왕비였던 법류 스님이 처음에 이들 사찰에 주석했으며, 따라서 이 세 사찰이 원래 비구니스님의 처소였다는 기록에 대해서만 유독 신뢰하지 않을 이유가 없다.

넷째, 삼국시대 여성출가자들은 자신의 출가에 대해 굳건한 자부심과 주체 의식이 있었다. 진흥왕비로서 만년에 출가하여 비구니가 된 법운 스님에 대해서 살펴보자. 법운 스님에 대해서는 『삼국유사』와 『불국사고금창기』에서 소개되고 있다. 특히 『불국사고금창기』에서는 스님이 진흥왕의 왕비가 아니라 진흥왕의 어머니로 소개되어 있으며, 법호도 '법운(法雲)'이 아닌 '법운자(法雲子)'라고 하여 『삼국유사』 내용과 다소 차이가 있다. 그런데 이 문헌에는 『삼국유사』에 실려있지 않은 새로운 내용이 등장하는데, 그것은 바로 법호를 본인이 '스스로' 지었다는 기록이다.[34] 이를 통해서 법운 스님은 출가 전부터 매우 주체적이고 불제자로서 자부심이 강한 여성이었음을 알 수 있다.

다섯째, 당시에 교학 공부를 많이 하고 법력이 높은 비구니스님들이 활발히 활동하고 있었음을 알 수 있다. 『삼국유사』에는 신라의 비구니 스님 중 『화엄경』을 활용하여 비구 경흥 스님을 치유해 준 법명 미상의 한 비구니스님 이야기가 실려있다. 경흥 스님은 원효 스님에 이어 신라에서 두 번째로 많은 저술을 남긴 고승대덕이다.

또한 백제 출신 비구니 법명 스님도 일본으로 건너가 『유마경』 독송을 통하여 일본 재상의 병을 치유했다는 기록이 있다. 이 두 사례를 통하여 비구니스님들의 교학 수준과 수행력이 상당히 높았음을 알 수 있다. 또한 전통신앙에서 숭배하던 선도산 성녀의 도움을 받아 큰 사찰을 짓고 봄가을에 열흘씩 점찰 법회를 열어 많은 사람이 참회하고 불도에 들 수 있도록 했던 불명 미상의 비구니도 주위 사람들에게 큰 존경을 받았다. 이들 비구니스님에 대해서는 아래에서 구체적으로 다루겠다.

한편 발해는 698년 건국되어 926년 멸망하기까지 남쪽의 통일신라와 함께 남북국(南北國)을 이루었다. 발해 또한 불교가 흥성했던 까닭에 지금의 북한, 중국, 러시아 각 지역에 흩어져 있던 발해의 절터가 속속 발굴되고 있다. 지금까지 총 40여 곳이 넘는 절터가 확인되었다.[35]

발해가 불교를 숭상했다는 증거는 외교사절 관련 기록에도 나타난다. 일찍이 713년 부친 대조영(大祚榮, 재위 698~719)의 명으로 당나라에 사신으로 갔던 발해 왕자가 당나라 황제를 만났을 때, 예불을 드리고자 하니 마땅한 절이 어디 있는지 묻고 있고[36], 814년 발해 사신단 37명이 당나라에 갔을 때 금불상과 은불상을 선물로 가져왔다는 기록이 전한다.[37]

또한 763년 일본에 파견된 발해 사신단도 체류하는 동안 동대사(東大寺)에서 예불을 드렸다고 하며[38], 일본 석산사(石山寺) 소장 「불정존승다라니경(佛頂尊勝陀羅尼經)」은 861년 일본에 사신으로 간 발해 사신 이거정(李居正, 790년 전후~?) 등 105명의 외교사절단이 증정한 것이다.[39]

그리고 발해 사신 왕효렴(王孝廉)은 독실한 재가불자로서 일본에 파견되었을 때 절에 가서 예불을 드렸음은 물론 당시 일본의 유명한 승려 홍법 대사 공해(弘法大師 空海, 774~845)와 깊은 우정을 맺기도 했다.[40]

발해는 재가불자들뿐만 아니라 승려들의 활동도 활발했는데, 이들은 각종 불사 전법 활동 외에 외교 활동에도 적극 참여했다. 예를 들어 발해의 비구 인정(仁貞)과 정소(貞素)는 일본을 방문한 발해사절단 중 중요한 구성원으로 참여했다. 발해는 천태종, 화엄종, 정토종, 밀교, 법상종, 선종, 율종 등 여러 불교의 종파가 두루 유행했으며, 일본 승려들이 당나라에 들어갈 때 중간 기착지 역할을 하기도 했다. [41]

따라서 발해 여성들의 불교 신앙 활동도 매우 활발했을 것이 분명하지만, 아쉽게도 전해오는 문헌이나 고고학적 자료는 찾기 힘들다. 다만 희미하게나마 그 자취를 더듬어 볼 수 있는 것으로 두 공주 자매의 묘에서 나온 유물이 있다. 공주 자매란 각각 언니 정혜공주(貞惠公主, 737~777)와 동생 정효공주(貞孝公主, 757~792)를 말한다. [42] 정혜공주는 발해국 문왕(文王, 재위 737~793)의 둘째 딸이고, 정효공주는 넷째 딸이다. 문왕은 발해 제3대 왕으로, 두 공주의 묘지명을 통하여 그를 '대흥보력금륜성법대왕(大興寶曆金輪聖法大王)'으로 칭하고 있음이 확인되었다. 이 긴 칭호 가운데 '금륜성법(金輪聖法)'의 '금륜(金輪)'과 '성법(聖法)'은 불법(佛法)을 상징하는 것으로 '금륜성법대왕'이라는 칭호를 통해서 당시 문왕이 전륜성왕의 이미지를 활용하여 국정을 운영하고 있음을 알 수 있다.

두 공주의 묘는 중국학자들에 의해 발굴되었고 묘지(墓誌)는 중국 연변조선족자치주 박물관에 소장되어 있다. 동생 정효공주의 묘는 우리나라 속초시립박물관 내 발해역사관에도 재현해 놓았다. 두 사람의 묘지명 내용은 거의 베꼈다고 할 만큼 비슷한데, 학문에도 뛰어났고 여성으로서 품행이 좋다는 점, 남편이 먼저 죽었으나 재혼하지 않고 수절했다는 점이 핵심이다. 언니 정혜공주는 아들 하나를, 동생 정효공주는 딸을 하나 두었으나 모두 어린 나이에 죽었다고 하니 두 자매의 인생 역정이 모두 평탄치 않았던 것 같다. 언니는 40세, 동생은 36세에 사망하여 모두 부친보다 먼저 세상을 떠났다.

두 공주의 묘지명 내용을 구체적으로 살펴보면 무엇보다도 다양한 유가 경전의 어휘를 화려하게 구사하고 있으며, 순종적이고 조신한 여성적 품성을 칭송하고 있다. 그런데 두 공주 모두 문자를 잘 알고 독서량이 많았음을 암시하는 대목이 있다. 즉 두 사람은 모두 어렸을 때부터 총명하여 일찍이 여자 스승[女師]으로부터 교육을 받았으며, 특히 반소(班昭, 약 49~120)를 흠모하여 시서(詩書)와 예악(禮樂)을 배우기를 즐겼다고 하였다.

반소는 중국 동한시대 여성으로 일찍이 천하제일재녀(天下第一才女)라고 칭송될 만큼 박학다식한 지식인 여성이었다. 그녀는 일찍 과부가 되었으나 수절하였고, 후에 그녀의 능력을 알아본 황제의 칙명으로 아버지 반표(班彪, 3~54)와 오빠 반고(班固, 32~92)가 쓰다가 미완결된 역사서 『한서(漢書)』를 이어서 써서 완성시켰으며, 황후와 비빈들의 여교사 역할까지 담당했다.

정혜공주와 정효공주를 이런 여성에 빗대는 것을 볼 때 발해 왕실에서는 여성에게도 학문을 잘 가르쳤고, 두 사람 모두 지성을 갖춘 인물이었음을 알 수 있다. 부친인 국왕이 스스로를 '금륜성법대왕' 즉 전륜성왕이라 칭할 만큼 불교를 숭상했기 때문에 비록 묘지명에는 언급하지 않았지만, 두 공주 또한 불교 신앙 활동에 적극 참여했을 것이고, 지성을 겸비한 여성들이었기에 다양한 불경을 가까이했을 것이다. 특히 동생 정효공주의 경우는 무덤 위에 불탑을 세운 것으로 보아 언니보다 특별한 불연(佛緣)이 있었을 것으로 추정된다.

현재 무덤 위에 불탑을 세운 발해의 무덤은 정효공주(貞孝公主) 무덤을 포함하여 마적달(馬滴達) 무덤, 장백현(長白縣) 영광탑(靈光塔) 등 총 3기가 있을 뿐이다. 정효공주의 무덤 외에는 무덤의 주인이 누구인지 밝혀지지 않았다. 그런데 이러한 무덤 양식은 불사리를 안치하고 탑을 세웠던 인도의 스투파 양식과 매우 닮아있어, 무덤 위에 일반 건축물을 세운 발해의 다른 분묘와는 확연한 차이를 보인다.

속초시립박물관 발해 정효공주 무덤 미니 모형, 현재 무덤 위에 탑을 쌓은 발해의 묘상건축 유적으로는 정효공주(貞孝公主) 무덤탑과 마적달(馬滴達) 무덤탑, 장백현(長白縣) 영광탑(靈光塔) 3기의 무덤 탑이 있으며, 정효공주 무덤 탑은 훼손되어 잔해만 남아있다. 사진 제공: 속초시립박물관.

정혜공주와 정효공주는 자매간으로 묘지명의 체제와 내용이 매우 유사함에도 불구하고 유독 동생인 정효공주의 무덤 위에만 불탑을 세웠다는 것을 어떻게 이해해야 할까? 어쩌면 그녀가 일반 재가불자 여성이 아니라 남편 사후 출가하여 비구니가 되었을 가능성을 추측해 볼 수 있지 않을까? 지체 높은 집안의 미망인들이 남편 사후에 출가하는 전통은 고려나 조선은 물론 중국이나 일본에서도 흔히 있는 일이었기 때문에 충분히 그 가능성을 유추해 볼 수 있다.

2) 신라의 승관제와 비구니의 지위

신라에는 '도유나랑(都唯那娘)'이라는 여성출가자의 직책이 있었다. 『삼국사기』의 「직관」 조에 의하면, 승관 중 최고의 자리가 '국통(國統)'이었고 국통 아래에 '도유나랑'과 '대도유나(大都唯那)'가 1명씩 있어 각각 비

구니와 비구 교단을 통솔했다. 따라서 삼국시대에 여성출가자들이 승단 내에서 공식적인 관직을 갖고 활동했음을 알 수 있다.

이러한 상황은 비문을 통해서도 확인된다. 무술오작비(戊戌塢作碑)는 578년 혹은 638년 무술년에 영남 지역 영동리촌에 '차지(且只)'라는 저수지 둑을 조성할 당시 공사 현황과 참여자를 적은 비문이다. 이 비문은 마모가 심하여 판독이 쉽지 않

무술오작비.
출처:문화재청 국가문화유산포털.

역사 속 한국비구니

았으나, 2000년대 이후 첨단 장비를 동원한 3D 스캔 방식으로 명문을 판독한 결과 공사 책임자 가운데 혜장(慧藏)이라는 비구니가 등장한다.

> 차지 저수지 둑을 이룬 사람들은 도유나 보장 사척간(관직명)과 도유나 혜장 아니(阿尼)이고, 대공척(최고위 기술관직) 구리지촌의 일리도혜와 공척(기술관직) 상두곰리혜… 이조지 피일 등이다. 이 저수지의 원래 넓이는 폭 20보, 높이는 5보 4척, 길이는 50보이다. 저수지 건설에 동원된 수는 공부(功夫) 312명이다. 13일 동안 일을 다 마쳤다. 이 비문을 작성한 사람은 일리혜 일척이다. [43]

위의 내용을 다시 정리해 보면 11월 초하루부터 14일까지 영동리촌의 차지(且只)라는 저수지 둑을 쌓았는데, 공사에 참여한 사람이 총 312명이다. 공사 책임자의 이름이 차례로 기록되어 있는데, 맨 앞에 도유나(都維那) 직책의 비구 보장(寶藏) 스님과 도유나 직책의 비구니 혜장(慧藏) 스님[44]이 각각 등장한다. [45] 이 비문은 사찰 토지와 관련된 저수지 공사에 국가의 명을 받고 비구와 비구니가 함께 공사의 감독을 맡았음을 보여 준다. 이러한 자료를 통해서 신라시대 비구니스님들은 비구스님들과 더불어 국가로부터 공식 직책을 받아 수리 공사 감독 작업에도 참여했음을 알 수 있다.

이처럼 비구니들이 비구와 나란히 승관(僧官)을 받았던 기록은 비슷한 시기 중국에서도 찾아볼 수 있다. 중국 남조 때 비구 보창(寶唱, 6세기 초 활동) 스님이 황제의 명을 받고 65명의 뛰어난 중국 비구니스님의 전기를 기록한 『비구니전(比丘尼傳)』에 의하면, 중국 남조 송나라에서는 466년 비구니 보현(普賢, 400~477) 스님이 '도읍승정(都邑僧正)'을, 비구니 법정(法淨) 스님이 '경읍도유나(京邑都維那)'라는 관직을 맡았다. 또 북조의 북위(北魏)에서는 524년 비구니 자경(慈慶) 스님의 묘지명에 비구니를 총괄하는 '니통(尼統)'의 직위를 사후에 황제로부터 추증받은 예를 발견할 수 있다.[46]

그런데 비구니스님들의 승관은 후대로 가면서 점차 사라진 것으로 보인다. 신라의 경우 선덕여왕(632~646)이 비구 자장(慈藏) 스님을 귀국시켜 대국통(大國統)으로 임명했는데, 이는 국가적으로 승관시스템을 정비할 의도를 갖고 있었음을 의미한다.

또한, 『삼국사기』 권6 문무왕 4년(664) "사람들이 마음대로 재물과 토지를 절에 시주하는 것을 금했다."라고 한 것으로 보아 이미 불교가 지

비구니통(比丘尼統) 자경(慈慶) 묘지명. 1923년 중국 낙양에서 발견되었으나 현재 비는 없어지고 탁본만 대만 中央研究院 傅斯年圖書館에 남아 있다. 비문의 글자 수는 총 649자이다.

나치게 융성하여 국가가 승단에 대해 통제를 강화하기 위해 조치를 취하기 시작했음을 보여 준다.

애장왕 7년(806)에는 "새로이 사찰을 창건하는 것을 금하며, 오직 수리하는 것만 허락한다. 또 비단으로 불사를 하거나 금과 은으로 용기를 만드는 것을 금한다. 반드시 해당 관청에 고하고 시행한다."라고 한 것도 같은 맥락으로 이해된다.

경덕왕 11년(752)에 이르면 개편한 직제의 직명에 더는 여성적 특징이 포함된 직명이 보이지 않는다.[47] 물론 직명에 여성의 표시가 없다고 해도 여성이 보직에서 제외되었다고 확언할 수는 없겠지만, 이 시기를 즈음하여 이러한 어휘가 더 이상 등장하지 않는다는 것은 출가자 내에서 여성의 지위가 점차 약화되기 시작했음을 시사한다.

이러한 상황에서 지방에 대한 관리를 강화하고자 9주(州)의 관립 계단사원(戒壇寺院) 지정제도가 구체화 되었는데, 계단사원에서 수계한 비구에 대한 기록들이 금석문에 전해 오지만 비구니에 대한 기록은 보이지 않고 있다.

3) 비구니의 교육과 대사회 활동

삼국시대 비구니스님들은 일반 여성과 비교할 때 매우 수준 높은 교육을 받아 사회적으로 사표가 되어 활발히 활동했다. 이들 비구니스님들의 활동 범위는 국내는 물론 국외에까지 이르렀다.

① 비구와 대등했던 비구니의 교육

삼국시대 비구니에 대한 기록이 매우 제한적이어서 집중적으로 교육받은 경(經)의 내용이 구체적으로 무엇이었는지 단정할 수는 없다. 하지만 삼국의 불교로부터 많은 영향을 받고 있던 일본의 비구니들이 8세기경에 공부했던 흔적이 일본 자료 「정창원문서(正倉院文書)」에 남아있기에 우리는 일본 비구니의 사례에서 삼국의 비구니들이 어떤 공부를 했을지 짐작해 볼 수 있다.

정창원은 일본 나라현(奈良縣) 나라시(奈良市) 소재 동대사(東大寺)의 창고 이름인데, 성무천황(聖武天皇) 및 광명황후(光明皇后)와 관련된 각종 물품이 소장되어 있다. 1997년 일본 국보로 지정되었고 이듬해인 1998년에 「고도 나라의 문화유산」의 일부로서 유네스코 세계문화유산에 등재되었다.

「정창원문서」 가운데 「독송고시역명(讀誦考試歷名)」에는 비구니들이 익혔던 경전 목록이 자세히 나와 있다. 이 가운데 대표적인 것으로 『법화경(法華經)』, 『최승왕경(最勝王經)』 등은 매우 세세히 평가하여 음독, 훈독 및 그 내용의 이해도를 점검하는 시험을 보고 있다. 이 외에 『유식론(唯識論)』, 『백법론(百法論)』 등의 논서와 『논어(論語)』, 『효경(孝經)』, 『모시(毛詩)』, 『낙빈왕집(駱賓王集)』과 같은 중국 유가 경서와 당나라 시인의 시집 등이 포함되어 있다.

이처럼 비구니들이 받은 교육은 기본적으로 비구와 큰 차이가 없었으며, 경전 독송 능력에 있어서도 비구니와 비구가 대등한 심사와 평가를 받고 있음을 알 수 있다. [48]

위의 불교 경전 가운데 『최승왕경』은 오늘날 한국 불교에서 널리 읽히는 경전은 아니다. 하지만 『최승왕경』은 삼국시대에 널리 읽혔던 밀교적 성격이 강한 경전으로 고려시대까지도 널리 활용되었다. 이 경전은 산스크리트어본, 티베트역본, 한역본 외에 위구르어, 만주어, 몽골어 등으로 번역될 만큼 동아시아 불교계에 널리 보급되었다. 고구려, 백제, 신라 삼국과 일본에서는 한역 경전을 보았을 텐데, 이 경전은 모두 5종의 한역이 이루어졌으며, 현재 전하는 것은 인도 출신 비구 담무참(曇無讖, ?~433) 역『금광명경(金光明經)』4권과 중국 수나라 때 비구 보귀(寶貴) 등이 앞의 여러 역서를 합친『합부금광명경(合部金光明經)』7권(597), 의정(義淨, 635~713) 역『금광명최승왕경(金光明最勝王經)』10권(703)의 3종이 있다.

일본에서 비구니가 밀교 의례와 관련된 경전 내용에 대해서 시험을 치르는 것으로 보아 우리나라도 삼국시대에 비구니들이 의식을 집전하는 사례가 많았을 것으로 보인다.

당시 중국의 사례도 참고해 볼 수 있겠다. 중국은 불교 전래 후 얼마 지나지 않아 출가자 수가 너무 많아서 이미 북위(北魏, 386~534) 시대부터 남녀출가자 수를 제한시키는 등 출가자의 선발에 국가가 개입하기 시작했다. 이러한 조치는 수나라와 당나라를 거치며 더욱 강화되고 체계화되어 출가하면 이름을 승적에 올린 후 일종의 신분증명서로서 도첩(度牒)을 발급하였다. 특히 당나라 때에는 정부 주도의 관단(官壇)을 설치하여 수계를 정부의 지휘하에 둠으로써 출가자 선발을 엄격히 함은 물론 706년부터 매년 정기적으로 출가한 승려들에게 경전 암송 테스트를 하는 등 정부가 매우 적극적으로 개입하였다.

그렇다면 이 시기 비구니 출가자는 얼마나 되었을까? 이에 대한 구체적인 기록 자료는 없지만, 일본 자료에 일본의 비구와 비구니 숫자를 기록한 자료가 남아있어서 참고할 수 있다. 일본의 경우 추고천황(推古天皇) 32년인 624년에 비구 사찰과 비구니사찰을 일제히 조사한 자료가 전해오는데, 당시 사찰이 총 46개소, 비구승 816인, 비구니 569인, 도합 1,385명으로 나와 있다.

그 후 정관(貞觀) 3년(861) 공양회에 관한 기록인 「공양동대사노사나대불기문(供養東大寺盧舍那大佛記文)」에 의하면, 비구니는 비구와 별도로 공양을 받고 있는데 이때 비구가 2,466명, 비구니가 726명이다.⁴⁹⁾ 당시 우리나라의 비구니 숫자에 대한 기록은 전해오지 않지만, 일본보다 먼저 불교가 전래되고 정부에서 적극적으로 불교를 받아들였던 삼국의 비구니도 그 수가 결코 적지 않았을 것이라 추측된다.

② 비구니의 대사회 활동

그렇다면 삼국시대와 통일신라시대 비구니들은 사회에서 어떤 활동을 했으며 비구니에 대한 사회적 인식은 어떠했을까?『삼국사기』「감통」에는 삼장에 통달한 비구 경흥 스님과 한 비구니스님의 이야기가 나온다.

> [비구 경흥 스님이] 갑자기 병이 나서 한 달을 지냈는데 한 비구니가 와서 그를 문안하고『화엄경』중 선한 친구가 병을 고쳐준 이야기를 가지고 말하였다.
> "지금 스님의 병은 근심 때문이니 즐겁게 웃으면 나을 것이오."라고 하고 곧 열한 가지의 모습으로 각각 광대와 같은 춤을 추니 뾰족하기도 하고 깎은 듯 변하는 표정이 모두 너무 우스워 턱이 빠질 것 같았다. 그러자 경흥 스님의 병이 자신도 모르게 나았다. 그 비구니스님은 그제야 문을 나와서 곧 남항사(南巷寺)로 들어가 자취를 감추고 숨어버렸는데 가지고 있던 주장자가 십일면 원통상(圓通像) 탱화 앞에 놓여있었다.⁵⁰⁾

경흥 스님은 법상종을 발전시킨 고승으로『금광명최승왕경략찬(金光明最勝王經略贊)』5권,『무량수경연의술문찬(無量壽經連義述文贊)』3권,『삼미륵경소(三彌勒經疏)』1권이 전할 정도로 학문적으로도 뛰어난 인물이다.⁵¹⁾ 본래 스님은 백제 웅진(지금의 공주) 출신으로 문무왕(재위, 661~681)

이 죽기 전 신문왕(재위 681~~692)에게 유언하기를 "경흥 법사는 국사가 될 만하니 짐의 명을 잊지 말라."고까지 당부했으며, 신문왕 즉위 후 국사로 책봉되어 삼랑사(三郞寺)에 주석했던 인물이다. 즉 스님은 백제인의 정신적 지주로서 신라가 삼국통일을 이룬 후 백제인의 마음을 다독여 화합하게 할 수 있었기 때문에 문무왕이 그를 국사로 삼으라는 유언을 남길 만큼 중요한 인물이었다.

위의 내용을 통해서 당시 경흥 스님이 한 달 동안 병으로 누워있다는 것은 백제의 멸망을 가슴 아파해서 생긴 마음의 병일 것이다. 그러한 스님을 당시 신라의 비구니스님이 『화엄경』을 활용한 무애행 설법을 통하여 치유해 주었다는 것은 신라 비구니의 학문과 수행력이 매우 뛰어났음을 의미한다. 특히 환자에게 함박웃음을 짓게 하여 마음의 병의 뿌리를 녹여버리는 모습은 원효 대사에 버금가는 거리낌 없는 무애행을 보여 준다.

일본 자료 『원형석서(元亨釋書)』에는 『유마경(維摩經)』으로 일본 벼슬아치를 치료해 준 백제의 비구니에 대한 일화가 등장한다. 백제 비구니가 일본 조정의 관리를 『유마경』「문질품(問疾品)」 독송으로 치료한 내용이다. 그리고 이것이 오늘날 일본 유마회의 유래가 되었다.

> 법명(法明) 스님은 백제의 비구니였다. 제명천황(齊明天皇) 2년(656)에 신하 겸자연(鎌子連)이 병을 앓았는데 백방을 써도 차도가 없었다. 이에 법명 스님이 천황에게 『유마경』「문질품(問疾品)」의 수승함을 아뢰며 겸자연을 위해 시험 삼아 독경을 해 보겠노라 아뢰었다. 이에 천황이 조서를 내려 경문을 읽게 했더니 다 읽기도 전에 병이 나았다. [52]

백제 비구니스님이 일본 천황에게 『유마경』의 수승함과 치병 효과를 알려주고 독경을 해주었다는 것은 당시 백제의 비구니가 천황을 포함한 일본 지배층의 가까이에서 각종 조언을 해주는 위치에 있었음을 의미한다. 이상의 두 사례를 통해서 당시 한반도 비구니스님들의 법력과 학문이 수승했음을 알 수 있다.

다음으로 일본 귀족 자제의 스승이었던 신라 비구니 이원(理願, 7~8세기경) 스님의 사례를 살펴보겠다. 삼국시대에는 백제 비구니뿐만 아니라 신라의 비구니도 일본에서 포교 활동을 했다. 일본 옛 시가집 『만엽집(萬葉集)』에 스님에 대한 기록이 실려있다. 당시 내량현(奈良縣) 좌보산(佐保山) 아래에 재상 대반(大伴) 가문 자제들은 30여 년간 이원 스님에게 글과 불법을 배웠다.

성무천황 천평 7년 즉 신라 성덕왕 34년인 735년 이원 스님이 세상을 떠나자, 재상의 딸이자 스님의 제자였던 대반판상랑녀(大伴坂上郎女)는 스승 이원 비구니를 위해 만가를 지었는데 이 시가 『만엽집(万葉集)』에 남아있다. 이종기의 번역문을 인용하면 다음과 같다.

「이원사거(理願死去)를 슬퍼하며 판상랑녀(坂上郎女)가 지은 단가(短歌)」

흰빛 신라의 나라에서
사뢰는 말을 좋이 받아들이시고
피붙이 살붙이 없는
대군(大君)이 펴시는 나라로 건너오시어
햇볕 비치는 서울 가득히 인가는 많지마는
어인 양으로 살피셨을 것이리오.

배필 없는 몸에

보채며 우는 아이처럼 사람들 쫓아와서

정갈한 집 마련하여

거듭하는 세월

오래오래 머물며 지내신 것을

살아 있는 이 죽어지는 것임은

면할 길 없음인저.

의지하던 이들 집 떠난 새에

사호강[佐保河] 건너 아사내[朝川]도 건너

가스가들[春日野]에 등을 돌리고

아스라이 산기슭 향해

저녁 어둠 되어 사라져 버리셨네.

말문 막히고 할 바마저 모른 채

다만 나 홀로

흰 비단옷 소매 말릴 새 없어

서러운지고 이내 우는 눈물은

아리마산[有間山] 구름으로 서려서

비 되어 내렸으리.

反歌

머물 길 없는 목숨이시고 보면

이승의 집 나서 구름 되어 숨으셨네.[53]

    죽음으로 사라지는 것의 덧없음과 스승에 대한 그리움을 매우 아름다운 필치로 그려낸 작품이다. 당시 이원 스님이 이역만리 타국에 와서 친척도 혈육도 없이 외롭게 지냈던 것을 추모하고 있다. 스님이 머물던 사찰은 정갈했고 신도들은 '보채며 우는 아이처럼' 쫓아와서 삶의 고통을 하소연했으며, 스님은 이들을 따뜻하게 품어주었다는 것이다. 입적한 스승을 그리며 말문을 잊고 어디로 가야 할지 서성이며 하염없이 눈물을 흘리며 이 시를 쓰고 있는 여성의 모습이 그려진다. 이 작품을 통하여 신라의 비구니스님이 일본의 재상가에 건너가 재상이 마련해 준 사찰에서 주석하며 학문을 연구하고 교육하여 고통받는 사람들을 불법으로 어루만져 주었음을 알 수 있다.

한반도 비구니들이 일본으로 이주한 기록을 좀 더 소개해 보자면 다음과 같다.

『일본서기』에 의하면, 685년(신라 신문왕 5) 5월에는 백제 비구와 비구니 및 속인 23인이 일본 무장국(武蔵国, 무사시국)으로 이주했으며,[54] 687년(신문왕 7년)에는 고구려인 56명이 상륙국으로, 신라인 14명이 하야국으로, 스님들 포함하여 고구려인 22명이 무장국에 이주했다는 기록이 보인다.[55]

또한, 『속일본기(續日本紀)』에 의하면 758년(신라 경덕왕 17)에는 일본에 귀화한 신라 출신 비구 32명, 비구니 2명, 속인 남자 19명, 속인 여자 21명이 무장국으로 이주했고, 이를 계기로 무장국에 신라군(新羅郡)이 설치되었다.[56] 이를 미루어 볼 때 당시 비구뿐만 아니라 비구니스님들도 일본으로 이주하여 불교 포교에 매진했을 것으로 추정된다.

물론 한반도의 비구니가 일본에서만 활약한 것은 아니다. 일찍이 일본 비구승 원인(圓仁, 749~854)이 쓴 『입당구법순례행기(入唐求法巡禮行記)』 제2권의 개성(開成) 5년(庚申, 840) 1월 15일의 기록에는 오늘날 중국 산동성 위해(威海)의 영성시(榮成市) 안에 있던 적산법화원(赤山法華院)에서 법화산림법회를 열던 당시 신라인들의 모습이 기록되어 있다. 이에 따르면 그곳에서는 중국어가 아닌 신라어로 의식을 집전했으며, 마침 저자가 참석했던 날은 산림법회의 회향일이었는데 남녀 200명이 법회에 참석했다고 적혀 있다. 그는 담표(曇表), 양현(諒賢) 등 비구승과 사미승 포함 10여 명의 신라인 남성 출가자 외에도 3명의 비구니와 노보살 2명이 절에 상주하고 있다고 밝혔다. [57]

이 밖에 신라 사람인 비구니 설요(薛瑤, 7세기경) 스님은 당나라에서 출가하였다. 출가 전 스님이 중국 당나라로 건너가게 된 것은 부친이 신라 무열왕 김춘추의 아들 김인문(金仁問, 629~694)을 수행하여 중국으로 갈 때 아예 가족들을 데리고 갔기 때문이다. 그런데 당나라에서 부친이 갑작스럽게 사망하자, 그녀는 출가의 길을 선택했다.

설요 스님은 출가자로 일생을 마치고자 했으나 환속할 수밖에 없는 아쉬움을 시로 표현했는데, 이것이 바로 「반속요(返俗謠)」이다. 이 작품은 문학적으로도 큰 반향을 일으켜 중국의 대표적 고전 시집 『전당시(全唐詩)』에 수록될 만큼 사람들로부터 큰 인기를 누렸다. 환속 후 스님은 요절하고 말았는데 당나라 저명 시인 진자앙(陳子昻, 661~702)은 스님을 위해서 비문까지 지어 기렸다. [58]

4. 신라 재가여성불자의 신앙생활

삼국통일 후에도 불교는 여성의 삶에 지속적으로 영향을 미쳤다. 여성들의 불교 신앙은 가정 내에서 교육을 통하여 자손들에게 대대로 이어지며 우리 사회 곳곳에 깊이 뿌리내렸다.

1) 고승 어머니의 불교신앙

『삼국유사』 「효선」에는 비구스님들의 속가 어머니에 대한 이야기가 적지 않게 전해온다. 먼저 진정(眞定) 법사는 어렸을 때 아버지가 돌아가시고 홀어머니 슬하에서 성장하였다. 출가 전 스님은 집안이 가난하여 장가도 못 가고 품을 팔아 어머니를 봉양했다. 집안에 값나가는 물건이라고는 오직 다리 부러진 철솥 하나가 전부였다. 그런데 어느 날 어떤 스님이 문 앞에 이르러 절을 지을 철물을 구한다며 보시를 권하자, 어머니는 이 철솥을 기꺼이 시주한다. 아들은 어머니께 효를 다한 후에 어머니가 돌아가시면 태백산에 주석하던 의상 대사를 찾아가 출가하겠다는 뜻을 비춘다. 그러자 진정 국사의 어머니는 다음과 같이 아들의 출가를 재촉했다.

> 불법은 만나기 어려운데 인생은 빠르게 흘러가니, 효를 마치면 또한 늦지 않겠느냐. 어찌 네가 내가 죽기 전에 도를 들었다는 소식을 듣는 것만 하겠느냐? 내 걱정하느라 미적거리지 말고 속히 가거라.[59]

늙은 어머니를 걱정하며 머뭇거리는 아들에게 어머니는 다음과 같이 꾸짖는다.

> 아! 내가 너의 출가에 방해가 된다니…. 너는 나를 지옥[泥黎]에 떨어뜨릴 작정이냐? 오직 살아서 진수성찬으로 봉양하는 것만을 어찌 효라고 할 수 있겠느냐? 나는 남의 집 문 앞에서 옷과 음식을 구하더라도 타고난 수명을 지킬 수 있으니, 네가 꼭 내게 효도를

하려거든 [어머니가 돌아가신 후에야 출가하겠다는] 그런 말은 하지 말거라. ⁶⁰⁾

진정 법사는 의상(義湘, 625~702) 스님의 제자이다. 의상 스님의 생몰연대로 추정해 보자면, 진정 법사의 어머니는 신라 삼국통일 초기, 즉 대략 7세기 후반에 살았을 것이다. 이 기록을 통해서 볼 때 이때 이르러 신라에서 불교는 상층뿐만 아니라 가난한 하층민에게까지 두루 퍼져 있었음을 짐작할 수 있다. 의상 스님의 10대 제자 중에는 진정 법사처럼 곤궁한 생활을 했던 일반 백성은 물론 지통(知通) 스님과 같이 노비 출신도 있을 만큼 불교가 이미 사회 전반에 큰 영향을 미치고 있었다.

이 외에 적인(寂忍, 785~861) 선사, 진감(眞鑑, 774~850) 선사, 보조(普照, 804~880) 선사, 낭혜(朗慧, 801~888) 화상, 진경(眞鏡, 854~923) 대사 등 여러 비구 고승의 어머니가 모두 태몽을 통해서 장차 스님이 될 아들을 얻을 것을 예견하고 있다.

2) 고승 형제자매의 신앙생활

돈황에서 발굴된 『역대법보기(歷代法寶記)』에는 신라 출신 정중무상(淨衆無相, 684~762) 선사의 발심 계기를 기록한 대목이 있다. 여기에는 그가 여동생의 깊은 불심과 출가 원력을 보고 남자로서 여동생에 미치지 못한 자신이 부끄러워 출가를 발심하게 되었다는 고백이 적혀 있다.

[중국 사천성의] 일남(釖南) 성도부(城都府) 정중사(淨衆寺)의 무상(無相) 선사는 속성이 김씨로 신라의 왕족이다. 집안 대대로 신라에서 살았다. 옛날 무상 선사가 신라에 있을 때 그의 막내 여동생이 있었

다. 그녀는 혼담이 오가자, 칼을 집어 들어 자기 얼굴을 긋고 맹세하기를 '불법의 진리에 귀의하겠다[歸眞].'라고 하면서 출가의 뜻을 분명히 밝혔다. [오빠인] 무상 선사는 이를 보고 탄식하여 "연약한 여자도 오히려 아름다운 지조를 펼치는데 굳세고 강한 장부로서 나 또한 어찌 여동생과 같은 마음이 없을 수 있겠는가?"라고 하면서 마침내 삭발하고 부모를 하직하여 서쪽으로 바다를 건너 당나라에 이르러 스승을 찾아 길을 묻고 천하를 주유하였다.[61]

무상 선사의 여동생이 이처럼 굳건하게 출가 의사를 밝힌 것을 보면 당시 신라 여성 중에 독신생활을 하다가 출가의 길을 택한 여성도 적지 않았음을 짐작할 수 있다.

주지하다시피 정중무상 선사는 중국불교와 티베트불교에 큰 족적을 남긴 고승이다. 그는 신라의 셋째 왕자로서 44세에 중국으로 건너가 오늘날 중국 사천성 성도(成都)를 중심으로 활동하다가 79세 되던 762년에 정중사에서 입적하였다. 무상 선사의 영향력은 당나라 황제에까지 미쳤다. '안사의 난'이 발발하자 현종 황제는 사천성 성도로 피난을 온다. 피난길에 황제는 무상 선사를 만나 큰 감화를 받았다. 난이 진압되어 수도로 돌아간 후에도 황제는 그를 잊지 못하여 절을 지어주고 사찰의 편액을 써주었다. 후에 무상 선사는 중국의 오백나한 중 한 분으로 받들어졌다.

그동안 당나라 비구 규봉종밀(圭峰宗密, 780~841)의 「중화전심지선문사자승습도(中華傳心地禪門師資乘襲圖)」와 『원각경대소초(圓覺經大疏鈔)』 및 『송고승전(宋高僧傳)』을 통해서만 무상 선사에 대한 정보를 알 수 있었다. 그런데 이처럼 돈황 출토 『역대법보기』가 세상에 알려지면서 무상 선사의 누이에 대한 이야기가 새롭게 알려지게 되었고, 이를 통해서 신라 불자 여성들의 삶을 짐작해 볼 수 있으니 무척 다행이라 하겠다.

3) 서민 여성들의 신앙생활

불교 전래 후 상당 기간 불교는 귀족 중심으로 신봉되었을 뿐 서민 층에까지 영향을 미치지는 못했다. 그러나 신라 하대로 가면서 불교는 전 사회적으로 널리 보급되었다. 우리는 『삼국유사』 「감통」에 등장하는 여종 욱면(郁面)과 가난한 여인 보개(寶開)의 이야기를 통해서 서민 여성의 불교 신앙을 살펴볼 수 있다. 먼저 욱면의 경우를 살펴보자.[62]

욱면은 제35대 왕 경덕왕(재위 742~765) 때 강주(康州) 지방의 관료 귀진(貴珍)의 집에서 일하던 몸종이었다. 당시 수십 명의 불자들이 이곳에 미타사를 세우고 서방정토 극락왕생을 기원하며 만일결사 기도를 하고 있었다. 강주는 지금의 경남 진주라고도 하고 경북 영주라고도 한다. 두 곳 중 어느 곳이라고 해도 서울인 경주에서 한참 떨어진 곳인 만큼 당시 지방의 사찰에서도 불자들의 활동이 활발했음을 알 수 있다.

귀진이 매일 미타사에 다녔기에 욱면도 주인을 모시고 미타사를 왕래했다. 욱면은 법당에서 '아미타불'을 염송하는 사람들을 보면서 자신도 마당에 서서 경건하게 '아미타불'을 염송하였다. 귀진은 욱면이 직분에 맞지 않는 행동을 한다고 생각하고 못마땅하게 여겨 절에 가기 전날마다 곡식 두 섬을 주면서 이것들을 다 찧어 놓으라고 지시를 내렸다. 욱면은 부지런히 곡식을 미리 찧어 놓고 절에 올라와 아미타불을 지극정성으로 염송하였다.

그런데 늘 노동에 시달리다 보니 욱면은 졸음이 오거나 피로감을 느껴 해이한 마음이 생기는 때도 있었던 모양이다. 욱면은 대원을 세우고 절 안마당의 좌우에 말뚝을 세워 놓은 후 자신의 양 손바닥을 뚫어 끈으로 꿰어 말뚝에 묶은 채 매일 마당에 서서 아미타불 염송을 했다. 그러자 어느 날 법회에 참석했던 사람들의 귀에 공중으로부터 '욱면은 법당에 들어가서 염불하라.'는 소리가 들렸다. 이를 이상하게 여긴 승려들이 욱면도 법당에 들어오는 것을 허락하였다. 욱면이 법당에 들어가 염불을 시작하자 하늘에서 음악 소리가 들렸고 마침내 그녀는 하늘로 솟구쳐 법당을 뚫고 날아올라 서쪽 교외에 이르러 몸을 버리고 큰 빛을 발하면서 승천하였다고 한다.

이처럼 욱면이 지극한 염불기도를 통해서 서방정토로 승천했다는 기록은 불교가 더 이상 귀족의 전유물이 아니며 신분의 높고 낮음이나 성별을 막론하고 누구나 신앙하는 시기에 이르렀음을 간접적으로 시사하고 있다. 이는 원효가 민중 속으로 깊숙이 들어가 무애행을 펼친 것, 의상 대사가 노비 출신 제자를 받아들인 것과 더불어 불교가 전 사회적으로 전파되었음을 보여주는 증거이다.

다음으로 장춘(長春)의 어머니 보개(寶開)의 사례를 살펴보자. 보개는 신라 제35대 경덕왕(재위 742~765) 대의 여성으로 대략 욱면과 동시대 사람이다. 『삼국유사』 「탑상」에는 우금이라는 마을의 가난한 여성 보개가 얼마나 간절히 관세음보살님께 기도했는지를 알 수 있는 내용이 실려 있다. 그 내용을 정리해 보면 다음과 같다.

여성불자 보개는 틈만 나면 마을의 민장사라는 절에 찾아가 지극 정성으로 기도 수행을 했다. 보개에게는 중국 강남을 오가는 무역선에서 선원으로 일하던 장춘이라는 아들이 하나 있었다. 요즘 개념으로 보자면 장춘 아들의 직업은 국제선 선원이었던 것이다. 당시 항해 기술을 생각해 본다면 아들의 직업은 위험도가 매우 높은 극한 직업이었다.

그러던 어느 날 당나라로 출항한 아들이 탄 배가 돌아오지 않자 어머니 보개는 큰 근심에 빠졌다. 보개는 혼란한 마음을 다잡고 민장사의 관음보살 앞에 엎드려 7일 동안 지극 정성으로 기도를 드렸다. 그런데 당나라 천보(天寶) 4년(745) 4월 8일 석탄일에 갑자기 기적이 일어났다. 아들이 살아서 돌아온 것이다. 무사 귀환한 아들은 다음과 같은 놀라운 이야기를 전해주었다.

바다 가운데에서 회오리바람을 만나 선박이 부서져서 동료들은 모두 죽었습니다. 하지만 저는 나뭇조각을 타고 떠다니다가 [중국] 오(吳)나라 해변에 닿았습니다. 오나라 사람들이 저를 데려가서 농사를 짓게 했습니다. [하루는] 고향에서 온 것 같은 기이한 스님이 와서 저를 불쌍히 여기고 위로하며 데리고 갔습니다. 앞에 깊은 도랑이 나타나자 스님이 겨드랑이에 저를 끼고 뛰었습니다. 정신이 혼미한 가운데 고향 말소리와 우는 소리가 들려 둘러보니 이미 이곳이었습니다. **63)**

보개도 욱면과 같이 서민층의 가난한 여인이었다. 보개의 가피 이야기는 이 시기에 이르러 사회적 신분 고하에 상관없이 많은 사람들이 불교를 믿고 신앙 활동을 활발히 하고 있었음을 알려준다.

1) 부여 여성과 신라 여성의 이야기는 『삼국사기(三國史記)』 「고구려본기(高句麗本紀)」의 '유리왕(琉璃王)'조와 「신라본기」 신라 21대왕 '소지마립간'조에 각각 등장한다. 두 여성에 대한 자세한 분석은 '최광식(1981), 「삼국사기 소재 노구의 성격」, 『고대사학회』 25, 1~23.'의 pp.4~5 참조.

2) 『삼국사기』 권32, 「지(誌)」.

3) 『삼국사기』 권4, 「신라본기(新羅本紀)」 진흥왕 37년조.

4) 『삼국사기』 권1, 「신라본기」 혁거세거서간.

5) 『삼국사기』 권1, 「신라본기」 탈해이사금.

6) 『삼국사기』 권17, 「고구려본기」 미천왕조 및 최광식, 위의 글, p.5 참조.

7) 기록에 따라 '아도(阿道)', '아도(我道)', '아두(阿頭)', '아도(阿度)' 등으로 차이가 있음.

8) 『삼국유사』 권3, 「흥법」 阿道基羅: 我道高麗人也. 母高道寧, 正始間曹魏人我崛摩奉使勾麗, 私之而還, 因而有娠. 師生五歲其母令出家. 年十六歸魏省覲崛摩, 投玄彰和尚講下就業. 年十九又歸寧於母, 母謂曰. "此國于今不知佛法, 爾後三千餘月, 雞林有聖王出大興佛教. 其京都內有七處伽藍之墟. … 皆前佛時伽藍之墟, 法水長流之地. 爾歸彼而播揚大教, 當東嚮於釋祀矣." 이하 본서에서 인용한 『삼국유사』, 『삼국사기』의 원문과 번역문은 '한국사데이터베이스'의 자료를 참고하여 작성함.

9) 『삼국유사』 권3 「흥법」: 道稟教至雞林寓止王城西里, 今嚴莊寺 … 詣闕請行教法, 世以前所未見爲嫌至有將殺之者. 乃逃隱于續林毛祿家.

10) 『삼국유사』 권3 「흥법」: 三年時成國公主疾, 巫醫不效, 勅使四方求醫. 師驀然赴闕其疾遂理. 王大悅問其所須, 對曰 "貧道百無所求, 但願創佛寺於天境林大興佛教奉福邦家爾." 王許之命興工. 俗方質儉編茅葺屋, 住而講演時或天花落地. 号興輪寺. 毛祿之妹名史氏投師爲尼, 亦於三川歧創寺而居. 名永興寺.

11) 『삼국유사』 권3, 「흥법」: 毛祿之妹名史氏投師爲尼, 亦於三川歧創寺而居. 名永興寺. 未幾未雛王即世, 國人將害之, 師還毛祿家自作塚閉戶自絶, 遂不復現. 因此大教亦廢·至二十三法興大王以蕭梁天監十三年甲午登位乃興釋氏, 距未雛王癸未之歲二百五十二年. 道寧所言三千餘月驗矣.

12) 江田俊雄, 『朝鮮佛教史の研究』. 國書刊行會, 1977. p.137; 권상로, 『조선불교사』, p.5. 여기서는 한국사데이터베이스, 『삼국사기』 권4 「신라본기·법흥왕(法興王)」의 주석4 참조.

13) 『周書·異域列傳』 「百濟」: 俗重騎射, 兼愛墳史. 其秀異者, 頗解屬文·… 僧尼寺塔甚多, 而無道士.

14) 각훈(覺訓), 『해동고승전(海東高僧傳)』 권1 「유통(流通)·석마라난타(釋摩羅難陀)」: 上好下化, 大弘佛事共贊奉行, 如置郵而傳命.

15) 각훈(覺訓), 『해동고승전(海東高僧傳)』 권1 「유통(流通)·석마라난타(釋摩羅難陀)」: 二年春叛寺於漢山度僧十人, 尊法師故也.

16) 이능화. 『조선불교통사』 권상, 1918. pp.33~34.

17) 이하 내용은 「元興寺伽藍縁起并流記資財帳」, 『大日本仏教全書·寺誌叢書2』 Vol. 第118, 1913. pp.138~148'의 내용을 발췌하여 재구성함.

18) 위와 같은 곳: "傳聞出家之人以戒爲本, 然無戒師, 故度百濟國欲受戒."

19) 위와 같은 곳: "此三尼等, 欲度百濟國受戒, 是事應云何耶?"

20) 위와 같은 곳: "尼等受戒法者尼寺之法, 先請十尼師, 受本戒已. 即詣法師寺請十法師, 先尼師十合卄師所受本戒也. 然此國者, 但有尼寺, 無法師寺及僧, 尼等若爲如法者, 設法師寺, 請百濟國之僧尼等, 可令受戒白."

21) 위와 같은 곳: "我等國者, 法師寺尼寺之間, 鍾聲互聞, 其間無難事, 半月日中之前, 往還處作也."

22) 위와 같은 곳: 尼等強欲度白,…以戊申年往…以百濟工等作二寺也. 然尼寺者如標始, 故今作法師寺告.…共起法師寺處, 以戊申年假垣假僧房作, … 爲作二寺, … 以庚戌年, 自百濟國尼等還來官白, "戊申年往即受六法戒, 己酉年三月受大戒, 今庚戌年還來白."

23) 이향순. 『비구니와 한국문학』 예문서원, 2008. p.15 참조.

24) 『日本書紀』 제21권: 三年 春三月, 學問尼善信等, 自百濟還, 住櫻井寺. 是歲, 度尼, 大伴狹手彦連女善德·大伴狛夫人·新羅媛善妙·百濟媛妙光, 又漢人善聰·善通·妙德·法定照·善智聰·善智惠·善光等. 鞍部司馬達等子多須奈, 同時出家. 名曰德齊法師. 본서에서 『日本書紀』의 원문과 표점 부호는 한국사데이터베이스를 이용함.

25) 寶唱 저, 『比丘尼傳』 제1권 「淨檢尼傳」

26) 寶唱 저, 『比丘尼傳』 제2권 「僧果尼傳」.

27) 남북국시대: 남쪽의 통일신라와 북쪽의 발해가 병존한 7세기 후반부터 10세기 전반까지를 이름.

28) 문헌자료를 통한 신라 비구니 기록에 대해서는 다음을 참고할 수 있음. 김영미, 「신라불교사에 나타난 여성의 신앙생활과 승려들의 여성관」, 『여성신학논집』 1권, 1995; 김정숙, 「신라불교에서 비구니의 존재와 활동」, 『대구사학』 99집, 2010.

29) '파조부인(巴刁夫人)'은 석남필사본·동경제국대학연인본·속장경본·최남선교주본·이병도역주본·이재호역주본·권상로역해본에는 '파도부인(巴刀夫人)'으로 되어 있고, 조선사학회본에는 '일축부인(日丑夫人)'으로, 삼품창영이찬본(三品彰英遺撰本)에는 '왈축부인(曰丑夫人)'으로 되어 있으며(이상은 한국사데이터베이스 『삼국유사』 권1 「왕력(王曆)」의 주석 110 참조), 『지리산화엄사사적(智異山華嚴寺事蹟)』과 『불국사고금창기(佛國寺古今創記)』에는 '사축부인(巳丑夫人)'으로 나온다. 대개 한자 모양이 비슷하기 때문에 비롯된 오류일 듯하며 어느 것이 정확한지는 알 수 없다.

30) 포항시, 「포항 법광사지 삼층석탑 학술조사 보고서」, 2019.

31) 해안(海眼) 저(1636, 인조 14), 『지리산화엄사사적(智異山華嚴寺事蹟)』: 신라 법흥왕 15년(528) 무신년에 불법을 크게 행하자 영제부인(법흥왕의 모, 지증왕의 처)

과 [법흥왕의] 비 사축부인이 출가하여 비구니가 되었다. [사축부인의] 법명을 법류(法流)
라 하였다. [왕은] 율령을 잘 받들어 행하였으므로 [사람들이 화엄사를] 화엄불국사 또는
화엄법류사라고 불렀고 『계림고기』에는 황둔사(黃芚寺)라고 하였다.(梁天監十三年甲午,
新羅法興王立十五年戊申, 大行佛法. 母迎帝夫人, 妃已丑夫人, 出家爲尼, 名法流. 行持
律令, 故或稱華嚴佛國寺, 或稱華嚴法流寺, 或稱華嚴法雲寺, 雞林古記或稱黃芚寺.) 원문
은 동국대학교 불교기록문화유산아카이브의 목판본 이미지를 참고함.

32) 동은(東隱) 저(1740년 영조 16) 『佛國寺古今創記』:
[중국] 양나라 대통 2년(528) 무신년 즉 신라 법흥왕 27년에 [불국사가] 처음으로 창건되
었다. 법흥대왕 어머니 영제부인과 [법흥왕의] 비 사축부인은 출가하여 비구니가 되었
다. [사축부인의] 법명을 법류(法流)라고 했다. [왕이] 율령을 잘 지키고 실천하였으므로
화엄불국사라고도 부르고, 화엄법류사라고도 불렀다. 신라 미추왕 20년 계미년에 고구
려의 승 아도가 중국에 건너가서 현창 화상에게 법을 배워 가지고 온 이래 창건되었다
가 폐허가 된 가람으로 흥륜사, 영흥사, 황룡사, 분황사, 영묘사, 사천왕사, 담엄사 등 일
곱 곳이 있었다. 이는 모두 이 불국사에 앞서 세워졌던 불교 가람의 옛 터들이며, 법수
(法水)가 오래 흘렀던 곳이다. 그 전통을 이어 불법을 이 시대에 널리 펴기 위해 영제부
인 때에 칙령을 내려 불국사를 창건하였다.(梁大通二年戊申新羅法興王二十七年始基立:
法興大王母迎帝夫人妃已丑夫人, 出家爲尼名法流. 行持律令, 故或稱華嚴佛國寺, 或稱
華嚴法流寺. 新羅味鄒王二十年癸未, 句麗阿度受玄暢之法, 而來始基中廢, 伽藍曰興輪
永興皇龍芬皇靈妙四天曇嚴寺等七處, 皆先佛伽藍之墟, 法水長流之地. 自此佛法大行於
世, 時迎帝夫人, 勅創佛國寺.)

33) 응윤(應允), 『경암집(鏡巖集)』 하권 「화엄사기(華嚴寺記)」: 殿上世尊舍利塔九層.有鐵
面子記.余讀之.乃慶州佛國寺事蹟.誤作此寺古記荒唐無準.故不取錄.

34) 동은(東隱) 저(1740년 영조 16) 『佛國寺古今創記』: [중국] 진나라 선제 대건 6년 갑오년
(574년) 신라의 진흥왕 36년에 중흥하였다. 진흥왕은 어머니 지소부인을 위하여 절을 새
로 짓고 승려들을 출가하도록 [허용]했으며, 황룡사의 장육불을 구리 5만7천5근을 써서
주조했는데 [여기에 든 비용이] 102량이었다. [지소부인은] 삭발하고 비구니가 되었으며 법
호는 법운자(法雲子)라고 스스로 지었다. (陳宣帝大建六年新羅眞興王三十六年重興: 眞
興王爲母只召夫人, 創寺度僧, 鑄皇龍寺銅像丈六尊佛, 五萬七千五斤鑄, 金百二兩. 夫人
因剃髮爲尼, 自號法雲子.)

35) 황인규, 「북한지역 고구려와 발해의 불교 사찰」, 『불교연구』 제51집, 2019. p.152.

36) 왕흠약(王欽若) 등 공저, 『책부원귀(册府元龜)』, 권 971: [당나라 현종] 개원 원년(713) 12월
말갈(발해)의 왕자가 내조했는데, 시장에서 교역을 하고 절에 가서 예불을 하겠다고 [황
제에게] 청하니 허락하였다.(開元元年十二月, 靺鞨王子來朝, 奏曰請臣就市交易, 入寺禮
佛, 許之.)

37) 왕흠약(王欽若) 등 공저, 『책부원귀(册府元龜)』, 권 972: [당나라 현종] 원화 9년(814) 정월
에 발해에서 파견된 고예진(高禮進) 등 37명의 사신단이 입조했는데, 이때 금불상 1구와
은불상 1구를 헌상하였다.(元和九年正月 渤海遣使高禮進等三十七人朝貢 獻金銀佛像各
一.)

38) 「정창원 악구궐실병출납장(正倉院 樂具闕失幷出納帳)」, 한국고대사료 DB 송기호 판독문 참조.

39) 「함화11년 중대성첩 사본(咸和 11年 中臺省牒 寫本)」, 한국고대사료 DB, 송기호 판독문 참조.

40) 盧偉, 「渤海國佛敎遺蹟發掘及其佛敎的傳佈考」, 『Journal of Mudanjiang Normal University(p.hilosop.hy Social Sciences Edition)』, 2010. (05), p.71.

41) 盧偉, 「渤海國佛敎遺蹟發掘及其佛敎的傳佈考」, 『Journal of Mudanjiang Normal University(p.hilosop.hy Social Sciences Edition)』, 2010. (05), p.70.

42) 두 공주의 묘지명 내용은 「정혜공주묘지(貞惠公主墓誌)」와 「정효공주묘지(貞孝公主墓誌)」, 한국고대사료 DB 송기호 판독문 참조.

43) 이 번역문은 정재영·최강선 교수가 번역한 것이며, 이 책에서는 경향신문 「설총보다 100년 앞서 '이두의 시작' 알린 무술오작비…여승이 지휘한 공사기록이었다.」 (2019. 12. 26.) 에서 인용함.

44) 원문의 '아니(阿尼)'는 비구니스님을 뜻함.

45) 권인한, 「6세기 신라 금석문들의 고유명사 표기자 분석」, 『대동문화연구』 113집, 2021; 경향신문 「설총보다 100년 앞서 '이두의 시작' 알린 무술오작비…여승이 지휘한 공사기록이었다.」 2019. 12. 26; 정재영·최강선, 「무술오작비 3D스캔 판독」, 구결학회 발표 자료, 2019; 하일식, 「무술오작비 추가 조사 및 판독 교정」, 『목간과 문자』 3, 한국목간학회, 2009. p.27; 임창순, 「대구에서 신발견된 무술오작비소고」, 『사학연구』(1). 1958.

46) 周玉茹, 「北魏比丘尼統慈慶墓誌考釋」, 『北方文物』 2호, 2016. p.91.

47) 한기문, 「신라말 고려초의 戒壇寺院과 그 기능」 pp.54~55 참조.

48) 승포영자 앞의 책, p.172. p.175; 김정숙, 「신라불교에서 비구니의 존재와 활동」, 『대구사학』, 2010. p.235 참조.

49) 승포영자 앞의 책, pp.29~30; 김정숙의 앞의 논문 p.236 참조.

50) 『삼국유사』 권5, 감통, 경흥우성: 忽寢疾彌月, 有一尼来謁候之, 以華嚴経中善友原病之說爲言曰. "今師之疾憂勞所致喜笑可治." 乃作十一樣面貌, 各作俳諧之舞, 巉巖成削變態不可勝言. 皆可脫頤. 師之病不覺洒然. 尼遂出門乃入南巷寺而隱, 所將杖子在幀畫十一面圓通像前.

51) 김수연, 「고려시대 밀교사 연구」, 이화여대 박사논문, 2012. p.130.

52) 『원형석서(元亨釋書)』 권21: 法明尼, 百濟人. 齊明二年內臣鎌子連寢病, 百方不瘥. 明奏曰, 維摩詰経因問疾說大法, 試爲鎌子連讀之. 帝詔讀之, 未終卷病即愈.

53) 시의 번역문은 『한국일보』 1985년 3월 16일자 제6면 이종기(李鐘琦) 번역문을 인용하였고, 시에 대한 해설은 같은 곳 이종기의 설명과 김영태, 「신라의 여성 출가와 尼僧職 고찰」, 『법계명성전집(6)』, 불광출판사, 2019. pp.43~46 참조. 다만 이종기는 735년을 신라 성덕왕 32년이라 잘못 표시하여 여기서는 성덕왕 34년으로 정정함.

54) 『日本書紀』 卷二九天武天皇十三年五月甲子: "五月辛亥朔甲子. 化來百濟僧尼及俗人. 男女幷廿三人. 皆安置于武藏國."

55) 『日本書紀』 卷三〇持統元年四月癸卯: "三月乙丑朔己卯以投化高麗五十六人居

于常陸國。賦田受稟。使安生業。…三月丙戌以投化新羅人十四人。居于下毛野國。賦田受稟。使安生業。…夏四月甲午朔癸卯。筑紫大宰獻投化新羅僧尼及百姓男女廿二人。居于武藏國。賦田受稟。使安生業。"

56) 『續日本紀』卷廿一天平宝字二年八月癸亥: "歸化新羅僧卅二人。尼二人。男十九人。女廿一人。移武藏國閑地。於是。始置新羅郡焉。"

57) 『입당구법순례행기(入唐求法巡禮行記)』제2권 開成五年正月十五日: 此日山院法花會畢.集會男女.昨日二百五十人.今日二百來人.結願已後.與集會眾.授菩薩戒.齋後皆散去.赤山法花院常住僧眾及沙彌等名.僧曇表.僧諒賢.僧聖琳僧智真.僧軌範(禪門).僧頓證(寺主).明信(去年典座)惠覺(禪門).修惠.法清(去年院主)金政(上座).真空.法行(禪門).忠信(禪門).善範.沙彌道真(去年直戈).師教.詠賢.信惠(住日本國六年)融洛.師俊.小善.懷亮.智應.尼三人.老婆二人.(원문은 CBETA B0095 入唐求法巡禮行記에서 인용함). 이 책의 한국어번역본은 신복룡 번역·주해, 『입당구법순례행기』(선인출판사, 2007)를 참고할 수 있음.

58) 진자앙(陳子昻),「관도곽공희설씨묘지명(館陶郭公姬薛氏墓誌銘)」참조.

59) 『삼국유사』제9권「효선(孝善)」 母曰, "佛法難遇, 人生大速, 乃曰畢孝不亦晚乎. 曷若趁予不死以聞道聞. 慎勿因循速斯可矣."

60) 『삼국유사』제9권「효선(孝善)」 母曰, "噫爲我防出家, 令我便墮泥黎也. 雖生養以三牢七鼎豈可爲孝. 予其衣食於人之門亦可守其天年, 必欲孝我莫作爾言."

61) 大正新脩大正藏經 Vol. 51, No. 2075: 釖南城都府淨泉寺無相禪師, 俗姓金, 新羅王之族, 家代海東. 昔在本國, 有季妹, 初下聞禮娉, 授刀割面誓言志歸真. 和上見而歎曰, 女子柔弱, 猶聞雅操. 丈夫剛強, 我豈無心! 遂削髮辭親, 浮海西渡, 乃至唐國, 尋師訪道, 周遊涉歷.《曆代法寶記》CBETA 電子版)

62) 『삼국유사』권5「욱면비염불서승(郁面婢念佛西昇)」의 관련 기록은 다음과 같다: 景德王代康州善士数十人志求西方於州境創彌陁寺約万日爲契. 時有阿干貴珎家一婢名郁面. 随其主歸寺立中庭隨僧念佛. 主憎其職, 每給穀二碩一夕舂之. 婢一更春畢歸寺念佛日夕微怠. 庭之左右竪立長橛以繩穿貫兩掌繫於橛上, 合掌左右遊之激勸焉. 時有天唱於空, "郁面娘入堂念佛." 寺衆聞之勸婢入堂隨例精進. 未幾天樂從西来, 婢湧透屋樑而出. 西行至郊外捐骸, 變現真身坐蓮臺放大光明緩緩而逝, 樂聲不徹空中. 其堂至今有透穴處云. 按僧傳, 棟梁八珎者觀音應現也. 結徒有一千, 分明爲二一勞力, 一精修. 彼勞力中知事者不獲戒墮畜生道爲浮石寺牛. 嘗馱経而行賴經力轉爲阿干貴珎家婢名郁面. 因事至下柯山感夢遂發道心. 阿干家距惠宿法師所創彌陁寺不遠, 阿干每至其寺念佛, 婢隨往在庭念佛云云." 如是九年歳, 在乙未正月二十一日禮佛撥屋梁而去, 至小伯山墮一隻履就其地爲菩提寺, 至山下弃其身即其地爲二菩提寺, 榜其殿曰勖面登天之殿. 屋脊穴成十許圍, 雖暴雨密雪不霑濕. 後有好事者範金塔一座直其穴安承塵上, 以誌其異, 今榜塔尚存. 勖面去後, 貴珎亦以其家異人托生之地捨爲寺曰法王納田民. 久後廢爲丘墟, 有大師懷鏡與承宣劉碩·小卿李元長同願重營之. 鏡躬事土木, 始輸材夢老父遺麻葛屨各一. 又就古神社論以佛理, 斫出祠側材木九('한국사데이터베이

ㅅ 교감에 의하면 '九'는 '凡'의 오기)五載告畢. 又加藏獲蔚爲東南名藍, 人以鏡爲貴珎
後身. 議曰. 按鄕中古傳, 郁面乃景德王代事也, 據徵(徵字疑作珎, 下亦同.)本傳, 則
元和三年戊子哀莊王時也. 景德後歷惠恭·宣德·元聖·昭聖·哀莊等五代共六十餘
年也. 徵先面後與鄕傳乖違. 然兩存之闕疑.

63) 『삼국유사』 권3 「민장사(敏藏寺)」: 海中風飄舶壞同侶皆不免, 予乘隻板歸泊吳涯.
吳人收之俾耕于野. 有異僧如鄕里來, 予慰勤勤率我同行, 前有深渠, 僧掖我跳
之. 昏昏間如聞鄕音與哭泣之聲, 見之乃已屆此矣.

제2장

:

고려시대

제2장

고려시대

　고려시대를 흔히 불교문화의 황금기라고 일컫는다. 고려 태조 왕건 (王建, 재위 918~943)은 「훈요십조(訓要十條)」에서 고려왕조의 대업이 부처님의 도움으로 이루어졌음을 천명하며, 해마다 연등회를 여는 등 불법을 받들 것을 유훈으로 남겼다. 그런데 「훈요십조」를 자세히 들여다보면 불교를 옹호하라는 내용만 있는 것은 아니다. 태조는 신라가 멸망한 원인을 타락한 승려들이 권력과 결탁한 데에서 찾고 있으며,[1] 이러한 일이 다시는 일어나지 않도록 경계하고 또 경계할 것을 당부하였다.

　고려왕조는 건립 초기부터 불교가 국가 질서 체제하에 있어야 함을 분명히 인지시키고 중앙정부 주도하에 불교의 운영방식을 체계화하고자 했다. 이것을 가장 명확히 드러내 보인 왕은 태조와 광종이었다. 이후 갖은 전란으로 국가 행정력이 약화된 때를 제외하면 태조와 광종의 불교정책은 고려불교 전반의 성격 형성에 결정적 작용을 했으며, 나아가 조선불교 체제에까지 큰 영향을 미쳤다.

　먼저, 태조는 수도 개경 근처에만 계단사원(戒壇寺院)을 집중적으로 건립하여 중앙정부의 주도하에 출가자 선발과 신분증 발급, 각 출가자의 후속 관리 등 승단에 대한 종합적 행정관리를 매우 강력하게 시행했다. 뒤이어 광종(光宗, 재위 949~975)은 중국에서 온 이민자 쌍기(雙翼, 10세기 중후반)의 건의를 받아들여 과거제와 함께 승과제를 도입하여 불교인재를 선발하기 시작했다. 광종은 과거제와 승과제라는 두 인재 선발제도를 새의 양 날개와 같이 활용하여, 세속적 영역과 정신적 영역을 모두 장악하고자 했다.

이에 따라 고려사회에서 비구 고승들은 국왕에 버금가는 예우를 받았던 만큼 당대 제일의 문벌귀족과 긴밀히 연결되어 있었다. 고려시대 사찰의 주지 자리는 승과(僧科) 및 승계(僧階)와 함께 과거시험을 통한 관직 획득과 마찬가지로 국가의 공적인 지배체제를 이루는 제도였다.[2]

승록사(僧錄司)와 계단사원(戒壇寺院)은 태조의 불교계 개혁조치 방향이 어디를 향하고 있는지를 가장 구체적으로 보여 준다. 이것들은 인도불교와 무관한, 중국에서 비롯된 제도인데, 태조가 이를 고려불교에 수용한 것이다. 승록사는 승려의 선발과 도첩 발급, 출가 후 3년마다 출가자별 후속 관리와 승적부 경신 등 출가자의 행정관리 전담 부서였고, 계단사원은 정부 지정 공식 수계 사찰이었다. 이 두 기관이 톱니바퀴처럼 돌아가며 국가 주도의 불교 행정체계가 구축되었다. 고려의 비구니와 비구니승가 또한 이러한 체제하에 놓여있었음은 말할 것도 없다.

한편, 광종의 승과제 도입은 이러한 행정체계가 보다 원활하게 돌아갈 수 있도록 전문적 승려관료를 배양하고 활용하는, 효율적 인재관리를 목적으로 시행되었다. 정식으로 선발되고 도첩을 발급받은 출가자만을 대상으로 과거제와 유사한 방식의 치열한 경쟁을 통해 최고의 불교인재를 선별하고, 이들을 통해 불교를 이끌어 가겠다는 구상이었다.

광종의 승과제 도입은 고려 비구니와 비구니승가에 큰 영향을 미쳤다. 무엇보다 승과 시험 응시자격을 남성출가자에게만 주었으므로 비구니들이 공식적으로 활동할 수 있는 여지가 많이 줄어들 수밖에 없게 되었다. 이렇게 교단 전반이 남성 인재 위주로 운영되면서 비구니의 적극적 활동과 리더십은 잘 드러나지 않게 되어 비구니들은 공식 기록에서 멀어지고, 대신 신앙생활과 수행에 집중하는 모습만 간헐적으로 기록되어 있다.

1. 비구니승단의 규모

우리는 흔히 고려가 불교국가였던 만큼 고려시대 비구니 자료가 많이 남아있을 것이라고 생각하기 쉽다. 그러나 기대와 달리 관련 문헌자료는 물론 구전자료조차 거의 전해지지 않는 형편이다. 고려 멸망 후 국가 기록문서이건 불교계 문서이건 막론하고 대부분 유실되었기 때문이다. 그나마 오늘날까지 전해진 불교계 자료들조차 거의 대부분 남성의 자료이다. 여성출가자에 관한 자료는 매우 희귀한 상황인데, 남성 중심의 승과제 운용 이후 공식 승직에서 비구니들이 배제되면서 설사 비구니들이 다양한 활동을 했더라도 공식 기록에서 멀어질 수밖에 없었을 것이다.

그렇다고 해서 고려시대 비구니가 승관을 받은 사례가 전혀 없었다고 단언할 수는 없다. 그 한 예로 문종(文宗) 6년(1052) 10월에 왕이 배현경(裵玄慶) 등 개국공신 6명의 후손에 대해 혜택을 베푼 사례가 『고려사』에 등장한다. 문종은 해당 인물들에게 벼슬을 내렸는데, 세속인과 출가자에게 동일하게 혜택을 주었다. 그래서 비구는 물론 비구니에게도 아직 관직이 없는 사람에게는 관직을 주고, 이미 관직이 있는 사람은 1계급 승진을 시켰다.[3] 이러한 사실은 당시 비구니도 관직을 받았음을 보여 준다. 이후 소개할 비구니 성효스님도 비록 입적 후 추증받은 것이기는 하나 국왕으로부터 '대사(大師)'라는 칭호를 하사받았다. 뿐만 아니라 고려시대 사료에서 여성출가자와 비구니 사원이 늘어나는 것을 막고자 정부 조치가 빈번하게 내려졌던 것을 고려한다면 비록 신라에서처럼 고위직이 아니라고 해도 비구니를 관리하기 위한 비구니 관직이 있었을 가능성이 높다.

그렇다면 고려시대 비구니 승단의 규모는 어떠했을까? 종합적으로 볼 때 당시 승단의 규모는 매우 컸을 것으로 추정된다. 위에서 말했던 바와 같이 우선 비구니 출가자의 증가를 막고자 하는 일련의 시도들이 공식 기록 곳곳에서 보이기 때문이다. 대표적인 예로 고려 현종 8년(1071)에는 개인 주택을 절로 만들거나 부녀자들이 출가하는 것을 금지하는 명령을 내렸다.[4] 같은 왕 8년(1017)에 이를 "'다시' 금지한다."는 내용이 등장하는 것으로 보아 국가가 법으로 막아도 듣지 않을 만큼 출가하는 여성이 많았음을 알 수 있다.

사실 비구니 승단이 지나치게 비대해지는 것을 막고자 하는 일련의 시도는 과거 중국불교에서도 자주 나타난 현상이다. 중국의 경우 위진 남북조 시대에 이어 당나라와 송나라 비구니공동체는 매우 활성화되어 있었다. 당나라 초기 개원·천보 연간(713~756) 불교 사원은 총 5,358곳이었고, 이 가운데 비구니 사원이 2,113곳으로 나타났다. 이는 비구니 사원이 사원 전체의 2/5에 해당하는 숫자이다. 또 무종(武宗, 재위 840~846)의 폐불 정책으로 불교가 큰 타격을 입었음에도 곧이어 선종(宣宗, 재위 847~859)이 종교 활동의 자유를 보장해주자 첫해에 이미 수도 장안에 여성출가자가 급증하여 비구와 비구니사찰 비율이 3:2에까지 이르렀다.[5] 또 당나라 멸망 후 오대십국(五代十國) 시기(907~979)에 후주(後周) 세종(世宗, 재위 954~959)이 불교탄압정책을 펼쳤던 때조차 비구니들이 전체 출가자의 약 40%를 점유하고 있었다.[6] 당시 우리나라 불교계의 전반적 상황이 중국과 비슷했던 점을 감안할 때 위의 자료들은 고려 비구니 승단의 규모를 짐작하는 데 참고가 될 수 있다.

『고려사』의 반승(飯僧)에 관한 빈번한 기록도 고려 비구니 승단의 규모를 가늠해 볼 수 있는 자료이다. '반승'은 스님들에게 공양을 올리는 행사를 말하는데, 고려시대에는 국왕이 주도하여 국가적 차원에서 반승을 올리는 경우가 많았다.[7] 이 의례는 신라 때 백고좌법회 후 반승을 하던 것에서 비롯되었을 가능성이 크며, 고려에 와서는 백고좌법회가 2~3년마다 자주 열렸기 때문에 반승도 더 체계적으로 이루어졌다.

사료를 종합적으로 살펴볼 때 반승의 참석 인원은 대략 1만에서 3만 명의 대규모였으며, 거의 대부분 개경의 궁궐 안에서 열렸다.[8] 충선왕(忠宣王, 재위 1308~1313)은 특히 반승을 중요하게 생각해서, 본인 살아생전 108만 명의 스님들에게 반승을 하겠다고 서원할 정도였다.[9] 물론 여기서 말하는 3만 명이나 108만 명이란 하루 단위로 집계된 누적 숫자를 의미한다. 즉 만약 1만 명의 스님을 초청하여 총 3일간 공양을 올렸다면 3만 명으로 집계하는 것이다. 어찌 되었건 고려시대 정부 주도의 반승행사가 얼마나 규모가 컸고, 국왕이 이 행사를 얼마나 중시했는지를 짐작케 한다. 여기서 '반승(飯僧)'의 '승(僧)'은 비구와 비구니의 통칭이며,[10] 따라서 비구니들 또한 조정에서 열린 불교행사에 활발히 참여했을 것이다.

그런데 고려 때 반승 의례는 이상과 같이 중앙정부가 주도하는 정기적이고 공식적인 대규모 사례만 있었던 것이 아니며, 전국 각 사찰에서 다양한 경로와 다양한 사람들에 의해 행해졌다. 오늘날 신심 깊은 불자들이 스님들께 공양을 올리는 일도 바로 고려시대 반승의식의 전통과 맥을 같이 한다. 우리는 왕실 내 비구니 사원에만 단독으로 반승행사를 열었던 사례도 찾을 수 있다. 충선왕 복위 원년인 1308년 9월에는 국왕 주도하에 '반승니이천이백여인(飯僧尼二千二百餘人)'이라는 기록이 보인다. 동년 10월에도 인원은 밝히지 않았지만 '다시 승니에게 공양을 올렸다.(又飯僧尼)'는 기록이 있으며, 충선왕 3년(1311) 1월에는 한 해 동안 매월 3천 명에게 반승을 올리는 '반승삼천(飯僧三千)'을 했다는 기록이 『고려사』에 실려 있다.[11]

충선왕이 반승을 올린 수녕궁(壽寧宮)은 자신의 어머니가 생시에 머물던 곳인데, 왕은 어머니의 명복을 빌기 위해 이곳에서 반승을 했을 뿐만 아니라 궁을 아예 사찰로 바꾸어 민천사(旻天寺)라는 사액까지 내렸다. 어머니가 머물던 곳을 사찰로 개조한 후 열린 반승행사이므로 민천사는 궁궐 안에 위치한 비구니 사원 중 하나였을 것이며, 반승에 참석한 사람들은 대부분 비구니였을 것이다. 그런데 이런 사례는 백고좌 법회 때의 반승행사와 비교하자면 비정기적이고 규모가 작은 경우에 해당된다. 이런 때조차 수천 명이 참석했다고 하니 고려시대 반승활동의 규모가 얼마나 컸을지 짐작할 수 있을 것이다.

또 문종(文宗) 5년(1051)에 국왕이 나이 80세 이상 연장자를 위무하기 위해 구정(毬庭, 격구를 하는 운동장)에서 연회를 열었을 때 비구와 비구니를 나란히 초청하고 있음을 통하여[12] 연로한 출가자들을 극진히 대하고 있음을 알 수 있다.

이상의 기록을 통해서 우리는 고려시대 비구니 숫자가 매우 많았으며, 당시 비구니들이 비구들과 함께 국왕이 올리는 공양의례에 참석했음을 알 수 있다.

한편 고려 중기 혜심(慧諶, 1178~1234), 고려말 지공(指空, ?~1363), 나옹(懶翁, 1320~1376), 보우(普愚, 1301~1382) 등과 같은 저명한 비구선사들의 문집이나 비문에는 비구와 함께 비구니 문도의 이름이 나란히 등장한다. 이 외에 문인의 문집, 여성의 묘지명, 금석문 등에도 고려시대 비구니스님에 대한 간략한 정보가 산발적으로 나타난다. 다만 이러한 기록들은 내용이 간단하고, 대부분 상류층 여성과 관련된 것이므로 고려시대 비구니교단의 전모를 파악하기에는 한계가 많다. 그럼에도 불구하고 이상의 자료를 통해서 고려시대 비구니와 비구니 승단 규모가 매우 컸음을 알 수 있다.

2. 수계와 계율 수지

고려시대 출가자의 수계는 기본적으로 중앙정부의 주도에 의해, 정부가 지정한 계단사원(戒壇寺院)을 중심으로 이루어졌다. 태조 왕건 때 계단사원은 수도 개경 주위의 사찰을 중심으로 지정되었고, 이후 시간이 흐르면서 전국적으로 확대되었다. 현재까지 고려시대 출가자의 수계 과정 이해에 단초가 될 만한 내용은 비구 고승의 비문이나 이들의 개인 전기를 통해서 일정 정도 확인이 가능하다. 반면, 여성의 출가와 관련된 내용은 『고려사』와 『고려사절요』를 통해서 부분적이나마 살펴볼 수 있다. 또한 고려의 출가제도를 상당 부분 반영한 조선의 관련 정책과 중국의 사례를 부분적으로 참고함으로써 유추할 수 있다.

1) 계단사원의 운영과 비구니 수계

출가사문에게 수계는 매우 중요한 절차이다. 고려왕조는 건국 초기부터 수계의식을 거행하는 계단사원(戒壇寺院) 관리를 철저히 하고, 광종 때에는 승과제도를 시행하여 출가에 대한 강력한 중앙통제를 하고자 했다. 정부 주도의 계단사원 운영과 승과제 도입을 통해 지방 사원에 파견할 고급 승려 인재를 중앙에서 배출·지정하여 파견함으로써 지방 사찰을 중앙의 통제권 안으로 흡수하고자 한 것이다.[13] 이때문에 제도적으로 볼 때 고려의 수계 절차는 매우 까다롭고 복잡하여 출가를 원한다고 해서 쉽게 출가할 수 없었다.

무엇보다 출가를 위한 첫 번째 관문을 국가가 통제하고 있었으니, 도첩제(度牒制)가 이것이다. '도첩(度牒)'이란 관청에서 합법적 출가자임을 증명해주는 증빙문서 즉 일종의 승려 신분증이라 할 수 있다. 고려시대에 출가를 희망하던 사람은 반드시 관청에서 도첩을 받은 후에야 계를 받고 정식 출가자가 될 수 있었고, 이런 출가자를 '공도승(公度僧)'이라 불렀다. 반면, 도첩을 받지 않고 사사로이 출가한 사람을 '사도승(私度僧)'이라 불렀는데, 사도승은 불법 출가자였으므로 국가에서 엄격히 단속하였고, 적발되면 본인은 물론 부모와 사찰의 관계자, 심지어 관할 지역 행정담당 관원까지 처벌받았다.

이러한 제도는 중국으로부터 많은 영향을 받았다. 초기 중국의 도첩 발급 및 승적 관리 담당 부서는 사부(祠部) 소속의 승록사(僧錄司)였는데, 고려도 동일한 명칭의 부서에서 업무를 관장했다. 승록사는 태조 때에 이미 설치되었는데, 개경 주위 계단사원 운영에 맞추어 당연히 필요한 부서였을 것이다. 그 후 광종이 승과를 실시하면서 국가 표준에 맞추어 선발된 인재를 중심으로 담당자의 업무 체계와 위계가 더욱 분명해졌고, 이 과정에서 승록사는 중앙관청으로서의 역할이 더욱 강화되었다. 승록사의 주요 업무 중 하나는 도첩 발급 주관부서이면서 동시에 출가자의 승적을 3년에 한 번씩 조사해 경신하는 것이었다. 따라서 고려시대 비구니의 승적관리도 당연히 승록사에서 이루어졌을 것이다.

우리나라에서 승려임을 증빙하는 문서의 명칭을 '도첩'이라고 공식화

한 것이 언제부터인지 알 수 없지만 '도첩'을 출가를 허용하는 문서라는 광의적 의미로 볼 때 이미 삼국시대 불교 유입 초기부터 이러한 공식 문서를 내려주었을 가능성이 높다. 이런 추측이 가능한 이유는 민간이 아닌 국왕과 조정의 주도 하에 불교가 발전했기 때문에 공식적인 자리에서 출가를 허용한다는 국왕의 칙서를 받은 후에야 비로소 사찰에서 계를 받았을 것이기 때문이다. 다만 고려시대에 들어와서 정부는 계단사원 운용과 승록사 설치 등을 통하여 국가의 개입을 더욱 철저하고 체계적으로 했다는 점에서 이전 시기와 차이가 있다.

현재 고려시대의 도첩 실물이 전해오는 것은 없으나 중국 돈황 천불동에서 발견된 900년대 도첩 두 장이 전해오고 있다. 흥미로운 점은 이 두 도첩이 모두 여성출가자의 것이라는 점이며, 현재 대영박물관에 소장되어 있다. 이 중 하나는 914년 등전사(鄧傳嗣)의 딸 자의(自意) 스님의 것(소장번호 S.1563)이고, 다른 하나는 938년 장류자(張留子)의 딸 승련(勝蓮) 스님의 것(소장번호 S4291)이다. 이 가운데 자의 스님의 도첩을 살펴보도록 하자.

〈서한 돈황국 성문신무왕 칙(西漢燉煌國聖文神武王勅)〉**14)**

압아지(押衙知) 수군참모((隨軍參謀) [이상 관직명] 등전사(鄧傳嗣)의 딸 자의(自意), 연령 11세.
칙서: 수군참모(隨軍參謀) 등전사(鄧傳嗣)의 딸 자의(自意)는 자태가 아름답고 유순한데, 불법(佛法)을 사모함이 마치 꿀벌이 꿀을 그리워하듯 한다. 오늘 마침 큰 법회가 열렸는데 [출가를 허락해 주기를] 주청하니 출가를 허락하며 이 사실을 증명한다.
갑술년 오월 십사일.

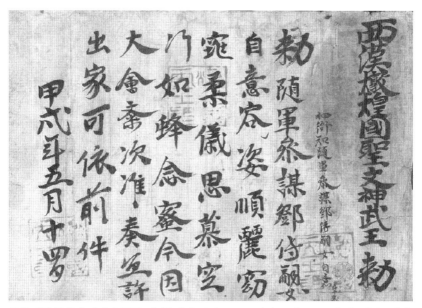

돈황 천불동에서 발견된 중국 여성출가자 자의(自意) 스님의 도첩(914년). 출처: 대영도서관, 소장번호 S.1563.

　위의 자료에서 눈에 띄는 것을 살펴보면 우선 이 문서의 이름에 '도첩(度牒)'이라는 용어를 쓰지 않고 '칙(勅)'이라는 표현을 쓰고 있다. 실제로 문서 명칭이 도첩으로 통일된 것은 후기의 일이고, 위처럼 '칙'이라는 표현 외에도 '사부첩(祠部牒)'이라는 표현을 쓰는 등 통일된 용어를 사용하지 않았다. 자의 스님이 미혼의 여성이었으므로 부친 '누구누구의 딸'이라고 스님을 소개하였고, (이후의 도첩에는 출신 지역도 등장한다) 출가 나이를 밝혔다. 이어서 해당 인물의 인품이 어떤지를 설명하여 그녀가 승단에 들어올 만한 훌륭한 인품을 가진 인물임을 밝히고, 출가 지원 사유를 적었다. 스님의 경우는 마치 "꿀벌이 꿀을 그리워하듯이 불교를 사모"하는 것이 그 이유였다. 이어서 출가를 승인하는 날짜를 적고 이를 증명하는 담당 공무원의 도장이 찍혀 있다. 이 증명서는 비록 돈황

지역에서 나온 것이기는 하지만 고려 여성의 출가를 승인하는 문서도 대략 이와 유사했을 것이다.

그런데 자의 스님의 도첩 문구가 부드럽게 적혀 있다고 해서 도첩을 발급받는 것이 수월했을 것이라 생각하는 것은 잘못이다. 실제로 도첩을 받기 위해서는 품행은 물론 해당 관청에서 지정한 불경을 암송하는 시험을 통과해야 했는데, 원칙적으로 내용과 분량은 남녀가 동일했다. 자의 스님은 이날 법회에 참석한 후에 다른 몇 명의 지원자들과 더불어 경문 암송 시험을 거쳐 당당히 합격하여 이 증명서를 받았을 것이다.

고려시대에 도첩을 받기 위해 어떤 불경을 외워야 했는지에 대해서는 기록이 전해지지 않지만 조선시대와 중국 당나라의 경우에는 문헌에 내용이 나와 있다. 조선의 경우 『경국대전』 권2 「도승(度僧)」에는 남녀불문 『금강경』·『반야심경』·『살달타(薩怛陁, 능엄주)』를 외워야 국가에서 출가를 허락한다는 원칙이 분명히 기록되어 있고, 『세조실록』에도 그러한 내용이 나온다.[15] 조선 예종 때는 위의 3가지 경전 외에 『법화경』을 추가하여 총 4권의 경전을 암송할 수 있는 자에 한해 출가를 허용하는 강화된 규정을 적용하였고,[16] 성종 대에는 다시 『경국대전』의 규정대로 3종의 경전만 외우는 것으로 환원해야 한다는 건의가 승정원에서 있어 이에 대해 국왕이 동의하는 장면이 『실록』에 나온다.[17]

중국의 경우 출가를 원하는 사람들이 늘어나면 암송할 불경의 양을 늘려서 합격자 비율을 줄였고, 출가자 신청이 줄어들면 암송할 양을 다시 줄여주는 탄력적인 정책을 펼쳤는데, 그때그때 외워야 하는 분량이나 불경 이름을 명확히 지정해서 전국에 공표하였다. 그 분량을 보면 어떤 황제 때에는 심지어 1천 장[紙]을 시험범위로 지정하여 암송을 점검했다. 이처럼 분량을 지정해 준 것을 보면 필시 국가에서 지정한 교재가 전국적으로 통용되고 있었을 것이다. 신청(神淸)이라는 불명을 가진 어떤 스님이 도첩을 받기 위해 참가한 시험의 장면을 살펴보자.

(중략) 당시 [조정의 출가자 선발] 조칙이 매우 엄격하고 높은 수준을 요구해 출가하려는 사람은 불경 1천장[紙]을 외워야 비로소 삭발을 허락받았다. [이때 응시한 사람 중의 한 분인] 신청(神淸) 스님은 『법화(法華)』, 『유마(維摩)』, 『능가(楞伽)』, 『불정(佛頂)』 등의 불경을 암송했는데, 오류가 없었고 조리가 있었다.[18]

국가에서 지정한 불경을 다 외웠는지를 시험장에서 모두 확인하기에는 시간이 너무 많이 걸렸기 때문에 현장에서 시험 범위 가운데 일부를 즉흥적으로 물었던 것 같다. 왜냐하면 『개원석교록(開元釋敎錄)』 권19에는 각 불경이 몇 장으로 된 것인지를 소개하고 있는데, 이 자료에 의거하여 위에서 신청(神淸, 8세기 중후반 활동) 스님이 도첩 발급 시험장에서 외웠던 불경의 페이지를 계산하면 총 400여 장에 불과하기 때문이다. 필시 많은 응시자를 대상으로 시험을 치러야 하니, 시험관은 전체 범위 가운데 일부를 집어서 외우라고 요구했기 때문에 위의 네 가지 불경이 거론된 것일 뿐, 시험 당일 수험생들은 이보다 훨씬 많은 양의 경전을 외운 상태에서 시험에 임했을 것이다.

시험 범위는 시기마다 차이가 있어서 조정의 지원이나 관심이 줄어들면 출가 희망자도 줄고 응시자들의 수준도 하향곡선을 그렸다. 친불성향의 당나라 경종(敬宗)은 즉위하자마자 보력(寶曆) 원년(825)에 천하의 출가 희망자들을 모아 시험을 치렀는데, 앞 시기의 황제들이 불교를 진작시키지 않아서 응시자들이 전반적으로 수준이 너무 낮았다. 이에 경종은 시험범위를 대폭 줄여서 남성출가자는 150장, 여성출가자는 100장을 암송하면 도첩을 주었다.[19]

그런데 당시 도첩의 디자인과 재질도 주목할 만하다. 당나라 때 발급한 도첩은 마치 세속인이 관직을 제수받을 때 받는 증서와 마찬가지로 능소(綾素), 금소(錦素)와 같이 흰 비단에 문구를 적고 금은을 상감한 축대를 써서 고급스럽고 정교하게 제작되었다. 북송 시대에는 잠시 화려함을 지양하고자 종이를 썼으나 남송대에 다시 비단을 썼다. 이는 정식 출가자가 되는 것을 본인은 물론 사회적으로도 얼마나 영광스러운 일로 생각했는지를 잘 보여주는 것이다. 도첩만 받아도 이렇게 대우를 받았는데 구족계를 받고 승과까지 합격한 사람이 나온다면 이웃에게 큰 부러움을 살 만큼 가문의 영광이었다.

이런 사정은 중국뿐 아니라 고려도 마찬가지였다. 그래서 고려시대 묘지명에는 집안에 승과에 합격한 아들이 나오면 반드시 그 사실을 과거에 합격한 아들과 더불어 나란히 기술하고, 그러한 자식을 배출한 부모를 칭송하는 문구가 흔히 등장하고 있다. 한편, 도첩을 받으면 바로 계단사원으로 가서 사미계와 사미니계를 받고 정부가 지정한 사찰에 가서 일정 기간 동안 수습 승려로서 업무를 익힌 후 다시 일정 기간이 지나면 비로소 구족계를 받을 수 있었다.

고려시대에는 사원의 승려가 여러 층을 이루고 있어서 도첩을 받은 후 승과를 거쳐 승관을 받은 승려와 그렇지 않은 수원승도(隨院僧徒)라고 불리는 하급 승려로 엄격히 구분되어 있었다. 수원승도는 정식 승려의 보조 역할을 하며 주로 노동력을 제공하는 승려들이었으므로 앞의 승려들과는 대우가 매우 달랐다. 승과에 응시하려면 구족계를 받은 사람에 한해서 응시할 수 있었기 때문이다.[20]

이제 계단사원에 대해서 좀 더 자세히 살펴보자. 계단사원이 구체적으로 어떻게 운영되고 있었는지에 대해 고려시대의 자료는 거의 찾아지지 않지만, 중국의 자료를 보면 파악이 가능하다. 중국에서 계단사원은 이미 남조(5~6세기) 때부터 운영되고 있었다. 그러다가 당나라 제3대 황제 고종 건봉(乾封) 2년(667) 수도 장안 정업사(淨業寺)에 계단을 설치하면서 이때부터 중앙정부가 본격적으로 계단사원의 운영과 관리에 개입하기 시작했다. 수계식에는 정부가 선정한 대덕 10명이 계사로 참석했는데, 대덕으로 선정된 계사들은 사회적으로도 국가적으로도 큰 대접을 받았다. 특히 궁중 안에도 그때그때 임시로 계단을 설치했는데 이를 내임단(內臨壇)이라 불렀다.[21] 고려나 조선의 정업원과 같은 왕실 비구니사찰 안에서도 수계식이 필요할 때마다 내임단이 설치되었을 가능성이 매우 높다. 삼국시대부터 비구니 수계는 이부승수계로 이루어졌음을 감안할 때 고려의 여성출가자들도 비구니 계사 10명 포함 도합 20명의 계사에 의해 수계를 했을 것이다.

『고려사』와 『고려사절요』 및 개인 비문 등을 살펴볼 때 고려 태조는 개경을 수도로 정하자마자 개경과 개경 근처에 절을 짓고 주위 사찰을 관립(官立) 계단사원으로 지정하여, 반드시 국가 지정 사찰에서만 수계식을 하도록 했음은 앞에서 거론하였다. 흥국사(興國寺), 영통사(靈通寺), 흥복사(興福寺), 용흥사(龍興寺)는 모두 당시 개경에서 가까운 지역에 있던 사찰로 태조 때부터 계단사원으로 운영되었다. 이 외에 개경 동쪽 장단에 있는 불일사(佛日寺)와 개국사(開國寺) 등도 모두 태조 왕건 때 관립 계단사원으로 운영되었던 사찰이다. 고려초기에는 개경 외에 지방에서 수계식을 거행한 기록이 전해지지 않는 것으로 보아, 승려들을 국가 시스템 안으로 넣으려고 일부러 개경 주위에 새 사찰을 세우고 지정 사찰에서만 수계식을 하도록 했음을 알 수 있다. 그 후 정종 2년(1036)에 가서야 지방 사찰인 보원사(普願寺, 서산 가야산), 동화사(桐華寺, 대구 팔공산)에 계단을 설치하여 경과 율을 시험 보게 하였고, 이어서 금산사(金山寺, 김제)에도 계단을 설치하였다. 이처럼 고려 초기의 수계는 개경을 중심으로 이루어짐으로써 국가의 통제하에 관리되고 있었다.[22] 이렇게 볼 때 고려 초기 비구니 사원은 위에서 지정된 계단사원 주위에 산내 부속 암자 형태로 많이 있었을 것이다. 그런데 당시 교통상황을 생각해 본다면 먼 지방에 사는 여성출가자들이 수계를 받기 위해서 오기에는 어려움이 많았을 것 같고, 시간이 지나면서 계단사원이 지방으로 확대되었던 것을 볼 때 이러한 문제들이 서서히 해결되었을 것 같다.

그렇다면 도첩은 어떤 효용 가치가 있었을까? 도첩은 크게 두 가지 면에서 효용가치가 있었을 것인데, 이 가운데 첫 번째 가치는 여성출가자와 남성출가자 모두와 관계 되는 것이고, 두 번째 가치는 남성출가자만 관계되는 것이었다.

첫 번째 효용 가치는 출가자의 이동과 관련된 것이다. 만약 승려가 출가 후 한 사찰에서만 머문다면 도첩을 쓸 일은 별로 없을 것이다. 그러나 길을 나선다면 상황이 달라진다. 전국 각지를 돌며 행각을 다니거나 용무가 있어 다른 곳을 가야 할 경우에는 도첩이 있어야 순조롭게 통행이 가능하고 다른 절에 가서도 자신의 신분을 알리고 그에 상응하는 편의를 제공받을 수 있었다. 또 각종 비상상황이 발생하더라도 순조롭게 도움의 손길을 받을 수 있었다.

여기서 잠깐 조선 초기 기록을 통하여 고려시대의 숙박시설에 대해 짐작해 보기로 하자. 조선 초기까지 여행자가 마음대로 머물 수 있는 사설 숙박시설은 기본적으로 구비되어 있지 않았고, 공무로 여행하는 사람들에게 숙식을 제공하기 위하여 주요 도로의 원(院)에 세워진 숙박업소 겸 음식점이 있었을 뿐이다. '원'은 대개 30리에 하나씩 두었으나,

지형조건에 따라 평지에서 거리는 다소 멀고, 산악지대에서는 가까웠다.[23] 고려는 시간적으로 조선보다 더 이전이므로 여행자를 위한 여건이 기본적으로 조선보다 못했거나 비슷했을 것이다. 더구나 고려시대에는 화폐사용을 권장하는 정부의 노력에도 불구하고 백성들의 외면으로 말미암아 세금조차 무거운 쌀이나 옷감으로 냈다. 조선 제16대왕 숙종(肅宗, 재위 1674~1720) 때 상평통보가 유통되면서 비로소 한반도에서 화폐가 기능을 시작하였다. 따라서 그 이전까지는 공식적인 서류를 갖고 움직이지 않는 한 먼 길을 떠나 여행한다는 것은 기본적으로 거의 불가능에 가까웠던 것이다. 이런 상황에서 여성에게 여행의 자유를 보장하는 출가증명서는 남성에게 그것이 면역(免役)의 의미를 갖는 것 못지않게 큰 의미를 지녔을 것이다.

여기서 잠시 북위(北魏) 제7대왕 효문제(孝文帝) 척발굉(拓跋宏) 연흥(延興) 2년(472)에 내린 조서를 살펴보자.

> 승려로 승적이 없는 자에 대해서는 [제도를] 정밀하게 손봐서 상황에 따라 [지방 소속인 사람은 지방의] 주(州)나 진(鎭)[소재 기관]으로 보내고, 경기지역에 사는 자는 [중앙의] 해당 부서에 보낸다. 만약 삼보를 위해 [전국의] 민가를 돌며 교화하는 스님들이라면 지방에 갔을 때는 주(州)나 진(鎭)의 유나(維那)스님에게 증명서[文移]를 보이고, 중앙에 있을 때는 도유나(都維那)스님에게 증명서[等印牒]를 제출하게 한 후 조치를 따르게 한다. 이를 어기면 벌을 더한다.[24]

위의 자료는 비록 중국의 자료이기는 하나 행각승에 대해서는 해당 지역의 승적을 관리하는 유나, 도유나 등에게 신분증명서를 제출하여 도움을 받도록 하고 있다. 따라서 출가자의 입장에서는 다른 절에 볼 일을 보러 가거나 산철에 행각을 다닐 때 각 지역에서 종교 업무를 담당하는 관청의 보호와 도움을 받을 수 있다는 점에서 도첩이 매우 유용했을 것이다.[25]

도첩은 또한 정부로부터 역(役)의 의무를 면제 받을 수 있었으므로 남성출가자에게 큰 특혜였다. 후에 남성출가자가 늘어나면서 국가 노동력과 재정에 부담이 되자 역의 의무가 있는 일반 남성은 평생의 역에 해당하는 만큼의 포(布)를 내는 의무 항목이 생겼지만, 그럼에도 불구하고 도첩을 받고 출가한다는 것은 많은 사람들의 부러움을 사는 일이었다. 이처럼 도첩을 받는다는 것은 많은 혜택이 보장되는 길이므로 도첩 발급과 관련해서 각종 부작용이 발생했다. 특히 정치가 문란해졌을 때에는 도첩제가 비정상적으로 운영되면서 사회적으로 큰 문제가 되었다. 고려 후기로 갈수록 각종 폐단이 걷잡을 수 없이 늘어갔는데, 그 모든 폐단의 근원은 도첩을 받아 정식 수계절차를 따르지 않은 채 사사로이 출가하는 불법적 사도승 때문이었다. 그 이유는 전란 등 거듭되는 사회 혼란으로 국가의 관리 시스템이 제대로 작동하지 못했으며, 업무 담당자의 도덕성이 약화되어 뇌물을 받고 가짜 도첩을 발행해 주는 데에서 기인했다.

남성출가자가 구족계를 받는 나이는 신라 말의 경우에는 20대에게서 가장 많은 분포를 보이지만, 고려시대로 접어들면 15세 전후로 낮아지고 고려 후기로 오면 더 낮아진다. 또한 신라 말의 고승 비문을 보면 구족계를 받을 즈음 이미 수행이 무르익어 각종 영험 체험이 등장하는데, 고려시대에는 후기로 갈수록 그러한 기록이 거의 없고 간단한 수계 사실만 보인다. 고려초기에는 적어도 고승들의 비문에 수계를 한 계단사원 이름이 명시되어 있지만 고려후기로 가면 삭발과 동시에 구족계를 수계한 내용이 등장하며 수계한 계단사원의 이름도 명기되어 있지 않다.[26] 고려후기 비구들의 수계 절차가 이처럼 무질서해졌다면 여성출가자의 수계 절차도 앞 시기에 비해 해이해졌을 가능성이 높다.

이때문에 고려 말기로 갈수록 불교의 앞날을 염려하는 목소리가 많이 나왔다. 특히 공민왕은 이러한 폐단을 바로잡고자 수년간 애를 썼지만 돌이킬 수 없었다.

> 태조의 유훈[信書]에 따라 사람들이 함부로 사원을 짓는 행위를 금지하며, 승려가 되려는 자는 반드시 [정식으로] 도첩을 받게 하고 사가(私家)에 거주하지 못하게 하라.[27]

> 향리(鄕吏)와 역리(驛吏) 및 공사노비들이 부역을 피하기 위해 마음대로 승려가 되니 호구가 날로 줄어들고 있다. 지금부터 도첩을 받지 않은 자는 사사로이 머리를 깎지 못하도록 하라.[28]

> 누구든지 도첩을 받지 못한 경우에는 출가를 허락하지 않는다는 것이 일찍이 이미 영(令)으로 되어 있음에도, 담당자가 제때에 영을 봉행하지 않는 바람에 양인들이 역에서 도망치고 있으며, [출가승은 출가승대로] 계행을 닦지 않아 불교가 무너질 지경에 이르렀다. 지금부터 진정으로 승려가 되기를 바라는 자는 먼저 소재 관사로 가서 정전(丁錢) 50필(匹)의 포(布)를 바쳐야 비로소 삭발을 허락한다. 위반한 자는 은사[師長]와 부모에게까지 죄를 물을 것이다.[29]

위의 사례는 각각 공민왕 1년, 5년, 20년에 하령한 내용이다. 왕은 매번 '지금부터'라도 제대로 해보자고 반복적으로 촉구했지만, 그 폐단은 고려가 망할 때까지 시정되지 않았다. 고려 말 도덕적 기강이 무너진 탓에 담당자들이 사사로이 뒷거래를 하며 불법 출가자에 대해 방관적 자세를 취하고 있었음을 보여 준다. 일찍이 태조 왕건이 「훈요십조」에서 누누이 걱정하고 당부했던 일들이 마침내 현실로 나타나고 말았던 것이다.

이러한 문제의식은 국왕뿐 아니라 상식이 있는 문신들도 갖고 있었다. 백문보(白文寶, 1303~1374)와 이색(李穡, 1328~1396)이 국왕에게 간언한 글을 보자.

> 신라에서 처음 불법을 숭상한 이래로 백성들이 출가하기를 좋아하여 향리와 역리들이 모두 요역과 부세를 피하게 되었으며, 사대부들은 아들이 1명만 있어도 모두 머리를 깎게 하였습니다. 지금부터 관청에서 도첩을 발급받아야만 비로소 출가할 수 있게 하고, 남자가 세 명 이하인 집은 모두 허락해 주지 마십시오. [30]

> 신 엎드려 간청 드립니다. 금지조목을 명백히 내리셔서 이미 승려가 된 자들에게는 도첩을 내리고, 도첩이 없는 자들은 군대에 충당하소서. 새로 창건한 사원은 모두 철거하소서. 철거하지 않으면 수령에게 죄를 주소서. 부디 양민들이 머리를 깎지 말게 하소서. [31]

이처럼 왕도, 문인도 문제를 개선하고자 하는 마음은 간절했으나 끝내 돌이킬 수 없었고, 얼마 지나지 않아 고려가 망하고 불교 수난의 시대가 찾아왔다.

그러나 이는 어디까지나 고려 말 나라가 어지러워졌을 때의 상황이 그러했다는 뜻이다. 사회가 정상적으로 돌아가고 있을 때의 고려시대 비구니공동체는 수계 후에도 일상생활에서 도덕적으로 매우 엄격한 기준이 적용되었다. 일례로 국가에서 비구니에게 자신의 은사를 어떻게 여겨야 하는지에 대한 기준을 보여주는데, 『고려사』에는 비구니가 은사를 살해하려 한 경우 처벌하는 법령이 적시되어 있다.

비구와 비구니가 은사를 살해하고자 도모한 경우 숙부모(叔父母)·백부모(伯父母)의 예와 같이 처벌한다. [32]

이 말은 곧 고려사회에서 출가자에게 은사는 부모의 형제자매에 해당한다는 인식을 공유하고 있었음을 시사한다. 그렇다면 당시 법령에서는 큰아버지와 큰어머니, 작은아버지와 작은어머니에 대해 어떤 인식을 갖고 있었는지 살펴보자.

백부모(伯父母)·숙부모(叔父母)·외조부모(外祖父母)에게 욕한 경우는 도(徒) 1년, 구타하면 도(徒) 3년, 상처를 입히면 유배 2,000리(里), 부러뜨리는 상처를 입히면 교형(絞刑), 사망하게 하면 목을 베며, 실수로 상처를 입혔다면 각각 본래의 상죄(傷罪)에서 2등급을 감한다. [33]

위의 내용을 통해서 비구니가 은사에 대해 지켜야 할 도리가 매우 엄격했음을 알 수 있다. 만약 은사의 몸이 부러지도록 상처를 입혔거나 사망에 이르게 했다면 바로 사형을 당했고 욕을 해도 관청에 잡혀가서 강제노역을 당했다.

한편, 고려 말에 도입된 명나라 형률서『대명률』에도 비구니가 계를 범했을 경우 어떤 처벌을 내렸는지에 대해 밝히고 있다.

> 사찰, 도관(道觀), 암자, 도원(道院)은 현재 있는 곳 외에는 사사로이 창건하거나 증설하는 것을 허락하지 않는다. 이를 어기면 장 100대를 때리고 환속시키되, 승(僧)이나 도사(道士)는 변방 먼 곳으로 보내어 충군(充軍)하고, 여승(女僧)이나 여관(女冠)은 관에 들여 노비로 삼는다. 승이나 도사가 도첩을 발급받지 않고 사사로이 세속을 떠나면 곤장 80대를 때린다. 가장이 가족을 사사로이 승이나 도사가 되게 하면 가장도 그 죄를 받는다. 사찰이나 도관의 주지나 수업사(受業師)가 이를 방조하면 더불어 같이 곤장을 때리고 환속시킨다.[34]

이 형률서는 고려만 중시했던 것이 아니다. 조선 태조도 즉위하자마자 범죄자를 처결함에 있어서 반드시『대명률』을 적용할 것을 선언했고, 정도전(鄭道傳)도『조선경국전(朝鮮經國典)』의 헌전(憲典)에서『대명률』을 적용할 것을 건의했다.[35]

위의 내용 중 비구니와 관련된 내용을 살펴보면 나라의 허락을 받지 않고 비구니 사원을 확장하거나 다른 곳에 절을 짓는 것을 법으로 금하고, 만약 이를 어길 시 곤장 100대를 때리고, 강제 환속시켜 관노비로 삼는다고 하였다. 또 도첩을 받지 않고 출가 시 곤장 80대를 맞았고, 국가의 허락 없이 딸을 출가시키면 집안의 가장이 처벌을 받았을 뿐만 아니라 사찰에서 이런 사람을 받아주게 되면 주지나 은사도 강제 환속시킬 만큼 강한 법을 적용하고자 했다. 이는 곧 비구니공동체의 단합과 연대를 중시하고, 권한도 책임도 함께했음을 의미한다.

2) 비판적 시선의 등장

당시 비구니의 지계(持戒)와 스승에 대한 도리가 매우 엄격했다고는 하나, 시간이 지나면서 비구니공동체 내부에도 점차 다양한 문제가 발생했고, 부정적인 평가가 등장했다. 부정적인 평가의 이유는 계행에 철저하지 못한 것과 연관이 있다. 고려 중기에 들어오면 일부 비구니의 부도덕성을 비난하는 기록들이 조금씩 등장하기 시작하고, 고려 후기로 가면『고려사』등에서 비구니들이 남성출가자들과 부적절한 행동을 하는 것을 비판하는 기록도 나온다. 출가자의 수가 늘어나면서 불교 전래 초기의 굳은 결기는 점차 퇴색하고, 일부이기는 하나 파계 행위를 일삼는 몰지각한 여성출가자들이 생겨났던 것이다.

예를 들면『고려사』현종 원년(1010)에는 비구나 비구니가 술을 빚는 것을 금지하는 대목이 나온다. 이를 통해서 술을 제조해서 판매하는 비구니 사원이 있었음을 알 수 있다. 또 현종 19년(1028) 2월 교서에는 "비구와 비구니들이 어리석은 백성을 속이고 꾀어 재물을 거두어 역마로 수송하니 그 폐해가 막대하다."고 말하고 있다.

『고려사 · 열전』중 조인옥(趙仁沃, 1347~1396)에 대한 부분에는 조인옥이 창왕(昌王, 재위 1388~1389)에게 상소를 올려 "근자에 승도들은 욕심을 적게 하라는 부처님의 가르침을 마음에 새기지 않고, 조세와 노비의 몸값을 부처님께 공양 올리지 않은 채 착복하고 있으며", 남성출가자들이 "과부 집에 출입하며 풍속을 오염시키고 권세 있는 집에 뇌물을 바쳐 큰 절을 지어주기를 바란다."고 비판하면서, "귀천을 불구하고 아녀자는 비록 부모의 상을 당해도 절에 가지 못하게 하고, 위반한 자는 절개를 잃은 것으로 논죄"할 것을 청하고 있다. 또 "비구니가 되는 사람은 절개를 잃은 것으로 보아야 한다."는 극단적인 주장까지 했다.[36] 이로 보건대 고려 말 비구니들 가운데 도덕성이 문제가 된 사람이 적지 않았음을 알 수 있다.

이런 상황은 중국에서도 벌어졌다. 특히 남송 때에 이르면 비구니가 개별 가정에 출입하는 것을 비판하는 글이 많아졌으며, 뒤로 갈수록 비판의 강도도 높아졌다. 심지어는 아예 노골적으로 가훈으로 써서 비구니를 집안에 들이지 말 것을 강조한 사례도 나타났다.[37] 또 소설에서도 비구니를 풍자하는 내용이 등장하고 있다. 송나라 문인 염포(廉布, 1092~?)의 문언소설 『청존록(淸尊錄)』에는 귀족 집안의 정숙한 부인 적씨(狄氏)가 여승 혜징(慧澄)을 알게 되고, 혜징의 소개로 외간 남자를 만나게 되었다는 이야기가 등장한다.

3. 고려시대 비구니 인물

그렇다면 고려시대 비구니 가운데 지금까지 전해오는 인물들로 어떤 사람들이 있을까? 문헌과 금석문 등을 통해서 그 면면을 살펴보자.

1) 비구니 선수행자

현재 알려진 고려시대 자료로서 참선 수행을 통해 깨달음을 추구했던 비구니들이 본격적으로 등장하는 것은 비구 진각 국사 혜심(慧諶, 1178~1234) 스님에게 참선을 배운 사람들이다. 혜심 스님의 어록에는 비구니 청원(淸遠), 종민(宗敏), 희원(希遠), 요연(了然) 스님이 등장하고 있다. 주지하다시피 혜심 스님은 고려 후기 저명한 선승이자 보조 국사 지눌

(知訥, 1158~1210)의 제자로서 수선사(修禪社)의 2대 사주(社主)였다.

『조계진각국사어록(曹溪眞覺國師語錄)』에 등장하는 이 4명의 비구니스님은 고려 강종 2년(1213년) 여름, 혜심 스님이 지도하던 수선사(修禪社) 하안거에 참여했던 스님들이다. 그해 하안거에 다른 비구니스님들도 참여했겠지만, 마침 이 4명의 비구니스님들이 안거를 마치고 자신들의 사찰로 돌아가기 전에 따로 혜심 스님을 찾아와 앞으로 공부의 길잡이가 될 만한 가르침을 달라고 요청했고, 그 사실을 혜심 스님이 기록해 놓았다. 후에 혜심 스님 입적 후 문도들이 스님이 남긴 글 가운데 문집에 실을 내용을 추리는 과정에서 이 글귀들이 포함됨으로써 오늘날까지 전해지게 되었다.

혜심 스님이 쓴 네 편의 편지 제목은 각각 「청원 도인에게(示淸遠道人)」, 「종민 상인에게(示宗敏上人)」, 「요연 도인에게(示了然道人)」, 「희원 도인에게(示希遠道人)」이며, 이들 4명의 비구니스님은 사형사제지간이었다.[38]

혜심 스님의 편지글에는 이들 4명의 비구니스님들에 대해 존중하는 마음과 속히 깨달음을 얻기를 바라는 간절한 바람이 묻어난다. 4편의 편지에서 혜심 스님은 중국 당나라와 송나라 대선사들의 사례를 풍부하게 들어가며 화두 참선을 열심히 할 것을 당부하고 있으나, 그렇다고 화두를 수행의 최상으로 권하고 있지는 않다. 만약 선정에 곧바로 들어가는 것이 잘 되지 않는다면 그때 화두를 들라고 권하고 있다.

혜심 스님은 4명의 비구니 가운데 특히 요연 스님에게 견고녀(堅固女)와 말산요연(末山了然, 9세기 초중반 활동) 비구니스님의 예를 들면서 장차 훌륭한 선 지도자가 될 것을 당부하고 있는데, 이는 단순히 이름이 같아서만은 아닐 것이다. 견고녀는 『불설견고녀경(佛說堅固女經)』에 등장하는 여성 수행자로, 세존으로부터 미래세에 위대한 스승이 될 것을 수기받은 인물이다. 또한, 중국 송나라의 말산(末山) 비구니스님은 비구 고안 대우(高安大愚, 764~847) 선사의 법제자이며, 선종의 고향이라 할 수 있는 중국 강서성(江西省) 말산(末山)에 주석했던 저명한 비구니선사이다. 말산 스님은 다양한 선종 어록에 등장하고 있는데, 스님에게 공부 길을 물어 찾아온 비구와 비구니 납자들이 인산인해를 이루었으며, 스님이 주석 하던 비구니 사원 정림원(定林院) 근처에는 불법을 배우고자 하는 사람 들에 의해 500여 채의 초가를 이루었다고 전해온다.

혜심 스님은 고려의 비구니스님들도 부처님 재세 시의 뛰어난 비구니 스님이나 중국의 위대한 비구니선사처럼 위대한 스승이 될 수 있다고 용기를 불어넣고 있다. 사실 중국 남송대에 간화선을 주창한 비구 대혜 종고(大慧宗杲, 1089~1163) 스님이 화두선을 펼치게 된 계기도 비구니 제 자 묘도(妙道) 스님이 화두로 깨어나는 것을 보고 화두선의 효용성을 확 신하여 본격적으로 제창한 것이었다.[39] 고려의 비구선사들 중에 부처님 이나 중국의 선사들과 마찬가지로 편견 없이 여성 수행자들을 지도해 준 사례가 적지 않았을 것임을 혜심스님의 사례를 통해 알 수 있다.

혜심 스님의 편지글에는 선종 문헌에 등장하는 핵심 인물과 관련 된 내용이 두루 등장하며, 구사한 한문 문법도 일반 불경과는 달리 중 국 당송대 회화체를 구사하고 있다. 4편의 편지 가운데 비구니 청원 스 님에게 보낸 「청원 도인에게」라는 편지의 일부 내용을 소개하면 다음과 같다.

(중략) 이처럼 부처님에 대해서 청정, 광명, 해탈의 상으로 보고, 중 생에 대해서 구탁(垢濁)·암매(暗昧)·생사(生死)의 상으로 보고 이해 하는 자는 억겁 년이 지나도 끝내 보리도(菩提道)를 얻지 못할 것이 니 왜냐하면 여전히 집착하고 있기 때문입니다. 상을 취하는 것은 도에 들어가는 큰 장애입니다. (중략) 일체의 법을 일시에 내려놓아

마음이 활짝 비어 한 물건에도 집착하지 않되 또한 집착하지 않는다는 생각도 내지 않고 곧장 마음이 없게 되어 묵묵히 저절로 계합되면, 본성이 공덕을 두루 갖추고 자연스럽게 드러나 한 치의 부족함도 없게 됩니다. 하지만 사람들이 스스로 믿지 못하여 내려놓으려 하지 않습니다. 곧장 쉬기만 하면 되는 것임에도 불구하고 말이지요. 청원 도인께서는 단지 여기에만 의지하여 수행하시되 화두를 하나 드는 것도 오묘한 비법이니 '개에게 불성이 없다'나 '죽비자' 등 임의로 선택하셔서 참구해 보시기를 청합니다. (중략) 백척간두에서 몸뚱이와 목숨을 던지셔야 합니다. [40]

가르침을 청한 비구니 청원 스님의 간절한 마음과 답변하는 비구 혜심 스님의 따뜻한 마음이 800여 년이 지난 오늘에도 생생히 느껴지는 대목이다. 전남 강진 월남사지 「진각국사탑비(眞覺國師塔碑)」에는 진각 국사 혜심 스님의 비구니 제자로서 위의 청원, 희원, 종민 스님 외에 정심(定心) 스님이 등장하지만[41] 정심 스님에 대해서는 더 이상의 관련 자료를 찾기 어렵다.

혜심 스님의 『조계진각국사어록』에는 위의 사례 외에도 「정견 도인에게(示正見道人)」, 「선안 도인에게(示善安道人)」, 「정신 도인에게(示正信道人)」라는 편지글이 비구니스님에게 쓴 것이라는 주장이 있어[42] 향후 연구해 볼 가치가 충분히 있다.

다음으로 살펴볼 인물은 비구니 '왕 도인(王道人)'이다. 왕 도인이 누구인지 알 수 있는 단서 또한 혜심 스님의 『조계진각국사어록』의 「서답(書答)」 부분에 실려 있다. 앞서 소개한 편지글들은 혜심 스님의 것만 실려 있으나, 왕 도인과 관련한 편지는 왕 도인이 혜심 스님에게 보낸 편지와 혜심 스님이 왕 도인에게 답변한 글이 나란히 함께 실려 있다. 여기서 왕 도인은 무신정권시대 권력가 최충헌(崔忠獻, 1149~1219)의 아내였던 인물로서 혜심 스님은 그녀를 진강후비왕도인(晋康候妃王道人)이라고 칭하였다. 편지에서 '도인'이라 칭한 것으로 볼 때 남편 최충헌이 죽은 1219년 이후 아내 왕씨가 출가하여 비구니스님이 된 것으로 보인다.[43] 비구니 왕 도인은 출가 전부터 신심 깊은 불자였다. 일찍이 재가불자 시절 그녀는 비구 요세(了世, 1163~1245) 스님이 주석하던 백련사에 무량수불을 봉안하고 『법화경』을 금니로 사경하여 보시하기도 했다. 이제 비구니 왕 도인이 혜심 스님에게 보낸 편지를 살펴보자.

> 저는 어려서부터 참선을 배우고 싶은 마음이 간절했으나 업장에 묶여 [선지식을] 친견할 여유가 없이 오로지 간절히 사모하기만 할 뿐이었습니다. 여러 곳의 노장님들이때때로 오시면 가르침을 받았으나 마음이 트이는 날에는 어디로 가나 걸림이 없다 하였지만 그래도 법진(法塵)의 그림자뿐이요, 아직 철저히 깨쳐 들지 못했습니다. 바라건대 조금이나마 본분사를 알 수 있는 먹이를 주시어 도에 들어가는 양식이 되게 해주십시오. 무량급의 소원이 바로 지금에 있습니다.[44]

왕씨의 이 편지에는 참선을 배우고 싶은 목마름이 얼마나 오래되었고 얼마나 절절했는지가 잘 드러나 있다. 완전한 깨달음을 위해서 어떠한 어려움도 불사하겠다는 비장함이 엿보인다. 이 편지에 대해서 혜심 스님은 '즉심즉불(卽心卽佛)'을 터득한 후에도 그 자리에 안주하지 말고 '비심비불(非心非佛)'로 다시 한번 더 돌이키라고 했고, 어린아이와 같은 순수한 마음이 되어야 한다고도 조언했다. 또 조주(趙州, 778~897) 선사의 '방하착(放下着)' 화두를 들어 볼 것을 제안했다.

또한 고려 말 선사들의 비문에 많은 비구니스님 명단이 등장하는데, 비구선사를 기리는 불사에 동참한 것으로 보아 이들 중에는 선 수행을 하는 비구니선객들도 포함되어 있을 것이다. [45)]

2) 원나라에서 활동, 선불교 계승에 공헌한 김씨 스님

고려 출신 기황후(奇皇后, 1315?~1369?)가 고려 말 금강산 일대 사찰 불사에 적극 후원을 한 일은 잘 알려진 사실이다. 당시 원나라에 성공적으로 정착한 여성 중에는 기황후뿐 아니라 원나라와 고려를 오가며 불교 진흥에 큰 역할을 한 인물이 더 있었다. 원나라 때 대도(大都) 북경은 물론 고려와의 주요 무역 항로에 위치해 있던 복건성 천주(泉州)와 장주(章州), 절강성 영파(寧波) 일대에는 대규모의 고려인 거주지가 있었고 고려인이 정착해 살던 곳에는 고려 양식의 사찰이 있었다. 이와 관련한 비구니 인물 중 북경에 주석했던 비구니 김씨 스님에 대해서 살펴보자. 김씨 스님에 대해서는 이색이 국왕의 명을 받고 지공 선사의 일생을 기록한 「서천제납박타존자부도명(西天提納薄陁尊者浮圖銘)」 안에 관련 기록이 남아있다. 여기서는 우선 원나라 대도의 고려 불교사원에 대해서 살펴보고, 이어서 비구니 김씨 스님에 대해서 살펴보자.

고려 말 고려인과 관련된 원나라 대도의 대표적 고려사원으로 천태종 비구 의선(義旋, 1284?~ 1348 이후) 스님이 주지를 맡은 광교사(光敎寺)와 역시 의선 스님이 주지를 맡았던 티베트식 불교사원 연성사(延聖寺), 그리고 유가승 비구 해원(海圓, 1262~1330) 스님이 주지를 맡은 복원사(福元寺) 등이 있었다. 이런 사원들은 황제의 의중과 긴밀하게 연동하여 움직이는 관료적이고 규모가 큰 사찰이었다. 반면 용천사(龍泉寺)와 법왕사(法王寺)는 고려인 환관들에 의해서 완공·운영된 사찰이었다. 이런 사찰들은 원 황실 내의 고려인 환관들을 결속시켜 주었고 나아가 그곳에 거주하는 고려인까지 단결시키는 역할을 하였다. 그리고 이 두 유형과 다른 종류의 고려 사찰이 있었으니 바로 고려인 공녀들이 건립한 사찰들이었다. 흥복사(興福寺)와 법원사(法源寺)[46]는 고려인 공녀 출신, 즉 여성들에 의해 건립된, 원나라 수도에 있었던 대표적 사찰이었다.[47] 흥복사와 법원사 가운데 비구니 김씨가 창건한 곳이 바로 법원사이다.

비구니 김씨 스님은 원래 고려 공녀 출신으로 원나라에 끌려갔고, 그래서 초반에는 고생을 했지만, 훗날 몽골인 관료와 결혼하게 되면서 상황이 나아졌다. 이후 남편이 죽자 출가하여 자신의 집을 개조하여 법원사를 창건했다. 스님의 법명을 알 수 없어 여기서는 편의상 김씨 스님이라고 부르겠다. 김씨 스님은 이 법원사를 중심으로 고려와 관련되거나 고려 출신으로 원나라에 유학을 오는 출가자들을 물심양면으로 지원하였다.

주지하다시피 지공 선사는 유네스코 기록유산인 금속활자 『직지(直指)』의 간행에 단독으로 시주했던 비구니 묘덕(妙德, 1320 전후?~1384 이전)[48] 스님에게 계첩을 준 인도 출신 고승으로 고려 후기 불교에 막대한 영향을 미친 인물이다.[49] 인도에서 파미르 고원을 넘어 중국으로 왔던 지공 선사가 중국 황제의 명으로 고려를 방문한 시기는 충숙왕 13년(1326) 3월이었다. 지공 선사는 개경 감로사에 도착하여 활발히 교화 활동을 펼치는 등 2년 7개월간 고려에 체류하다가 천력(天曆, 1328~1329) 초 새로 등극한 원나라 황제 문종의 조서를 받고 대도로 돌아갔으나 얼마 지나지 않아 대부분의 외부 활동을 끊고 칩거에 들어갔다.

고려말의 정치가이자 대문장가 이색(李穡, 1328~1396)에 따르면, 고려 출신 비구니 김씨 스님이 평소에 존경하던 "지공 선사를 따라 출가하여 징청리(澄淸里)에 집을 사서 절을 짓고 선사를 맞이하여 머무르게 하였다. 지공 선사가 절 이름을 법원(法源)이라 지었으니 천하의 물은 서쪽에서 동쪽으로 흐른다는 데에서 의미를 취했다."[50]라고 하면서, 법원사 창건 내력과 절 이름의 의미를 설명하고 있다. 김씨 스님은 남편 사후 평소 존경하던 지공 선사를 따라 출가하여 집을 사서 절로 개조하고 선사를 자신의 절에 모셨던 것이다. 김씨 스님은 자신이 절을 창건한 만큼 당연히 사찰의 제반 운영을 스스로 주도해 나갔을 것이다. 이를 감안한다면 당시 법원사를 중심으로 고려 출신 재가여성불자들과 비구니 스님들도 활발히 활동했을 것이다.

그동안 학계에서는 지공 선사가 원나라에 돌아간 지 얼마 되지 않아서 대외 활동을 중단하고 법원사에 칩거하게 된 이유가 황제의 총애를 질투한 주위 승려들에게 모함을 받고 황제로부터 내쳐졌기 때문이라고 본 것이 일반적이었다. 즉 황제가 지공 선사를 내치고 티베트 고승을 총애하면서 선사가 곤경에 처하게 되는 바람에 오갈 데가 없어졌다고 본 것이다.[51] 그런데 최근 중국에서 새롭게 발견된, 지공 선사의 당시 상황을 짐작하게 하는 두 가지 문헌은 그 동안 학계의 주장과 다른 내용을 보여 준다.

1328년에 대도로 돌아온 이후, 10여 년 동안 지공 선사는 여전히 원나라 황제로부터 큰 존중을 받고 있었으나 그 스스로 정치적·종교적 대립의 장에서 물러나 조용히 수행을 하고 있었던 것으로 드러났다.[52] 지공 선사는 원나라 말기 타락한 황실과 종교계 권력층의 모습을 보면서 원나라가 더 이상 희망이 없음을 판단하고 이들로부터 벗어나 수행과 후학 양성에 남은 힘을 쏟았던 듯하다. 이런 면에서 말년에 다른 곳을 모두 뿌리치고 법천사에 머물렀다는 것은 그만큼 김씨 스님의 불심과 수행자로서의 가능성을 보았다는 뜻일 것이다.

법원사는 지공 선사가 생의 말년 대부분을 보낸 절이었다는 것 외에도 고려의 이름난 고승들이 선사를 만나기 위해 왕래한 곳으로도 유명하다. 지공 선사가 천력 연간에 원나라 대도로 돌아간 지 20여 년이 지났을 즈음, 여러 고려의 비구선사들이 법원사를 방문하여 지공 선사를 친견하고 감화를 받았다. 이것은 곧 고려 출신 비구니스님이 창건한 사찰이 고려의 구법 선승들이 지공의 선사상을 전수 받는 구심점 역할을 했음을 의미한다.

법원사를 방문한 대표적 인물로는 우선 나옹혜근(懶翁惠勤, 1320~1376) 선사를 들 수 있다. 나옹 스님은 20세에 문경 공덕산 묘적암에서 출가한 후 양주 회암사에 머물다가 좀 더 정진할 목적으로 스승을 찾아 충목왕 3년(1437) 11월 바다를 건넜고, 다음 해 3월 대도의 법원사에 도착하여 선사를 만났다. 법원사에서 처음 대면한 지공과 나옹은 서로 문답을 주고받게 되었는데, 이때 나옹 스님은 지공 스님에게 "불법의 이치를 모두 깨닫고 후인을 돕기 위해 이곳에 왔다."고 답함으로써 자신의 구법 여정이 단순히 개인적 깨달음에 국한되지 않음을 분명히 밝혔다. 그러자 지공 스님은 나옹 스님의 그릇을 알아보고 10년간 자신의 곁에 머물도록 허락하였다. 나옹 스님은 공민왕 7년(1358) 3월 귀국 길에 오르기까지 10년간(1348~1358) 원나라에 머물면서 모두 3차례 지공 문하에 머물렀다.

구체적으로 살펴보자면, 나옹 스님은 충정왕 2년(1350)에 지공 스님을 떠나 원나라 남부지역을 유력하다가 공민왕 2년(1353) 3월에 다시 법원사로 돌아왔다. 이때 나옹 스님은 지공 선사로부터 가사 한 벌과 불자 하나, 범자 신서(信書)와 전법게를 받았으니 이 또한 법원사에서 있었던 일이다. 뿐만 아니라 나옹 선사의 법통을 이어받은 무학자초(無學自超, 1327~1405) 스님 또한 공민왕 2년(1353) 가을 원나라에 가서 지공 선사를 친견하였다. 유네스코 등재 세계 최초 금속활자 『직지(直指)』를 펴낸 백운경한(白雲景閑, 1299~1374) 스님도 원나라로 건너가 지공 선사를 만나 스승과 제자 관계를 맺음으로써 지공 선사의 무심선(無心禪)이 백운 선사에게 전해지는 계기가 되었는데 이들이 만난 공간도 법원사일 것으로 추정된다.[53]

미국 보스턴미술관이 소장하고 있는 14세기 고려시대 은제도금 라마탑형 사리구에 적혀 있는 명문에 따르면, 이 사리구는 당초에 각각 석가모니불 5과, 가섭불 2과, 정광불 5과, 지공 선사 5과, 나옹 선사 5과의 사리가 담겨 있었다고 한다.[54] 회암사에는 현재 지공 선사와 나옹 선사, 무학 대사의 사리탑이 줄지어 서 있다. 지공 선사가 원나라 대도에서 입적한 후 선사의 유언에 따라 나옹 선사에게 지공 선사의 사리를 보내는 데에도 비구니 김씨 스님의 역할이 컸을 것이다. 이처럼 김씨 스님은 한국 선종 역사에서 고려 말 조선 초 걸출한 비구선승들의 중국 체류를 도와 오늘날까지 한국 선불교가 계승되는 데에 지대한 공헌을 한 인물이다.

3) 자유롭게 성지를 주유(周遊)한 성효 스님

지금까지 발견된 고려시대 가족 묘지명 중 묘주가 비구니인 대표적 사례가 바로 진혜 대사(眞慧大師·1255~1324) 성효 스님이다. 스님은 명문가의 딸로 태어나 14세 때 언양 김씨 가문의 김변(金賆)과 혼인하여 가정생활을 영위하다가 남편이 먼저 사망하면서 후에 비구니가 되었다. 스님은 충선왕의 제6비 순비 허씨(順妃 許氏, 1271~1335)의 속가 언니이기도 하다.

대부인(大夫人)의 성은 허씨(許氏)이며, 나라의 풍속에 따라 [여성의] 이름은 적지 않는다. 안남(安南)의 양천(陽川: 지금의 서울 강서구 일대) 사람이다. (중략) 씩씩한 아들 4명과 딸 3명을 낳았다. (중략) 3남은 어려서 출가하였고 법명을 현변(玄抃)이라 하는데 청오 대사(清悟大師)가 되어 지금 감은사(感恩寺)의 주지를 맡고 있다. 4남 역시 어려서 출가하여 법명을 여찬(如璨)이라 하는데 가지산문(迦智山門)에 몸을 의탁한 후 수좌에 네 번이나 뽑혔다. [여찬 스님은 승과시 가운데] 상상과(上上科)에 합격하여 명성을 떨쳤고, [구법승으로서 중국] 남쪽지역을 순례하여 [중국 절강성 항주] 천목산(天目山)에까지 다녀왔는데, 귀국하자마자 스님을 선사(禪師)로 임명한다는 [조정의] 비답(批答)이 내려왔다.

[스님은 출가 전] 남편을 섬김에 있어 모든 것이 합당했다. 음식을 할 때 넉넉히 했고, 길쌈에도 힘썼으며, 아내로서 도리를 다하였다. 집안에서 제사를 지낼 때면 [제사 지내는] 법도도 잘 알아서 도움이 되지 않은 적이 없었다. 안으로는 아이들의 어머니로서 아직 어려 철이 없었을 때 이미 저마다의 품성에 맞는 일을 가르쳤다.(중략)

[남편이 죽자] 나라에서 내리는 의식을 거절하고 스스로 장구(葬具)를 마련하여 대덕산(大德山)의 남쪽 언덕에 묘소를 마련하였다. 장례가 끝나자 이 산의 서남쪽 가까이 [남편의 무덤] 볼 수 있는 곳에 집을 짓고, 이곳에서 1리도 못 되는 곳에 절을 지어 고인의 명복을 빌었는데 이름을 감응사(感應寺)라 하였다. 집안의 재화와 보물을 베풀어 스님들을 청하여 원돈(圓頓)의 경전들을 사경했는데, 금과 은을 섞어 경문을 썼다. (중략)

임인년(1302, 충렬왕 28) 무 선사(無禪師)가 [중국] 강회(江淮: 중국 강소성 江蘇省과 안휘성安徽省의 양자강 하류부터 회하淮河에 이르는 지역) 지역에서 배를 타고 오자, 부인은 [선사를] 사모하여 찾아뵙고 처음으로 법의 요체를 들었다. 갑진년(1304, 충렬왕 30), [이번에는] 철산 화상(鐵山和尙)이 [중국] 남쪽으로부터 와서 교화를 펴자 [그에게] 대승계(大乘戒)를 받았다. 신해년(1311, 충선왕 3) 미륵대원(彌勒大院, 충주 수안보면)에 올라 장륙석(丈六石: 높이가 16장에 이르는 석불)에 예를 올리고 여러 산천을 순례하였고, 열반산(涅槃山, 금강산의 옛 이름)과 청량산(清凉山, 경북 봉화)의 성지까지 갔다. **55)** 을묘년(1315, 충숙왕 2)에 머리를 깎고 비구니가 되었다. 법명은 성효(性曉)이며 계단주(戒壇主) 백수(白修)는 그 스승이다.

47세에 과부가 되었는데 초하루와 보름 제사 때 반드시 [남편의] 묘소에 몸소 갔다. 삼년상을 치르면서 춥거나 덥거나 해이함이 없었다. 그 뒤 명절 제사 때에 바깥나들이를 하지 않고 처음과 같이 직접 묘소에 가지 않은 적이 없었으며, 출가한 후에야 그만두었다.

병진년(1316, 충숙왕 3) 통도사에 가서 사리 12과를 얻었고, 동쪽으로 경주에 갔다. 경주는 볼 만한 곳이 많은 까닭에 만족스러운 마음이 들 때까지 충분히 보고 돌아왔다. 거쳐 간 산천은 수없이 많지만 이에 대해서는 여기까지만 거론하고 마친다. 경신년(1320, 충숙왕 7) 서울(개경) 남산의 남쪽에 자리를 보아 초당을 짓고 머물렀다. 장남의 집이 그 서쪽에 있었다. 뜻은 지아비가 죽으면 맏아들을 따르는 교훈을 본받은 것이었다. 태정(泰定) 원년(1324, 충숙왕 11) 2월 11일 병들어 누웠으니 향년 70세였다. 이해 3월 4일 초당에서 입적했다. 임종

때 말이 어지럽지 않고 시신이 마치 살아있는 것 같았다. (중략)

변한국대부인 진혜 대사(卞韓國大夫人 眞慧大師)에 추봉되었으니, 드문 일이었다. 같은 해 4월 4일에 선영에 합장했는데, 선영으로부터 서쪽으로 몇 걸음 떨어져 있다. 남편을 따르고자 하는 부인의 뜻이다. 56)

성효 스님을 기리는 이 비문은 일반 비문에 비해 기록이 상세하여 출가 전 김변의 부인으로 살았을 때와 출가 후 행적을 비교적 자세히 알 수 있다. 주요 내용을 정리해 보면 다음과 같다.

첫째, 출가 전 스님은 슬하에 4남3녀를 두었는데 이 중에 셋째와 넷째 아들을 어려서 출가시킬 만큼 불교를 독실하게 믿었다.

둘째, 출가 전 신앙생활을 열심히 했지만, 그것은 어디까지나 주부로서의 임무를 충실히 한 후에 했던 일이다. 길쌈을 하고 제사를 지내고 남편을 섬기고 자녀교육에 열과 성을 다하며 살았다.

셋째, 남편이 죽자 무덤 근처에 원당 감응사(感應寺)를 짓고 스님을 청하여 금과 은으로 '원돈(圓頓)'의 경전57) 즉『법화경』과『화엄경』을 사경하는 등 남편의 극락왕생을 빌었다. 출가하기 전 매달 초하루와 보름 두 번씩 감응사에 가서 남편을 추모하고 바깥나들이를 삼갔으며 남편의 제사를 챙겼다.

넷째, 1302년 중국 강남에서 무 선사(無禪師)가 개경을 방문하자 법문을 듣고 발심했으며, 1304년 중국 강남에서 몽산덕이(蒙山德異, 1231~1308?) 선사의 제자 철산 화상(鐵山和尙)이 바다를 건너오자 그에게 보살계를 받는 등 본격적인 선 공부에 들어갔다.

다섯째, 수행을 하면서 매우 자유롭게 다양한 곳으로 성지순례를 다

넀다. 1311년에는 미륵대원(彌勒大院)에 올라 장륙석(丈六石)에 예를 올리고, 여러 산천을 순례하여 금강산과 청량산에 올랐다.[58] 출가 후 1316년에는 통도사와 경주까지 행각을 나섰는데, 특히 통도사에서는 불사리 12과를 얻었고, 불교 유적이 많은 경주에서는 머무르고 싶을 만큼 머무르다 돌아왔다. 이 외에 명산대천을 다닌 곳이 미처 기록할 수 없을 정도로 많았다. 당시 여성으로 이처럼 많은 곳을 자유롭게 다닐 수 있었던 것은 불교성지를 찾아 기도하고 수행한다는 명분이었기에 가능했을 것이며, 특히 출가 후에는 더욱 자유롭게 순례를 할 수 있었던 것이 아닌가 한다. 조선시대 유생들이 비구니에 대해 비방하는 구실 중 하나가 가정집 여성들과 달리 출가한 여성들은 자유롭게 여기저기 다닌다는 것이었다. 이를 바꾸어 생각해 보면 비구니들은 동시대 세속 여성들과 달리 구도의 여정을 따라 먼 곳까지 자유롭게 여행할 수 있었음을 의미한다.

여섯째, 수계를 받고 비구니가 되었는데, 이때 계단의 제일 어른 계사[戒壇主]가 백수(白修) 스님이었다. 여기서 '계단주'라는 표현은 여러 계사 중 대표가 되는 인물을 의미하는 것으로 보이며, 스님은 정식으로 출가 과정을 통하여 도첩과 계첩을 받았음을 알 수 있다.

일곱째, 변한국대부인 진혜 대사(卞韓國大夫人眞慧大師)에 추증되었다. 현재 남아 있는 기록으로 고려시대 비구니로서 '대사'의 칭호를 받은 경우는 스님이 유일하지만, 원문에서 유일하다고 하지 않고 '드물다'라고 한 것으로 보아 유사한 사례가 있음을 유추할 수 있다.

여덟째, 이 묘비명이 비구니의 손에 의해 제작된 것이 아니라 스님의 장남이 주도하여 제작한 것이어서 집안의 명예를 빛내기 위한 의도가 강하게 담겨 있다. 이때문에 출가 후 승려로서의 삶, 특히 다른 비구니들과의 관계에 대한 언급이 없음은 아쉬운 일이다.

4) 화엄곡(華嚴谷) 스님과 이색(李穡)

다음으로 살펴볼 고려의 비구니 인물은 대문장가 이색(李穡, 1329~1396)이 쓴 「엄곡기(嚴谷記)」에 등장하는 화엄곡(華嚴谷) 스님이다. [59] 이색에 따르면 스님은 법명이 화엄곡(華嚴谷)일 뿐 아니라 살고 있는 골짜기의 이름도 화엄곡이었고, 이러한 법명과 지명을 지어준 사람은 다름 아닌 고려말 저명한 비구선승 무학자초(無學自超, 1327~1405) 스님이었다. 무학자초는 우리가 익히 알고 있는 무학 대사를 가리킨다. 무학 대사는 앞서 언급한 인도승 지공(指空, ?~1363) 스님과 나옹혜근(懶翁惠勤, 1320~1376) 스님의 제자였다. 또 글을 지어준 이색은 고려시대 전체를 통틀어 최고의 문장가로 손꼽히는 관료이자 문인이었다. 이처럼 최고의 문장가가 비구니스님이 창건한 암자를 기념하는 글을 짓고 당대 최고의 고승이 법명과 지명까지 지어주었다는 것은 스님의 신분은 물론 학식과 수행력이 매우 뛰어났음을 의미한다. 이색의 「엄곡기」는 이색의 문집인 『목은집(牧隱集)』은 물론 조선 초기에 나온 『동문선(東文選)』에도 실려 있다. 그만큼 화엄곡 스님이 비중 있는 인물이었음을 짐작할 수 있겠다.

비구니 화엄곡(華嚴谷) 스님이 자신이 사는 절에 '엄곡(嚴谷)'이라는 현판을 걸었다. [이 엄곡이라는 절 이름은] 초선사(超禪師) 무학(無學) 스님이 지은 준 것이며, 화엄곡 [스님이] 나에게 「기(記)」를 하나 써달라고 찾아오셨다.

내가 듣자 하니 화엄종을 원교(圓敎)라고 부른다고 하는데, 아마도 [화엄경 안에] 온갖 덕(德)이 구비되어 있기 때문에 하나의 종파로 열게 된 것이 아닐까 한다. 넓은 것과 가냘픈 것, 큰 것과 미세한 것,

트인 것, 막힌 것, 밝은 것, 어두운 것, 유성(有性)과 무성(無性), 유형(有形)과 무형(無形), 번뇌와 해탈에 이르기까지 모두 하나로 돌아가니 터럭만한 작은 차이조차 없는데, 거기에 어찌 남자니 여자니 하는 상이 붙을 자리가 있겠는가!

그러나 내가 아직 [공부가 부족해서 심오한 (겸손한 표현)] 『화엄경』에 대해서 아는 것이 별로 없다. 그러니 우선 일상사를 가지고 말해 보겠다. 일어나고 앉는 것이때가 있고, 음식에 절제가 있는 것은 일상생활의 근엄이요, 화두를 참구함에 법도가 있고, 부처님께 축성(祝聖: 선가에서 국왕의 무병장수를 기원하는 예불의식)을 올릴 때도 규범이 있는 것은 안과 밖에 있어서의 근엄이며, 여러 사람이 모여 있거나 홀로 행하거나 오로지 몸을 정결하게 가질 것을 마음먹고 조금도 해이하지 않는 것은 죽을 때까지 지켜야 할 근엄이다. 적어도 이세 가지에서 하나도 소홀히 하는 것이 없다면 도(道)에 가까울 것이다. 증자(曾子)가 말하기를, "열 눈이 보고 열 손가락이 가리키니, 근엄해야 할 것이다."라고 하였으니, 대체로 마음을 잡아서 반성하여 살피는 것을 엄밀하게 하라는 것이다. 이른바 마음을 잘 다잡는다는 뜻이다.

엄곡(嚴谷) 스님은 여성[婦人]이라 내가 가까이서 가르쳐 드릴 수도 없는 노릇이다. 그러나 나옹(懶翁) 스님으로부터 긍정적인 평가를 얻어서 화두 참구를 하라는 말씀을 들으셨다니, 100가지 복이 스스로를 장엄할 날을 서서 기다릴 수 있을 것이다. 화엄은 53선지식을 참례하는 내용인데, 이 또한 이를 벗어나는 일이 아니지 않겠는가. 이것으로 「기」를 삼는 바이다. **60)**

한문 문학 장르에서 「기(記)」란 어떤 일을 잊지 않고 영원히 기념하기 위해서 쓰는 글을 말한다. 화엄곡 스님은 절을 짓고 무학 대사로부터 절 이름까지 받은 후 이 일을 자신은 물론 많은 사람들이 잊지 않고 기념하기를 바라는 마음에서 당대 최고의 문장가 이색에게 「기」를 써달라고 부탁한 것이다. 문장 내용을 통해서 화엄곡 스님이 이 글을 부탁하기 전에 이미 화엄에 대한 교학적 수준이 상당한 데에 이른 인물임을 짐작할 수 있다. 무학 대사가 스님의 수준을 인정해 주면서 이제 화두 참구를 하시라고 격려했다는 것은 이미 스님이 화엄학에 대한 교학 공부가 충분히 무르익었다는 전제 하에 나온 말로 보이기 때문이다.

이색은 1382년 여주 신륵사에 대장경을 인출해 봉안할 만큼 불심이 깊었지만, 이 글에서 본인은 화엄경과 같은 수준 높은 경전은 잘 모른다고 겸손히 자신을 낮추고 있다. 그래서 그는 '화엄(華嚴)'의 '엄(嚴)'자를 '근엄(謹嚴)'을 중심으로 풀이하는 데에서 멈추었는데, 스님에 대해 지극히 공손한 태도를 보인 것이다. 화엄곡 스님의 사례를 통해서 고려시대 비구니스님들이 당대의 저명한 비구스님이나 지식인들과 밀접히 교류하며 불교사상을 논했음을 알 수 있다.

5) 『직지(直指)』 간행 대시주자 묘덕(妙德) 스님

1988년에야 세상에 알려진 '묘덕계첩(妙德戒牒)'은 비구니 묘덕 스님이 재가자 시절인 1326년 인도 출신 지공(指空) 선사로부터 받은 계첩이다. 그 후 그녀가 언제 어떻게 출가를 했는지에 대해서는 현재까지 자세히 알려지지 않고 있다. 다만 스님이 비구니로서 처음 기록에 등장하는 것이 1377년에 간행된 금속활자본 『직지』의 간기와 1년 후에 나온 「윤필암기(潤筆庵記)」 등의 기록에 의거하여 대략적인 연대를 추정해 볼 수 있다.

우선 그녀는 적어도 「묘덕계첩」을 받았을 때까지는 재가불자 신분이었다. 그러다가 1378년 8월 이색(李穡, 1328~1396)이 쓴 「지평현미지산윤필암기(砥平縣彌智山潤筆菴記)」에 "정안군부인 임씨(任氏)는 이제 비구니가되어 법명을 묘덕(妙德)이라 하는데, 재물을 희사하여 미지산(양평군 용문산)에 이 암자가 있게 되었다."라는 구절이 있다. 학자들의 주장에 따르면, 지공 선사에게 계첩을 받은 묘덕과 『직지』 간행에 시주한 묘덕, 윤필암을 창건한 묘덕은 동일 인물이라고 한다.[61]

묘덕 스님의 입적연도를 정확히 알기는 어렵지만, 우왕 5년(1379년) 5월 신륵사의 나옹 화상 석종비 건립 때에는 문도 중 한 사람으로 이름이 보이지만, 우왕 10년(1384) 묘향산 안심사에 지공 선사와 나옹 화상의 사리석종비를 세울 때에는 명단에 묘덕 스님의 이름이 없는 것으로보아 대략 1384년 이전에 입적했을 것으로 학자들은 보고 있다.

종합해 볼 때 묘덕 스님은 선을 위주로 공부했던 비구니선객일 가능성이 높다. 무엇보다 지공 선사가 인도에서 중국을 경유하여 고려에 왔을 때 선사가 고려에 도착한 지 겨우 2개월이 지난 시점에 선사를 만나계를 받을 정도로 열성을 보이고 있는 것이 그 한 이유이다. 스님은 또한 1377년(우왕 3) 현존 세계 최고(最古) 금속활자본 『백운화상초록불조직지심체요절』(이하 '직지'로 간칭)과 1378년(우왕 4) 『백운화상어록(白雲和尚語錄)』의 간행에 실질적인 출판 경비를 시주했고, 오늘날 경기도 양평군지역에 윤필암(潤筆菴)을 세웠으며,[62] 지공선사(指空禪師)의 부도비(浮屠碑)를 세우는 일에도 시주를 아끼지 않았다.[63] 이 가운데 『직지』가 2001년 유네스코 세계기록문화유산으로 등재된 것은 주지의 사실이다. 묘덕 스님이 보시에 참여한 대부분의 불사가 이처럼 참선과 관련된 것은그녀가 스님이 된 후 비구니선객으로 살아갔을 가능성을 높여준다.

청주 흥덕사에서 1377년에 금속활자로
간행한『직지』.[64)]
사진출처: 청주고인쇄박물관.

2001년『직지』가 유네스코 세계기록유산
으로 등재됨을 알리는 증서.
사진출처: 청주고인쇄박물관.

묘덕 스님 외에도 고려시대 비구니스님 중 비구선승의 제자나 시주자
로서 각종 금석문에 이름이 등장하는 사례가 적지 않다. 직지사 성보
박물관 소장 보물 제1303호「백지금니 금강반야보문합부 사경 (白紙金泥
金剛般若普門合部 寫經)」은 1371년 공민왕 20년 비구니 묘지(妙智)와 묘수
(妙殊) 스님이 시주자로 적혀있다.

또 1322년(충숙왕 9) 조성된「천수관음보살상복장유물」에는 군부인(郡
夫人) 등 상류층 우바이들의 명단과 함께 원삼(願滲)이라는 비구니스님
의 이름이 보인다. 고려 말 나옹 선사를 기리어 1379년(우왕 5)에 세운
「여주 신륵사 보제존자석종비(驪州 神勒寺 普濟尊者石鍾碑)」의 종도에 대
한 기록 중 비구스님들 명단에 이어 정업원(淨業院) 주지 묘봉(妙峯), 묘
덕(妙德), 묘간(妙玕) 스님 등 총 24명의 비구니스님 명단이 나란히 등장
하고 있다. 또 1383년(우왕 9) 여주 신륵사 대장각(大藏閣) 창건과 운영에
대한 사실을 이숭인(李崇仁, 1347~1392)이 짓고 권주(權鑄, ?~1394)가 써서
세운「신륵사대장각기비(神勒寺大藏閣記碑)」에는 단월로 참여한 사부대중
의 이름이 나열되어 있는데 묘해(妙海), 묘추(妙樞), 묘오(妙悟) 등 총 28

역사 속 한국비구니

직지사성보박물관 소장 보물 제1303호 「백지금니 금강 및 보문발원(白紙金泥 金剛 및 普門發願)」(1370년 고려 공민왕 20년). 끝에 '홍무 4년 신해 7월 시주비구니묘지, 동원비구니 묘수(施主比丘尼妙智, 同願比丘尼妙殊)'라고 적혀 있다. 출처: 국가유산청.

원주 영전사 보제존자사리탑(令傳寺普濟尊者舍利塔). 현 국립중앙박물관 소장. 본래 강원도 원주시 영전사 터에 있던 보제 존자 나옹 스님의 사리를 봉안한 사리탑. 이 중 동쪽 사리탑을 고려 비구니 묘관 스님이 조성했다.

명의 비구니스님 법명이 등장한다. 또 1388년(우왕 14) 강원도 원주「영전사지보제존자사리탑(令傳寺址普濟尊者舍利塔)」에 봉안된 사리탑지에는 비구 각수(覺修) 스님이 사리 1매를 주탑에 봉안하고, 비구니 묘관(妙觀) 스님이 사리 1매를 동탑에 봉안하였다는 기록이 나온다. 나옹 스님의 사리를 봉안하기 위해 건립한 두 기의 사리탑 가운데 한 곳을 비구니스님이 마련할 정도로 당시 비구니들이 비구 대선사들과 밀접한 교류를 하고 있었음을 시사한다. 그리고 원증 국사 태고보우(圓證國師 太古普愚, 1301~1382) 스님을 기리기 위해 고양시 태고사에 조성한 1385년(우왕 11)

역사 속 한국비구니

「태고사원증국사탑비(太古寺圓證國師塔碑)」에는 비구니 묘안(妙安) 스님이 문도(門徒)의 한 사람으로 등장한다.

현재 서울 개운사 소장 목조아미타여래좌상은 본래 충남 아산 영인산 축봉사(鷲峰寺)에 봉안했던 것으로, 1322년 개금 화주자 명단에 성금(性金)이라는 비구니스님의 이름이 등장한다. 이처럼 고려시대 비구니스님 중에는 각종 불사에 큰 시주를 했던 인물이 많다. 이는 고려시대에 수행뿐 아니라 재력 면에서도 역량 있는 비구니스님들이 많았으며, 공간적으로 대도시뿐 아니라 지방에서까지 비구니스님들이 활발히 활동하고 있었음을 알 수 있다.

6) 임종 전 출가한 성공(省空), 향진(向眞), 목진(目眞) 스님

지금까지 세상에 알려진 고려 묘지명 가운데 앞서 본 성효 스님 외에도 3명의 스님이 더 있다. 성공(省空, 1249~1318), 향진(向眞, 1227~1309), 목진(目眞, 1247~1326) 스님이 그 주인공들인데, 모두 임종 직전 출가한 것이 특징이다. 평생 독실한 재가불자로 살다가 임종 직전 출가하는 이러한 사례는 고려시대 일부 여성출가자의 독특한 특징 중 하나이다. 이 경우는 모두 집안의 가족이 묘지명을 조성한 것이므로, 본인들의 어머니가 그만큼 정숙하게 살았음을 보여주고자 한 데에 목적이 있는 것이지 승단이나 출가자의 입장에서 작성된 것은 아니다.

성공 스님은 출가 전 슬하에 4남 2녀를 두었는데 네 아들 중 두 아들이 출가하였다. 2남 정오(晶悟) 스님은 수선사(修禪社)에서 활동하고 있다고 하는 것으로 보아 선종으로 출가했음을 알 수 있고, 4남은 화엄종으로 출가하여 용흥사(龍興寺)의 주지를 맡고 있다 하였다. 성공 스님의 행적에 관한 내용을 좀 더 자세히 살펴보기로 하자.

[출가 전] 부인은 성품이 정직하고 사법(邪法)을 행하지 않았으며 불도(佛道)를 우러르는 신심 깊은 선여인(善女人)이었다. 대덕 9년 을사년(충렬 31, 1305)에 남편이 죽고 12년 남짓을 홀로 지냈다. 향년 70세가 된 금년 연우(延祐) 5년 무오년(1318년, 충숙왕 5) 7월 초 2일에 병이 위독해지자, 드디어 죽음을 면하기 어렵다는 것을 알고 묘련사(妙蓮社) 주지 양가도승통(兩街都僧統)에게 청하여 머리를 깎고 비구니가 되어 법명을 성공(省空)이라 하였다. 법복을 갖추어 계를 받고, 종 1명을 시주하여 출가시켰다. 11일 오시가 되자 목욕하고 옷을 갈아입고 권속을 불러 뒷일을 부탁한 뒤, 합장한 채 오직 아미타불만을 염송하였다. 저녁이 되자 세상을 떠났는데, 숨이 거의 끊어질 때까지도 염불하는 입술이 멈추지 않고 움직였고, 기운이 다한 뒤에야 두 손이 풀어졌다. 65)

성공 스님이 임종 시 숨이 끊어질 때까지 아미타불을 염송하고 기운이 다한 후에야 두 손이 풀어졌다는 것을 통해서 평소에 정토신앙을 중심으로 수행생활을 했음을 알 수 있다. 그런데 이처럼 임종 직전에 승려가 된 경우에는 여법한 이부승수계를 통해 출가하기는 어려웠을 것이다. 또한, 집안의 종을 출가시켜 절에 보시했다는 것은 고려시대 사원의 승려들의 신분이 차이를 나타낸다. 비구승의 경우 구족계를 받지 않고 사원에서 각종 노역에 종사하던 이른바 '수원승도(隨院僧徒)'들이 문헌에 등장한다. 여성출가자의 경우에도 이와 동일한 체제로 운영되었을 것이다.

다음으로 향진(向眞) 스님의 사례를 살펴보자.

[출가 전] 부인은 성품이 강직하고 화려한 것을 좋아하지 않았다. 귀신에게 제사를 지내거나 섬기지 않았으므로, 귀신 중에는 두려워하며 감히 가까이 하지 못하겠다고 말한 자도 있었다고 한다. 황당하고 괴이하다고 여길까 염려되어 여기에 적지는 않겠다. 83세가 되어 노환으로 임종하기 하루 전 머리를 깎고 비구니가 되어 법명을 향진(向眞)이라 하였다. (중략) 부인은 3남 1녀를 낳았는데, (중략) 막내아들은 조계가(曹溪家)로 출가하여 법명을 충장(冲壯)이라 하고 대선사(大禪師)가 되었다.[66]

향진 스님은 막내아들이 출가하여 승과에 급제했을 뿐 아니라, 향진 스님이 출가 전 귀신을 물리치는 특별한 능력이 있었다고 언급한 것이 특이하다. 또한 성공 스님과 마찬가지로 임종 전날 출가했음을 알 수 있다.

이 외에도 임종 전에 출가한 스님으로 목진(目眞) 스님이 있다. 스님은 「무송군대부인유씨묘지명(茂松郡大夫人庾氏墓誌銘)」[67]의 주인공으로, 묘지명은 1326년(충숙왕 13)에 작성되었다. 내용에 따르면 스님의 속성은 유씨(庾氏, 1247~1326)이며 출가 전 남편 이름은 이덕손(李德孫, ?~1301)이다. 남편 사망 후 26년간을 홀로 지내며 불교 수행에 매진했고, 후에 무송군대부인(茂松郡大夫人)에 봉해졌다. 나이 80세인 태정(泰定) 3년 병인년(1326) 9월에 가벼운 병이 들었는데 9월 28일이 되자 목욕 후 옷을 갈아입고 삭발 출가하고 목진(目眞)이라는 법명을 받았다. 묘지석 앞면과 뒷면에 범자가 새겨져 있는데 원래 묘지석은 사라지고 현재 남은 자료는 마모가 심한 상태에서 제작한 탁본이라 범자의 정확한 판독은 어렵다.

4. 다양한 분야의 기술력 보유한 고려시대 비구니

고려시대 불교사원은 오늘날 사찰에 비해 훨씬 다양한 기능을 담당하고 있었다. 당시 사원은 수행이나 기도처로서의 역할은 물론이고 왕실, 관료, 사(士)와 서인(庶人) 등의 상례와 제례를 행하던 곳이며, 국가와 왕실의 주요행사를 거행하던 장소였다. 또한, 병자들을 위한 휴양소, 교육 및 금융기관, 여행자를 위한 편의시설의 기능도 했다. 심지어 특수지역 치안 유지를 위한 기능, 군사훈련 장소, 전쟁 시 요새로도 이용되었고, 지역의 축제 장소이자 도서 간행 및 도서관 역할도 했다. 이처럼 고려시대 사찰은 계층과 성별을 떠나 모든 사람들의 일생과 불가분의 관계를 맺고 있었다. 또한 사원은 방대한 토지와 인력을 소유하고 생산 및 상업행위도 활발히 하였다. 그런데 이 모든 것들이 가능하기 위해서는 비구니스님과 비구니승가의 역할도 매우 중요했을 것이다. 여기서는 불모(佛母), 직조기술, 사찰음식 방면에서 활동했던 사례를 각각 살펴보자.

1) 탱화 복원 참여

고려시대 비구니들은 탱화 보수와 같은 화공으로서의 기술도 갖고 있었다. 고려시대 문신이자 저명한 문인이었던 이규보(李奎報, 1168~1241)가 개경 의왕사(醫王寺)의 미륵전에 오백나한상이 방치되어 있는 것을 보고 발심하여 이를 새롭게 수리하는 과정에서 화공 기술 전문가 비구니스님이 등장하고 있다. 본문 자체가 복원 과정을 서술하는 데에 초점이 맞추어져 있어 비구니 불모(佛母)의 등장 과정을 확인하게 위해서는 다소 길더라도 아래 문장을 모두 살펴보아야 이해가 쉽다.

지금 경사(개경)에서 약간 떨어진 곳에 오래되고 퇴락한 절이 하나 있는데, 그 절의 이름은 의왕사(醫王寺)이다. (중략) 종문 상장 대선사(宗門上匠大禪師)인 각공(覺公) 스님이 [이 절에] 와서 쉬시다가 미륵전에 예불을 하러 갔는데, 오백존상 그림이 흩어져 먼지에 파묻히고 그림이 희미해진 것을 보고 사람들을 불러 모아 그 중에 솜씨 있는 사람들을 골랐다.

이들은 함께 먼지를 털고 때를 닦아내며 다 같이 눈물을 흘렸으며, [오백나한의] 존경스러운 모습을 우러러 모시는 일에 각자 몸은 달라도 마음은 하나였다. 마침내 유실된 것을 함께 찾아 나섰다. 이들 모두가 함께 [힘을 합쳐] 잃어버린 나한상 탱화를 찾아냈으나, [그래도] 찾지 못한 것을 헤아려 보니 모두 27점이었다.(중략)

화공을 모집하여 그 찾아내지 못한 그림을 보충하기로 했고, [복원해야 할] 탱화 존상들을 시랑 벼슬을 하는 최광재(崔光宰)가 모아서 복원해 보겠다고 청하니 선사께서 흔쾌히 허락했다. (중략)

이때 한 여승이 최시랑에게 [복원하려는 이들 탱화 중] 한 점의 복원을 맡겠다고 청하였고 [여승이 이를 갖고 가서] 보수를 마친 후 보내주려 했으나 미처 작업을 끝내지 못한 상황이었다.(즉 작업을 못 마쳐서 돌려보내지 못하고 있었다는 뜻)

[최시랑의] 부인은 여승이 [최시랑에게] 청하여 탱화를 [보수하러 여승의 암자에] 가져간 것을 모르고 [이 탱화를] 아무리 찾아도 찾을 수 없었다.

그런데 꿈속에 한 스님이 나타나 "나는 비구니 사원[尼院]에 있다."고 하였다. 부인이 꿈에서 깨어 이상하게 여기고 비구니 사원[尼院]에 가서 찾으니 과연 그 탱화가 거기에 있었다. **68)**

위의 내용은 1195년(고려 명종 25)에 천태종의 대선사 비구 각공 스님이 개경 의왕사에 갔다가 탱화로 그려진 오백나한의 존상들이 먼지 속에 방치된 것을 찾아 복원하고 없어진 것은 새로 그려서 다시 봉안한 사실을 기술한 것이다. 내용이 다소 복잡하므로 이를 재정리하면 다음과 같다.

① 대선사 각공 스님이 의왕사 미륵전에 참배하러 들어갔다가 오백나한 탱화가 방치되어 있는 것을 보고 이 오백 장을 다시 수습하여 봉안하겠다는 발원을 했다. 스님은 화공들을 뽑아 유실된 27점은 새로 그려 채우고 낡고 먼지 끼고 색이 바랜 나머지 473점은 다시 복원하겠다고 마음먹었다. 이 과정에서 시랑 벼슬을 하던 최광재라는 거사가 탱화 보수의 실무를 총괄하겠다고 자원하여 이것들을 본인의 집에 가져다 놓고 부인과 함께 이 불사를 진두지휘하고 있었다.

② 어느 날 이 소식을 들은 의왕사 산내 비구니 암자의 비구니스님이 최광재를 찾아와 복원해야 할 탱화 가운데 한 점을 자신이 갖고 가서 복원하겠다고 제안했다. 이에 최광재는 한 점을 비구니스님에게 맡겼는데, 공무가 바빠 깜빡하고 이 사실을 아내에게 전하지 못했다.

③ 작업이 거의 끝났다고 판단한 최광재의 아내는 500장의 탱화가 다 잘 되었는지 점검하고자 한 장 한 장 확인하기 시작했다. 그런데 아무리 세어 보아도 한 장이 모자랐다.

④ 어느 날 밤 최광재 부인의 꿈에 한 고승이 나타나서 "나는 비구니 사원에 있다."라고 말했다. 꿈에서 깬 그녀는 혹시나 하고 의왕사 비구니

역사 속 한국비구니

암자에 가보니 과연 빠진 탱화 한 점이 그 곳에 복원을 위해 가 있었다.

다소 신비적인 분위기를 풍기는 사건이 발생했으므로 이규보는 이 사실을 특별히 글로 남겼다. 글 안에서 해당 탱화 속 인물이 누구를 그린 것인지는 알 수 없으나 오백나한 중의 한 분임은 의심의 여지가 없다. 오백나한 탱화 복원 작업에 여러 사람이 지극한 마음으로 동참했고, 이러한 지극한 마음이 통해서 그림 속 나한이 꿈에 나타나 자신이 있는 곳까지 알려주었다고 하니 작업 동참자들의 신심도 더 깊어졌을 것이다.

그런데 우리가 놓치지 말아야 할 것은 위의 사건을 통해서 당시 비구니스님들이 불교미술 방면에서 활약하고 있음을 엿볼 수 있다는 점이다. 그것은 의왕사의 비구니스님이 직접 찾아와 자신도 탱화 복원 작업에 참여하겠다고 나서고 있고, 이에 대해 작업 관리를 맡은 최광재라는 거사가 선뜻 응답하고 복원할 탱화를 내주는 모습을 통해서 알 수 있다.

2) 탁월한 직조 기술을 보유한 비구니공동체

충렬왕 2년(1276) 『고려사』에는 충렬왕의 제1비 원성공주(元成公主, 재위 1274~1297)가 재물에 욕심이 많았음을 비판하는 내용이 등장한다. 원성공주는 원나라 출신의 제국대장공주(齊國大長公主)를 말한다. 물욕이 강했던 그녀는 남의 노비를 빼앗기도 하고 백성으로부터 잣과 인삼을 강제로 빼앗아 사사로이 원나라와 무역을 하여 막대한 부를 취하는 등 백성들로부터 많은 원성을 샀던 인물이다.

그런데 그녀의 재물 욕심은 세간과 출세간을 가리지 않았던 모양이다. 『고려사』에는 그녀가 비구니 사원에서 생산한 백저포(白苧布, 흰 모시)

를 선물 받자, 그 기술력을 탐하여 기술자까지 **빼앗아** 가는 장면이 등장한다.

> 어떤 비구니가 [원성공주에게] 백저포(白苧布)를 바쳤는데 그 가늘기가 매미 날개 같고 중간중간에 꽃무늬까지 수놓아져 있었다. [원성] 공주가 이것을 [받아] 저자의 상인들에게 보여주니 상인들이 모두 말하기를 예전에 본 적이 없는 것이라고 하였다. [공주가] 그 비구니에게 묻기를, "어디에서 이것을 얻었는가?"라고 하였더니, [비구니스님이] 대답하여 말하기를, "저한테 계집종 하나가 있는데, 직조(織造)에 능합니다."라고 대답하였다. 공주가 "그 계집종을 나에게 보내는 것이 어떠한가?"라고 하니 그 비구니스님은 깜짝 놀랐지만 어쩔 수 없이 그 종을 바칠 수밖에 없었다. **69)**

공주는 우선 이 백저포의 수준이 어느 정도인지를 가늠해 보기 위해 시장의 옷감 전문가들에게 평가를 내리게 했다. 그런데 그들로부터 지금까지 본 적이 없는 최고 수준의 물품이라는 소리를 듣게 되면서, 그녀는 아예 기술자까지 **빼앗아** 간 것이다. 여기서 주목해야 할 점은 비구니 사원의 기술력이다. 비구니 사원에서 당시 고려 최고 수준의 백저포를 생산하고 있었던 것이다.

이쯤에서 우리는 고려의 직조기술을 돌아볼 필요가 있다. 일본 경신사(鏡神社) 소장 고려 불화 〈수월관음도(水月觀音圖)〉는 충선왕 2년인 1310년 숙비(淑妃)가 발원하고 궁중 전문 화가들이 그린 그림이다. 비단에 그려진 이 불화는 419.5cm×254.2cm의 대형 크기로, 보는 이를 압도한다. 전문가들에 의하면 이 불화의 본래 크기는 546cm×273cm였으며, 일본에서 낡은 부분을 잘라낸 바람에 현재의 크기로 축소되었다고 한다.[70] 현재의 크기든 본래의 크기든 그 크기에 놀라움을 금할 수 없다. 그런데 더욱 불가사의한 것은 이 불화의 바탕이 여러 장의 비단을 이어 붙여 만든 것이 아닌, 한 장의 비단으로 이루어진 것이라고 하니 당시 직조 기술력과 비단을 짜는 작업장의 규모가 어떠했을지 상상할 수 있을 것이다. 이처럼 직조산업이 발달한 상황에서 동종업계 간 상호 경쟁도 치열했을 것인데, 비구니 사원에서 생산한 비단이 국내 최고의 수준을 보였다는 것은 비구니공동체가 보유한 기술 역량이 매우 뛰어났음을 시사한다.

비구니사찰에서 직조(織造) 활동을 했다는 기록은 1800년대 중기에도 나타나고 있으며[71] 20세기 중엽에도 직접 베를 짜는 비구니사찰이 적지 않았다. 이렇게 짠 베는 사찰 운영에 큰 도움이 되었다. 고려시대 비구니사찰에는 위의 기록에 나온 것처럼 평범한 직조기술 수준을 넘어서서 최고의 직조기술을 선보일 만큼의 기술력을 갖추고 있었다.

3) 요리에 정통한 비구니스님들의 음식 공양

한편 비구니들 중에는 음식을 잘 만드는 사람이 있어서 대중교화나 불사에 기여하였다. 여주 신륵사 「대장각기비문(大藏閣記碑文)」에는 이색이 대선사 비구 상총(尙聰) 스님의 권유로 돌아간 부모의 명복을 빌기 위해 대장경을 인쇄·보시한 일을 기록하고 있다. 내용에 따르면 이색은 혼자 힘으로 이런 큰 불사를 감당할 수 없어서 나옹 스님의 문도들과 함께 불사를 이루어냈다고 한다.[72]

이 비문의 음기(陰記: 비문의 뒷면에 새긴 기록)에 사부대중으로 구성된 단월의 이름을 열거하고 있는데, 많은 비구니스님의 이름이 등장하고 있음을 우리는 앞에서 살펴보았다. 그런데 이 비문에는 여러 비구니스님

중에 국신리(國贐里)에 살면서 스스로 먹거리를 마련하여 여러 작업 참여자의 공양을 '처음부터 끝까지 정성을 다한' 묘안(妙安)이라는 비구니스님을 특별히 언급하고 있다. 비록 스님에 대해 간단히 불명만 언급하고 있지만, 스님이 주석하던 비구니 사원에는 묘안 스님을 포함하여 요리에 정통한 비구니스님들이 공동체를 형성하고 있었을 것으로 짐작된다.

이상으로 고려시대 비구니 승단의 불교미술, 직조, 사찰음식 등 제 방면의 기술력을 살펴보았다. 비록 현재 전해오는 사례는 많지 않아도 이러한 내용을 통해서 당시 비구니 승단이 사회 각 영역에서 다양하게 활약하고 있었음을 알 수 있다.

5. 재가여성불자의 신앙생활

고려시대 여성들은 어떤 생각을 가졌고, 여성출가자와 재가여성불자들은 하루를 어떻게 보냈을까? 이제 고려시대 여성들의 묘지명과 문헌자료를 통해서 그 대강을 살펴보자.

1) 보살계 수지와 수행의 일상화

고려시대에는 출가여성뿐 아니라 재가여성불자들도 계를 받고 일상생활에서 계를 지키는 것을 매우 중요하게 생각했다.

① 보살계 수지
무엇보다 당시 여성들은 서역이나 중국에서 덕이 높은 고승들이 건너오면 적극적으로 참여하여 보살계를 받았다. 먼저, 충선왕 원년 (1298)에 왕과 공주가 함께 외국인 승려에게 수계했다는 기록이 보인다. 또 충렬왕 2년(1304) 비구 원명 국사 충감(圓明國師 沖鑑, 1275~1339) 스님이 중국 강남에서 화두 참선 지도에 뛰어난 비구 몽산덕이(蒙山德異, 1231~1308) 선사의 제자 비구 철산소경(鐵山紹瓊, ?~1311) 선사를 모시고 오자, 많은 우바이들이 선사를 친견하고 보살계를 받았다. 이 중에는 왕비와 숙창원비(淑昌院妃) 등 왕실여성도 포함되어 있어 당시 여성들이 선지식을 찾아 공부하고자 하는 태도가 매우 적극적이었음을 알 수 있다. 성효 스님의 출가 전 행적에도 유사한 내용이 기록되어 있었다. 앞서 스님에 대해 다루면서 소개한 문장이지만 재가불자 시절의 스님의 모습을 이해하기 위해 한 번 더 살펴보기로 하자.

> 임인년(1302, 충렬왕 28) 무 선사(無禪師)가 중국 강남의 강회(江淮)로부터 배를 타고 오자 부인(출가 전 성효 스님을 말함)은 그를 사모하여 직접 뵙고 처음으로 법의 요체를 들었다. 또 갑진년(1304, 충렬왕 30)에 철산 화상(鐵山和尚)이 남쪽으로 와 교화하자 대승계를 받았다.[73]

묘덕 스님 또한 출가 전 인도에서 온 지공 선사에게 보살계를 받았던 사실을 앞서 묘덕계첩을 통하여 확인한 바 있다. 이처럼 고려시대 재가 여성불자 중 불심이 깊은 사람들은 세속에 살면서도 출가수행자 못지 않게 철저히 계행을 행하고 수행하는 삶을 살았다.

고려시대 재가여성불자의 가장 보편적 수행법은 염불수행이었고, 정토신앙을 신봉했다. 사람들은 힘이 닿는 대로 돌아가신 조상과 자신의 서방정토 왕생을 기원하며 다양한 불사에 참여하였다. 여성들은 하루의 시작을 가정에서 예불로 시작하고, 낮에 길쌈이나 가사를 할 때에도 부처님의 명호를 외웠으며, 경제적 여유가 있는 경우에는 조상 등 가족을 추모하는 원당을 세우고 불사에 동참했다. 또 불교 행사가 있는 날에는 적극적으로 절에 갔다. 이렇게 볼 때 고려시대 여성불자들의 삶은 현대 여성불자의 삶과 크게 다르지 않았다.

고려시대 여성들은 불교적 제례를 중시했는데, 살아서 착한 일을 못한 사람도 죽은 후 자손 등이 재를 지내거나 보시를 행하면 정토에 태어날 수 있다고 생각했기 때문이다. 그래서 망자의 명복을 빌어주는 것이 불교 효행 중의 큰 부분을 차지하고 있었다. 이때문에 고려시대에는 부모 기일에 재를 올리기 위해 '부모기일보(父母忌日寶)' 등을 통하여 자녀들이 정기적으로 함께 재비(齋費)를 마련했다. 아들과 딸을 가리지 않고 함께 비용을 모아 사찰에서 임종과 장례, 제사를 지냈다. 따라서 고려시대에는 굳이 아들이 조상의 제사와 장례를 전담하지 않아도 되었다.[74] 이처럼 고려시대에는 아들과 딸이 함께 부모님의 장례와 제사를 모셨을 뿐 아니라 시묘살이 또한 반드시 장남이 해야 하지 않았기 때문에 장남의 역할이 그다지 강조될 일이 없었다. 이에 따라 부모 유산도 성별의 차이를 따지지 않고 자녀가 균등하게 받을 수 있었다.

재가여성불자들의 묘지명을 보면 일상에서는 신앙생활을 철저히 하고 결혼 후에는 아이를 여럿 출산하여 일부 아들은 과거에 급제하고, 나머지 아들은 승과에 급제하며, 딸은 좋은 남편에게 시집보내는 것을 가장 성공한 인생으로 여겼다. 물론 묘지명이 전해올 정도라면 대부분 왕실이나 귀족 출신 여성들이므로 모든 여성에게 일반화시킬 수는 없지만 말이다. 가장 칭송받는 여성은 부모와 형제에게 효도와 우애로 대하고, 살림을 잘하며 불경을 열심히 읽는 여성이었다.

「박윤문처김씨묘지명(朴允文妻金氏墓誌銘)」을 보면 "평생 부모를 효도로 모시고, 형제간에 우애하고 자손을 고르게 사랑하고 노비와 하인에게 은혜를 베풀었다. 밤에는 불경을 읽고 낮에는 베를 짰는데 나이가 들어도 게을리하지 않았다.”고 칭송했다. 이 여성의 시어머니 왕씨는 세 아들이 모두 과거에 합격하여 군대부인(君大夫人)에 봉해져 해마다 녹을 받았다. 며느리 김씨 여인은 네 아들이 과거에 합격하여 3명의 합격자를 배출한 시어머니보다 녹을 더 많이 받았다고 한다.

또 「조모처황보씨묘지명(趙某妻皇甫氏墓誌銘)」을 보면 황보씨는 5남 5녀를 낳았는데, 이 가운데 1남 2녀는 일찍 죽고 4남 3녀를 길렀다. 세 아들이 모두 과거에 급제하여 벼슬을 살았고 나머지 한 아들은 출가하여 화엄종에 몸담았는데, 대선(大選)에 합격하여 이름난 사찰의 주지가 되었다. 이에 나라에서 해마다 조 30석을 내려 자식을 잘 키운 어머니의 공로를 표창했다. 그 후 황보씨의 사례가 계기가 되어 세 아들이 급제하면 어머니에게 녹을 내리는 것을 나라의 규정으로 삼을 정도였다고 한다. 고려후기 문인 이제현(李齊賢, 1287~1367)이 「이자성처이씨묘지명(李自成妻李氏墓誌銘)」에서 “일신이 존영을 누린 것은 아들이 이름을 이루었기 때문”이라고 칭할 만큼 고려시대 여성들은 아들을 통해 자신의 삶을 인정받고자 했다.

② 염불과 간경(看經)

고려불화를 보면 고려시대 여성불자들이 어떤 수행을 했는지를 짐작할 수 있다. 현재까지 알려진 고려시대 불화 약 150여 점 가운데 아미타여래 관련 불화가 55점, 관음보살 관련 불화가 42점, 지장보살 관련 불화가 24점으로 모두 120여 점에 이르고 있어 고려불화는 이들 세 도상이 거의 대부분을 차지하고 있다.[75] 아미타여래 관련 불화와 지장보살 관련 불화가 많다는 것은 정토신앙을 믿는 사람들이 많았음을 반증하는 것이다. 고려시대 재가불자 여성 인물의 금석문에서 이들의 신앙생활에 대해 언급할 때 아미타불을 염송했다는 기록이 자주 등장하는 것도 같은 이유라 하겠다.

또 고려의 여성불자 중 글을 아는 사람이 꽤 있었고 이들이 즐겨 읽었던 경전은 다라니 외에『금강경』,『법화경』,『화엄경』, 계율 관련 불서 등 수준 높은 불경을 두루 읽었다. 당시는 아직 한글이 창제되기 전인 만큼 이러한 사실은 고려 여성불자 가운데 글자를 아는 지식인이 적지 않았음을 시사한다.

불교 교학에 대한 여성의 이해가 뛰어난 사례로 균여(均如, 923~973) 대사의 누나 수명(秀明, 920~?)의 경우를 살펴볼 수 있다. 수명은 탁발 나온 스님의『법화경』독경 소리를 듣고 감화가 일어나 자리를 마련하여 스님을 맞아들이고『법화경』을 끝까지 읽어주기를 청했다. 이에 스님이 8권까지 다 읽어주자 하룻밤 묵으면서 경전의 뜻을 두루 설명해 달라고 부탁했는데, 나중에 들은 것을 하나도 빠뜨리지 않고 모두 말할 수 있었다고 한다. 또 균여 대사가 잠시 집에 들렀을 때 대사가 들려준 보현·관음보살에 대한 법문과『신중경』,『천수경』의 두 경문을 한 자도 빠짐없이 설명했으며, 균여 대사가 초저녁에 화엄육지의(華嚴六地義) 약 5백 문답을 암송하자 그녀가 이를 엿듣고 즉시 이해했다. 5년 뒤에 대사가 누나에게 써주기를 청하니 한 구절도 빠지거나 의심스러운 곳이 없었다고 한다. [76]

「왕영녀왕씨묘지명(王瑛女王氏墓誌銘)」을 통해서도 귀족 출신 지식인 재가여성불자의 신행 생활이 어떠했는지를 짐작할 수 있다. 묘지 주인

왕 씨(王氏, 1150~1185)의 부친은 문종(재위 1046~1083)의 증손자 왕영(王瑛, 1126~1186)이며, 모친은 인종(재위 1122~1146)의 딸 승경궁주(承慶宮主, ?~?)였다. 그녀는 평생을 독신으로 살다가 36세에 사망했고 그녀를 위한 묘지명을 남동생 광릉후 면(廣陵侯 沔)이 썼다.

> [나의 누님 왕씨는] 불법을 깊이 믿어 항상 『화엄경』 등 여러 경전과 율서를 읽는 것을 일과로 삼았다. 삼계(三界)를 심히 염오(厭惡)하고 정토에 나기를 발원하였으니, 그 행실 하나하나가 어찌 그리도 뛰어나고 아름다웠을까! 백수를 누리시며 이 아우와 더불어 어린 시절 이어 남은 삶도 함께할 줄 알았건만 어찌하여 춘추 36세에 병마로 잘못되어 다음 해인 대정 25년(1085) 을사년 정월 13일 정유일에 질병으로 개성 남쪽 창신사(彰信寺)에서 돌아가셨단 말인가! 주상께서 부고를 들으시고 슬퍼하셨으며, 태자께서도 그 아름답고 곱던 모습 안타까워하시어 특별히 장사 지내는 곳에 제사 용품을 내려 보내시고 사랑을 보이셨다. 이 달 30일 갑인일에 성주사(聖住寺) 동쪽 기슭에서 화장하고, 2월 8일 임술일에 유골을 수습하여 개성부 경내에 있는 운개사(雲開寺)에 임시로 안치하였다. 올해 병오년(1186) 2월 25일 계유일에 운개사 동북쪽 100보쯤 되는 곳의 활짝 트인 언덕을 택하여 장사지냈다.[77]

위의 내용에 의하면 왕씨는 여러 불경을 두루 통달했고 매일 불경 독송을 일과로 삼고 있다. 불경 가운데 저 방대하고 난해한 『화엄경』은 물론 각종 율서까지 매일 읽고 있다. 왕씨의 사례를 통하여 우리는 고려시대 문자를 아는 여성들은 다양한 불교 경전을 가까이하고 율학에도 정통했음을 알 수 있다. 그녀가 결혼을 하지 않은 이유에 대해서는 밝히지 않았지만 삼계(三界)를 염오(厭惡)했다는 표현을 쓰고 있는 것으로 보아 독실한 수행자였음이 분명하다. 이 문장을 지은 남동생은 그녀가 백수를 누릴 줄 기대했다고 했고, 또 36세에 병이 찾아왔다고 한 것으로 보아 건강 문제로 독신생활을 한 것은 아닌 것 같다. 왕씨는 사찰에서 사망했는데, 그 사찰의 이름은 창신사(彰信寺)이며 개성 남쪽에 있었다고 하였다. 고려시대에는 임종과 장례를 사찰에서 맞이하는 것이 풍속 중의 하나였다고 할 때, 왕씨가 이처럼 사찰에서 사망한 뒤 사찰에서 화장하고 사찰 근처에 묻힌 것은 매우 자연스러운 일이다.

창신사는 신종(神宗, 재위 1197~1204)의 능이 있던 양릉(陽陵)에서 가까운 위치에 있었다. 창신사는 그전까지 창신사로 불리었으나 신종 사후 양릉이 세워지면서 효신사(孝信寺)라는 이름으로 명칭을 바꾸고 신종의 명복을 비는 원당이 되었다. 양릉은 오늘날 북한 보존급유적 553호이며, 개경 서쪽 개풍군 고남리에 있으므로 창신사 또한 이곳에 있었을 것이다. 왕씨의 장례 과정에 대한 위의 기록을 통해서 창신사가 왕실이나 귀족 출신 여성이 임종을 맞이하던 사찰이 아니었을까 생각되며, 이런 면에서 창신사가 비구니사찰이었을 가능성도 조심스럽게 추정해 볼 수 있겠다. 예종(睿宗, 재위 1105~1122)은 사랑하는 왕비 문경태후(文敬太后) 연덕궁주(延德宮主, 재위 1114~1118)를 여읜 후, 그녀를 그리워하며 미복을 하고 창신사를 찾자 신하들이 이를 염려하는 내용이 『고려사』에 등장하는데 이 또한 이러한 가설을 뒷받침한다. [78]

「김유신처이씨묘지명(金有臣妻李氏墓誌銘)」에 의하면 묘지 주인 이일랑(李一娘, ?~1192)은 1163년 남편 김유신(金有臣, ?~1163)이 사망하자 수절하면서 평생 「소미타경」, 『법화경』 「보문품」, 「천수다라니」를 읽었다. 또한 오후에는 불식하고 재일에는 육식을 하지 않았으며 서방정토 왕생을 서원하였다. 최용(崔湧)의 처 김씨(1068~1148)는 항상 불경을 읽었고, 이보여(李輔予)의 처 이씨(1099~1157)는 암송할 줄 아는 불경이 많았다. 황위(黃偉)의 처 최씨(최용의 장녀, 생몰연대 미상)는 늘 천수진언을 외우고 불경을 읽었다. 김원의(金元義)의 처 인씨(印氏, ?~1217)는 항상『금강경』을 독송했으며, 김태현(金台鉉)의 처 왕씨(王氏, ?~1356)는『법화경』을 200부나 사경하고 독송했다. 김태현의 딸이자 박윤문(朴允文)의 처 김씨(1302~1374)는 밤마다 불경을 읽었고, 이숭인(李崇仁, 1347~1392)의 어머니 김씨(1328~1381)는 새벽닭이 울면『금강경』과『화엄경』「보현행원품」을 읽었다. 비구 각진 국사(覺眞國師) 복구(復丘, 1270~1355)의 어머니는 항상 대승경전을 외웠다.[79] 최루백 처 염경애(廉瓊愛, 1100~1146)도 문자를 알았고, 재에 참석할 때면 스님들께 버선을 지어 바쳤다.[80]

고려의 여성불자들은 가정에서도 염불 수행을 철저히 하여 임종 때에도 염불을 외웠다는 기록이 종종 보인다. 「허옹처이씨묘지명(許邕妻李氏墓誌銘)」을 보자. 이 여성은 남편이 일찍 죽어 20여 년을 홀로 살았는데, "언제나 서방극락을 생각하여 입으로 서방세계 주인의 이름을 외고(아미타불을 불렀다는 뜻), 향을 사르고 스님들께 공양 올리는 것을 일과로 삼았다."라고 했다. 그녀는 또 생전에 몽선사(夢禪寺), 가은난야(加恩蘭若), 운룡사(雲龍寺) 이렇게 세 개의 절을 창건했다. 몽선사는 남편이 살아 있을 때 함께 발원하여 중창했고, 가은난야와 운룡사는 돌아가신 부모의 명복을 빌기 위해서 무덤 가까이에 세운 원당이었다. 「이보여처이씨묘지명(李輔予妻李氏墓誌銘)」에도 "평소에 늘 불경을 외우고 죽을 때가 되자 몸을 씻고 불경을 외웠다."라는 기록이 보인다.

③ 절 수행과 사경(寫經) 수행
고려시대 여성들은 절 수행과 사경 수행도 했다. 이들이 절 수행을 했음을 알려주는 내용은 『고려사』에 나온다. 공양왕과 왕비가 세자와 함께 회암사(檜巖寺)에 갔을 때 이들이 절 수행을 하는 장면이 등장하고 있다.

먼저 공양왕과 왕비는 절에 도착하자 향로를 들고 동쪽과 서쪽의 승당(僧堂)을 돌며 스님들께 공양을 올렸다. 공양이 끝나고 밤이 되자 왕은 왕비 및 세자와 더불어 밤새도록 부처님께 절을 했다.[81] 이처럼 왕실 사람들이 밤새 절을 했다는 것은 고려의 불자들에게 절 수행이 보편화되어 있음을 짐작하게 하는 대목이다.

당시 불자들은 사경 수행도 많이 했다. 앞서 거론한 김태현(金台鉉)의 처 왕씨(?~1356)는 『법화경』 사경을 200부나 했음을 보았다. 경종의 왕비이자 목종의 어머니였던 황보씨는 목종 9년(1006) 『대보적경(大寶積經)』을 은자(銀字) 사경했다. 사경은 하루 중 상당 시간을 실내에서 보내는 왕실과 귀족여성, 출가여성들에 의해 널리 행해졌다. 반면, 하루의 대부분을 육체노동으로 보내야 하는 일반여성이나 건강상의 이유로 불경을 읽고 사경하거나 절 수행을 하기 어려운 노년층 여성들은 다라니를 외우거나 간단한 염불을 하며 정토신앙을 이어나갔을 것이라 생각된다.

④ 참선 수행, 아자(阿字) 관법 수행

고려 여성들은 참선 수행에 대한 열기 또한 높았는데 여성출가자들 중 이미 재가불자 시절부터 참선 수행을 했던 사람들을 찾아볼 수 있다. 출가 전 최충헌(崔忠獻, 1149~1219)의 부인 왕씨가 그 대표적 예이다. 우리는 앞서 그녀가 어릴 때부터 참선에 뜻이 있었음을 진각 국사 혜심(慧諶, 1178~1234)에게 보낸 왕씨의 편지를 통해서 살펴보았다. 이 외에 혜심 스님의 비문 음기에 적힌 연희궁주 왕씨 자광(延禧宮主 王氏 慈光), 금관국 대부인 최씨(金官國 大夫人 崔氏), 수성궁주 임씨(綏成宮主 任氏) 등도 화두 참선 수행을 했을 것으로 보인다.[82] 나옹과 지공 선사와 관련된 비문에 등장하는 많은 재가여성불자들 또한 그러했을 것이다. 비록 고려시대보다 더 이른 시기 자료 가운데 여성이 참선하는 내용을 찾아보기 어렵지만, 신라 말 선종이 여러 지방에서 세력을 떨친 것을 감안해 볼 때 이때부터 참선 수행을 하는 여성이 꽤 있었을 것으로 추정된다.

13세기 초 간행된 『범서총지집(梵書摠持集)』의 서문을 보면 '다라니는 선정장(禪定藏)'이라는 중국 요나라 도진(道殿, 약 1200년대)의 『현밀원통성불심요집(顯密圓通成佛心要集)』[83]의 내용을 그대로 인용하고 있다. 따라서 고려시대 선사들은 다라니 수행을 배척하지 않았을 뿐만 아니라 오히려 다라니 수행을 선정에 들기 위한 방편으로 활용하고 있음을 알 수 있다. 진각 국사 혜심(慧諶) 스님도 출가하기 전 항상 경전을 외우고 다라니를 외웠으며, 그가 고종 15년(1228) 『범서총지집』 간행에 관여한 이유도 선 수행자들이 다라니를 선정장으로 활용케 하려는 의도였다.[84] 따라서 최충헌의 처 왕씨와 같이 고려시대 여성 참선수행자들은 다라니 수행과 참선 수행을 병행했을 가능성이 높다.

한편 혜심 스님과 총지종 승려와의 대화를 통해 총지종 승려들이 『대일경(大日經)』에 바탕을 둔 아자(阿字) 관법 수행을 하고 있었음을 확인할 수 있다. '아자(阿字) 관법 수행'이란 우주의 근본음인 '아(阿)' 자를 마음으로 보면서 '아'자로 상징되는 대일여래와 수행자 자신을 일체화시켜 우주법계가 본래 불생불멸이라는 진리를 체득하도록 하는 밀교의 대표적 수행법 중 하나이다.

총지종에서 다라니를 관하고 염송하는 수행 전통이 있었기 때문에 고려시대 총지종 승려들은 선종으로 승계를 받았다. 흔히 재액 소멸을 목적으로 하는 다라니 수행을 '제재(除災) 다라니', 성불 목적의 다라니 수행을 '억지(憶持) 다라니'라 부른다. 『범서총지집』의 서문에서 다라니의 억지(憶持) 기능을 선정에 드는 방편으로 활용하고 있는 것도 같은 맥락이다. 이처럼 다라니를 '관(觀)'하여 선정에 드는 것은 체계화된 중기밀교의 수행법과 궤를 같이 한다.[85] 동시대를 살았던 당시 여성출가자와 재가자들의 다라니 염송도 재액 소멸의 목적에서 하는 경우도 있었겠으나, 삼매에 들기 위한 방편으로 행했을 가능성이 높다 하겠다.

⑤ 성지 순례

고려시대 여성불자들은 성지순례에도 적극 참여하였다. 비구니 성효 스님(1255~1324)은 출가 전 재가자로 지내던 시절, 남편이 죽자 무덤 근처에 절을 짓고 사경을 하며 남편의 명복을 빌었다. 그녀는 10년이 지난 1311년 성지순례를 나섰는데, 충주 미륵대원(彌勒大院)에 가서 장륙석불 앞에 예불하고 여러 명산대천을 주유했으며, 경북 봉화 청량산과 열반산(금강산)의 불교 성지를 두루 순례하였다.[86] 물론 출가 후에도 그녀의 순례는 계속 되어 멀리 통도사는 물론 경주에도 다녀왔다. 그런데 고려시대 여성들은 특히 금강산을 순례한 경우가 가장 많았던 것 같다. 이에 대해서는 아래 내용을 살펴보도록 하자.

해동의 산수는 천하에 이름이 났는데, 이 가운데 금강산의 기묘한 경치는 해동의 산수 가운데 으뜸이다. 불경에 이르기를 금강산은 담무갈보살(曇無竭菩薩: 법기보살)이 주석했다고 하고, 세상에서 금강산을 일러 인간 세상의 정토라 한다. 천자의 사신이 향과 예물을 들고 오는 길이 줄을 이었고, 사방의 귀족 여성들이 천리 길을 멀다 않고 소와 말에 싣고 오거나, 등에 지고 머리에 이고 금강산을 찾아오니, 부처님과 스님들에게 공양을 올리는 자들의 발꿈치가

서로 닿을 정도이다. [87]

성지순례는 종교적 의미 외에도 교통시설의 제약과 사회적 편견으로 여행이 어려운 여성들이 자유롭게 집을 나설 수 있는 공식적인 명분이 되어주었다. 금강산은 멀리 원나라 불자들에게까지 이름이 났을 만큼 국제적 불교성지여서 천자가 보낸 사신들이 줄을 이었고, 고려의 여성 불자는 물론 해외 여성불자도 순례를 올 만큼 자유롭고 국제적인 성지 중의 성지였다.

2) 채식 위주의 식단 영위

고려시대 여성들은 음식을 먹을 때에도 불자로서 매우 신중한 태도를 취했다. 이런 모습은 출가자가 아닌 재가여성불자들에게도 나타난다. 현재 남아있는 고려시대 비구 고승들의 비문에는 이들의 어머니에 대한 이야기가 종종 등장하는데 식생활과 관련한 내용이 무엇보다 눈에 띈다.

원공 국사(圓空國師) 지종(智宗, 930~1018) 스님의 어머니는 흰 눈썹의 승려를 만나는 태몽을 꾸고 난 후 육식을 끊었고 지종 스님을 낳았다. 지증 대사(智證大師) 적조(寂照, 824~882) 스님의 어머니는 한 고승이 자신의 태를 빌어 환생할 것이라는 꿈을 꾸고 400일 동안 기도한 끝에 스님을 낳았다. 고려전기 유가종 혜소 국사(慧炤國師) 정현(鼎賢, 972~1054) 스님의 부모는 아이가 생기지 않아 부처님 앞에 나아가 만약 아이를 잉태하면 아버지는 스님들께 자색 가사 10벌을 지어 바치고, 어머니는 보현보살 탱화 500장을 보시할 것을 서원했다. 부부는 만약 자신들이 아들을 낳으면 반드시 출가시키겠다고 다짐했다. 마침내 아이를 잉태한 후 태교를 할 때 오신채와 고기를 먹지 않았다. 적연 국사(寂然國師) 영준

(英俊, 932~1014) 스님의 어머니도 꿈에 이인이 나타나 태어날 아이가 부석사의 태대덕(太大德)이 환생하는 것인 만큼 오신채와 고기를 삼가라고 당부받았다.[88) 「왕자지처김씨묘지명(王字之妻金氏墓誌銘)」에는 김씨가 "평생 불교를 마음으로 믿어 술과 감주를 마시지 않았고, 냄새나는 채소와 고기를 먹지 않았다."라고 칭송했다.

이처럼 고려시대에 불심이 깊은 여성들은 대부분 오신채와 술, 고기 등을 입에 대지 않았다.

3) 다양한 종교활동 참가

이상에서 본 바와 같이 고려시대 비구니스님과 재가여성불자들은 평소에 경건하고 독실한 신앙생활을 했다. 이들은 절에서 행하는 각종 불교행사에도 적극적으로 참여했으며, 결사(結社)에도 적극 참여하였다. 뿐만 아니라 고려시대에는 천추태후와 인예태후같이 높은 권력을 가진 재가 여성불자가 활동하면서 개인적 차원에만 머물지 않고 국가적 차원에서까지 힘을 발휘하여 고려불교의 전체 방향 설정에도 일정 정도 영향을 미쳤다.

우선, 불교신앙적 측면에서 천추태후는 고려 초기불교에, 인예태후는 중기불교에 중요한 역할을 했다. 후세 유학자들에 의해서 전자는 나쁜 태후의 전형으로, 후자는 좋은 태후의 전형으로 평가되기도 했으나,[89) 이는 어디까지나 조선의 이데올로기에 맞추어 해석하려는 의도에서 나온 것이라 볼 수 있다.

왕건의 손녀이며 경종의 비이자 목종의 어머니였던 천추태후(千秋太后, 964~1029)는 남성 유학자들이 편찬한 고려사 천추태후전에서 음란하고 위험한 여성으로 그려졌다. 그러나 실제 천후태후와 김치양(金致陽, ?~1009)의 반란설은 조작한 소문이다. 대량원군(현종)을 추대하는 세력이 천추태후와 김치양의 반란설을 내세워 목종이 대량원군에게 왕위를 넘기도록 조작했으나, 실제로 천추태후는 김치양을 정치적 동반자로 선택하여 아들과 함께 정국을 주도하고자 노력하였다. 그런데 목종이 죽고 현종이 즉위함으로써 천추태후는 나쁜 태후의 모습으로 기록되고 부정적으로 평가되었다. [90]

불교신앙의 측면에서 볼 때 천추태후(千秋太后, 964~1029)는 전통신앙을 중시하고 대장경 숭배와 밀교 수행을 했으며, 『대보적경(大寶積經)』 등 불경을 금자로 사경할 정도로 독실한 불자였다. 특히 1006년에 제작된 「감지금니대보적경 권제32 변상도(紺紙金泥 大寶積經 卷第32變相圖)」는 천추태후와 김치양이 동심발원하여 만든 현존하는 가장 오래된 고려시대 사경이자 고려 초기 유일한 불화이다. [91] 또한, 그 다음 해인 1007년(목종 10) 개경 총지사(摠持寺) 주지 비구 홍철(弘哲) 스님이 『일체여래심비밀전신사리보협인다라니경(一切如來心秘密全身舍利寶篋印陀羅尼經)』을 간행하여 불탑에 봉안했는데, 이는 우리나라에 전하고 있는 『보협인다라니경』 중 가장 오래된 것이며, 이 다라니의 간행에도 천추태후가 일정한 관여를 했을 것으로 학자들은 보고 있다. [92]

또 인예태후(仁睿太后, ?~1092)의 경우 천추태후가 물러나고 현종이 등극한 이후 새롭게 출현한 왕실의 대표적 재가여성불자였다. 그녀는 이자연(李子淵, 1003년~1061년)의 딸이자 문종의 왕비였으며, 순종(順宗, 재위 1083~1083), 선종(宣宗, 재위 1083~1094), 숙종(肅宗, 재위 1095~1105)의 어머니이기도 했다.

인예태후의 남자 형제 중 한 사람은 출가하여 왕사를 지냈으니, 그가 혜덕 왕사 비구 소현(韶顯, 1038~1096) 스님이다. 부친 이자연은 선종

사찰로 보이는 감로사를 벽란도 인근에 창건했고 인예태후는 감로사를 원찰로 삼아 기도해 많은 자녀를 낳았다. 그녀는 문종과의 사이에 금슬이 좋아 총 14명의 자식을 두었는데, 이 중 위의 세 사람은 왕이 되었고, 넷째 아들이 대각 국사 의천(義天, 1055~1101)이며, 여섯째 아들이 도생 승통(道生僧統) 왕탱(王竀), 열 번째 아들이 총혜 수좌(聰慧首座) 왕경(王璟)이다. 문종에게는 총 13명의 아들이 있었고, 이 가운데 3명이 출가했으며, 이 3명이 모두 인예태후 소생이다. 그녀는 유가종, 화엄종, 선종, 아미타 신앙 등 모든 불교와 관련을 맺고 있었다. 그녀가 세 아들을 출가시킨 데에는 정치적 이유도 있었겠지만, 본인의 지극한 불심도 영향을 미쳤을 것으로 보인다. 자식들도 불심이 지극하여 왕이 된 아들 가운데 순종은 홍원사 창건을 발원했고 숙종은 동생 의천과 의기투합하여 천태종을 장려하였다. 선종은 산사에 투숙하고 홍화사(弘化寺)와 복흥사(福興寺)를 주제로 시를 짓고 수월관음도를 찬탄했으며 일곱째 아들 금관후(金官侯, ?~1092)는 『금강경』을 즐겨 읽었다.

이처럼 출가하지 않은 아들들조차 불교에 심취했을 정도로 그녀와 자식들이 모두 불심이 지극했다. 초조대장경의 많은 분량이 문종과 선종 때 제작되었는데 여기에는 인예태후의 권유가 있었을 것이라는 게 학자들의 지배적 의견이다. 대각 국사 의천은 본래 부친 문종에게 송나라 유학을 허락해 주기를 청했지만 부왕은 허락하지 않았다. 이에 형 선종이 즉위하자 재차 송나라 유학을 요청했으나 재신과 간관이 반대하여 뜻을 이루지 못하자 제자와 함께 몰래 송나라 상선을 타고 밀항하여 유학하고 다음해에 돌아왔다. 이와 같은 의천의 활동에 대해 학자들은 불심 깊은 인예태후의 뜻이 작용하고 있었을 것이라고 보고 있다.[93]

종합해 볼 때 천추태후와 인예태후는 고려시대 권력의 정점에 섰던 여성불자였다. 비록 높은 권력을 가진 여성 정치인이었다고 해도 두 사람의 불교에 대한 태도는 정치적이고 형식적인 것만은 아니었으며, 본인 스스로 불교에 대한 돈독한 믿음이 있었다. 그래서 두 사람은 해외의 새로운 불교 동향과 문화에 열린 자세를 보여주었던 것이다.

천추태후의 『대보적경』 사경 수행이 이후 불교 수행의 하나로서 사경의 전통이 정착되는 계기로 작용한 것이 이러한 사례가 될 것이다. 또한 그녀는 중국 강남의 새로운 불교 문화를 흡수하되 우리 나름의 독자성을 갖춘 『보협인다라니경』을 탑에 봉안하도록 하는 데에 힘을 보탬으로써 출판 문화에도 긍정적 작용을 하였다. 또 인예태후는 고려에 천태종이 정착할 수 있도록 조용히 아들을 후원했는데, 그녀의 이러한 행동에는 불교계 권력의 쇄신과 정화를 바라는 마음이 작용했을 것이다. 그녀는 선종 9년(1092) 6월에 개성 근처 견불사(見佛寺)에서 천태종 예참 도량을 열어 1만 일을 기약하고 만일결사(萬日結社)를 주도하기도 했다.

인예태후처럼 본인이 결사를 이끈 여성도 있지만 이는 매우 특수한 경우였고, 대부분의 경우 여성불자들은 결사의 참여자로서 적극적으로 동참했다. 비구 진억(津億, 12세기경 활동) 스님이 지리산에 오대사(五臺寺)를 지어 수정결사(水精結社)를 열었는데 참여자가 무려 3천 명이나 되었다. 이들은 15일마다 『점찰업보경(占察業報經)』에 따라 나무패를 던져 선악의 보응을 점친 후 참회했는데,[94] 이때 비구니와 재가여성불자도 적극적으로 참여했다.

여성들은 또한 미륵하생을 기원하며 향도(香徒)의 일원으로서 매향(埋香) 의식에도 참여하였다. 우왕 13년(1387)에 세운 경남 사천시 곤양면 흥사리의 「사천매향비(泗川埋香碑)」에는 4천 1백 명이 매향을 위한 계를 결성하고 미륵하생을 기도했음을 기록하고 있다. 침향의식은 이 지역뿐 아니라 전국적으로 행해졌다. 1309년(충선왕 1) 강원도 고성군 삼일포 남쪽 호반에 「삼일포매향비(三日浦埋香碑)」, 1344년(충혜왕 복위 5년이자 충목왕 1년) 전남 영암군 서호면 엄길리 「영암 엄길리 암각 매향명(靈巖 奄吉里 岩刻 埋香銘)」, 1335년(충숙왕 복위 4) 평안북도 정주시 침향리 「정주매향비(定州埋香碑)」 등이 알려져 있다.

이처럼 고려시대의 기록에는 만불회, 만불향도에 관한 사례들이 종종 등장하는 것으로 보아 승속이 함께 모여 대규모의 다양한 법사 활동을 펼쳤음을 알 수 있다. 그러나 고려 후기에 와서 국가의 관리가 약해지고 혼란 정국이 계속되자 불교계 자체의 기강도 문란해지면서 이러한 활동 가운데 도덕적으로 구설수에 오르는 일이 잦아지면서 사회적 비난을 받는 일이 늘어난 것도 사실이다.

1) 『고려사』「세가」권2, 태조 26년 4월 훈요십조: 신라 말에 다투어 절을 짓다가 지덕이 쇠하여 결국 멸망에 이르렀으니 경계하지 않을 수 있겠는가?(新羅之末, 競造浮屠, 衰損地德, 以底於亡, 可不戒哉?)

2) 최병헌, 「고려 사회 속의 인간과 생활: 혜덕 왕사 소현(韶顯)과 귀족불교」, 『한국사 시민강좌』 39, 일조각, 2006. p.58, p.60.

3) 『고려사』「지(志)」권29 選擧: 裴玄慶等六功臣, 佐我太祖, 肇開大業, 功德勒于鍾鼎, 其後嗣, 至于曾玄, 男女僧尼無官者, 授初職, 有官者, 增級.

4) 『고려사』권85「刑法」禁令.

5) 湯用彤, 『隋唐佛教史稿』, 中華書局, 1982. pp.34~35.

6) 程民生, 「宋代僧道数量考察」, 『世界宗教研究』第3期, 2010. pp.56~58.

7) 고려시대 조정의 반승 활동에 대한 연구로 다음을 참조함. 이현주, 「한국 고·중세 백고좌법회와 '재승(齋僧)/반승(飯僧)'의 정치적 함의」, 『사림』제86호, 2023 ; 김유진, 「고려시대 구정(毬庭)의 의례적 활용과 다변성 고찰」, 『民俗學研究』44. 2019.

8) 이현주, 「한국 고·중세 백고좌법회와 '재승(齋僧)/반승(飯僧)'의 정치적 함의」, 『사림』제86호, 2023. p.182, p.192 참조.

9) 『고려사』卷三十四「世家」충숙왕 즉위년(1313. 10. 20.)

10) 김영미 「고려 여성들의 불교 신앙과 수행」p.53.

11) 『고려사』「世家」卷第三十三: 癸未 飯僧尼二千二百餘人於壽寧宮. ;『고려사』世家 卷第三十三; 十月丁亥又飯僧尼于壽寧宮. ;『고려사』世家 卷第三十四:丁丑王命月飯僧三千於旻天寺, 卒歲爲期.

12) 『고려사』「세가」문종(文宗) 5년(1051) 8월: 親饗年八十以上僧俗男女一千三百四十三人, 篤廢疾僧俗男女六百五十三人·孝子·順孫·節婦十四人于毬庭, 賜物有差. 『고려사』「세가」신종(神宗) 즉위년(1197) 11월에도 유사한 기록이 있음.

13) 허흥식, 『고려불교사연구』, 일조각, 1986. pp.320~327.

14) 〈西漢燉煌國聖文神武王勅〉押衙知隨軍參謀鄧傳嗣女自意年十歲. 勅, 隨軍參謀鄧傳嗣女自意, 姿容順麗, 窈窕乳儀, 思慕空門, 如蜂念蜜. 今因大會齋次, 准奏, 宜許出家, 可依前件. 甲戌年五月十四日.

15) 『세조실록』세조 7년 3월 9일자 기사 참조.

16) 『예종실록』예종 1년 10월 27일자 기사 참조.

17) 『성종실록』성종 1년 3월 6일자 기사 참조.

18) 『송고승전(宋高僧傳)』권6「당 재주 혜의사 신청전(唐梓州慧義寺神清傳)」: 于時勅條嚴峻, 出家者限念經千紙, 方許落髮.清即誦『法華』·『維摩』·『楞伽』·『佛頂』等經, 有同再理.

19) 『송고승전(宋高僧傳)』권29「당경사보수사법진전(唐京師保壽寺法眞傳)」: 釋法眞, 不知何許人也.器識悠深, 學問宏博, 硏窮梵典, 旁贐儒書,講導之餘, 吟詠情性.公卿貴士, 無不宗奉.洎長慶中, 帝頗銳懷佛事, 眞屢膺召命, 內殿祗奉.四年, 赴禁中道場.睿武昭愍皇帝御于法席, 顧問三寶功能, 眞得應對, 而辭給圜轉, 援據粲然.帝悅, 因請云:「久廢增度僧, 未全法者皆老朽.蓋兩江間兵革未偃之故.尋詔兩街佛寺各置僧尼受戒壇場, 自三月十日始至四月十日停, 仍令兩街功德使各選擇有戒行僧謂之大德者, 考試僧尼等經, 僧能暗誦一百五十紙, 尼一百紙, 卽令與度.眞頻奉勅修功德, 故遂奏請.眞之德望, 實唱導之元.罔知終所.; 周奇, 「唐代宗教管理研究」, 復旦大學 박사논문, 2005. p.74.

20) 한기문, 「신라말·고려초의 계단사원과 그 기능」, 『역사교육논집』 2집, 1988. pp.62~63 참조.

21) 周奇, 「唐代宗教管理研究」, 復旦大學 박사논문, 2005. pp.101~103.

22) 한기문, 위의 논문, pp.58~60 참조.

23) 국사편찬위원회, 『신편한국사』, 「조선 초기의 경제구조」, pp.511~513.

24) 『위서(魏書)』권20「釋老十」: 二年夏四月, 詔曰: "比丘不在寺舍, 遊涉村落, 交通姦猾, 經歷年歲.令民間五五相保, 不得容止.無籍之僧, 精加隱括, 有者送付州鎭, 其在畿郡, 送付本曹.若爲三寶巡民敎化者, 在外齎州鎭維那文移, 在臺者齎都維那等印牒, 然後聽行.違者加罪.

25) 周奇, 「唐代宗教管理研究」, 復旦大學 박사논문, 2005. p.88.

26) 한기문, 위의 논문 p.66 참조.

27) 『고려사』「세가」권38 공민왕 원년 2월: 遵太祖信書, 諸人毋得擅起寺舍, 爲僧者, 必須度牒, 不許居家.

28) 『고려사』「志」권39 刑法, 공민왕 5년(1356) 6월: "鄕·驛吏, 及公私奴隷, 規逃賦役, 擅自爲僧, 戶口日蹙. 自今, 非受度牒者, 毋得私剃."

29) 『고려사』「志」권38 刑法, 공민왕 20년(1371) 12월: 敎曰, (중략) 諸人未受度牒, 不許出家, 已嘗著令, 主掌官司, 奉行未至, 致使丁口, 規避身役, 不修戒行, 至敗敎門, 今後, 情願爲僧者, 先赴所在官司, 納訖丁錢五十匹布, 方許祝髮. 違者, 罪師長父母.

30) 『고려사』「열전」권25 제신(諸臣) 백문보(白文寶): 新羅始崇佛法, 民喜出家, 鄕·驛之吏, 悉逃徭賦, 士夫有一子, 亦皆祝髮. 自今官給度牒, 始得出家, 三丁不足者, 並不聽."

31) 『고려사』「열전」권28 제신(諸臣) 이색(李穡): 臣伏乞, 明降條禁, 已爲僧者, 亦與度牒, 而無度牒者, 卽充軍伍. 新創之寺, 並令撤去. 而不撤者, 卽罪守令, 庶使良民, 不盡髡緇.

32) 『고려사』「지(志)」刑法: 僧尼, 謀殺師主, 同叔伯父母.

33) 『고려사』「지(志)」刑法: 嘗伯叔父母·外祖父母, 徒一年, 毆, 三年, 傷, 流二千里, 折傷, 絞, 至死, 斬, 過失傷, 各減本傷罪二等.

34) 『大明律直解』권4「戶律」戶役: 私剏庵院及私度僧道凡寺·觀·庵·院除見在處所外, 不許私自剏建增置.違者, 杖一百, 還俗, 僧·道發邊遠充軍, 尼僧, 女冠入官爲

역사 속 한국비구니

奴. 若僧, 道不給度牒, 私自簪剃者, 杖八十: 若由家長, 家長當罪, 寺·觀住持及受
業師私度者, 與同罪. 竝還俗. 번역과 원문은 한국고전번역원을 인용함.

35) 『한국민족문화대백과사전』 "대명률" 참조.

36) 『고려사』 「지(志)」 諸臣: 辛昌立, 仁沃與同列上疏曰, "佛氏之敎, 以淸淨寡欲離世絶
俗爲宗, 非所以治天下國家之道也. 近世以來, 僧徒不顧其師寡欲之敎, 土田之
租, 奴婢之傭, 不以供佛, 僧而自富. 其身出入寡婦之家, 汚染風俗, 賄賂權勢之門,
希求巨利, 其於淸淨絶俗之敎何? 願自今選有道行者, 住諸寺院, 其田租奴婢之
傭, 令所在官收之, 載諸公案, 計僧徒之數而給之, 禁住持竊用. 凡僧留宿人家者,
以姦論充軍籍, 其主家亦論罪. 貴賤婦女, 雖父母身喪, 毋得詣寺, 違者以失節論. 敢
祝婦人髮者, 加以重罪, 其爲尼者, 亦論以失節. 州縣吏·驛吏及公私奴婢, 勿許爲
僧尼." 從之.

37) 예를 들어 이원필(李元弼, 생몰년 미상)은 1117년 『작읍자잠·치가(作邑自箴·治家)』에서 남
성들은 부디 비구니와 집안의 부인들이 함께 어울리지 못하게 해야 한다고 말했다. 섭
몽득(葉夢得, 1077~1148)도 『석림가훈(石林家訓)』에서 가정의 재물에 손해를 끼치는 인물
로 비구니를 꼽았다. 원채(袁採, ?~1195)의 『원씨세범(袁氏世範)』에도 비구니를 비하하였
다.

38) 혜심(慧心), 『조계진각국사어록(曹溪眞覺國師語錄)·법어(法語)』 「시종민상인(示宗敏上
人)」: 崇慶二年癸酉夏, 宗敏道人與淸遠希遠了然等三兄弟, 到社設會, 仍以此軸,
求指示打此葛藤以遺之.

39) 미리엄 레버링, 「묘도와 은사 대혜」, 이향순 엮음, 『동아시아 비구니』, 민속원, 2023.
p.175 참조.

40) 혜심(慧心), 『조계진각국사어록(曹溪眞覺國師語錄)·법어(法語)』 「시청원도인(示淸遠道
人)」: 如是若觀佛作淸淨光明解脫之相, 觀衆生作垢濁暗昧生死之相, 作此解者,
歷恒沙劫, 終不得菩提, 爲着相故. 是知取相之見, 是入道之大障也. (중략) 一切
諸法, 一時放下, 常令方寸, 虛豁豁地, 不着一物, 亦不作不着之想, 直下無心, 默
默自契, 則性具功德, 自然現前, 更無欠小矣. 但恐人自不信, 不肯放下, 直然休歇
耳. (중략) 淸遠道人, 但依此修行, 更有看話一門, 甚是妙密, 如狗子無佛性竹篦子
等, 請任意叅詳. (중략) 百尺竿頭 放捨身命.(뒤 생략) 원문출처: 동국대학교 불교기록
문화유산 아카이브. 단, 표점은 저자가 붙임.

41) 비문 판독문은 최성렬. 전남지역(全南地域) 석석문(金石文) 교감(校勘) 2 : 월남사지(月
南寺址) 진각국사탑비(眞覺國師塔碑) 교감(校勘) 남도불교문화연구회 불교문화연구 8
권, 2001. p.27의 교감을 참조함

42) 김영미, 「고려시대 여성의 출가」, 『이화사학연구』 p.61의 주석 43) 참조.

43) 김영미, 「고려시대 여성의 출가」, 『이화사학연구』 p.61 참조.

44) 혜심, 『조계진각국사어록·조계진각국사서답(曹溪眞覺國師書答)』 「答晉康候妃王道人
問書附」: (후략) 某自幼慕學心切, 良由業障所纏, 未能親聞緖餘, 惟切景仰. 諸方老
宿, 時時來熏, 縱心意豁豁地, 所向無碍, 猶爲法塵影事, 未能瞥地省入. 願小垂
本分草料, 以爲入道之資粮, 塵劫志願, 只在如今. (후략) 원문출처: 동국대학교 불교

기록문화유산 아카이브. 단, 표점은 저자가 붙임. 김영미 위의 논문의 번역문 참조.

45) 고려말 유명한 비구선사의 비문에 등장하는 비구니 이름으로 다음을 확인할 수 있다. 이 중 중복 등장하는 경우도 많은 것으로 보아 고려시대 비구니들은 여러 불사에 적극 참여하고 있음을 알 수 있다. 또한 이들은 모두 고려 말 선사들의 입적과 관련한 불사에 참여한 비구니들이므로 이들 비구니들 중 선 수행자들이 많이 포함 되어 있을 것으로 짐작된다. 특히 「驪州神勒寺普濟尊者石鍾碑」의 경우는 제자 명단에 나열된 이름이므로 이들은 모두 비구니선객이었을 가능성이 높다.

① 이지관 판독, 「驪州神勒寺普濟尊者石鍾碑」, 1379년(우왕 5):비구니(比丘尼) 정업원 주지(淨業院住持) 묘봉(妙峯) 묘덕(妙德) 묘간(妙玕) 묘신(妙信) 묘해(妙海) 🔲🔲 🔲🔲」 묘혜(妙惠) 묘중(妙重) 묘헌(妙憲) 묘현(妙玄) 묘경(妙瓊) 묘인(妙因) 묘진(妙珍) 묘령(妙玲) 묘한(妙閑) 월미(月眉) 묘징(妙澄) 묘총(妙摠) 묘당(妙幢) 묘응(妙應) 묘선(妙善) 🔲🔲

② 정병삼 판독, 「高麗國驪興郡神勒寺大藏閣記」, 1383년(우왕 9년): 比丘尼 묘해(妙海), 묘추(妙楸), 묘오(妙悟), 묘기(妙祺), 묘경(妙卿), 묘봉(妙峯), 묘지(妙智), 묘근(妙根), 묘청(妙淸), 묘🔲(妙🔲), 🔲🔲 🔲🔲 지환(智幻), 묘안(妙安), 묘정(妙靜), 묘경(妙經), 묘과(妙果), 묘진(妙珍), 묘성(妙成), 묘운(妙云), 묘선(妙善), 묘경(妙璟), 묘신(妙信), 묘영(妙盈), 계완(戒完), 묘전(妙瑔), 묘행(妙行), 묘녕(妙寧).

③ 이지관 판독, 「安心寺 指空懶翁碑」, 1384년(우왕 10년): 삼한국대부인(三韓國大夫人) 염씨(廉氏) 묘철(妙哲), 순성옹주(順城翁主) 묘령(妙玲), 묘해(妙海), 김씨(金氏) 묘안(妙安), 묘능(妙能), 묘연(妙然), 묘안(妙安), 묘화(妙和), 묘영(妙英), 약소(若少), 양의(良衣,) 가🔲(加🔲) , 흔장(欣莊)」.

④ 이지관 판독, 「康津 月南寺址 眞覺國師碑」, 1235년(고종 22): 🔲민(🔲敏) 청원(淸遠) 희원(希遠) 정심(正心).

여기서 이지관 스님이 '🔲민(🔲敏)'이라고 한 부분은 '종민(宗敏)'으로 생각된다. 그 이유는 이들이 수선사 하안거에 함께 동참했다는 기록이 있기 때문이다. (혜심(慧諶), 『조계진각국사어록(曹溪眞覺國師語錄)·법어(法語)』 「시종민상인(示宗敏上人)」: 崇慶二年癸西夏, 宗敏道人與淸遠希遠了然等三兄弟, 到社設會…) ※ 금석문 판독 자료출처: 국립문화재연구원 국가유산지식e음.

46) 비구니 김씨 스님이 창건한 법원사는 오늘날 북경시에서 가장 오래된 사찰이자 현 중국 불학원(中國佛學院)이 있는 법원사와는 관련이 없으며, 현재는 사라지고 없다.

47) 지공 선사의 원나라에서의 행적에 대해서는 윤기엽, 「高麗後期 寺院의 實狀과 動向에 관한 硏究」. 연세대학교 박사논문, 2003. pp.124~129를 참고함.

48) 묘덕 스님의 생물연대에 대해서는 '이세열. 「直指와 비구니 妙德에 관한 연구」. 중원문화연구 4, 2000과 '이세열, 「백운경한 저작 출판 후원자 비구니 묘덕(妙德)에 관한 연구-금속활자 탄생의 어머니 묘덕 스님」 디지털불교(http://kr.buddhism.org), 2019'의 연구결과를 참고함.

49) 지공 선사의 행적에 대해서는 위의 윤기엽의 연구 외에도 '허흥식, 『고려로 옮긴 인도의 등불』, 일조각, 1997.'에서 상세히 다루고 있으므로 참조할 수 있다.

50) 이색, 『목은문집(牧隱文集)』 권14, 「서천제납박타존자부도명(西天提納薄陁尊者浮圖銘)」:

大府大監察罕帖木兒之室金氏, 亦高麗人也. 從師出家, 買宅澄淸里, 闢爲佛宮, 迎師居之. 師題其額曰法源, 盖天下之水, 自西而東, 故取以自比焉.

51) 그동안 지공 선사에 대한 대표적 연구로는 다음과 같은 것을 들 수 있는데, 원나라에 돌아간 후 지공 선사의 행적에 대해서 황제의 관심에서 멀어져서 내처지게 되었다고 보는 것이 공통된 견해였다. (허흥식, 『高麗로 옮긴 印度의 등불』 일조각, 1997; 염중섭, 「指空의 戒律觀과 티베트불교와의 충돌 양상 고찰」 『온지논총』 44, 2015; 염중섭, 「麗末鮮初의 한국불교에 끼친 指空의 영향 검토」 『동아시아불교문화』 39, 2019 ; 염중섭, 「指空의 大都 귀환 후 행보와 입적 관련 기록 검토」 『보조사상』 61, 2021; 윤기엽, 「高麗後期 寺院의 實狀과 動向에 관한 硏究」, 연세대학교 박사논문, 2003.)

52) 권용철, 「승려 指空과 관련된 추가 자료와 그 해석을 위한 試論」, 『역사와 세계』, 2023. 논문 참조. 권용철의 논문은 기존의 문헌자료 외에 최근 중국 학자들이 새롭게 발견하여 소개한 歐陽玄의 「元故太中大夫佛海普印廣慈圓悟大禪師大龍翔集慶寺長老忠公塔銘」과 명나라 태조 주원장의 「游新庵記」를 통하여 지공 선사가 원나라 말 황제에게 내쳐진 것이 아니라 여전히 큰 존경을 받고 있었으며, 그가 세상에서 물러난 것은 정치적 축출이 아니라 완전히 자의에 의한 것이었다고 하는데, 이는 매우 타당한 가설로 보인다.

53) 윤기엽, 위의 글, p.128, p.456 참조.

54) 불교신문, '미국 보스턴미술관 사리구 및 사리 반환 논의 中' (2023. 11. 8.); 조선비즈, '美 보스턴에 있던 '고려 사리', 85년 만에 고국 품으로' (2024. 2. 6.); 연합뉴스, '美 보스턴의 '고려 사리' 85년 만에 돌아온다…사리구는 '대여'(2024. 2. 6.)

55) 허흥식은 성효 스님이 성지순례를 다닌 이상의 장소들을 중국에 위치한 곳이라고 추정하고 있으나 이와 관련해서는 향후 보다 구체적인 자료가 추가되어야 할 것으로 보임. 「조선의 정유(定有)와 고려의 진혜(眞慧)」, 『정신문화연구』, 제27권 제4호, 2004. p.191.

56) 진혜 대사 비구니 성효 스님에 대한 가장 상세한 1차 자료로는 김개물(金開物, 1273~1327)이 쓴 「추봉변한국부인진혜대사행양천군부인허씨묘지명병서(追封卞韓國大夫人眞慧大師行陽川郡夫人許氏墓誌銘幷序)가 있다. 원문과 박종기의 번역문은 "문화유산지식e음"(http.s://p.ortal.nrich.go.kr/kor/index.do)을 통해 확인할 수 있다. 이 비문은 현재 전해지지 않으나, 원문이 조선후기 실학자 안정복(安鼎福, 1712~1791)의 『잡동산이(雜同散異)』에 실려 있다. 고문헌 『잡동산이(雜同散異)』는 규장각 한국학연구원, 국립중앙도서관 등에 보관되어 있어 인터넷으로 열람 가능하다. 한편 종이책으로는 '金龍善, 『高麗墓誌銘集成(第三版)』, 한림대학교 아시아문화연구소, 2001.; 金龍善, 『역주 고려묘지명집성(하)』, 한림대학교 아시아문화연구소, 2001.; 許興植, 『韓國金石全文』 中世下, 亞細亞文化社, 1984.' 등을 참고할 수 있다. 또한 진혜 대사와 정유 대사를 비교한 논문으로 김영미의 위의 논문과 '허흥식, 「조선의 정유(定有)와 고려의 진혜(眞慧)」, 『정신문화연구』, 제27권 제4호, 2004'를 참조할 수 있다. 본문의 원문은 박종기 번역문을 참조하였고, 아래 판독문 전문은 『잡동산이』 제4책에 적힌 판독문으로 "문화유산지식e음"에서 재인용함. (追封卞韓國大夫人眞慧大師行陽川郡夫人許氏墓誌銘幷序」

愚溪晚進金開物述

坤輿方大萬品該牝馬之行姆範陵遲千載聞良姬之出聞或著聞後當勤辭大夫人
姓許氏以國俗不名安南陽川人許氏自平章事許載始大曾祖王父諱京禮賓少卿
知制誥祖王父諱遂銀青光祿大夫樞密院副使禮部尚書翰林學士承旨充仕學士
之外祖王父李公諱惟實閣門舍人舍人其中書令諱子淵之玄孫也王考諱珙忠烈
王配享功臣匡靖大夫僉議中贊修文殿大學士監修國史判典理司事世子師贈諡
文敬公儉約自守德望爲當世第一王妣鈴平郡夫人尹氏金紫光祿大夫政堂文
學禮部尚書修文殿大學士贈諡文平公克敏之女也文平其侍中諱璀之後肖也一
等功臣匡靖大夫僉議參理集賢殿大學士同修國史上將軍贈諡文愼公諱聯其
良人也公有春雲氣象祖上相考丕承之而各以其德得諡爲公夫人之男女兄弟凡
九人胞同者五而異者四夫人宸居一三男弟諱嵩陽陽川君卒子諱琮尚壽春翁主封
定安君六弟初配平陽公諱胘平陽恭惟元廟之親甥今爲順妃無恙其他凡不錄此
夫人之宗戚始末也大生丈夫子四人女子三人長子曰倫前密直副使歸嗣知密直
司事藝文司學致仕崔公諱瑞之女次曰禑前元尹歸密直司使寶文閣大學士金公
昇次子童出家曰玄卜爲清悟大師今住感恩寺次亦童出家曰如璨投迦智山門以
四選首座捷上科振衣南巡至天目山洒還有禪師批掉臂一女適李諱季珹早亡
次女以童女選入于朝季女適密直副使上護軍元諱善之諸孫甥何濟所謂家之
肥也者歟夫人生于乙卯歲性貞信懿恪在亂游弄異常未筓而稜角已成出吾多警
聳十四合二姓既合能下於夫主餘食績紡事以盡其婦道而家猷所積熏稍知典章
莫不輔助于內以之於爲母也子女子生方其幼而未有思便各以所當業敎誨之甞
語曰

男不謹飭則議詖所由鑠女不謹飭則邪僻所自靡其所操常如是爲宗門楷模家及
成公先薨于辛丑歲夫人哀悼過人辭國儀自庀葬具窆于大德山之离崗旣窆因於
是山坤角相其可相望以安生地去其埮不一里創一蘭若爲追薦場名之曰感應仍
傾家貲貨至寶器請僧寫圓頓經典錯金銀字 其餘所營佛事不記越壬寅無禪師
自江淮航而來夫人慕見始聞法要甲辰鐵山南來施化次受大乘戒辛亥騰裝之彌
勒大院禮丈六石驅歷諸山至涅槃清凉二山聖跡乙卯薙髮爲尼法名性曉戒壇
主自修其師也始媚也方四十七望翔祭禮必躬行山園徹三年雖寒署無懈厥後於
名辰之祭亦非出入未嘗不親往如初出家乃罷丙辰往通度寺乞舍利得十二枚東
下抵鷄林故國鷄林多壯觀故於此盡意而返焉其經由山水無數行旅斯畢藏在庚
申乃卜于京都男山之南作草堂栖止長男之弟其西意其以遵夫死從嫡之訓也恭
定元年二月十一日丁卯寢疾享年七十以是年三月初四日庚寅終于堂臨終語言
不亂屈伸如生有可聞之歟其節義終始循王制追封爲卞韓國大夫人眞慧大師稀
哉用是年四月初四日己未將祔于先塋由塋而西若干步從于良人夫人之志也其
嫡主由塋詢于弟感容而來囑予曰先君之誌鈍老之作今則愚溪其當繼述云後昆
以通家之好且復爲族屬粗得其狀母辭其辭愍實無將以揚先妣之德也予非但如
主之言少居近闈夫人之行如襲蘭馨口常悱而敢欲摛辭私自爲縊又於孤索有
斷金利則寧貽神羞非所宜拒辭曰銘者自名其祖先無美而稱之誣善不知不明知
而不傳不仁此三者君子之恥也則以大夫人之美及諸子之明與仁遠此三恥無疑

역사 속 한국비구니

矣故書夫人之閥與行悉備納之壙銘曰

貴不賢且貴壽不仁以壽婦人行丈夫氣墻夥一體秀

大元泰定元年甲子四月日

57) 원돈(圓頓)은 원만한 이치를 원만하게 갖춰진 마음으로써 단박에 속히[頓速] 깨달아서 부처를 이루는 것을 말함. 중국 천태종에서는『법화경』이나『화엄경』을 비롯한 일체의 불교 경전에 설해진 원만한 가르침을 원교(圓敎)라고 하였음.『한국민족문화대백과사전』참조.

58) 김영미는 청량산에 대해서『신증동국여지승람(新增東國輿地勝覽)』에 의거하여 안동(安東), 인천도호부(仁川都護府), 칠원현(漆原縣), 전주부(全州府), 중화군(中和郡) 등지에 청량산이 있으므로 본문의 청량산은 이 네 곳 중의 한 곳이었을 것으로 추정했다. 또한 미륵대원은 오늘날 충주 미륵리 사지를 지칭할 가능성이 높다고 보았다. (김영미, 위의 논문 p.20) 종합적으로 볼 때 성효 스님이 출가 전 다녀간 청량산은 오늘날 경북 봉화의 청량산을 지칭할 가능성이 크다. 봉화 청량산 일대는 예로부터 불교 유적이 많았고 고려시대 봉화는 행정상 안동에 속했다.

59)『동문선』제76권「엄곡기(嚴谷記)」

60)『동문선』제76「記·嚴谷記: 比丘尼華嚴谷, 扁其居曰嚴谷, 超禪師無學所命也. 請予文以記, 予聞華嚴圓敎, 其萬德, 開一宗, 洪纖鉅細, 通塞明暗, 有性無性, 有形無形, 至於煩惱解脫, 同歸于一, 而分毫無少異, 況男女相哉. 然是學也, 吾未之詳也. 姑以日用言之, 起居有時, 飲食有節, 朝夕之嚴也, 參話有法, 祝聖有規, 內外之嚴也. 群居獨行, 專意潔己, 罔或懈弛, 終身之嚴也. 苟此三者, 無一之廢, 斯近之矣. 吾曾于有言曰, 十目所視, 十手所指, 其嚴乎. 蓋其操存省察之密, 卽所謂約也. 嚴谷, 婦人也, 非吾之可近且可敎也. 然爲懶翁可肯, 指以參話頭, 則百福裝嚴, 可立竢也. 華嚴五十三參, 外此乎哉. 是爲記.

61) 비구니 묘덕 스님의 생애와 관련해서는 '이세열,「直指와 비구니 妙德에 관한 연구」,『중원문화연구』4, 2000'을 참고함.

62) 이 윤필암은 문경에 소재한 윤필암과 다른 곳임.

63) 이세열,「直指와 비구니 妙德에 관한 연구」,『중원문화연구』4, 2000. p.72 참조.

64) 흥덕사가 활자를 주조하여 불서를 발행하던 곳임을 뒷받침하는 연구로는 '천혜봉,「興德寺 鑄字印施의「直指心體要節」」,『文化財』v.19, 1986. pp.1~2' 참조.

65)「최서처박씨묘지명(崔瑞妻朴氏墓誌名)」, 원문 제목 '무안군부인박씨법명성공묘지(務安君夫人朴氏法名省空墓誌): 夫人稟性正直, 不行邪法, 崇信佛道, 真善女也. 越大德九年乙巳, 佳耦卒孀居餘一紀, 享壽七十, 及今延祐五年戊午七月初二日疾篤, 遂知大期之難免, 請妙蓮社主法兩街都僧統, 且剗草爲尼, 法名省空. 其法服受戒, 仍捨一奴出家. 至十一日午時, 洗浴更衣, 呼子女等付後事, 合掌專念阿弥陁佛, 當夕脩然而化. 氣息将絶, 念佛之脣動而不止, 氣盡然後兩手乃頹. (원문출처: 한국사데이터베이스). 이 외에 김용선,『고려묘지명집성』, 한림대학교 출판부, 2012. 국립문화재연구원 문화유산지식e음 등을 참고할 수 있음.

66)「김구처최씨묘지명(金坵妻崔氏墓誌銘)」, 원문 제목은 낙랑군태부인최씨묘지명(樂浪郡太

夫人崔氏墓誌銘): 樂浪郡大夫人崔氏, 慶州人. 故朝請大夫禮賓卿致仕玤之女, 卒
僉議侍郎贊成事判版圖司事寶文署大學士文貞公金珙之妻也. 夫人於平生, 營産
閑心, 無苟得, 亦不甚惜. 凡當饋客, 無親疎貴賤, 盡其所有, 猶謂不稱意. 文貞公
先卒, 寡居三十餘年, 家本淸而又益不溫, 其自守妛如也. 夫人性剛正無華, 不事
祀鬼神, 鬼或有自言畏而不敢近者, 恐涉荒怪於此不錄. 年至八十三, 以老病, 將
終前一日, 剃度爲尼, 名向眞. 以至大二年七月四日, 卒於泥坂闊洞之私第. 是月
二十二日, 葬于椒山文貞公之墓前, 蓋効古人附葬之義也. 夫人生三男一女. 長男
曰汝盃, 爲同知密直司事文翰司學承旨仍仕, 卒. 一女適鄭氏諱瑎. 官至都僉議贊
成事延英殿大司學, 卒, 女亦先壻而沒. 二男曰宗盃, 今爲禮華府丞. 季男依曹溪
出家, 法名冲壯, 爲大禪師. 噫, 金枝玉葉雖有先凋, 諸孫皆及目前揚歷華顯, 至
有連婚王室者, 亦可慶也. 詞曰, 八十三歲兮亦如逝川, 有一可快兮作勝緣. 聞昔
夫人兮名有相, 一日出家兮便生天. 今夫人兮亦如昔人事, 子孫有賴兮慶緜緜. (원
문출처: 한국사데이터베이스). 이 외에 김용선, 『고려묘지명집성』, 한림대학교출판부, 2012.
국립문화재연구원 문화유산지식e음 등을 참고할 수 있음.

67) 「무송군대부인유씨묘지명(茂松郡大夫人庾氏墓誌銘)」: (앞에 범자가 7자 새겨져 있으나 마
모되어 판독 어려움) 夫人姓庾氏, 茂松人. 曾大父諱敬玄, 左僕射翰林學士承旨. 大
父諱弘, 樞密院右承宣禮部侍郎寶文閣直學士. 父諱垓, 舊曰世芳, 樞密院副使
右散騎常侍. 垓娶慶源李氏, 父諱長, 龍虎軍上將軍. 夫人年若干, 適李氏, 系出江
陽, 諱德孫, 後改曰帖. 凡中外所歷, 多有聲績, 官至知都僉議府事. 臨老以贊成
事致笏. 及卒, 謚曰莊淑公. 父諱淳牧, 右僕射翰林學士承旨, 中古名儒. 庾李兩
家, 皆尊顯, 世所謂甲乙者. 夫人稟性柔靜, ▨事夫義以順之, 能盡婦道. 故李氏
之能守富貴不怠溢者, 夫人以助焉. ▨李▨卒後, ▨▨二十六年間, 常以修善納爲
事也. 夫人生一男一女. 男曰俊, 今重大匡僉議贊成事上▨▨. 娶蘂城池氏, 父諱
允輔, 以知僉議府事告老而退, 謚莊烈公. 有子二人, 男爲將軍, 女配通▨. 女適
礪良宋氏, 諱璘, 密直司知中事國學大司成, 先沒. 父諱玢, 卒僉議中贊, 亦三韓
華宗也. 有子七人, 四男知教, 三女有從. 夫人初封茂松郡, 以子故累封爲大夫人.
於其溫淸, 俊頗有勤. 因發誓願, 就大德山東麓先塋之側, 構一願刹曰禪寂, 薦冥
祐已有年矣. 夫人年八十; 泰定三年丙寅九月, 有微疾. 至二十八日, 洗浴更衣, 請
僧剃髮, 名目眞. 十月七日, 薨于正元里之私第. 其逝也儵然, 雖侍側者, 不之覺
也. 以十一月十四日, 葬于先公莊淑之兆次. 長子相公與予同出文靖公門下, 相▨
▨熟, 故承囑而銘之曰. 庾氏本宗, 蟬聯之後. 自歸隴西, 家有賢婦. 贊成好述, 贊
成慈母. 母儀有光, 子孝無偶. 天亦假年, 九九其壽. 母兮子兮, 三韓稱首. 刻于貞
珉, 用▨不朽. 追封三韓國大夫人. 앞면 시작 부분과 뒷면에 범자가 새겨져 있으나 마
모가 심하고 현재 탁본만 전해지고 있어 판독이 어렵다고 함. (원문출처: 한국사데이터베이
스).

68) 이규보, 「醫王寺始創阿羅漢殿記」, 『東國李相國集』 권24: 今夫距京師若干步有
古殘寺曰醫王.(중략) 宗門上匠大禪師覺公來遊.方禮慈氏殿. 見五百尊像散頓陬
隙.霾侵塵蝕.丹靑漫暗.遂召拔公.相與拂拭.異眼而同泣.仰弔尊容.四手而一心.共

134   역사 속 한국비구니

尋遺逸.課其所未得.則凡二十有七幀也.(중략) 尋募工繪畵.補其所未得者.其古像則崔侍郎光宰請緝理之.師欣然許之.(중략) 又有一尼請於崔公得一幀. 欲補還之而未爾.夫人未知尼之請去.搜尋未得.夜夢一僧來告曰.我在尼院.夫人覺而異之.訪於尼院.果得焉.(원문출처: 한국고전종합DB). 번역문은 '김영미,「고려시대 비구니의 활동과 사회적 지위」,『한국문화연구』1, 2001. p.76; 추보경,「고려시대 비구니사찰의 존재와 운영」, 영남대학교 석사논문, 2014. p.25'를 참조하여 번역함.

69) 『고려사』「열전」제2 后妃: 有一尼, 獻白苧布, 細如蟬翼, 雜以花紋. 公主以示市商, 皆云前所未覩也, 問尼, "何從得此?" 對曰, "吾有一婢, 能織之." 公主曰, "以婢遺我如何?" 尼愕然不得已納焉. 원문출처: 한국사데이터베이스.

70) 김범수,「경신사(鏡神社) 수월관음도(水月觀音圖)의 연구 동향과 쟁점」,『원불교사상과 종교문화』, 66집, 2015. p.325.

71) 金禹喜(1817~1876) 저,『마사시첩(麻寺詩帖)』에는 1800년대 중반 마곡사 산내 비구니 암자에서 베를 짜던 모습이 등장한다.

72) 한기문,「高麗時代 寺院 轉藏儀禮의 成立과 性格」,『한국중세사연구』제35호, 2013. p.56 참조.

73) 「추봉변한국부인진혜대사행양천군부인허씨묘지명병서(追封卞韓國夫人眞慧大師行陽川郡夫人許氏墓誌銘幷序): 壬寅無禪師, 自江淮航而來. 夫人慕見始聞法要, 甲辰鐵山南來施化, 次受大乘戒.
진혜 대사 비구니 성효 스님에 대한 가장 상세한 1차 자료로는 김개물(金開物, 1273~1327)이 쓴 위의 자료가 있다. 원문과 박종기의 번역문은 "문화유산지식e음"(http.s://p.ortal.nrich.go.kr/kor/index.do)을 통해 확인할 수 있다. 이 비문은 현재 전해지지 않으나, 원문이 조선후기 실학자 안정복(安鼎福, 1712~1791)의 『잡동산이(雜同散異)』에 실려 있다. 고문헌『잡동산이(雜同散異)』는 규장각 한국학연구원, 국립중앙도서관 등에 보관되어 있어 인터넷으로 열람 가능하다. 한편 종이책으로는 '金龍善,『高麗墓誌銘集成(第三版)』, 한림대학교 아시아문화연구소, 2001; 金龍善,『역주 고려묘지명집성(하)』, 한림대학교 아시아문화연구소, 2001; 許興植,『韓國金石全文』中世下, 亞細亞文化社, 1984' 등을 참고할 수 있다. 또한 진혜 대사와 정유 대사를 비교한 논문으로 김영미의 위의 논문과 '허흥식,「조선의 정유(定有)와 고려의 진혜(眞慧)」,『정신문화연구』, 제27권 제4호, 2004'를 참조할 수 있다.

74) 김영미,「불교의 수용과 여성의 삶·의식세계의 변화」,『역사교육』62집, 1997. pp.64~66.

75) 정우택,「고려의 중국불화 선택과 변용」,『미술사연구』제25호, 2011. pp.114~115 참조.

76) 혁련정(赫連挺),『대화엄수좌원통양중대사균여전(大華嚴首座圓通兩重大師均如傳)』「第三 姝齊賢分」

77) 「왕영녀왕씨묘지명(王瑛女王氏墓誌銘): 又深信法門, 常讀華嚴寶典及諸經律, 以爲日業. 深猒三界, 求生淨土, 其爲美行, 一何奇麗. 擬欲享百年之遐齡, 與予償膝下之餘歡, 乃何春秋三十有六, 二竪爲恙. 越大定二十五秊乙巳正月十三日丁酉, 病亡於京城南彰信寺. 主上聞而悼之, 儲皇亦傷嘆. 其美麗特賜奠殊處以光寵焉. 此月三十日甲寅, 火葬于聖住寺之東麓, 二月初八日壬戌拾遺骨, 假安於開城府境

內雲開寺, 今取丙午二月二十五日癸酉卜擇爽塏於雲開寺東北百許步以葬之.(판독문은 '문화유산지식e음'의 김용선 판독문 인용. 번역문은 '한국사데이터베이스' 번역을 부분적으로 참조함.

78) 『고려사』「세가」권21 희종(熙宗) 2년 9월; 『고려사』「열전」권1 후비(后妃).

79) 김영미, 「고려여성들의 불교신앙과 수행」, 『사학연구』86, 2007. pp.13~14 참조.

80) 이상 묘지명의 이미지와 김용선, 허홍식의 판독문은 국립문화재연구원 '문화유산지식e음'에서 검색 가능하다. 관련 자료를 차례대로 소개하면 다음과 같다. 「김유신처이씨묘지명(金有臣妻李氏墓誌銘)」, 「최용처김씨묘지명(崔湧妻金氏墓誌銘)」, 「이보처이씨묘지명(李輔予妻李氏墓誌銘)」, 「황위처최씨묘지명(黃偉妻崔氏墓誌銘)」, 「최루백처염경애묘지명(崔婁伯妻廉瓊愛墓誌銘)」, 「김원의처인씨묘지(金元義妻印氏墓誌)」, 「김태현처왕씨묘지(金台鉉妻王氏墓誌)」, 「박윤문처김씨묘지명(朴允文妻金氏墓誌銘)」, 이숭인, 『도은집(陶隱集)』제5권 「선대부인행장(先大夫人行狀)」, 「최루백처염경애묘지명(崔婁伯妻廉瓊愛墓誌銘)」. 이 가운데 이숭인의 어머니의 행장을 아들 이숭인이 직접 기록한 「선대부인행장(先大夫人行狀)」은 '한국고전종합DB'를 참조함.

81) 『고려사·세가』권46 공양왕 3년 2월: 辛酉 次檜巖寺, 大張佛事, 窮極奢侈. 飯僧千餘, 使伶官奏鄕·唐樂. 王手執香爐, 巡東西僧堂, 以侑食, 順妃亦隨之. 又與妃及世子, 禮佛徹夜.

82) 김영미, 위의 논문 p.8; 민현구, 『월남사지 진각국사비의 음기에 관한 일고찰』, 『진단학보』36, 1973; 불교학회 편, 『고려후기 불교사 전개사의 연구』, 민족사, 1986. p.20.

83) 劉泳斯(2020), 「道殿『顯密圓通成佛心要』新考」, 『華林國際佛學學刊』3권 제1기」에서는 본서의 간행 연대를 11세기 80연대로 추정하고 있다. 아울러 일부 학자들이 저자의 이름을 道(厄+殳)으로 잘못 알고 있으나 고증에 의해 道殿임을 밝혔다. 劉泳斯의 연구에 의하면 道殿은 요나라 사람으로 일찍부터 중국 선종에 관심이 있었고, 선종 가운데 하택종(荷澤宗)과 종밀(宗密)의 화엄과 선종의 선교일치 회통사상에 관심이 있었는데 후에 밀교 경전에 조예가 깊어지면서 선에서 밀교로 관심의 추이가 옮아가게 되었다고 보았다. 『현밀원통성불심요(顯密圓通成佛心要)』가 나오게 된 것은 바로 이러한 저자의 사상적 배경하에서 나온 것임을 밝혔다.

84) 김수연, 「고려시대 밀교사 연구」, 이화여자대학교 박사논문, 2012. p.199 참조.

85) 김수연, 위의 논문, pp.196~197 참조.

86) 김개물(金開物), 「추봉변한국부인진혜대사행양천군부인허씨묘지명병서(追封卞韓國夫人眞慧大師行陽川郡夫人許氏墓誌銘幷序): 辛亥騰裝, 之彌勒大院, 禮丈六石驅, 歷諸山至涅槃淸凉二山聖跡.

87) 이곡(李穀), 「창치금강도산사기(刱置金剛都山寺記)」, 『동문선』제70권: 海東山水, 名於天下, 而金剛山之奇絶, 又爲之冠. 且以佛書, 有曇無竭菩薩所住之說, 世遂謂人間淨土. 天子之使降香幣, 絡繹于道. 而四方士女, 不遠千里, 牛載馬駄, 背負首戴, 供養佛僧者, 踵相躡也.

88) 이상 고승을 낳은 고려시대 여성의 태몽과 관련해서는 김용선 편저, 『고려묘지명집성』한림대학교출판부, 이화여자대학교 한국여성연구소 편 『한국여성관계자료집』, 김영미

「고려여성들의 불교신앙과 수행」을 참조.

89) 김창현, 「고려시대 천추태후와 인예태후의 생애와 신앙생활」, 『한국인물사연구』, 제5호, 2006. p.84.

90) 김아네스, 고려시대 천추태후의 정치적 활동 『한국인물사연구』 제10호. pp.131~132.

91) 1007년에 제작된 이 다라니경에 대한 선구적 연구로 '천혜봉(1973), 「고려 초기 간행의 일체여래심비밀전신사리보협인다라니경」, 『도서관학보』 2'를 참고할 수 있음.

92) 이승혜, 「고려의 오월판 보협인경 수용과 그 의미」, 『불교학연구』, 43권 43호, 2015. p.54.

93) 김창현, 「고려시대 천추태후와 인예태후의 생애와 신앙생활」, 『한국인물사연구』, 제5호, 2006. pp.114~123.

94) 『동문선』 권64 권적(權適, 1094~1147), 「지리산수정사기(智異山水精社記)」.

제3장

:

조선시대

제3장

조선시대

우리는 흔히 조선왕조 때 불교가 억압받았기 때문에 비구니의 활동도 저조했을 것이라 생각하기 쉽다. 하지만 오히려 이 시기 비구니들은 매우 생동감 넘치고 활기찬 활동 양상을 펼치고 있으며, 어떤 면에서는 고려시대 비구니보다 더욱 역동적이다.

조선전기 불교계가 당면한 가장 큰 문제는 인재난이었다. 고려시대 때 불교계는 국가적으로 큰 후원을 받았고, 승과제도를 통하여 새로운 인재들이 지속적으로 유입되었다. 따라서 백성들의 불교신앙은 이들에 의해 설계되고 주도되었다 해도 과언이 아니었다. 고려시대 여성들은 남성들이 구축해 놓은 체제 하에서 각자의 신앙생활에 집중하면 되었던 것이다. 그러나 조선에 들어오면서 각종 불교 억압 정책이 시행되었고, 특히 승과가 폐지되자 비구 중심의 인재 양성에 차질이 생겼다. 그러자 특히 왕실 여성을 중심으로, 불교를 지켜내고자 하는 사명의식을 갖고 노력한 여성들이 생겨났는데, 이들이 조선전기 불교에 상당한 공헌을 했다.

특히 불서 간행에 대한 여성들의 적극적 참여는 단순한 후원자로 머물던 이전 시기와 다른 양상을 보였다. 훈민정음 창제 후 여성들은 처음에는 국왕이 주도하는 불서 한역 과정에 참여하다가 점차 여성이 중심이 되어 본 사업을 밀고 나갔다. 그러한 모습은 특히 불교에 우호적이었던 국왕들의 시대가 지나간 후 뚜렷이 드러났다.

세종(世宗, 재위 1418~1450)과 세조(世祖, 재위 1455~1468)가 죽은 후에 조정 대신들의 세찬 반발에도 불구하고 여성들은 불서언해 작업을 의연하고 꿋꿋하게 추진했다. 이들은 그동안 언해 작업에 깊이 관여했던 비구 신미(信眉,1403~1479)와 학열(學悅, 15세기 중후반 활동), 학조(學祖, 1431~1514) 스님, 신미의 속가 동생이자 독실한 불자요, 대문장가 김수온(金守溫, 1410~1481)과 함께 중단없이 사업을 추진하였다. 이들은 선대에 미처 번역하지 못했던 불서들을 번역하고, 불서 인출을 위한 전용 활자를 제작하도록 이끌어, 세련되고 미학적이며, 종교적 경건함을 담은 아름다운 디자인의 불서들을 간행하는 데에 온 힘을 기울었다.

또한, 조선의 불서 간행은 개국부터 15세기까지 왕실에서 주도했으나, 16세기부터는 지방의 사찰에서 주도하는 쪽으로 변화했는데, 불서 간행을 위해 재정적 지원에 참여한 사람들을 기록한 '시주질'을 보면 비구와 비구니스님은 물론 상층의 관료에서부터 남녀 노비에 이르기까지 다양한 사람들이 참여하였다. 한국여성사의 입장에서 보자면 전통시대 중 여성들이 공심에 의해 가장 적극적으로 움직인 시기 중 하나가 바로 이 시기였다고 말할 수 있을 것이다.[1] 개항기 이후 한국비구니 승단이 유례 없는 발전을 할 수 있었던 것은 이들이 남긴 불씨가 꺼지지 않았던 덕분이다.

1. 조선시대 비구니사찰의 풍경

조선시대 비구니사찰의 모습은 어떠했을까?

먼저, 왕실 여성들과 높은 가문의 여성들이 주로 출가했던 정업원(淨業院)을 살펴보자. 후대로 가면서 핍박을 받아 여러 곳으로 옮겨 다니기도 했지만, 가장 대표적인 곳은 응봉(鷹峯) 아래 창덕궁 서편에 있었을 때의 정업원이다. 당시 정업원이 얼마나 유명했던지 지금도 '정업원동'이라는 지명이 전해올 정도이다. 조선중기 문신 이수광(李睟光, 1563~1628)의 『지봉집(芝峰集)』「침류대기(枕流臺記)」에는 정업원이 있던 곳의 주위 풍광이 다음과 같이 묘사되어 있다.

> 정업원동(淨業院洞)은 창덕궁 서쪽에 있는데 숲과 골짜기가 깊고 그윽하다. 그 안에서 냇물이 흘러나와 한적하고 고즈넉한 풍치가 있다. 일찍이 실록국(實錄局)에서 근무할 적에 아침저녁으로 이곳을 지나다녔지만, 직무에 얽매여 그 훌륭한 경치를 한 번도 제대로 구경하지 못해 한스러웠다. 하루는 내가 유희경(劉希慶, 1545~1636)을 따라 금천교 위에 나갔다가 냇물이 한창 불어나 떨어진 붉은 꽃이 무수히 떠내려오는 모습을 보고는 기뻐하며 말하였다. "아마도 무릉도원이 여기에 있는가 보오. 내가 장차 이 냇물을 따라 거슬러 올라가면 진나라 때 난리를 피해 온 사람들과 만나 한바탕 웃을 수 있으려나?"[2]

궁궐에서 멀지 않은 위치였지만 세속을 벗어나 맑은 물이 흐르는 계곡과 온갖 꽃이 핀 정업원동 일대를 보면서 이수광은 도연명이 쓴 『도화원기』에 등장하는 무릉도원을 떠올린 것이다.

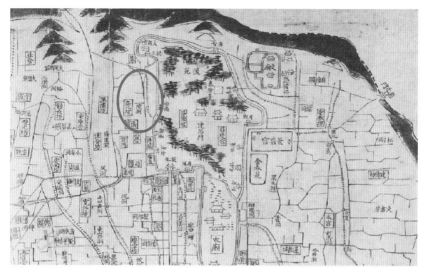

「조선경성도」에 보이는 정업원동. 자료출처: 탁효정, 「조선시대 정업원의 위치에 관한 재검토」 p.49.

그렇다면 한양 땅 가운데 특별히 아름답고 고요한 숲속에 지어졌던 정업원의 건축 재료는 누가 구해왔을까? 1549년 명종 4년 7월 13일『실록』을 보면 주세붕(周世鵬, 1495~1554)이 이 일을 맡았음을 알 수 있다. 명종(明宗, 1545~1567)의 모친 문정왕후(文定王后, 1501~1565)가 주세붕에게 정업원을 새로 지을 재목을 구해오라고 청하니 주세붕은 즉각 큰 나무들을 대거 벌목하여 재목을 보냈다고 기록되어 있다. 주지하다시피 주세붕은 주자의 「백록동학규(白鹿洞學規)」를 본받아 1543년 백운동서원(白鹿洞書院)이라는 조선 최초 서원을 만든 인물이다. 이런 정통 유학자가 정업원 재목 구하는 일을 적극 도왔다는 것은 실제로 조선의 유학자들의 공식 문헌에 드러난 모습과 전혀 다른 면모를 보여 준다.

한편, 보우(普雨, 1509~1565) 대사가 쓴 『나암잡저(懶庵雜著)』「중수자수궁낙성경참법석소(重修慈壽宮落成慶懺法席疏)」에는 당시 자수궁(慈壽宮)을 개조하여 만든 비구니사찰 자수원(慈壽院)을 일컬어 "만세를 이을 총림에 계율을 지닌 비구니가 5천 명이 넘는다(萬歲叢林持律之尼不減於五千餘指)."라고 하였다. 서울 도성 안에, 그것도 궁궐을 개조하여 비구니사찰이 지어졌던 것이다. 훗날 유생들의 끈질긴 반대로 현종(顯宗, 재위 1659~1674) 5년(1664)에 이 비구니 사원이 철거되었지만, 초기 건물의 위용과 왕래하는 비구니로 가득했을 정경을 상상할 수 있다.

자수원에는 조선인 비구니만 있었던 것은 아니다. 중국 강소성 소주(蘇州) 출신 비구니 굴씨(屈氏, 17세기경 활동) 스님처럼 외국 출신 스님도 살았다. 본래 굴씨는 소현세자(昭顯世子, 1612~1645)를 따라 조선으로 들어와 궁중에서 일했는데, 훗날 자수원에서 출가하여 비구니로서 만년을 보냈다. 굴씨는 비파 연주의 대가이자 동물과의 교감능력을 가진 인물로 알려져 있다. 그때까지 조선에서 상투 트는 법이 일정하지 않았는데, 그녀가 가르쳐 준 결발법(結髮法)에 따라 조선의 상투 트는 법이 표준화되었다고 한다. 그녀가 자수원 비구니로 살았기에 사람들은 그녀가 알려준 결발법을 일명 '자수원 결발법'이라 불렀다.[3]

그렇다면 지방의 비구니 암자는 어떤 모습이었을까? 평안북도 묘향산에서 수행하던 비구 법종(法宗, 1670~1733) 스님의 문집 『허정집(虛靜集)』 「속향산록(續香山錄)에는 묘향산의 비구니스님들이 주석하던 명도암(明道庵)에 들렀던 기록이 전한다.

운수암(雲水庵)을 지나 우현(牛峴)을 넘어 보월사(寶月寺)를 찾았다. 입을 쫙 벌린 것 같은 계곡은 그윽하고 깊었으며 멋진 바위와 휘감은 숲에 우뚝 선 절벽이 높고 험하며 협곡이 무리지어 길게 늘어선 것이 과연 호리병 속의 별천지였다. 북쪽으로 명도암(明道庵)에 오르자 비구니스님 두세 분이 나란히 앉아 바느질을 하다가 뛰어나와 객(법종 스님 일행)을 안으로 이끌었다. 칠척단전(七尺單前) 선객들

이 가진 것은 솔잎 담은 종이주머니 하나뿐이었다.[4]

운수암, 보월사, 명도암은 모두 묘향산 보현사에 딸린 암자였다. 설명에 의하면, 명도암은 보월사 북쪽에 자리하고 있던 것 같다. 바위와 절벽이 우뚝하고 협곡이 무리지어 있는 별천지 같은 자연을 배경으로 비구니스님의 암자가 있었다. 단정히 앉아 함께 바느질을 하다가 한 비구스님의 등장에 하던 일을 멈추고 반갑게 손님을 맞이하는 장면이 매우 생생하게 묘사되어 있다.

눈길을 끄는 것은 이들 비구니 수행자들을 '칠척단전(七尺單前)'이라고 일컬은 것이다. 『속등록(續燈錄)』에 따르면 '단전(單前)'이란 선방에서 좌선하는 자리를 말한다. 좌선하는 자리가 횡으로 6척, 높이 1척이어서 '칠척단전'이란 선수행자를 뜻하는 말이 되었다. 이들 비구니스님들은 속세의 인적이 끊긴 산중에서 솔잎을 먹고 벽곡(辟穀)하며 선 수행을 하던 선객들이었던 것이다. 조선 후기에 이처럼 눈 푸른 납자가 되어 수행의 길을 걷던 비구니들은 비단 묘향산 명도암 비구니들만은 아니었을 것이다. 따라서 조선시대 비구니스님들은 서울 도성 한 가운데에 위치한 큰 규모의 사찰에서부터 깊은 산중의 작은 암자에 이르기까지 다양한 곳에 머물며 활동하고 있었다.

위의 사례가 북한지역 비구니 암자의 모습이라면, 다음 사례는 남쪽에 위치한 비구니 암자의 모습이다. 충남 공주 마곡사의 비구니 암자에 대한 기록을 살펴보자. 1855년 철종 6년 예산 사람 김우희(金禹喜, 1817~?)의 마곡사 여행기록인 『마사시첩(麻寺詩帖)』에는 그해 3월 25일부터 26일 사이, 당시 마곡사의 비구니 암자 청련암(靑蓮庵)과 영은암(靈隱庵)의 모습이 생생하게 묘사되어 있다.

[1855년 3월 25일] 북쪽으로 청련암에 도착했다. 이 암자는 비구니사찰[尼院]이다. 비구니 수십 명이 있는데 태반이 양반집 여성이었다. 마침 재를 지내느라 경쇠와 징을 치고 수없이 절을 하고 있었는데, 본 암자 비구니 스승[尼師]의 기일이라고 했다. [일어서려 하니] 여러 비구니들이 애써 만류하며 잿밥을 먹고 가라고 하는 것이었다. 그래서 다시 돌아와 앉아 밥이 오기를 기다리니 이윽고 노비구니 스님이 밥[상]을 [머리에] 이고 왔다. 반찬을 보니 다 채소나 김 등의 [야채로 된] 음식이었다. 과일과 떡 등을 대접받아 한바탕 배불리 먹었다.

금세 날이 저물어 [큰절 마곡사] 매화당으로 돌아와 유숙했다. … [다음날] 26일에는 날씨가 청명해서 아침밥을 먹은 후에 동쪽으로 몇 마장 가량을 가니 영은암이 있었는데, 거기도 비구니사찰이었다. [영은암의] 법도는 청련암보다 더 엄격해 보였다. 다만 정갈함은 청련암에 미치지 못했다. [영은암에도] 수십 명의 비구니가 있었다. [암자의] 뒷방 조용하고 한적한 곳에 두서너 명의 노비구니가 베를 짜고

1855년 『마사시첩(麻寺詩帖)』에 등장하는 마곡사의 비구니 암자들. 자료출처: 고려대학교 도서관.

역사 속 한국비구니

있는지 찰칵찰칵 베틀의 북소리가 들렸다. 점심밥을 얻어먹고 싶었지만, 비구니들이 서로 미루고만 있어서 끝내 밥을 얻어먹지 못했다. 결국 은적암으로 갔는데 은적암은 비구니사찰(즉 영은암)의 왼쪽 언덕에 있었다.[5]

오늘날 마곡사 청련암과 영은암, 은적암은 마곡사 산내 비구니 암자이다. 위의 내용을 통해서 1800년대 중반에 청련암과 영은암은 비구니 암자였고, 은적암은 비구 암자였음을 알 수 있다.

스승의 기일에 정성껏 재를 지내고, 절에 찾아온 사람들에게 잿밥을 나누어 주는 모습은 오늘날과 큰 차이가 없어 보인다. 약간의 다른 면이 있다면, 1800년대 비구니들은 직접 베를 짜서 옷을 만들어 입고 생활했다는 정도이다. 암자마다 수십 명의 비구니가 살고 있다고 언급하고 있는 만큼, 당시에도 많은 여성출가자가 있었음을 알 수 있다. 또한 청련암의 경우에는 양반가 출신 비구니들이 주로 주석했다고 하는 것으로 볼 때, 『실록』의 내용과 달리 당시 조선에도 많은 양반가의 여성들이 출가하여 비구니의 삶을 살아가고 있었음을 알 수 있다.

이렇게 볼 때 조선시대 비구니사찰은 공간적으로 서울 한양에서부터 남쪽과 북쪽 먼 지방에 이르기까지 전국적으로 널리 분포하고 있었으며, 신분적으로는 왕가의 여성, 양반가의 여성, 서민에 이르기까지 전 계층을 망라하고 있음을 알 수 있다. 또한, 보현사 산내 암자인 명도암의 비구니스님들은 선 수행을 중심으로 수행하고 있었던 반면, 마곡사 산내 암자의 비구니스님들은 염불 수행을 중심으로 하고 있음도 알 수 있다. 이는 조선시대 비구니의 수행법이 앞서 고려시대나 오늘날 우리의 수행법과 큰 차이가 없이 절 수행, 염불 수행, 선 수행 등을 다양하게 하고 있었음을 확인시켜 준다.

2. 여성 출가의 요건

고려와 조선시대 여성이 출가하려면 불교계 내의 규정뿐 아니라 국가에서 정한 규정이 있었다. 조선시대 출가 규정은 기본적으로 고려시대 규정에 의거하고 있는 것으로 보이는데, 남녀출가자에게 공통 규정과 서로 다른 규정이 있었던 것 같다. 고려시대 출가 규정에 관한 자료는 역사서에 부분적으로 등장하고 있지만, 기록 내용이 완전하지 못함을 앞서 거론한 바 있다. 또 조선시대 『경제육전(經濟六典)』이나 『경국대전(經國大典)』의 '도승(度僧: 출가)'에 대한 조항도 당시 통치자 입장에서 기술한 것이어서 오늘날 우리가 궁금해 하는 내용을 온전히 알려주지는 못한다.

조선시대 도첩제는 고려시대와 기본적으로 동일한 규정을 담고 있었다. 출가자에게 있어 도첩을 받는다는 것은 단순히 종교적 출가를 의미하는 것만은 아니었다. 도첩제는 불교 교단에서 운영하는 것이 아니라 정부에서 운영하는 제도로서, '도첩(度牒)'이란 일종의 승려 신분증 역할을 했으며, 특히 남성들에게는 부역을 면제받는 중요한 법적 증빙 문서였기 때문이다. 도첩을 받아야 국가로부터 정식 출가자로 인정이 되었고, 도첩이 없이 스님이 되었다는 것은 곧 불법 출가자임을 의미했다. 정식 절차를 밟으려면 국가에서 도첩을 발급받아야 비로소 수계를 할 수 있었다. 국가는 도첩의 발급은 물론 승려가 되고 난 후에도 각 출가자가 승려로서 갖추어야 할 덕목을 3년에 한 번씩 평가하였다.

또 양반 자제로서 출가를 원하는 자는 부모와 친족이 사유를 갖추어 승록사에 신청하면 승록사에서 예조에 보고하였다. 이렇게 예조에서 왕에게 보고하여 왕의 허락을 받은 후에 정전을 바치고 나서야 비로소 도첩을 받고 정식 승려가 될 수 있었으며, 정전을 바쳐 역을 면제받은 자가 아닌 경우는 강제 환속시켰다. 뿐만 아니라 집안에 아들이 하나만 있는 경우에는 출가를 금지시켰다. 역을 면제받기 위해 출가하는 사례도 많아서 국가 노동력의 큰 손실이 되므로 만약 이런 규정을 어기고 출가를 허락한 경우 정식 도첩을 발행해 주지도 않았고 강제 환속시키고 부모와 은사와 소속 절의 주지까지 모두 중죄를 받았다. 여성은 원칙적으로 미망인만 출가할 수 있었고, 미혼녀의 출가는 엄격히 금지하였다. 만약 이러한 원칙을 어기고 출가한 것이 발각되면 부모는 물론 은사 등 승가공동체가 함께 벌을 받았다. [6] 당시 남성은 역을 부담하고 여성은 출산을 맡았기 때문이다.

다시 말하면, 출가를 원하는 남성에게는 출가 후에 면하게 되는 역의 몫까지 미리 돈으로 대납하게 했으며, 여성은 건강 이상 등 아주 특별한 경우가 아니면 미혼 여성이 출가하는 것을 금지했던 것이다. 이 점은 고려와 조선의 공통된 사항이다.

한편, 고려시대와 마찬가지로 조선시대에도 국가에서 도첩을 발급해줄 때 분명한 기준이 있었다. 태종 때의 기사를 보면 의정부(議政府), 사평부(司平府), 승추부(承樞府)가 함께 출가의 가장 기본 원칙이 무엇인지를 국왕에게 보고하는 장면이 등장하는데, 이들의 설명 근거는 모두 고려시대 출가 규정에 의거한 것이었다.

> 무릇 승(僧)과 니(尼)는 '재능과 행실을 시험한(試才行)' 후에 도첩을 발급해 주고 삭발을 허락한다는 것이 『경제육전(經濟六典)』[7]에 기재되어 있습니다. [8]

조선왕조도 고려와 마찬가지로 여성출가자이건 남성출가자이건 상관

없이 불교에 대한 일정의 소양을 구비했는지, 인성이 좋은지의 여부를 시험한 후에 출가를 허락했음을 알 수 있다. 『경제육전』은 조선시대 법전 『경국대전』이 정식 간행되기 전에 사용되었던 국정운영의 기초가 되는 법전인데, 출가와 관련한 규정은 두 법전의 차이가 크지 않아서 조선시대 동안 줄곧 불교정책의 근간이 되었다. 흔히 도첩의 활용가치에 대해서 우리나라 사료에서는 주로 역(役)을 면제받는다는 측면에서 남성출가자 중심으로 거론되어 왔다. 그런데 도첩은 여성출가자도 길을 떠나 이동할 때 반드시 준비해야 할 증명서였음을 앞서 고려시대의 수계 부분에서 언급한 바 있다.

> 『경제육전(經濟六典)』에서 무릇 백성이 몸이 있으면 역(役)의 의무가 있는 것이니, 머리를 깎고자 하는 사람은 반드시 도첩을 받아야만 출가할 수 있다고 했습니다. 이미 법령에 [이렇게] 뚜렷한데, 지금 무식한 중들은 국령(國令)을 두려워하지 않습니다. 양반(兩班) 자제뿐 아니라, 역(役)의 의무가 있는 군인·향리·역리(驛吏)·공노비와 사노비 남녀들도 모두 마음대로 머리를 깎으니 매우 걱정입니다. **9)**

위의 인용문을 출처를 보지 않고 읽었다면 앞서 고려왕조 때의 문헌 내용으로 착각할 수 있을 만큼 조선시대 조정도 고려 말과 유사하게 불법 출가자들 때문에 골치를 앓고 있었음을 확인할 수 있다.

이쯤에서 우리는 '도첩'과 '도첩제'의 차이를 분명히 할 필요가 있다. '도첩'은 신분증으로서의 도첩, 그러니까 국가가 출가를 허락한다는 증명서이고, '도첩제'는 출가하려는 남성이 군역(軍役)을 면제받는 도첩(度牒)을 받을 때 관아에 대납금을 바치는 제도를 말한다. 이때문에 여성출가자와 남성출가자는 모두 일련의 시험을 거쳐 '도첩'을 받았지만, 여

역사 속 한국비구니

성은 군역의 의무가 없으므로 '도첩제'의 적용을 받지는 않았던 것이다.

그렇지만 실제로 조선시대에 도첩에 대한 정부의 관점은 고려시대와 상당한 차이가 있는 것을 발견하게 되는데, 그것은 조선시대에 '도첩에 해당하는 용어들을 보면 알 수 있다.

먼저, 1461년 세조 7년 8월 12일에 도첩제는 승인호패법(僧人號牌法)이라는 이름으로 바뀌어 임시 시행되었는데, 이는 공역(公役)에 동원된 부역승(赴役僧)에게 도첩 대신 호패를 지급하는 것이었다. 내용을 구체적으로 살펴보면 둥근 모양의 호패에 각 승려의 얼굴 모양, 나이, 부친의 이름, 본관을 새기게 했다. 도성 밖 사찰 승려의 경우에는 호패뿐 아니라 서류도 작성해 두어 훗날 필요할 때 언제든 대조해 볼 수 있게 하였다. 또한, 출가 신청자가 불경을 외울 줄 아는지, 도덕성은 문제가 없는지도 확인하는 것을 원칙으로 하고 있었다.[10] 즉 조선시대에 들어와 그동안 도첩이 가지던 권위와 종교적 신성함의 상징성이 급격히 약화되어, 도첩은 이제 단순히 신분을 증명하는 '호패'에 지나지 않게 되었다. 그 후 이 제도는 폐지와 부활을 반복하다가 1566년 선교 양종의 폐지와 함께 막을 내렸다.

도첩제는 본래 중국에서 먼저 시행된 것을 우리나라에서 도입한 것으로 '도첩(度牒)'의 '도(度)'는 '도(渡)'와 통용되며 중생제도 즉 중생을 구제한다는 뜻이고, '첩(牒)'은 '공문서'를 의미이다. 오늘날 '출가하다'는 의미로 쓰이는 '득도(得度)'라는 표현은 '득도첩(得度牒)' 즉 '중생을 제도하는 일을 국가에서 공식적으로 허용하는 공문서를 취득한다.'는 의미에서 비롯되었다. 이때문에 도첩은 일반 관료들이 왕으로부터 받는 임명장과 같이 흰색 고급 비단에 채색의 나무 봉을 끼워 만든 일종의 증서 형태를 띠었음을 앞의 고려시대 부분에서 중국의 예를 들어 설명한 바있다. 적어도 고려후기까지는 도첩에 이러한 본 의미가 희미하게나마 유지되었다. 그러나 이제 조선 초에 오면 도첩은 단순히 신분증명서의 역할만 하였으므로, 나무를 깎아 생김새와 출신을 새겼던 것이며, 그 역할은 오로지 정전 납부를 모두 마쳐서 역의 의무를 면제받은 자인지 판단하는 증빙자료의 역할에 그쳤다. 후에 도첩제가 아예 폐지되면서부터는 출가자의 지위가 더욱 낮아지게 되었다. 이는 설사 어떤 사람이 정식 절차를 거쳐 승려가 되었다고 해도 국가는 그에게 역을 면제시켜 줄 의사가 없음을 의미한다. 그래서 결국 각 지방 관청은 물론 중앙에서까지 사찰마다 각종 지역특산물이나 종이를 상납하게 하고, 교량 건설이나 길 닦는 일, 산성을 지키는 일에 이르기까지 물품과 노동력을 거리낌 없이 수탈하는 일까지 발생한 것이다.

이제 세조 대에 출가를 원하는 사람들은 도첩을 받기 위해 어떤 절차를 밟아야 했는지에 대해 살펴보기로 하자.

형조(刑曹)에서 공노비와 사노비 가운데 승려가 되려는 사람들에 대한 방비 조치를 아뢰었는데 그 내용은 다음과 같다.

"1. 공노비 가운데 승려가 되려는 자는 종문(宗門: 교종과 선종)에 고하고 종문에서는 『금강경』·『반야심경』·『살달타(薩怛陁: 능엄신주)』를 능히 외우고, 승려로서 품행이 바른 자를 가려서 사유를 갖추어 예조에 보고하면 예조에서 아뢰고 정전을 거두고 도첩을 주어서 그 이름과 담당 관청의 명칭을 본조(여기서는 형조를 말함)에 공문을 보내면 본조에서는 여러 아문의 기록부에 그 사유를 기록하게 하소서. 공노비 중 여승[尼僧]이 된 자도 또한 이 예에 의하되, 다만 여승[尼僧]은 본시 도첩이 없으니(도첩제의 적용을 받지 않는다는 뜻) 정전을 거둘 필요는 없습니다.

(중략)

사노비로서 주인의 청에 따라 남성출가자나 여성출가자가 된 자는 주인이 종문(宗門)에 고하여 공노비의 경우와 동일한 방식으로 선발하되, [승려가 된 후에는] 주인이 불러서 일을 시키는 것을 허락하지 마소서.

공노비로 승려가 되고자 [신청한] 사람이 만 3개월이 지났는데도 도첩이 나오지 아니하면 그가 소속된 승가와 친족, 이웃 중에서 그 사유를 갖추어 관가에 고해야 하며, 고하지 않은 경우에는 친족이나 이웃에게 죄를 묻고 만 3개월마다 반드시 신고하게 하고, 만 1년이 되어도 도첩이 나오지 아니한 자는 환속하게 하소서." 하니, [세조가] 그대로 따랐다.[11]

위의 내용에는 많은 정보가 담겨있다.

첫째, 출가를 신청한 사람은 비록 노비라고 해도 『금강경』·『반야심경』·『살달타(薩怛陁, 즉 능엄주)』를 능히 외워야 하며, 승려가 되려면 반드시 품행에 문제가 없는 사람이어야 한다는 점이다. 이와 유사한 내용이 『경국대전』 권2 「도승(度僧)」에도 실려 있어서, 남녀 불문 이 세 가지 불경의 암송 테스트를 통과하지 못하면 국가에서 출가를 불허한다는 원칙을 명시하고 있다. 예종(睿宗, 재위 1468~1469) 대에는 위의 세 가지 경전 외에 『법화경』을 추가하여 총 4종의 경전을 암송할 수 있는 자에 한해 출가를 허용하는 한층 강화된 규정을 적용해야 한다는 제안이 나온다. 이에 신미 대사가 즉각 이 제안을 방어하고자 노력했으나 왕의 뜻을 막지 못했다.[12] 그러다가 성종(成宗, 재위 1470~1495) 대에 들어와 다시 『경국대전』의 규정대로 3종의 경전만 외우는 것으로 환원되었다.[13]

둘째, 경전 암송과 인성에 대한 시험은 각각 신청자가 선택한 종문 즉 교종과 선종 대표 사찰에서 치렀던 것을 알 수 있다. 그런 다음, 합격자 명단을 예조에 보고하면 예조에서는 왕에게 보고하되, 남성출가자인 경우에는 정전을 거둔 후 도첩을 주고 승려가 된 사실을 형조의 각 하위 부서에 알려서 정보를 공유했다. 이를 통해 남녀불문 승려 한 사람 한 사람에 대해 나라에서 관리를 매우 철저히 하겠다는 강력한 의지를 확인할 수 있다.

셋째, 출가지원서를 내고 시험을 보았으나 통과하지 못한 경우에는 3개월마다 이웃이나 가족이 사유를 적어서 관청에 제출해야 하며, 1년 안에 통과되지 못하면 환속을 시켰다. 이는 조정에서 승려가 되려는 자의 자질을 중시하겠다는 의지의 표현이라 할 수 있겠다.

한편, 조선시대는 고려와 마찬가지로 여성이 출가하려면 남편이 사망한 미망인이 아니면 출가할 수 없었다. 미혼 여성이 출가하게 되면 출산 인구 감소로 이어질 수 있다고 판단했기 때문이다.

『세종실록』 세종 2년 11월 7일의 기사는 조선의 출가 규정이 가장 명확히 드러난다.

> 무릇 머리를 깎으려는 자는 반드시 도첩을 받아야 비로소 출가를 허락한다는 것이 이미 법령에 있는데, 무식한 승도가 나라의 법령을 두려워하지 않고 양반 자제뿐 아니라 역(役)이 있는 군인, 향리, 역(驛)의 자식이나, 공사(公私)의 노비까지도 제 마음대로 머리를 깎는 것은 안 된다. 금후로는 양반 자제로서 스스로 승려가 되기를 원하는 자는 그 부모나 가족이 승록사에 고하고 예조에 보고하여, 왕에게 아뢰어 교지를 받은 후에 정전을 납부하고 도첩을 주어야 출가를 허락한다. 그 나머지 부역의 의무가 있는 사람이나 외동아들, 처녀는 모두 출가를 금한다. [이를] 어긴 자는 환속시켜 원래의 역을 맡게 하고, 그 부모와 은사, 주지는 중죄로 논한다. 부녀가 수

절하기 위하여 머리 깎은 자는 이런 제한을 두지 않는다.[14]

　위의 내용은 예조에서 『원속육전(元續六典)』에 근거하여 출가 관련 법률조항을 명확히 하고자 하는 뜻에서 왕에게 고한 내용이며, 보고를 받은 세종은 이를 모두 받아들였다. 여기서 『원속육전』이란 『경제육전』을 보완하기 위해 나온 조선 초 법령집의 하나이다. 원래 『경제육전』은 1397년(태조 6)에 조준(趙浚, 1346~1405), 하륜(河崙, 1348~1416) 등이 편찬한 조선 최초의 법령집으로, 1388년(고려 우왕 14)부터 1396년까지의 법령과 장차 추가로 시행할 법령을 6전으로 나누어 쓴 것이었다. 그런데 이 법전이 불완전하다는 문제점이 계속 제기되어 1413년 태종 13년 2월에 『원육전(元六典)』과 『속육전(續六典)』의 2부로 구성된 『경제육전』의 개정판 법령집을 편찬했다. 『원육전』은 『경제육전』의 내용은 그대로 둔 채 방언을 문어로 바꾼 것이며, 『속육전』은 『경제육전』에서 다룬 시기 이후 즉 태조 7년부터 태종 7년까지(1398~1407)의 법령을 편집한 것이다. 이 가운데 위의 내용은 고려 말 1388년(우왕 14)에 고려 조정에서 다룬 내용이었는데, 이를 조선에서도 그대로 수용하여 법령집에 담고 규정으로 삼은 것이다. 따라서 위의 내용은 고려와 조선에서 공통적으로 규정한 법률임을 알 수 있다.

　따라서 조선 정부가 도첩을 발급하는 절차와 금지사항도 고려와 동일함을 알 수 있는데, 특히 여성의 경우 처녀는 출가할 수 없으며 남편이 죽은 후 수절하고자 하는 미망인에게만 출가를 허용하고 있음을 알 수 있다. 다만 예외 상황이 없지는 않았던 것으로 보이는데, 이런 경우 조정에서는 엄밀한 조사가 있었다.

　성종 8년 2월 29일 기사에 권씨 성의 처녀가 출가한 일이 밝혀지자 그녀에 대해 조정 신하들이 국문을 청하는 내용이 등장한다. 왕은 국문에 동의하지 않았는데, 그 이유는 의녀를 통해 권씨의 몸을 살펴본 결과 뜸을 뜬 자리가 많았다는 것이었다. 즉 그녀가 몸에 병이 있어 결혼할 수 없었을 것이라고 본 것이다. 더구나 권씨의 모친이 사망했을 때, 이미 권씨는 33세의 노처녀였는데도 어머니가 시집을 보내지 않았던 것은, 이 무렵에도 여전히 건강이 호전되지 않아서 시집갈 상황이 아니었다고 본 것이다. [15]

또 『태종실록』 태종 10년 4월 4일자 기록도 참고할 수 있다. 대신들은 함경도 병마사 한흥보(韓興寶, ?~1410)가 여진족의 기습을 진압하다가 숨지자 의금부(義禁府)에서 국왕에게 한흥보의 공적을 기리어 그의 아우 한흥귀(韓興貴)를 무관으로 임용해줄 것과 두 딸의 결혼을 도울 것을 건의했다. 그런데 당시 한흥보의 맏딸이 머리를 깎고 출가할 마음을 냈던 모양이다.

> [의금부(義禁府)]가 또 고하기를 "한흥보가 딸이 넷이 있는데 모두 아직 시집을 못 갔습니다. 맏딸은 아비가 죽고 집안이 가난하기 때문에 여승(女僧)이 되려고 하니, 원컨대, 단장할 물품[資粧]을 내려주시어 시집가게 해주십시오."라고 하니 임금이 그대로 따랐다. [16]

이것은 당시에 특별한 이유가 없으면 여성은 무조건 결혼을 해야 한다는 전제 하에 나온 말이다. 다만, 위의 대화를 통해서 우리는 조정에서 아무리 미혼 여성의 출가를 법으로 금했다고 해도 이처럼 경제 형편이 어렵거나 병에 걸린 경우 등 예외적 상황에서는 출가를 허용했음을 알 수 있다.

역사 속 한국비구니

1475년 성종 6년 4월부터 5월에는 상좌가 은사를 독살한 사건이 발생하여 사건의 경과와 법적 처벌 과정이 『실록』에 기록되어 있다. 이 사건은 정인(正因)이라는 비구니가 파계하여 아이를 가졌는데, 이 사실을 은사가 알게 되면 혼이 날까 두려워 은사인 홍씨(洪氏) 비구니의 음식에 독을 넣어 살해한 사건이다. 조정에서는 그녀의 뱃속에 있는 생명을 고려하여 강하게 취조할 수는 없다고 판단하여 출산 때까지 처벌을 미루고 있음을 확인할 수 있다. 또 비구니 홍씨 주변 인물, 특히 다른 비구니 상좌에 대해서 샅샅이 조사하기 시작했고, 이 과정에서 그녀의 상좌 중에 미혼인 조카딸이 불법으로 출가해 있었던 사실이 발각되었다. 그런데 이 사건은 예기치 않은 쪽으로 흘러갔으니, 비구니들이 정식 출가 허가를 받지도 않은 채 자유로이 여행하는 것이 발각된 것이다.

　　들건대 비구니 홍씨(洪氏)가 조카딸을 꾀어 비구니가 되게 하였다하니, 근일 [주위 사람들을] 추국(推鞫)하여 [출가한 조카딸이] 간 곳을 물으니 '산놀이하러 경상도에 갔다.' 하였습니다. 그 아비에게 어째서 딸을 여승이 되게 하였느냐고 물으니, '젊어서 병에 걸렸으므로 머리를 깎고 여승이 되게 했는데, 이제 홍씨가 독살당했고, 딸의 나이도 찼으므로 환속해서 결혼시키려 한다.' 하였다 합니다.[17]

　　내용상 비구니 홍씨의 조카딸로 출가한 젊은 비구니스님은 미혼으로 출가한 경우임을 알 수 있다. 미혼의 딸을 시집보내지 않고 출가시킨 것은 국가 규정에 어긋나므로 조정에서는 딸의 아버지를 문초한 것이다. 이에 부친은 미혼의 딸을 절로 보낸 이유가 어렸을 때 딸이 병에 걸렸기 때문이었다고 답한다. 그런데 막상 출가한 비구니는 멀리 경상도까지 여행을 가 있었으니 부친의 말이 거짓임이 탄로가 난 것이다. 이에 조정이 내릴 벌이 무서운 아버지는 곧 딸을 환속시켜 시집을 보내겠다고 답했다. 이 사례는 조선시대에 비구니가 되면 여성의 여행이 비교적 자유로울 수 있었음을 보여 준다. 조선 양반가의 남성들은 여성들이 집 밖으로 나오는 것을 극도로 제한시켰을 뿐 아니라, 비구니와 친하게 지내는 것을 금지시키는 경우도 있었는데, 그 이유는 비구니들의 자유로운 삶이 혹시라도 자기 집안의 여성들에게 영향을 미칠까 염려했기 때문이었다.

그런데 국가에서 아무리 법령으로 막는다고 해도 출가의 뜻을 모두 막을 수는 없었다. 이때문에 실록에는 법령을 어기고 출가하는 여성에 대한 문제가 자주 등장하고 있다. 『실록』의 태종 13년 6월 29일 두 번째 기사는 처녀로서 여승이 된 자를 모두 환속 조치하라는 명령을 적고 있다. 세종 7년 6월 23일 6번째 기사는 당시 출가 여성 중 꼭 미망인이 아니라도 부모님이 돌아가신 후 삶이 허무해서 출가하는 여성도 있고, 생사의 근원에 대한 의문을 풀기 위해 출가하는 여성도 있음을 정부도 인정하는 내용이 실려 있다. 그럼에도 불구하고 이들을 모두 강제 환속 조치하여 '인륜의 도'를 저버리지 않도록 '이끌어야' 한다는 것이 국가의 공식 입장이었다.

이즈음 우리는 세조가 간경도감을 설치하고 혜각 존자 신미 등 불교계 인사들과 함께 조정 대신들까지 참여시켜 『능엄경언해』, 『묘법연화경언해』, 『선종영가집언해』, 『금강경언해』, 『반야바라밀다심경언해』, 『아미타경언해』를 차례로 간행했다는 사실에 주의를 기울일 필요가 있다.

『금강경』·『반야심경』·『능엄주』는 국가로부터 출가 허락을 받으려면 가장 먼저 외울 것을 요구받을 만큼 당시 불교계에서 기본 중의 기본 경전이었음을 앞에서 확인한 바 있다. 또한 『묘법연화경』과 『아미타경』은 고려시대 독실한 불자여성들이 즐겨 독송하던 경전으로, 고려시대

역사 속 한국비구니

재가불자 여성들의 묘지명 기록을 통해서도 당시 여성들이 이러한 불경을 열심히 공부했다는 내용이 등장하고 있음을 확인한 바 있다. 이렇게 볼 때 조선시대에 들어와 세조가 이들 불경의 언해본 간행에 앞장섰던 것은 여성 불자들을 위한 배려였을 가능성도 있다.

1446년 세종 28년 소헌왕후 심씨(1395~1446)가 사망하자 세종은 아들 수양대군(훗날의 세조)에게 "천도는 경전을 읽어주는 것보다 좋은 것이 없으니 네가 부처님 일대기를 만들어 훈민정음으로 번역하는 것이 좋겠다."라고 제안하였다. 이에 수양대군이 어머니의 극락왕생을 빌며 부처님 일대기를 한글로 번역해서 편찬한 것이 『석보상절(釋譜詳節)』이다. 수양대군은 1446년 훈민정음을 반포한 후 10개월 만인 1447년 7월 칠석에 24권의 『석보상절』을 완성했다. 세종은 아들이 지어 올린 『석보상절』을 읽고 감개무량하여 부처님의 생애에 대한 500여 구의 장편 찬가를 지었으니 이것이 곧 『월인천강지곡』이다.

이로부터 12년이 지난 세조 5년 1459년, 고인이 된 부모님과 요절한 장남 의경세자(懿敬世子) 도원군(桃源君, 1438~1457)의 극락왕생을 빌며 부친 세종의 『월인천강지곡(月印千江之曲)』과 자신의 『석보상절』을 합치고 보완하여 『월인석보(月印釋譜)』를 간행했다. 『월인석보』 앞에는 「훈민정음 서문」과 범례에 해당하는 「예의(例義)」를 실어 한글 교육까지 겸하였다. 『월인석보』 이후 세조 8년(1462)에 『능엄경언해』를 간행하고 『묘법연화경언해』, 『선종영가집언해』, 『금강경언해』, 『반야바라밀다심경언해』, 『아미타경언해』를 간행했는데 결국 이들 언해본의 핵심 독자는 비구니와 여성 불자들이었을 것으로 짐작된다. 세조는 자신의 가정은 물론 일반 백성들도 경전을 독송하는 것이 중요하다고 판단했고, 결국 한자를 모르는 사람들도 쉽게 독송할 수 있도록 불경 언해 작업을 서둘렀던 것이다.

종합해 보면, 조선시대 비구니가 되는 길은 상층부터 하층까지 신분에 관계없이 열려있었으며, 비구와 동일한 절차를 밟았다. 다만 여성은 역을 면제받기 위한 정전 징수의 대상이 아니었으며, 국가로부터 여성 출가자로서 정식으로 인정을 받으려면 남편이 사망하여 수절한다는 출가 동기 하에, 『금강경』·『반야심경』·『능엄주』를 외울 줄 알고, 주위 사람들로부터 행실이 바르다는 평가를 받은 여성이어야 했다.

3. 비구니의 수계와 활동

고려 말 계단사원이 제대로 기능을 하지 못하면서 정부가 지정한 합법적인 절차에 따르지 않고 무단으로 출가하는 비구니들이 많았음을 앞서 고려시대 부분에서 살펴보았다. 그렇다면 조선시대 비구니 수계는 어떻게 이루어지고, 조선의 비구니들은 어떤 활동을 했을까?

1) 비구니 수계

조선시대 비구니의 수계에 대해서 짐작할 수 있게 하는 자료로 약간의 문헌자료와 감로도가 있다. 우선 문헌자료부터 살펴보자.

고려와 조선의 불교 정책에서 가장 큰 차이는 조선에서는 관단사원(官壇寺院)을 운영하지 않았다는 점이다. 관단사원을 운영하지 않았다는 것은 도첩을 발급한 후 수계 과정에 대해서는 정부가 크게 개입하지 않았음을 의미한다. 즉 정부는 역을 면제받는 대가로 내는 납부금을 걷고 치안 관리를 위해 승적을 관리하는 데에만 집중적으로 관여했던 것이다. 이때문에『경국대전』의 '도승(度僧)' 조목(條目)에서는 국가 경영 차원에서 출가의 행정 절차와 규정이 정해져 있을 뿐 다른 언급은 없다. 그런데 보우(普雨, 1509~1565) 대사의『나암잡저(懶庵雜著)』「중수자수궁낙성경참법석소(重修慈壽宮落成慶懺法席疏)」에는 자수원의 비구니스님들에 대해서 다음과 같이 언급한 구절이 등장한다.

> 만대를 이을 이 [비구니] 총림에는 계율을 지닌 비구니가 5천 명 이상(萬歲叢林, 持律之尼, 不減於五千餘指)이다.

여기서 '계율을 지녔다(持律)'는 것은 비구니 구족계를 받았다는 의미임이 분명하다. 주지하다시피 보우 대사는 문정왕후와 손잡고 승과를 부활하고 조선불교를 부흥시키기 위해 일생을 고군분투했던 인물이다. 따라서 문정왕후와 함께 비구니 인재 양성에도 남다른 관심을 기울였을 것이다.

보우 대사의 위의 문구는 문정왕후의 지시로 자수궁을 비구니 사원 자수원으로 개조한 후 낙성을 축하하는 글 속에 나온다. 그는 먼저 자수원의 규모와 건물의 아름다움을 언급하면서 동시에 '계율을 지닌[持律] 비구니가 5천 명 이상'이라고 구체적으로 숫자로 밝혔다. 5천 명이라는 숫자는 지금으로 보아도 매우 많은 숫자이기 때문에 이것이 현실적으로 가능했을지 의심이 들기도 하지만, 보우 대사가 직접 언급하고 있는 만큼 일단 그대로 수용하고자 한다. 이를 통해서 당시 자수원을 상부 기관으로 두고 지방의 비구니공동체까지 관리하는 체계를 세워 운영한 것일 수도 있을 것이다. 그렇기 때문에 자수원을 '총림(叢林)'이라고 칭했을 수 있는 것이다.

다만 위의 내용만 가지고 조선시대 비구니의 수계에 관한 구체적 내

호국 지장사 감로도(1893): 경상(經床: 불경을 펴 놓는 책상)에 불경을 펴놓고 독송하는 비구니들의 모습(두 개의 경상 중 좌측)이 비구승(우측)과 나란히 보인다. 서울 동작동 호국지장사 소재.

용을 파악하기는 쉽지 않다. 마침 조선시대 감로도에 대한 이향순의 연구가 이 문제를 다루고 있어 이에 의거하여 구체적으로 살펴보기로 하겠다. 18)

이향순은 자신이 조사한 30점의 감로도 가운데 「여천 흥국사 감로도」, 「수도사 감로도」, 「선암사 감로도」, 「홍익대박물관 소장 감로도」, 「백운사 운대암 감로도」의 방제(旁題)에 '식차마나'가 등장하는 점에 주목하였다. 여기서 '방제'란 그림 속 각 인물 옆에 작은 네모칸을 만들어 그 안에 인물의 이름이나 간단한 설명을 적어 놓은 것을 말한다.

식차마나는 여성출가자의 수계과정에서 사미니계를 받은 후 구족계를 받기 전 단계의 과정에 있는 여성출가자를 가리킨다. 불교 암흑기라는 조선시대 불화 속에 식차마나가 등장한다는 사실은 조선시대 비구니들이 수계를 여법하게 해야 한다는 의식을 갖고 있음을 보여 준다. 이것은 앞서 보우 대사가 자수원을 일컬어 '만세를 이을 총림에 계율을 지닌 비구니가 5천 명 이상'이라고 하면서 특별히 '계율을 지녔음'을 강조했던 것과 같은 맥락에서 이해될 수 있다.

한편, 조선시대 식차마나에 대한 언급은 『동사열전(東師列傳)』에도 보인다. 주지하다시피 『동사열전』은 해남 대둔사의 비구 범해각안(梵海覺岸, 1820~1896) 스님이 1894년(고종 31)에 쓴 승려 열전으로, 삼국부터 조선 후기까지의 우리나라 고승들을 다루고 있다. 이 가운데 조선 후기 비구 선승 허주(虛舟, 1806~1888) 스님을 소개하는 권4의 「허주선백전(虛舟禪伯傳)」에는 다음의 내용이 등장한다.

스님은 과거세에 선근을 심었기 때문에 어려서부터 출가하기를 서원하다가 조계산으로 출가하여 홀로 절개를 지켜 학문과 도를 이루었고, 스승으로부터 인가를 받고 소임을 시작했다. (중략) 계를 받은 제자와 선법을 받은 제자, 그리고 법을 받은 제자와 가르침을 받은 제자들이 비구·비구니·우바새·우바이·사미·사미니·식차마나·남녀 재가불자를 따질 것 없이 모두 자리에서 일어나 합장하고 가르침을 청하는 모습은 마치 영산회상에서 부처님이 꽃을 들어 대중들에게 보이며 가르침을 주셨던 모습과 같았다.[19]

이 기록에 따르면 허주 스님의 회상에 모인 여성출가자들은 수계 절차에 있어 사미니계, 식차마나계, 구족계의 전 과정을 여법하게 거치고 있음을 알 수 있다.

그러나 조선 후반기에 승단의 질서가 무너진 징후들이 도처에 나타나므로 당시 전국 모든 지역의 비구니들이 이처럼 엄격하고 통일된 수계 절차를 밟았으리라 기대하기는 어렵다. 다만 감로도와 문헌 기록에 동시에 '식차마나'라는 어휘가 등장하는 것을 보면 이 시대에도 여법한 수계 전통을 지켜오고 있던 곳이 있었음을 추정할 수 있다.

2) 수행과 활동

억불의 500년간 한양과 외방에서 목숨 걸고 불법을 지켜낸 조선의 비구니들은 고려시대 비구니와는 다른 면모가 느껴진다. 이들은 주체적이고, 자신감이 있었고, 민심과 정치적 동향을 잘 파악하여 시대의 흐름을 따라 지혜롭게 대처할 줄 알았다. 고려시대 불교는 국가 시스템 안에서 움직였고, 승과고시 응시 자격이 남성출가자에게만 주어졌으며, 승과에 합격한 승려들의 소임과 주지 임명이 국왕에 의하여 이루어졌다. 따라서 여성출가자는 만들어진 질서 안에서 수동적으로 개인적 신앙생활 위주로 살았다.

그러나 조선시대에 들어와서 예외적인 몇 시기를 제외하면 남성출가자들이 힘을 발휘할 여건이 마련되지 않았다. 이처럼 불교를 이끌어갈 비구승단의 정치적 역량과 체계가 급격히 무너져가는 현실 앞에서 비구니승가를 이끈 비구니 인물들이 왕실 등 상층의 재가불자 여성들과 손잡고 그 역할을 대신하기 위해 분투했다.

① 리더십

조선 초 불교계 탄압으로 비구승단의 역량이 급격히 약화되자 부족한 부분을 메우기 위해서라도 조선시대 비구니들에게 리더십은 매우 중요한 문제였다. 조선 전기의 비구니들 가운데에서 뛰어난 리더십으로 비구니 승단은 물론 불교계 전반에 도움을 준 인물들을 살펴보기로 하자.

먼저, 세종대왕의 며느리이자 광평대군(廣平大君, 1425~1444)의 아내였던 신씨는 갑작스럽게 남편이 사망하자 과감히 출가해서 혜원(慧圓)이라는 불명을 받고 비구니가 된 인물이다. 스님에 대한 자세한 사항은 뒤의 조선시대 비구니 인물을 다룰 때에 살펴보고 여기서는 리더십의 측면을 살펴보기로 한다.

본래 광평대군의 무덤은 지금의 강남구 수서동이 아니라 강남구 대치동 선릉 자리에 있었다. 혜원 스님은 근처에 견성암을 세우고 남편이 서방정토에 태어나기를 빌며 기도했다. 그런데 스님은 이 사찰을 단순히 자신의 죽은 남편이나 가족만을 위해서 운영하지는 않았다. 오히려 사람들에게 견성암을 개방하여 고승대덕을 모셔와서 법문을 들을 수 있는 기회를 마련해 주었고, 선방을 열어 다수가 안거를 할 수 있도록 분위기를 이끌었다. 그녀는 또 견성암에서 많은 불서를 간행·배포하였다. 조선 전기의 대표적 문인이자 신미 대사의 속가 동생인 김수온(金守溫, 1409~1481)이 쓴 아래의 글을 살펴보자.

[비구니 혜원 신씨가] 크게 가람을 세웠으니 승려가 삼사백 명이었다. (중략) 천순 8년(1464년, 세조 10) 4월 14일 [시부모님인] 세종대왕과 소헌왕후께서 극락에 오르기를 바라시고, [동시에] 돌아가신 양모 왕씨 부인과 광평대군이 모두 열반에 들기를 발원하였다. 비구스님 50명을 초청하여 상당(上堂)으로 모셨다. (중략) 법화도량을 여니 (중략)

사부대중이 무려 천여 명이 동참했다. (중략) 이날 오후 공양을 올리고 범패가 시작되었다. 사부대중이 일어서서 경건히 절을 올리는데 홀연히 불상 앞 탁자 위에 광명이 비치더니 사방으로 빛이 뿜어져 나갔다. 대중이 절하기를 멈추고 이를 바라보았더니 사리가 이미 58알로 증과되어 있었다. (중략) 도성 안에까지 소식이 알려지자 남녀노소가 찾아오기를 길 위에 이어졌으니, 이런 상황이 수일 동안 계속되었다. 법회가 끝났으나 여전히 21명이 남아서 하안거 결제를 하여 참선과 독송을 이어나갔다. 7월 15일은 세속에서 백중이라 하는데 이는 보살들이 시방(十方)으로 흩어져 행각하며 대덕을 찾아 마음의 의심나는 점을 물으러 떠나는 날이다. [이날] 크게 우란분재를 열었는데 이날도 사리가 몇 알 더 증과되었다.[20]

위의 사례는 조선시대 비구니스님의 리더십과 포교 능력을 보여주는 귀한 자료이다. 혜원 스님은 견성암을 세울 때부터 자신과 가족을 위한 비구니 사원이 아니라 한양 땅 백성들에게 사찰을 두루 개방하여 큰 법회를 열고 사람들이 법문을 듣고 도움을 받을 수 있기를 바랐다. 이에 스님은 고승대덕의 초청과 더불어 부처님 진신사리를 봉안하고 사람들에게 개방하여 신심을 고취시키고자 하였고, 법화도량에 천명 이상이 운집했다. 법회가 끝나자 스님은 남은 21명과 함께 곧바로 하안거에 들어갔던 것이다.

사실 이 해는 출가 전 자신의 시아주버니였던 세조 10년이었는데, 같은 해 약 한 달 전, 즉 3월 18일부터 3월 21일까지 세조는 왕실 종친과 대신들을 데리고 행차를 나서서 복천암에 주석하고 있던 신미 대사를 만난 해이기도 하다. 당시 같이 갔던 여러 사람 가운데에는 비구니들도 있었는데, 함께했던 비구니들 명단에 정업원 주지 등의 비구니스님들의 법명과 함께 혜원 스님의 이름도 등장하고 있다. 혜원 스님이 세조를 따라 복천암에 갔다가 돌아온 후 얼마 지나지 않아 이처럼 대형 법회 행사를 준비한 것을 볼 때 당시 혜원 스님의 활동 역량과 리더십이 어떠했을지 짐작할 수 있겠다. 복천암에 가서 고승을 친견하고, 곧이어 본인이 주석하는 비구니 암자에서 법화도량을 열어 많은 사람들이 사찰을 찾아 불법을 배우게 하고 곧이어 하안거를 함께할 비구니스님들에게 자리를 개방하였던 것이다. 스님의 이러한 행적을 통해서 조선시대 비구니의 강인한 리더십을 엿볼 수 있다.

이 밖에 세종대왕 때 비구니 사실(師室, 15세기경 활동) 스님도 백성들 사이에 강력한 리더십을 발휘한 인물이다. 이는 가부장적 사고가 만연하던 당시 효령대군(孝寧大君, 1396~1486)과 더불어 '생불(生佛)'이라 일컬어질 만큼 백성들에게 큰 존경을 받은 것을 통해 알 수 있다. 사실 스님을 좋아하고 존경하는 백성들이 늘어나자 유신들이 국왕을 향해 비구니 사실 스님의 활동을 멈추게 해야 한다고 수차례 주장하는 내용이 『실록』에까지 등장하고 있다.[21] 또한 정업원의 비구니스님들도 사실 스님을 존경하였다.[22]

② 천문(天文)에 대한 조예

천문학에 대한 조예는 본인의 수행은 물론 대중 포교에도 긍정적인 역할을 했을 것이다.

1652년 효종 3년 9월 삼각산 문수암의 선화자(仙化子) 비구니스님이 조성한 〈금동천문도〉를 통하여 당시 비구니의 천문에 대한 관심과 조예를 엿볼 수 있다. 〈금동천문도〉의 두께는 약 4㎝이고 둥근 원 모양으로 되어 있다. 전면에는 천구(天球)의 북극을 중심으로 둥글게 북극으로부터 적도 부근에 이르는 영역의 별자리들이 표시되어 있고, 항현권(恒

顯圈: 지구 위의 어느 지점에서나 볼 수 있는 천구의 영역), 주극성(週極星: 지구 표면의 어떤 지점에서 볼 때, 천구의 극 둘레를 돌면서 지평선 아래로 내려가지 않는 별)이 직경 19㎝가 되는 둥근 원으로 그려져 있다. 별자리의 형태나 위치는 조선 초기의 〈천상열차분야지도(天象列次分野之圖)〉와 비교해 볼 때 대체로 일치하며, 동판 위에 표시된 별자리는 〈천상열차분야지도〉의 모든 별 가운데 중요하게 여겨지는 109개의 별자리(자미원과 28수)이며 별의 총 개수는 481개이다. 각 별자리는 별과 별 사이가 선으로 연결되어 있으며, 별 하나하나마다 구멍을 뚫어 진주를 박아 넣어 아름답게 조립했던 것으로 보인다. 현재는 24개의 진주만이 남아있는데 별에 따라서 0.5㎝, 0.7㎝ 등 여러 가지 종류의 것들이 구멍에 박혀 있다. 또 별자리 이외에 3개의 구멍이 원판의 중심 부근과 좌우 바깥쪽에 일직선으로 놓여 있는데, 어두운 상황에서도 천문도의 방향을 파악할 수 있고 28수 등 각 별자리를 손으로 더듬어 알 수 있어 하늘을 보면서 별자리를 찾아볼 수 있게 되어 있다. 이 천문도판은 실제 별을 관측할 수 있도록 진주보석에 희미한 빛을 비추어 별자리를 찾거나 익히기에 쉽고, 휴대하여 사용에 편리하도록 제작된 과학적 유물이다.[23]

후면에는 상부의 가장자리를 점각(點刻)으로 부채꼴 모양을 취하며 33천의 이름이 표시되어 있고, 오른쪽 하단에는 '순치구년임진구월(順治九年壬辰九月) 삼각산문수암비구니(三角山文殊庵比丘尼) 선화자조성(仙化子造成)'이라고 적혀 있으며, 좌측 하단에는 여성과 남성 11명의 이름이 등장하는데, 보시한 사람들의 이름으로 보인다. 가운데에는 봉우리 다섯 개가 있는데 가운데 봉우리가 우뚝 솟아 있고 앞에는 두 그루의 나무가 있으며, 그 아래에는 바다가 표현되어 있다. 전체 구도 면에서 조선시대 국왕이 앉는 뒷자리에 놓았던 일월오봉도와 유사한 배치를 하고

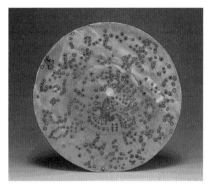

조선시대 한양 삼각산 문수암 비구니 선화자 스님이 1652년(효종 3)에 조성한 금동천문도. 보물 제1373호. 통도사 성보박물관 소장. 사진출처: 문화재청.

있지만 해와 달이 없다. 우주 삼라만상의 원리를 추상적으로 표현하려는 의도일 것으로 생각되지만 장차 관련 분야의 전문가들의 연구가 필요할 것 같다. 예로부터 천문을 읽어 길흉화복을 예측하는 전통이 불가에도 있었던 만큼 〈금동천문도〉를 통해서 조선의 비구니들 또한 별자리를 관측하며 천문을 읽었음을 보여 준다.

③ 의식 집전 전문가

조선시대 감로도에 식차마나 도상과 함께 의식 집전 승려로서 비구니가 비구와 함께 등장하고 있다는 점도 주목해야 할 부분이다. 16세기 감로도 3점에는 범패 작법 승려들 가운데 비구니스님들도 함께 나타난다. 1759년에 조성된 「봉서암 감로도」에는 화면 중앙의 시식단 우측에 6명의 승려가 두건을 쓰고 있는데 이 가운데 2명은 모란꽃을 들고 대기하고 있고 뒤의 3명은 의식 집전을 보조하고 있는 장면이 있다. 원광대박물관 소장 감로도에도 작법승 가운데 모란을 들고 있는 비구니가 서 있고, 법고를 두드리는 비구니 외에도 2명의 비구니가 함께 등장하여 재를 지내는 일을 돕고 있다.[24] 이 밖에 「선암사 서부도전 감로도」에서

봉서암 감로도 부분(1759). 두건을 쓴 6명의 비구니가 비구들과 함께 의식집전을 하고 있다.
사진제공: 호암미술관.

도 유사한 모습을 볼 수 있다. 이처럼 조선 후기 감로도의 의식 집전승
도상에 비구니를 포함시켰다는 것은 당시에 비구니의 불교의식 집전의
사례가 드물지 않았음을 증명한다.

역사 속 한국비구니

18세기 이후 감로도에는 비구니들이 의무적으로 모자를 착용하던 풍습이 사라지면서 두건을 착용하지 않은 비구니가 등장하기 시작했으며, 고깔을 쓴 비구니의 모습이 자주 등장하는 것도 특이할 만한 점이다. 이향순은 관모는 권위의 상징인데, 관모를 쓰지 않았다는 것은 조선후기 사회에서 승려의 지위가 격하되었음을 의미하는 것으로 보았다.

18세기에 들어와 감로도에는 방제에 이름을 적어놓고 있는데, 방제가 적힌 감로도의 2/3 이상에 여승이 등장한다. 이 또한 불교 의식을 집전할 때 비구니스님들이 비구스님들과 함께 참여했음을 분명히 보여주는 증거라 할 수 있다. 이렇게 감로도에 비구와 비구니들이 나란히 등장하는 것은 조선 후기에도 사찰의 영가 천도재에 비구니스님들이 공식적으로 참여했음을 보여 준다.[25]

④ 다채로운 법의(法衣)

이향순의 연구에 따르면, 현존하는 감로도 가운데 절반에 가까운 작품이 여승의 도상을 담고 있다고 한다.[26] 조선시대 비구니는 일반적으로 두건이나 관모(冠帽)를 쓰고 다녔는데, 이것은 당시 의무적인 규정이었을 것이다. 한편, 감로도에서 비구니가 쓴 두건의 색깔은 주로 짙은 회색이나 검정색이 보편적이지만 종종 녹색이나 홍색 두건도 나타나는 것으로 보아 색채에 대해서 다소 자유로웠던 것 같다.

또한 비구니스님의 법의는 가장 일반적으로 백색의 중의, 녹색이나 회색 장삼에 홍가사를 수한 모습을 하고 있고, 장삼의 소매나 가사 끝에 흑색이나 녹색선을 두른 경우도 흔하다. 조선전기 가사와 장삼은 화려한 고려 승복의 영향으로 가사는 흑색·갈색·적색 및 녹색 선을 두른 적색·갈색·녹색·연자주색·황색 등 다채로운 모습을 띤다. 그러다가 조선 후기에 오면 거의 홍색 가사로 정착되고 있다. 가사는 편단우견이 주조를 이루었고 불보살의 복식과 같이 통견 양식을 따른 비구니 도상도 있다.

1550년의 「관음삼십이응신도(觀音三十二應身圖)」의 한 부분에 보이는 것처럼 비구니들이 복전의(福田衣) 가사를 수한 모습도 보인다. 감로도를 통해서 조선시대에는 승복으로 남녀를 차별하지 않았음을 다시 한번 확인할 수 있는 것이다. 이는『실록』에 남녀 승려의 복장이 같아서 구분하기 어렵다는 이야기가 신료들로부터 자주 등장하는 내용과 일치한다.

조선 후기에는 사족 여인들의 출가가 거의 끊어지고 비구니승가의 출신 계층이 궁녀나 중서인 등으로 바뀌면서 승려의 질이 저하되었다는 것이 역사학계의 일반적 견해이다. 이에 19세기 비구니와 관련된 자료는 거의 예외 없이 평민층과 관련된 것이지만, 감로도에 비구니스님이 광범위하게 등장한다는 사실은 비구니가 조선사회에서 여전히 활발히 활동하고 있었음을 보여 준다. 또한, 신분적으로 왕실이나 사족 출신의 비구니가 주류였던 조선 초기에 비해 후기로 갈수록 피지배층이 주류로 옮겨가면서 비구니 출가자의 주체도 사회 기저 계층으로 확산되었음을 의미한다. 조선 후기 감로도에 나타난 비구니들은 매우 당당하고 기운차다.

⑤ 교학 활동 참여

감로도 가운데 「호국지장사감로도」에는 5명의 비구니스님이 탁자에 경전을 펴놓고 독경하는 장면이 나온다. 조선 말기 비구니공동체가 많이 쇠락한 상태였음에도 불구하고 감로도에 이런 장면이 나온다는 것은 조선 후기에도 교학 공부에 매진하던 비구니들이 꽤 있었음을 보여 준다. 앞서 조선 법령집에서 여성출가자에게도 남성출가자와 동일하게 출가 시 기본 소양이 요구되었음을 확인한 바 있다. 더구나 조선시대 비구니는 고려시대 비구니와 비교할 때 불경을 대할 수 있는 여건에 큰 차이가 있었으니, 언해본 불서들이 대거 간행된 것을 상기해야 할 것이다. 세조대 간경도감의 언해 작업에 세조의 며느리와 비빈, 여러 명의 비구니 사당이 참여하는 등 언해 작업에도 여성들이 참여했다. 또한, 조선 전기의 사당은 임진왜란 이후의 사당과 달리 염불과 범패에 뛰어난 능력을 가진 비구니 리더였음도 미리 밝혀둔다. 언해본 번역과정에서 여성의 참여와 관련해서는 이후에 자세히 다루고자 하며 여기서는 당시 언해된 불서 위주로 살펴보기로 하자.

간경도감에서 정부가 공식적으로 언해본 불서를 간행했지만, 세조 사후 국왕 주도의 불경 한역 사업은 기본적으로 기대할 수 없게 되었다. 그럼에도 불구하고 각 사찰에서 불경 언해본이 지속적으로 판각·간행되었는데, 중심 독자는 비구니와 재가불자 여성이었을 것이다. 현재까지 발견된 언해본을 살펴보면 『부모은중경』의 언해본이 가장 많이 발견된다. 언해본 『부모은중경』은 1592년(선조 25)에 경상좌도 소백산에서 발행한 『대보부모은중경언해(大報父母恩重經諺解)』에 이어 1687년에는 불암사(佛巖寺)에서 간행되었는데 특히 이 판본의 시주질을 보면 시주자의 대부분이 여성이다. 이후에도 1689년과 1741년 조원암(祖院庵), 1806년 안심사(安心寺) 등에서 간행된 문헌이 오늘까지 전해지고 있다.

한자와 더불어 한글이 옆에 나란히 표기한 「도액경(度厄經)」 또한 자주 간행되었던 경전이다. 「도액경」은 일체의 액을 물리치는 경전이라고 간주되어 왔던 만큼 포교의 방편으로 많이 활용되었던 것 같다. 한글 발음을 달아놓아 어려운 한자에 익숙하지 않은 여성들이 사용하기에 편리했을 것이다. 지금까지 1533년 증심사(證心寺)판, 1635년 용장사(龍藏寺)판 등이 발견되었다. 불암사에서는 17세기 후반 이래 앞의 『부모은

중경』 언해본 외에도 1881년(고종 18)에 『불설산왕경(佛說山王經)』 언해본
이 간행되기도 했다. 또 수락산 흥국사에서는 1871년 한글본 『불설아미
타경』이 간행되었고, 천마산 보정사(寶品社)에서는 1879년 『지장보살본원
경』 한글본이 간행되었다.

우리는 흔히 『고려대장경』을 불경의 대표로 생각하기 쉽지만 어려운
한문으로 쓰여졌기 때문에 아무리 출가 여성이라고 해도 전문 교육을
받지 않았다면 한문 대장경을 읽기 쉽지 않았을 것이다. 그런데 조선시
대에 주요 경전의 언해본이 거듭 간행되면서 비구니와 여성의 교학 공
부에 상당한 도움을 주었으리라 생각된다.

남녀가 함께 자리하는 것을 혐오하는 유교 문화에서 비구니사찰에 비
구들이 자주 왕래하거나 법회를 주도하기는 어려웠다. 결국 조선시대에
비구니사찰의 법회나 의례를 해나가기 위해서는 여성출가자의 역량과 리
더십이 요구되었을 것이고, 문자 및 교학 교육 또한 내부 구성원끼리 선
배가 후배를 지도하는 방식을 지향했을 것이다. 이 과정에서 언해본을
읽거나 필사하며 공부하는 사례도 많았음은 자연스러운 일이다. 실제로
20세기 초반을 살았던 비구니스님들 가운데 불경이나 다라니를 한글로
필사해서 먼저 출가한 선배로부터 익혔다는 회고담이 적지 않다.

한편 조선시대에 교학 강의에 비구와 더불어 비구니스님도 함께 참석
했던 것으로 파악된다. 『동사열전(東師列傳)』의 「상월종사전(霜月宗師傳)」
에는 비구 상월(霜月, 1687~1767) 대사의 행적을 소개한 부분 중 1754년
영조 30년 3월 16일에 선암사에서 큰 강회(講會)를 열었던 내용이 나온
다.[27] 기간은 3월 16일에 시작해서 4월 3일에 마쳤다고 하니 약 18일이
소요되었다. 강론 과목은 『화엄경』의 「세주묘엄품(世主妙嚴品)」과 「십지품
(十地品)」, 『선문염송』, 『묘법연화경』, 『금강경』의 5개 과목이었다. 해당 문
헌에는 당시 모인 인원이 기록되어 있는데, 배면당(背面堂)에 비구니스님

44명, 독락당(獨樂堂)에 우바이 150명이 참석하였고, 남성출가자는 사찰 경내 다른 건물에서 들었음을 확인할 수 있다. 이처럼 조선시대의 비구 니와 재가여성불자도 큰 절에서 여는 교학 공부에 참여했는데, 다만 남 성과 공간을 분리해서 공부했다는 것을 알 수 있다. 이러한 교육 방식 은 후에 천주교나 기독교가 들어왔을 때에도 영향을 미쳤다. 즉 조선에 들어온 서양종교가 초기에 예배를 볼 때에도 중간에 가림막을 치거나 건물을 분리해서 진행했다.

4. 불경 언해 및 훈민정음 활용에 끼친 여성의 공헌

고려시대와 비교할 때 조선왕조에서 불교가 탄압을 받았다고 하지만 조선 초기 왕들, 특히 세종의 집권 후반기와 세조가 집권하던 시기에 불교는 왕실의 돈독한 보호를 받았다. 특히 세종에 이어 세조가 불경 을 훈민정음으로 번역하는 불경 한글화 사업을 진행한 것은 한국 불교 가 한 걸음 더 나아가는 단초를 열어주었다.

언해본 불경의 간행은 한국판 대장경의 출현임과 동시에 불법에 대 한 여성의 눈을 새롭게 열어주는 역사적 사건이었다. 이는 문자를 통한 정보전달력에 있어서 여성도 남성 못지않은 능력을 갖출 수 있게 되었 음을 의미한다.[28]

주지하다시피 세종은 1443년(세종 25) 12월 30일 한 해가 저물어가던 날, 그 동안 어떤 언질도 없이 기습적이고 전격적으로 훈민정음을 반포 한다. 다음 해 2월 20일 집현전 부제학 최만리(崔萬理, ?~1445) 등이 언문 제작을 반대하는 상소를 올리지만 "너희가 운서(韻書)를 아느냐, 사성칠 음(四聲七音), 자음과 모음이 몇 개인지나 아느냐?"라고 하며 유학자들

이 언어학에 대한 기본 소양도 없으면서 훈민정음에 대해 무조건 반대하는 자세를 크게 질타했다. [29)]

1) 불경 언해 작업에 참여한 왕실 여성

언해본 불전 가운데 한글 번역 작업 과정을 상세히 설명한 것은 『능엄경』 언해와 『금강경』 언해에서이다. 『능엄경』 언해는 간경도감에서 간행한 최초의 불서이다. 1461년 교서관을 통해서 활자본으로 간행된 후, 바로 다음 해인 1462년에 활자본의 오류를 수정한 목판본을 간경도감을 통해 재간행할 정도로 세조는 이 작업에 심혈을 기울였다. 이후에 간행되는 언해본 불경들은 기본적으로 『능엄경』 언해의 번역 작업 절차와 체제를 따랐다는 점에서 다른 언해 작업의 표본이 되었다. 『능엄경』 언해본의 간행 경위는 뒷부분에 있는 세조의 발문을 통해서 알 수 있다.

> 옛날 정통 무오년(1438, 세종 20)에 선대왕 세종께서 능엄경을 보셨는데 기사년(1449, 세종 31)에 (훈민정음으로) 번역하여 널리 펴고자 하시어 나에게 명하시어 연구하라 하시거늘, 중간에 비둔[否屯: 주역의 否(비)괘, 屯(둔)괘, 모두 어려움을 암시하는 괘]이 이어지는 바람에 정신이 없었지만 어찌 잊을 수 있었겠는가? 밝은 운이 처음 열림에 이르러 문장을 닦을 겨를이 없어 선왕께서 부촉하셨던 일을 하지 않았음을 돌아보았으나 미력하여 거행하기 어렵더니 깨달음의 황제[覺皇, 붓다를 의미]께서 그러한 연들을 다 털어주시고 사리 100개를 드러내시어 영롱한 빛이 세상에 빛나고 특이하고 상서로운 감응은 항하사 모래알처럼 아득한 겁 이래 처음 있던 일이다. 나의 동행이신 혜각 존자(신미 대사를 가리킴) 등이 이 기이한 소식을 들으시고 축하

하러 오시거늘 (중략) 숙부 효령대군이 나에게 『능엄경』과 『영가집』을 번역하기를 청하시니 마침 나의 뜻과 부합되거늘 스승(신미 대사를 의미)께서도 또한 기뻐하시니 이때 한계희 등(조정 대신들)에게 명하여 교열을 도우라 명하였다. 나 또한 틈 날 때마다 힘을 보태었다. 오로지 스승께서 바르게 해주셔서 몇 달 만에 완성되거늘 인출(印出)하여 산중의 도인들에게 배포하게 하노니 (후략)

天順辛巳 九月 1461년 9월 佛弟子 承天體道烈文英武(세조의 존호) 朝鮮國王 발문을 쓰다.

평창 상원사 중창권선문(平昌 上院寺 重創勸善文). 출처: 문화재청 국가문화유산포털.

세조의 발문 뒤에 신미 대사의 동생 김수온(金守溫, 1409~1481)의 발문이 나오는데, 『능엄경』 언해 작업이 6월에 시작되어 10월에 완성되었다고 하였다. 이어서 한계희(韓繼禧, 1423~1482)의 발문에는 『능엄경』 언해의 구결은 세조가 직접 달았다고 적혀 있다. 위에서 알 수 있는 바와 같이 세조는 신미 대사를 '스승[師]'이자 도반[同行]이라 칭하며 지극한 존경심을 갖고 있었고, 언해 작업에서 그에게 최종 결정권을 부여했음을 알 수 있다. 세조는 상원사 권선문에서도 신미 대사를 존경하여 대사를 칭할 때에는 신하가 왕을 지칭할 때처럼 매번 행을 바꾸어 적었다.

『능엄경』의 언해 작업 과정에 대해 가장 많은 정보를 제공해 주는 판본은 세조 8년(1462년)에 10권 10책으로 간행한 동국대학교 소장본이다.

이 자료는 현재 국보 212호로 지정되어 있는데, 세조가 간경도감을 설치한 다음 해에 만든 것이다.

어제발문(御製跋文) 부분에는 당시 번역에 참가한 사람과 역할, 작업의 순서에 관한 정보를 알려주는 대목이 있다.

세조가 구결을 달아서 신미 대사께 맡기면 정빈한씨(貞嬪韓氏) 등이 소리 내어 읽어가면서 교정을 보고 한계희와 전 상주목사 김수온이 이를 번역하고 의정부 검상 박건(朴楗)과 호군 윤필상(尹弼商), 세자문학 노사신(盧思愼)과 이조좌랑 정효상(鄭孝常)이 서로 검토하고 영순군 부(溥)가 예(例)를 정하고, 사섬시 조변안(曹變安)과 감찰 조지(趙祉)가 동국정운음으로 한자음을 달았다. 혜각 존자 신미 대사와 입선 사지(思智), 학열(學悅), 학조(學祖) 스님이 번역을 바르게 한 후에 왕이 보시고 확정하시면 전언 조두대(曹豆大)가 어전에서 번역문을 읽었다.[30]

위의 문장을 통해서 우리는 여성들도 언해작업에 참여한 것을 알 수 있다. 이 가운데 정빈한씨(貞嬪韓氏, 437~1504)는 죽은 의경세자 즉 도원군의 아내이니 세조의 맏며느리이다. 우리에게는 인수대비로 잘 알려진 인물이다. 언해 과정은 먼저 세조가 구결을 달고 신미 대사에게 확인을 거친 원고는 세조의 맏며느리 정빈한씨의 손으로 넘어가 정빈한씨를 포함한 여성들이 '창준(唱準)' 즉 직접 소리 내어 읽어 자연스러운지 여부를 검토하여 부자연스러운 부분을 교정했음을 알 수 있다.

한편 『금강경』 언해의 하권의 뒷부분에 있는 한계희의 발문과 『금강경』을 번역하여 유포하게 된 과정을 상세히 설명한 「번역광전사실(飜譯廣轉事實)」을 통해서 불경 언해 작업에 참여한 여성에 대한 정보를 좀 더 구체적으로 파악할 수 있다.

먼저 「번역광전사실(飜譯廣轉事實)」이란 '금강경을 훈민정음으로 번역하여 널리 독경[轉經]할 수 있게 한 사실'이라는 뜻으로 이해할 수 있다. 즉 금강경을 한글로 번역하게 된 계기에 대해서 상세히 그 이유를 적은 것인데, 앞의『월인석보』나『능엄경』언해본의 편찬 경위에서 조금씩 드러나던 아버지 세종과 죽은 아들 의경세자에 대한 그리움이 잘 표현되어 있다. 임오년 세조 8년(1462) 9월 9일에 쓴 해당 부분을 잠시 살펴보자.

주상(세조)이 꿈을 꾸었는데 부친 세종이 금강경의 4보살과 8금강의 이름의 뜻을 세조에게 질문하는 것이었다. 세조는 또한 죽은 의경세자의 꿈을 꾸었다. "너 도원군[의경세자] 아니냐?"라고 물었더니 "그렇습니다."라고 답하는 것이었다. 그러면서 주상(세조)에게 다가와서 붙잡고 통곡을 하는 것이었다. 주상도 같이 통곡을 하면서 [죽어서] 태어난 곳을 물었다. 의경세자는 좋은 곳에 태어났다고 답했다. 이에 주상은 부처님 법에 더욱 힘쓰라고 격려했다.

세조는 죽은 아들의 모습을 찬찬히 살펴본 후 '평소에 그 모습을 그릴 수 없었는데 꿈에 이 같이 또렷한 네 모습 내 생각하여 그리려도 필시 그리지 못하리라. 꿈에 안 오면 내가 어떻게 만날 수 있겠는가? 꿈에 본 것이 필시 헛것이 아니고 평상시가 오히려 진(眞)이 아니리라.'라고 생각했다.

(의경세자와 세조가) 서로 슬퍼해 한 것을 중궁이 들으시고 짚이는 바가 있었다. 아침에 중궁께서 주상에게 자신의 꿈 이야기를 하시기를 자신이 꿈에 시아버지 세종이 불상 5존과 여러 보살을 불상 주위에 조성하신 것을 보았다고 하였다. 주상은 그 말씀을 듣고 오열하여 말조차 잇지 못하고 한참을 있었다. 그러다가 "내가 할 말이

있소." 하시고 또 한참을 말을 잇지 못하다가 "내가 할 말이 있소."
라고 하셨다. 중궁께서 마음을 진정시킨 후에 주상에게 이르셨다.
"저 또한 슬픔을 이길 길 없사옵니다."

두 분이 서로 더불어 말이 없으시다가 한참 후 주상께서 전날의
꿈을 말씀하시거늘 두 분께서 비통하고 처절하시어 이불과 베개가
눈물로 강물이 되어 젖도록 울었다. (주상은) "천도[推薦]는 남김이
없어야 한다." 하시고 또 "마땅히 가슴이 시원하도록 해야 한다."라
고 하시며 근자에 사리가 분신한 일이 바로 그 징험이 드러난 것이
라고 하셨다. (주상이) 불상과 탱화를 조성함이 어떠하겠냐고 물으
니 중궁이 대답하기를 이미 불상은 조성을 했으니 사리를 봉안하
고 탱화를 조성하자고 했다. 주상이 좋다고 하면서 주상도 또한 망
자를 위해서 금강경을 크게 유포하리라고 했다.[31]

세조는 그토록 건강하고 총명하던 맏아들 의경세자를 1457년(세조 3)
에 잃었다. 조선 전기 문신 이승소(李承召, 1422~1484)의 문집 『삼탄집(三灘
集)』에 실린 「의경세자묘지(懿敬世子墓誌)」에 따르면, 세자는 9월에 사망했
다. 이후 세조는 언해 작업에 특별히 자신의 맏며느리이자 의경세자의
아내로서 과부가 된 정빈한씨를 투입하여 자신과 함께 작업을 시작했
다. 이제 『금강경언해』 작업 과정을 통하여 이 사실을 확인해 보자. 여러
판본 가운데 필자가 살펴본 자료는 규장각본 '古1730~36~v.1~2'로 2권
의 끝부분에 1462년 임오년 9월 세조 8년에 한계희가 쓴 발문이 실려 있
다.

주상께서 친히 구결(口訣)을 달으셨다. 정빈한씨(貞嬪韓氏)가 어전에
서 [구결을 받아] 쓰고, 사당(社堂) 혜경(惠瓊), 도연(道然), 계연(戒淵),

신지(信志), 도성(道成), 각주(覺珠), 숙의박씨(淑儀朴氏)가 구결을 쓰면서 소리 내어 불러 보면서 교정[唱準]을 보았다. 영순군(永順君) 부(溥)가 [중간에서 원고를] 전달하여 내주고 받아가는 일을 하였다. [나 황계희는] 공경히 구결에 의거하여 번역을 했는데, 효령대군과 승려 해초(海超) 등이 다시 검토하고 예조참의 조변안(曺變安)이 동국정운에 따라 쓰고 공조판서 김수온과 이조참판 강희맹, 승정원 도승지 노사신은 교열을 보고 의정부사인 박건, 공조정랑 최호, 행 인순부 판관 조지, 행 사정 안유는 문제가 있는지 살피고, 주부 김계창은 여러 불경을 참고하고, 전언 조두대, 행동 판내시부사 안충언, 호군 장말동, 하운경이 사알(司謁)을 맡고, 이원랑, 오명산은 알자(謁者)를 맡고, 장종손, 안철정, 행 사용 홍중산, 정효상, 김용수, 최순동, 김태수, 정수만은 급사를 맡고, 김효지, 이지는 번역문을 베끼고, 행 사용(司勇) 장치손, 김금동, 승공교위 박성림, 진계종, 김효민, 이치화, 최순의, 양수, 허맹손, 윤철산, 김선은 소리 내어 읽어가며 교정을 맡아 5일씩 한 작업이 완성되면 간경도감에 경판을 새기어 인쇄하여 배포하라 명하였다.[32]

이상의 내용을 바탕으로 불서 언해 작업의 체계는 다음과 같은 단계로 이루어졌음을 알 수 있다.

제1단계는 구결 작업이다. 구결의 의미는 여러 가지로 볼 수 있으나 오늘날 언해본 금강경을 확인해 보면 여기서 말하는 구결은 정음으로 '토'를 다는 작업을 말한다. 이 작업은 국왕과 여성들이 맡았다. 먼저 시아버지 세조와 맏며느리 정빈한씨가 함께 어전에서 공동작업을 했다. 세조가 입으로 토를 달아 소리 내어 읽으면 며느리는 이것을 받아 적었다. 그 원고는 다시 사당 혜경(惠瓊), 도연(道然), 계연(戒淵), 신지(信

志), 도성(道成), 각주(覺珠) 6명과 숙의박씨(淑儀朴氏) 등 총 7명의 여성의 손에 넘어갔다. 이들은 구결을 붙인 원고를 넘겨받아 다시 적고 스스로 소리 내어 '창준(唱準)'해 보았던 것이다. 이처럼 『금강경언해』의 구결은 세조를 중심으로 총 8명의 여성이 받아 적고 창준하면서 교정에 교정을 거듭했음을 알 수 있다. 이는 언해 작업에서 구결을 다는 일이 가장 중요한 일이었기 때문이다. 이는 당시 비구니 가운데 범패 전문가들이 사당이었고, 이제 한글 토를 넣어 구결을 확정하는 일에는 리듬과 의미가 잘 어우러지게 하는 것이 무엇보다 중요했기 때문에 이들이 국왕이 하는 일에 직접 투입되어 함께 작업을 했던 것이다. 즉 정빈한씨와 이들 사당들은 불경에 대한 이해가 높고 나아가 이들 사당들은 교학적 수준은 물론 염불에 탁월한 능력을 가진 비구니들이었음이 분명하다.

도원군의 아내이자 세조의 맏며느리인 정빈한씨는 다른 여성들과 더불어, 앞서 진행했던 『능엄경언해』 작업 과정에서도 동일한 역할을 했다는 기록이 『능엄경언해』 발문에 나왔음을 앞서 확인하였다. 남편인 의경세자가 사망할 당시 그녀는 불과 21세였는데, 문자에 밝은 여성이었던 것으로 추정된다. 정빈한씨는 나중에 수빈한씨로 불리었고 남편이 덕종으로 추증되면서 소혜왕후로도 불리었으며 성종의 어머니로서 인수대비로도 불리었다. 세조 사후 소혜왕후는 자신의 독자적인 역량에 의해서 『내훈』을 썼고 조두대가 발문을 썼다. 그 이전까지 한반도에서 여성이 독자적으로 글을 써서 책을 낸 경우가 있었는지를 생각해 본다면 이것은 곧 불경 언해라는 사업에 참여한 것을 계기로 여성의 글쓰기 기술과 여성의 도서 간행에 대한 이해가 생겼고, 마침 기회가 오자 그것이 외부로 표출되었다고 할 수 있다. 그 이전까지 여성들은 비록 글자를 안다고 해도 늘 '독자'이지 '저자'가 되지는 못했다. 『내훈』의 출현은 한반도에서 여성도 문장을 짓고 책으로 엮을 수 있다는 첫 번째 본보기를 보여주었다. 여기서 숙의박씨는 세조가 수양대군 시절부터 인연이 있었고, 세조가 왕으로 등극한 후 종2품 숙의로 봉작을 받았다.

　그녀는 세조의 후궁 중 유일하게 자식을 낳아서 키웠는데, 두 사람 사이에 덕원군, 창원군 두 아들이 있었다. 세조 사후 1468년 예종이 즉위하면서 그녀는 '귀인박씨(貴人朴氏)'로 품계를 올려 받았고, 1483년(성종 14)에 정1품 빈으로 책봉되어 이때부터 근빈박씨(謹嬪朴氏)로 불리었다. 세조가 『금강경』 언해 작업에 맏며느리와 함께 숙의박씨를 참여시켰다는 것은 그녀가 그만큼 불심이 깊고 학식이 있었기 때문일 것이다. 그녀는 나이 80세에 출가하여 마침내 비구니가 되어 자수궁(慈壽宮)에 주석했다. 이 해는 연산군 10년이 되는 해였는데, 『연산군일기』 연산군 10년 9월 4일조에는 연산군이 멋대로 기행을 저지르는데, 특히 출궁하여 노닐 때면 비구니 근빈박씨 스님을 상궁들로 하여금 교자(轎子)에 태우게 하여 자신과 늘 동행하도록 했다고 한다. 왕이 술이 취하면 왕이 스스로 일어나 춤을 추면서 스님에게도 강제로 춤을 추게 하는 만행을 서슴지 않았다고 기록하고 있다. 아마도 연산군은 그녀가 불심이 깊고 학식이 깊은 왕실 어른 출신의 비구니였기에 일부를 그녀를 선택하여 조롱거리로 만들고자 했을 가능성이 높다.

　제2단계는 정음으로 번역하는 작업이다. 이 작업은 다시 세부적으로 나누어서 진행되었다. 먼저 전체적으로 황계희가 정음으로 번역을 한 것을 효령대군과 비구들이 연구·검토했다. 여기서 한계희는 '효령대군과 해초 등'이라고 했지만 위의 효령대군 발문을 보면 효령대군과 교종판사 해초 외에 회암사 주지 홍일, 전 진관사 주지 명신, 전 속리사 주지 연희, 전 만덕사 주지 정심 등이 이 과정에 함께했음을 알 수 있다.

　이어진 작업은 동국정운에 맞추어 정음을 제대로 썼는지 확인하는 과정이며, 이 일을 조변안(曺變安, 1413~1473)이 담당했음을 알 수 있다. 조변안은 성삼문(成三問, 1418~1456)·박팽년(朴彭年, 1417~1456) 등과 훈민정음 창제에 기여하였고, 세조 집정에 공을 세워 원종공신 2등훈에 녹훈되었으며, 『홍무정운』, 『동자습』 등의 언해 작업에도 참여한 인물이다.[33] 조변안이 정음 번역문을 확정해 주면 김수온과 강희맹, 노사신 등이 정음 문장의 교열을 보았고, 그 후에 박건, 최호, 조지, 안유 등이 한 번 더 확인을 했다. 이러한 일련의 과정은 발음 표기가 동국정운식 표기법에 제대로 맞게 되었는지를 검토하는 일에 그만큼 힘을 쏟았음을 의미한다. 또한 주부 김계창은 불경에서 그 내용을 구체적으로 찾아서 확인 작업을 했다. 원문의 번역에 대한 설명이 필요할 때 근거 자료를 확실히 찾아서 정확하게 설명을 붙이고자 한 것이다.

3단계는 정음으로 번역한 완성된 문구를 여러 사람이 거듭 돌려가며 불러보는 번역문의 '창준' 단계이다. 먼저 김효지와 이지는 번역문을 베껴서 사람들이 돌려 볼 수 있도록 했다. 그러면 이를 장치손, 김금동, 박성림, 진계종, 김효민, 이치화, 최순의, 양수, 허맹손, 윤철산, 김선이 돌아가면서 '창준'해 보고 문제가 있으면 급사와 알자들을 통하여 다시 올려 보내어 다시 교열을 보도록 했던 것으로 보인다. 이렇게 거듭 읽고 교정해서 5일씩 한 작업이 완성되면 간경도감에서 경판을 새기어 인쇄하여 배포했다.

이처럼 언해 작업을 엄정하게 단계를 거쳐 작업을 했기 때문에 각 작업자들의 소통이 무엇보다 중요했다. 이에 따라 담당자들에게 수시로 소식을 전달하는 사람들이 충분해야 했을 것이다. 이 일을 담당했던 사람들로는 전언 조두대를 위시하여 행동 판내시부사 안충언, 호군 장말동, 하운경 네 사람이 사알(司謁)을 맡고, 이원랑, 오명산이 알자(謁者)를 맡았다. 또한 뒤에서 잡무를 수발해 줄 급사로 장종손, 안철정, 홍중산, 정효상, 김용수, 최순동, 김태수, 정수만 등 7명이 배정되었던 것이다. 전언 조두대는 궁녀가 되기 전 일찍이 광평대군 집의 노비였고, 광평대군 집에 있을 때부터 한자는 물론 이두와 범음에도 밝았던 인물이다.[34] 광평대군이 젊은 나이에 요절하고 광평대군의 부인 영가부 부인 신씨는 출가하여 비구니 혜원 스님이 되었음을 앞서 밝힌 바 있다.

2) 비구니들의 불경 언해 작업 참여

이상과 같이 『능엄경』과 『금강경』의 언해 작업에 여성들이 참여하고 있음을 확인하였다. 비록 다른 경전 뒷부분에는 이상의 두 경전과 다르게 번역 작업 과정에 대한 구체적인 내용이 언급되어 있지 않지만 다른 경전들도 모두 같은 작업 체제에 의해서 불경 번역이 이루어졌을 가능성이 높다. 앞에서 불경 언해 작업에 참여한 재가여성불자 3인 즉 정빈 한씨와 조두대, 그리고 숙의박씨에 대해서는 어느 정도 이해가 가능해졌다. 이제 나머지 인물, 즉 사당에 대해서 살펴보기로 하자.

「번역광전사실」에는 총 6명의 사당의 법명이 기록되어 있는 바, 혜경 (惠瓊), 도연(道然), 계연(戒淵), 신지(信志), 도성(道成), 각주(覺珠)가 이들이다. 이들의 역할은 받아온 초고를 소리 내어 읽어보고 어색한 부분이 없는지 검토하는 것이었다. 그렇다면 금강경언해 작업에 국왕으로부터 받아온 현토 원고를 가장 먼저 검토하는 인물로 6명의 사당이 등장하는 것은 어째서일까? 조선 초기 사당은 사회적으로 매우 존경 받는 범패 전문 비구니들로, 양란 이후 생계가 어려워지면서 조선 전기 사당의 범패와 작법을 흉내 내며 거리 공연을 하던 '사당패'와는 전혀 다른 특징을 갖고 있었다. 이에 대한 증거를 세종과 세조 당시의 몇 가지 사례를 통해 살펴보기로 하자.

첫번째, 강희맹(姜希孟, 1424~1483)의 문집 『사숙재집(私淑齋集)』에 자기 아내 안씨(1429~1482)의 행장을 적은 「의인작(擬人作)」에서 그 사례를 찾아볼 수 있다. 강희맹은 조선 전기 경상남도 함양 출신 유학자로서 어머니는 세종의 비인 소헌왕후의 동생이다. 따라서 세종은 강희맹의 이모부가 되며, 세조와는 외사촌간이다. 부인을 위해 쓴 묘지명에 의하면 강희맹은 세종이나 세조와 달리 불교를 좋아하지 않았던 것 같다. 행장에는 아내의 훌륭한 행실을 기리는 수많은 언사가 등장하는데, 그 중의 하나로 크게 내세우는 것이 불법을 가까이 하지 않았다는 점을 들고 있는데 그 안에 '사당' 한 명이 등장한다.

> [내 아내 안씨 부인은] 성품이 불법을 믿지 않았다. 옆집에 비구니 구사당(丘舍堂)이라는 사람이 있어서 [주위 사람들에게] 불경의 뜻을 풀어주고 법문을 했다. [구사당은] 도성 내 명문가 집안의 부녀들을 불러모아 교화 인연을 맺어 제자들도 무척 많았다. [그렇지만 내 아내] 안씨 부인은 그 옆[집]에서 10여 년을 지내면서 단 한 번도 [구사당과] 왕래하지 않았다. 비구니 수장[首尼]이 젊은 비구니를 보내어 집안의 유모를 통하여 왕래하기를 청하였다. 이에 안씨 부인은 "머리 깎고 승복을 입어 그 모습이 비구와 유사하니 아녀자로서 얼굴을 맞댈 수 없습니다."라고 하면서 끝내 왕래하지 않았다. [35)]

여기서 흥미로운 점은 '비구니 구사당'이다. 세종 23년 12월 9일 기사에 조정 대신들이 '비구니 구(丘)'가 항간의 명문가 여성들에게 크게 추앙을 받으니 잡아들여서 벌을 주어야 한다고 주장하는 내용이 『세종실록』에 등장한다. 공교롭게도 그 비구니가 주석하던 사찰이 강희맹의 집

옆에 있었던 것이다. 그런데 강희맹은 '구비구니'라고 칭하지 않고 '비구니 구사당'이라고 칭하였다. 따라서 당시 사당이란 비구니 중의 한 부류로서 불경을 잘 알고 교화를 펼치는 등 비구니 가운데 스승의 반열에 해당하는 비구니를 의미한다는 것을 알 수 있다. 세조가 구결 작업에 문자를 아는 자신의 맏며느리, 후궁과 더불어 사당들을 참여시킨 것도 같은 맥락이다.

두 번째 사례로 1473년(성종 4) 7월 16일의 기사에 등장하는 '사당'을 살펴보자. 조선 전기 대표적 문신인 서거정(徐居正, 1420~1488) 등이 정업원 주지 비구니 윤씨가 양반집 여성불자들과 함께 절에 올라가서 밤을 지낸 것을 빌미로 비구니들을 처벌하라고 성종에게 강경하게 건의하는 대목이 이것이다.

> 지금 윤씨(尹氏)는 비록 머리를 깎고 여승이 되었다 하나, 본래는 벌족(閥族)의 집안에서 훈신(勳臣)의 아내였으니, 어찌 절에 올라가는 금령을 알지 못하고 무리들을 거느리고 사족(士族)의 과부들을 유인하여 성불사(成佛寺), 정인사(正因寺) 등의 절을 왕래하면서 이틀 밤을 자고 불법적인 일을 앞서서 이끌고 갔겠습니까? 혜사당(惠社堂), 정각(正覺) 등과 같은 무리들이 수종사(水鍾寺)에 유숙하면서 7, 8일을 지냈고, 또 도성사(道成寺)에 왕래하였는데, 그 수행하는 여승과 그 시종 노비의 수가 얼마인지를 알지 못할 정도였으니, 그들이 감히 국법을 어기고 방종하며 질서를 문란시킨 것이 이와 같으니 추단하여 죄를 물어야 합니다.[36]

성불사는 오늘날 북한 지역인 황해도 사리원에 있던 사찰이다. 정인사는 현재 서울 은평구 소재 수국사의 전신으로, 본래 세조의 맏아들

의경세자의 원찰이었다. 윤씨는 당시 정업원 주지였는데 정업원은 일종의 비구니총림으로 지금의 전국비구니회와 유사한 역할을 하던 곳이었다. 그의 남편 유자환(미상~1467)은 이조참판, 호조참판 등 조정에서 고위직을 역임한 양반 사대부였다.

세조 13년(1467) 2월 25일자 실록에는 신하들이 불교를 탄압할 목적으로 유자환의 죽음과 유자환에 대한 소개에 이어 그의 처가 발인 때 시아버지 몰래 도망가서 출가했는데 평소에 행실이 나빴다는 각종 악평을 나열하고 있다. 그래서 그녀가 "성품이 질투가 심하고 사나우며 방탕(放蕩)하여, 유자환이 살아 있을 때부터 여승[尼僧]과 몰래 왕래하고, [남편] 유자환이 죽었을 때도 슬픈 빛이 조금도 없었으며, 친속(親屬)들이 널[柩]을 메고 고향으로 내려가는데 윤씨는 마치 따라가려는 것처럼 몸차림을 하였으나, 발인하는 날 저녁에 몰래 도망하여, 마침내 머리를 깎고 여승이 되어 여러 산을 두루 돌아다니며 여러 중[僧]을 면대(面對)하여 불경을 받거나 유숙하여 말하기를, '죽은 남편을 위하여 복을 드리는 것이다.' 하였으나, 실은 쾌락을 즐기려고 멋대로 행동한 것이었다."라고 악평하였다.

실록의 윤씨에 대한 평가를 오늘날의 입장에서 풀이하자면 남편이 함부로 바람을 피우는 데에 대해 바른 소리를 했으며, 일찌감치 비구니 스님들과 교류하며 불교 공부를 열심히 했고, 평소에 출가의 뜻을 품고 있었다고 볼 수 있겠다. 만일 그녀가 죽은 남편의 장례행렬을 따라 시댁이 있는 남원으로 내려갔다면 꼼짝없이 평생을 갇혀서 살 수밖에 없었기에 용감하게 집을 나와 출가했던 것이다. 실록에 보면 그의 시아버지 유규(柳規, 1401~1473)는 집안에서 자식들을 만날 때에도 반드시 관대를 갖추었고, 유자환(柳子煥)이 나이를 먹고 벼슬살이를 할 때에도 종아리를 때렸으며, 죽음에 임해서는 자신의 상사 일체를 주자의 『가례(家

禮)』에 의거하도록 유언하였다 한다.

비구니 윤씨 스님이 1467년 남편 발인 때 정업원으로 탈출하여 출가하고, 출가 후 6년 만인 1473년(성종 4)에 정업원에서 윤씨를 주지로 임명하려 하였다. 그러자 대사헌 서거정은 남편이 죽은 후 상을 치르기도 전에 승려가 된 것은 강상지도(綱常之道)의 대절(大節)이 무너진 것이라고 비판하면서 국왕에게 그녀의 정업원 주지 임명을 철회하라고 요청했지만 성종은 받아들이지 않았다. 어찌 되었건 여기서도 사당이 정업원 주지와 함께하고 있음을 볼 때 조선 후기의 사당과 달리 당시에는 사당의 지위가 매우 높았음을 알 수 있다.

세 번째, 성종 4년 계사년(1473) 7월 18일의 기사에도 '사당'이 등장한다.

근년 이래로 기습(氣習)이 날로 변하여서 여승의 무리들이 점차 많아지고, 궁벽한 민간과 비밀스러운 땅의 곳곳에 모두 사당(社堂)이 있어서 무리들을 긁어모아 초유(招誘)를 널리 행하니 실행(失行)한 처녀들과 지아비를 저버린 사납고 모진 처들이 모두 모이는 곳이 되었습니다. 천도를 하느니 명복을 비느니 하면서 핑계대어 머리를 깎고 절에 몰래 투신하는 자가 그 얼마인지를 알 수 없습니다.[37]

위의 기사는 사당이 불교 의례를 전문적으로 행하는 사람임을 잘 드러낸다. 즉 조선 초기 '사당'이란 범패와 염불에 탁월한 비구니 우두머리를 가리키는 동시에 이들이 모이는 공간을 의미했던 것이다.

네 번째, 조선 전기의 문신 남효온(南孝溫, 1454~1492)의 문집『추강선생문집(秋江先生文集)』의 「송경록(松京錄)」에 등장하는 사당을 살펴보자. 남효온은 생육신 중의 한 사람으로 1485년(성종 16) 9월 8일 개성을 여행하던 중 사당을 방문한다.

한수가 또 우리들을 인도하여 백초정(百草亭) 사당(社堂)으로 내려갔다. 그 사(社)에 들어가니, 늙은 여인 10여 명이 북을 치며 큰소리로 염불하고 있었다. 그중에 가장 젊은 여자는 나이 서른 남짓으로, 불법을 가장 잘 안다고 스스로 말하였다.[38]

위의 내용은 사당들이 단순히 불교 의식 작법에만 뛰어났던 것이 아니라 불교에 대한 깊은 이해와 자신의 역량에 대한 자부심을 갖고 있음을 보여 준다.

이상을 통해서 세조 및 왕실 여인들과 더불어 비구니들 또한 간경도감에서 불경 언해 작업에 참여했음을 알 수 있다.

5. 조선시대 비구니 인물

이전 시기와 비교할 때 조선시대에는 문헌 기록에 비구니스님의 이름이 상대적으로 많이 등장하는 편이다. 여기서는 많은 불경을 발간하고 오늘날 봉은사의 전신인 견성암을 중창하였으며, 현재 조계종 전국비구니회 전국비구니회관 옆에 있는 광평대군 묘역에 광평대군의 아내로서 광평대군 옆에 나란히 안장되었고, 조선불교의 초석을 다지는 데에 일조한 비구니 혜원 스님을 우선적으로 살펴볼 것이다. 이어서 앞서 거론했던 생불이라 칭송이 자자했던 비구니 구사당 스님을 살펴볼 것이다. 다음으로 가야산에 암자를 짓고 참선을 하고 시를 썼던 도원 스님, 광해군과 인조 때 역시 생불이라 일컬어졌을 뿐 아니라 청룡사를 중창한 비구니 예순 스님을 살펴본 후 조선 후기 강화유수, 영의정, 좌의정을 역임한 채제공(蔡濟恭, 1720~1799)에게 여대사(女大師)라는 칭호를 받은 비구니 정유(定有) 스님, 『동사열전』에까지 실린 대인등전(大印燈傳) 스님, 그리고 설화 속에 등장하는 비구니 영웅에 대해 살펴보고자 한다.

1) 세종대왕 며느리 혜원(慧圓) 스님

비구니 혜원 스님에 대한 정보는 조선왕조실록, 김수온(金守溫, 1409~1481)의 문집 『식우집(拭疣集)』 및 조선 초 간행된 불경 뒤에 부기된 약간의 발원문을 통해서 전해오고 있다. 조선시대 긴 시간 동안 불교가 그토록 엄혹한 시간을 지나서 오늘날까지 전해지는 데에는 혜원 스님과 같은 비구니스님들의 역할이 컸다.

(1) 혜원 스님의 생애

비구니 혜원(慧圓, 1426~?) 스님은 조선 초 문신 신자수(申自守)의 딸로서 출가 전 세종의 다섯 번째 왕자인 광평대군(廣平大君, 1425~1444) 여(璵)의 아내였다. 그래서 실록에 흔히 신씨(申氏)로 등장한다. 신씨는 세종 18년(1436) 광평대군과 혼인하여 세종대왕의 며느리가 되었다. 혼인 당시 그녀 나이는 10세, 신랑 광평대군은 11세였다. 그녀와 광평대군은 세종의 명에 따라 왕자의 난으로 죽은 태조의 일곱 번째 아들인 무안대군 방번(芳蕃)의 후사가 되어 제사를 받들었다. 그런데 세종 26년(1444) 고대하던 첫아들을 얻은 지 5개월 만에 안타깝게도 남편 광평대군이 19세의 나이에 요절하였다. 김수온의 기록에 의하면 18세에 청상과부가 된 부인 신씨는 출가하여 혜원이라는 법명을 받고 남편 광평대군의 묘 옆에 견성암(見性庵)을 중창하고 많은 불사를 했다. 이후 견성암은 견성사(見性寺)로 발전했으며 오늘날 강남구 봉은사의 전신이다. 출가 후 혜원 스님은 주위의 많은 사람들이 법회와 안거에 동참할 수 있는 기회를 마련하고 불서를 간행하는 등 불교 발전에 지대한 공헌을 하였다.

출가 초기 스님은 광평대군의 묘 옆에 암자를 지어 남편의 극락왕생과 자식의 무병장수, 왕실 가족들의 천도와 안녕을 빌었다. 겸하여 무안군의 제사를 맡으며 그의 명복을 빌기 위해 왕씨(무안군의 부인)와 함께 적극적으로 불사를 행했다.

세종은 광평대군과 며느리 신씨 사이에 태어난 어린 영순군이 손자임에도 불구하고 작위와 봉록을 아들 즉 대군과 같은 지위로 내렸다. 요절한 아들의 유일한 피붙이에 대한 배려였다. 그리고 세자(문종)와 수양대군에게 조카 영순군을 잘 보살피라고 특명을 내렸다. 혜원 스님의 불사를 적극적으로 지원해 준 인물은 수양대군 즉 세조였으며 두 사람은 시아주버니와 제수씨의 관계로 불사를 일으킬 때마다 서로 도왔다. 그 후 수양대군은 국왕이 되자 혜원 스님의 불사를 더욱 적극 지원했다. 이것은 세종으로부터 영순군을 잘 보살피라는 특명을 받았기 때문이기도 했지만 무엇보다 세조 자신이 독실한 불자였기 때문이다. 혜원 스님은 아들 영순군과 불교를 매개로 세조와 그 어느 종친들보다도 돈독한 관계를 유지하였다. [39]

(2) 봉은사 전신 견성암 중창

견성암은 794년 신라 원성왕 10년 연회 국사(緣會國師)가 창건한 사찰이었는데 혜원 스님이 출가 후 중창하였다. 성종 21년(1490) 1월에 영의정 노사신(盧思愼, 1427~1498)이 "광평대군 부인이 큰절을 묘소에 세웠는데, 높은 집과 아로새긴 담에 금빛 벽이 빛나고, 재를 행하고 불경을 읽기를 사시에 그치지 않는다."[40]라고 언급한 것으로 보아 사원이 매우 아름답게 지어졌으며 불교 활동이 활발했음을 알 수 있다.

훗날 아들 영순군 이부(永順君 李溥, 1444~1470)가 젊은 나이로 죽자 스님은 견성사 불사와 불서 간행에 더욱 힘썼다. 불서 간행은 비교적 겉으로 드러나는 일이 아니었으나, 사찰 불사를 위해 집안 재산의 절반을 시납한 일은 조정 관리들의 큰 시빗거리가 되었다.

성종 2년(1471) 8~9월에 사헌부에서는 혜원 스님이 방대한 재산을 불교계에 보시한 것에 대해 탄핵했는데 이때의 상소 내용에 의하면 그녀의 재산 규모가 잘 나타난다. 이해 8월 12일에 사헌부 장령 홍귀달(洪貴達, 1438~1504)이 올린 상소에 의하면, "신씨가 노비 7백 30여 명과 전지 70여 결을 사찰에 보시했다."라며, 광평대군에게 자손이 있는데도 그 전지와 노비를 절에 바치는 것은 매우 부당하니, 이를 중지시켜야 한다고 강력히 주장했다. 그리고 장예원과 한성부에 관련 문서를 제추하는 데에 증인을 서고 도와준 김수온과 혜원 스님의 오빠 신윤보(申允甫, 15세기 중후반 활동)를 국문하라고까지 주장했다. 사헌부 장령 박숭질(朴崇質, 1435~1507)도 신씨를 탄핵하는 문건을 올렸고, 최한정(崔漢禎, 1427~1486)도 문서를 꾸며 준 신씨와 김수온의 처벌을 요청하고 나섰다.

그러나 성종은 신씨가 아들의 천도를 위해 보시한 것이지 다른 뜻은 없었다며 혜원 스님을 옹호하였고, 다만 시주 규모가 너무 크다면 줄이도록 권하겠다는 선에서 사태를 마무리했다. 성종이 혜원 스님의 시납을 처벌하거나 막지 않은 가장 큰 이유는 당시 수렴청정을 하던 정희왕후(貞熹王后, 1418~1483)를 비롯하여 소혜왕후(昭惠王后, 1437~1504, 훗날 인수대비) 등 왕실 불자 여성들이 혜원 스님을 적극 후원하고 있었기 때문이다.

혜원 스님의 시납에 대한 제재 조치가 이루어지지 않자 다음 달인 9월에 대사헌 한치형(韓致亨, 1434~1502) 등은 다시 스님의 시납 문제에 대해 격렬하게 비판했다. 그는 "신씨가 광평대군이 죽자 머리를 깎았고, 그 아들 영순군이 죽자 며느리 역시 스님이 되었다."라고 비판하였다. 그리고 '신씨가 양모 왕씨와 광평대군 부자를 위하여 각각 절에 영당(影

堂)을 세우고, 전지 70여 결과 노비 9백 30여 명을 시납'했는데 세조 12
년(1466) 이후에 출생한 노비를 모두 시납 인원 속에 넣었으므로, 사실
은 전체 인원은 1천 명이 넘는다고 몰아부쳤다. 광평대군은 종실 중의
종실인데 이같이 하면 많은 자들이 이를 따르고 본받을 것이며 사족의
부녀자로서 지아비의 죽음을 계기로 불교에 귀의하는 여자들을 통제할
수 없게 된다고도 지적하였다.

그들은 신씨가 절에 재산을 시납하는 것을 일체 금지시키고, 시납을
증명해 준 김수온의 죄를 다스리고 절에 준 노비를 모두 거두어 와야
한다고 거듭 주장했다. 사헌부에서도 종실의 토지와 노비가 사찰에 시
납되는 것에 대해 강하게 비판했다. 그럼에도 혜원 스님은 의연하게 광
평대군 부자의 영당뿐만 아니라 양모 왕씨의 영당을 세우는 등 불사를
계속했다. [41]

스님의 말년에 견성암은 그녀가 아닌 왕실 대비들이 주역이 되었으
므로 견성암의 규모는 더 커졌다. 성종이 재위 25년(1494) 12월 24일에
승하하자 이듬해 1월 연산군(燕山君, 재위 1495~1494)은 인수대비의 지시
에 따라 대신들과 논의하여 성종을 위한 능묘 자리를 당시 광평대군의
능묘 자리로 정했던 것이다. 이때문에 광평대군의 묘는 다른 곳으로 이
장하게 되었는데 바로 지금의 서울 수서동 광수산 자락의 광평대군 묘
역으로 이장되었다. 광평대군 묘가 옮겨간 이후에도 견성사에서는 각
종 불교 활동을 활발히 전개했다. 실록에 따르면 대신들은 견성사 스님
들의 독경 소리와 새벽 종소리, 저녁 목탁 소리가 능침을 소란하게 하
고 있다면서 철거할 것을 거듭 주장했으나 왕실 여인들이 이곳을 매
우 중시했으므로 저들의 무수한 반대에도 불구하고 견성사는 건재하였
다. 연산군 4년에 혜원 스님이 세상을 떠났고 성종비 정현왕후(貞顯王后,
1462~1530)는 견성사를 능역 밖으로 옮기고 절의 이름을 봉은사로 바꾸

었다. 이처럼 현재 강남구 코엑스 옆 봉은사는 바로 혜원 스님이 세운 견성사에서 비롯되었다.

(3) 불서 간행

광평대군은 어려서부터 매우 총명하고 학문을 좋아하여 아버지 세종에게 특별한 사랑을 받았다. 실록에 의하면 그는 『효경』, 『소학』, 『사서』와 『삼경』을 두루 통달했을 뿐만 아니라, 『문선(文選)』은 물론 이백(李白)·두보(杜甫)·구양수(歐陽修)·소동파(蘇東坡)의 문집까지 두루 읽었다. 또한, 역사에도 정통하여 『국어(國語)』와 『좌전(左傳)』에도 공부가 깊었으며, 음률과 산수에 이르기까지도 오묘한 이치를 다 알았고, 글을 잘 짓고 필법도 절묘하였다.

광평대군은 훗날 간경도감에서 신미, 세조, 김수온 등과 함께 불경 언해 현장에서 함께했다. 한편 세조가 죽은 후 어린 성종을 대신하여 세조의 왕비였던 정희왕후가 수렴청정을 할 때 한글 궁체로써 왕실 문서를 작성했던 상궁 조두대 또한 본래 광평대군 집에 있던 여종 출신이다. 조두대는 여종이었음에도 음률은 물론 문자에도 정통했으며, 범어에도 밝았던 인물로서 독실한 불자였다. 수양대군 시절 세조가 광평대군 집에 드나들며 그의 총명함을 익히 눈여겨보았다가 훗날 자신이 왕이 된 후 그녀를 발탁하여 한글 공문 작성에 큰 역할을 맡겼다. 그리하여 조두대는 왕의 명령을 전달하는 일과 왕에게 아뢰는 일을 맡아보던 내명부의 종7품 궁관직 전언(典言)으로 활약했다. [42] 아들 광평대군이 사망하고 며느리 신씨가 출가를 원하자 세종대왕은 출가를 허락하고 광평대군의 아들이자 자신의 손자인 영순군을 궁에서 길렀다. 그리고 이 과정에서 조두대가 영순군을 지근거리에서 보살폈다. [43]

출가 후 혜원 스님은 견성암에서 독자적으로 재원을 마련하거나 공동

보시를 하는 등 다양한 방법으로 여러 차례 불경을 간행하였다. 현재까지 혜원 스님이 직간접으로 관여하여 간행한 불서는 아래 표와 같다.

시기	참여 형태	경명	판본	비고
세종 28년 (1446)	개성부부인 왕씨	大方廣圓覺修多羅了儀經	사경	
세조 5년 (1459)	영가부부인 혜원 본인 명의	妙法蓮華經	목판본	일본 西來寺 소장
세조 7년 (1461) 영순군	아들 영순군 간행 참여	佛頂如來密因修證了義諸菩薩萬行首楞嚴經諺解		
예종 1년 (1469)	아들 영순군 간행	佛說豫修十王生七經	목판본	
성종 1년 (1470)	아들 영순군과 어머니 영가부부인 혜원 스님	水陸無遮平等齋儀撮要	목판본	보물 제1105호, 호림박물관 소장
성종 5년 (1474)	아들 영순군과 어머니 영가부부인 혜원 스님, 정희대왕대비, 비구 신미 스님, 비구 학열(學悅) 스님, 비구 학조(學祖) 스님 등	地藏菩薩本願經	목판본	보물 제1104호, 호림박물관 소장
성종 5년 (1474)	정희대왕대비 주도, 비구 신미 스님, 비구 학열 스님, 비구 학조 스님	禮念彌陀道場懺法	목판본	국립중앙박물관(보물 제949호), 목아불교박물관(보물 제1144호), 김영래(보물 제1165호)

혜원 스님이 간행한 여러 불서 판본 중에는 뒤에 발문(跋文)이 남아
있는 경우가 있는데, 김수온이 쓴 발문이 가장 많고 아들 영순군이 쓴
것도 있다. 여러 발문 가운데『수륙무차평등재의촬요(水陸無遮平等齋儀撮
要)』에 영순군과 김수온이 쓴 발문이 각각 전해오고 있다. 먼저 영순군
이 쓴 발문을 살펴보기로 하자.

몸을 닦고 집안을 잘 다스리는 법은 하나가 아니지만 물과 땅에 살
고 있는 모든 것들을 최고로 간주하여 평등하고 관대하게 대하는
것보다 더 좋은 것은 없다. 그 공덕은 어찌 제왕의 많은 기쁨에 미
치지 못하겠는가. 이것을 행하는 방법을 알려주는 것으로 많은 간
행본이 있다. 그 중에서도 이번에 간행하고자 하는 책이 상용하기
에 매우 간단하다. 다만 옛날 판본에는 글자 획이 없어져 잘못된
것이 많기 때문에 세상에서 사용하는 일이 드물었다. 성화 기축년
(1469, 예종 1) 봄에 자애로운 어머니 신씨께서 이 책을 새로이 간행
하여 모든 사찰에 널리 배포하고 부처님의 바다와 같은 자비심으
로 이 일이 잘 되기를 청하고 아울러 사부대중들이 널리 좋은 인
연을 맺을 것을 권한다는 큰 소원을 밝히시면서 나로 하여금 발문
을 쓰게 하였다.
서예는 나의 뛰어난 재주가 못 되고 또한 요즈음에는 내가 늘 왕
실 일 때문에 여유가 없어 이 일에 깊이 마음을 쓰지 못하여 겨우
밤에 등불 밑에서 글자 획을 만들어 갈 뿐이니 어머님의 분부를
크게 어기게 되었다. 감히 실질적인 것을 이루고자 전념하고 밖으
로 허망한 것에는 힘쓰지 않고자 하였으니 이에 앞으로 이 좋은 인
연으로 베푸는 마음을 보이고 집착하는 마음을 잊게 하니 결국 이
는 사부대중 모두가 번뇌와 욕심을 버리고 속히 열반의 큰 즐거움

을 얻기를 원하는 것이다. 금년 늦은 여름 하순 어느 날 정충적개
보사정난익대공신 헌록대부 영순군 부는 삼가 발문을 쓰다.[44]

『수륙무차평등재의촬요』는 물이나 뭍의 고혼과 아귀 등에게까지 법
식(法食)을 평등하게 공양하여 구제하는, 수륙재를 올릴 때 읽는 경문

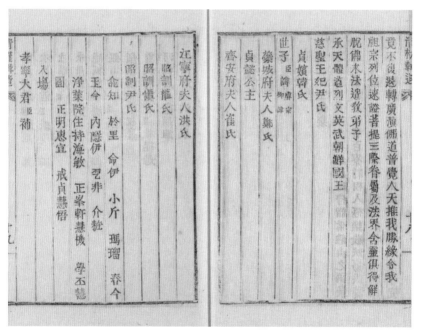

효령대군 이보(李補, 1396~1486)의 글을 훗날 후손들이 모아 엮은 『청권집유(淸權輯遺)』 중의
「세조대왕복천사어제(世祖大王福泉寺御製)」 부분. 세조의 복천사 행차에 동행한 인물 중 비구
니 혜원 스님이 나온다. 세조 10년(1464) 국왕이 여러 신료와 왕실 친인척을 이끌고 신미 스
님을 만나러 가는 길에 쓴, 속히 보리도를 증득하기를 바라는 발원문에서 동행한 사람들
명단이 국왕, 왕비, 사망한 맏아들의 며느리, 새로 세운 세자(훗날 예종), 정의공주 등 왕실의
여성불자, 비구니, 왕실 종친, 대신들 순으로 등장한다. 실로 엄청난 규모의 행차였다. 여성
명단 중에 비구니스님으로 정업원 주지 이름이 가장 먼저 등장하고 두 번째로 정봉헌 혜기
(正峰軒 慧機), 세 번째로 학비혜원(學丕慧圓)이 등장한다. 이를 통해 혜원 스님의 당호가 '학
비'였음도 알 수 있다. 그다음으로 정명혜의(正明惠宜), 계정혜오(戒貞慧悟) 등이 등장하는데
이들은 모두 당시의 유명한 비구니스님들이었을 것이다. 자료출처: 하버드 옌칭도서관.

역사 속 한국비구니

으로 우리나라에서는 수륙에서 고통받는 중생에게 공양하는 것이 공덕 가운데 으뜸이라 여겼다. 조선 초기 왕실을 중심으로 국가적인 행사로 빈번하게 수륙재를 베풀었다. 영순군이 발문을 쓴 이 판본은 보물 제1105호 1권 1책 목판본이다. 1470년(성종 1) 혜원 스님이 이를 널리 유통시키기 위하여 아들 영순군에게 필사하여 판각하게 하고 견성사에서 간행한 것이다. 권말의 영순군의 발문 뒤에 신미(信眉) · 평암성균(平庵性均) · 도대선사(都大禪師) · 학열(學悅) · 학조(學祖) · 해자(海慈) 등 여러 비구 고승의 이름이 나오고 있으며, 권말에 혜원 스님의 인장이 찍혀 있어 스님의 소장본으로 추정된다.[45]

이어서 책말미에 당시 중추부지사였던 김수온의 인출기가 적혀 있다. 이를 살펴보기로 하자.

영순군 공소공 부는 광평대군 장의공 여의 아들이다. 종실의 인재이며 조정의 위인으로 어찌 오래오래 살면서 우리 왕실을 보필하실 것을 기대하지 않았겠는가? 그러나 춘추 겨우 27세에 병이 나서 돌아가고 말았다. 자애로운 어머니이신 영가부부인 신 씨이자 비구니 혜원 스님께서는 영순군 부인인 최 씨 비구니 선유스님과 모든 친지들과 함께 영순군께서 돌아가신 일에 있어 오로지 정성과 믿음으로 ㅁㅁ. 보국숭록대부 행중추부지사 신 김수온 삼가 쓰다. 成化6년(1470) 경인 6월.[46]

혜원 스님은 남편과 아들의 죽음을 당하여 좌절하지 않고 수행을 더욱 철저히 해나갔을 뿐만 아니라 불서를 간행하고 배포하여 불자들의 소양을 높여주고 더욱 많은 사람이 신행 활동에 동참할 기회를 주는 보

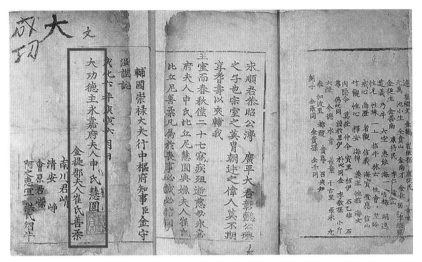

수륙무차평등재의촬요(水陸無遮平等齋儀撮要)는 수륙재의 제반 의식 절차를 요약한 책임. 뒷부분에 적힌 김수온의 인출기(印出記)에 의하면 1470년(성종 1) 광평대군부인 비구니 혜원 스님에 의하여 오늘날 강남구 봉은사의 전신 견성사에서 간행하였다. 혜원 스님의 이름 아래에는 '혜원(慧圓)'이라는 인장이 찍혀 있다. 옆에 '김제군부인최씨선유(金堤郡夫人崔氏善柔)'라고 나란히 적힌 이름에서 '선유'는 혜원 스님의 며느리가 출가하여 받은 불명이다. 시어머니와 며느리가 모두 출가했음을 보여 준다. 1권 1책. 목판본. 보물 제1105호. 자료출처: 호림박물관.

살의 마음을 펼쳤다. 스님의 행적은 불사와 교육, 포교를 몸으로 실천했던 조선 초를 대표할 만한 훌륭한 모습을 보여 준다. 조선 초부터 왕실에서 다양한 불서를 사경하고 간행한 바 있지만, 그것은 대체로 한두 권의 소량이었으며, 왕실 내 특정 인물에 대한 복을 비는 차원에서 나온 것들이다. 반면, 혜원 스님은 자신이 세운 견성사에서 직접 불경을 판각하여 대량의 불서를 발행하는 일에 앞장섰던 것이다. 이것은 개인과 가족 위주의 복을 비는 마음에서 한 걸음 더 나아가 이웃과 친척은 물론 불교를 믿는 모든 사람에 대해서 차등 없는 자비심의 실천이다.

조선일보 2014년 11월 17일자 기사에는 「조선 最高 목판 변상도, 고국서 첫 공개된다」는 제목으로 18일 개막하는 특별전 '108번뇌로부터 해

탈~각즉불심(刻即佛心)'을 소개하고 있다. 기사에서 혜원 스님이 세조 5
년(1459)에 견성사에서 간행한 목판본 묘법연화경의 변상도에 대하여 동
국대 관장의 말을 인용하였다. 기사에 의하면 이 변상도에서 "나무에
새겨 찍어낸 그림임에도 마치 가는 붓으로 그려낸 것처럼 섬세하고 활
달한 필선(筆線)의 수준이 조선시대 변상도 중 단연 으뜸"이며, "부처에
게 법을 구하는 청법자(請法者)는 보통 남성 승려의 옆모습으로 표현되
는데 부처를 정면으로 대면한 여성의 모습으로 표현한 것은 처음"이라
고 했다. 또한, 세조가 간경도감을 설치하고 간행한 묘법연화경언해에
서 이 그림을 그대로 차용했음을 밝히고 있다. 조선일보에서는 이 변상
도를 "조선 최고 목판 변상도 석가여래 앞에 무릎 꿇은 여성 뒷모습이
등장한 최초의 그림"으로서 광평대군 부인 신씨 즉 비구니 혜원 스님이
남편 광평대군을 잃고 출가하여 간절한 마음을 담아 이 불서를 간행했
다고 적고 있다. 이 작품은 현재 일본 미에현 서래사(西來寺)에 소장되어
있다.

일본 서래사(西來寺) 소장 목판본 묘법연화경(1459년)과 부처님 앞에 무릎을 꿇고 법을 구하
는 여성의 뒷모습. 학자들은 이 여성이 혜원 스님 자신을 투영한 것이라 보고 있다. 사진출
처: 조선일보.

광평대군 부인 신씨 비구니 혜원 스님의 묘. 좌측 혜원 스님, 우측 광평대군. 혜원 스님의 묘는 허묘(墟墓)이다. 입적 후 다비를 했기 때문에 후손들이 허묘를 조성하지 않았을까 짐작된다. 혜원 스님 묘의 좌측 뒤쪽에 아들 영순군의 묘가 있다. 영순군은 어머니 혜원 스님과 함께 조선 초 불서 간행에 큰 공헌을 했다. 현 조계종전국비구니회관 옆 광평대군묘역 내 소재.

한편 성종 5년(1474)에 간행된 『지장보살본원경(地藏菩薩本願經)』에 적힌 김수온의 발문에 의하면, 본래 혜원 스님의 아들 영순군이 손수 이 불경의 경문을 필사하고 경판을 새기는 일을 총괄했다고 한다. 그러나 영순군이 미처 간행을 마치지 못한 채 급작스럽게 사망하자 수렴청정을 하던 정희대왕대비가 내수사에 명하여 성종 5년(1474) 4월 15일 견성사에서 간행하도록 지시했다고 한다. 성종 16년(1485)에는 1474년 간행본을 보각하여 재간행했는데, 성화 21년(1485) 4월 간행된 판본에는 신환(信環)이라는 비구니스님이 대화주로 이름이 올려져 있으며, 권말 시주질에는 노비나 천민·양인으로 추정되는 사람들의 이름도 함께 나오는 것으로 보아 조선 초 불서 간행에 비구니스님들이 기여를 크게 했을 뿐 아니라 사회 각계각층이 함께 참여하도록 권선하는 일도 적극적으로 맡아서 한 것으로 보인다.

역사 속 한국비구니

2) 생불로 추앙받은 사실(師室) 스님

이제 세종대 비구니스님으로 백성들로부터 생불로 추앙받던 사실 스님에 대해서 살펴보도록 하자. 스님에 대해서 앞서 사당 부분에서 짧게 다루었지만, 여기에서는 좀 더 자세히 살펴보겠다. 사실 스님은 특히 왕실과 양반가의 여성들로부터 큰 존경을 받았는데, 이를 불편하게 여겼던 조정의 대신들은 어전에서 지속적으로 스님을 비방하였다. 실록에 의하면, 세종은 말년에 이르러 불교를 좋아하는 자신의 속내를 더는 감추지 않았고, 흥천사를 중수한 후 경찬회를 열고자 했는데, 조정 대신들이 들고일어나 수개월 간 반대 상소가 빗발쳤다. 이때 조정 대신들의 입을 통해서 거명된 이름이 바로 비구니 사실 스님이다. 때는 세종 23년(1441) 윤11월 24일이었으며, 성균관 유생 유이(柳眙)의 경찬회 반대 상소문에 사실 스님의 이름이 효령대군과 함께 거명되었다.

> 신 등은 그윽이 이르건대, 효령대군은 왕실의 친척으로서 삿된 말에 빠져 불문(佛門)에 무릎을 꿇고 제자의 예를 공순히 행하며, 불탑을 세우는 권선문에 모두 도장을 찍으니 하도 많아서 백성의 귀와 눈을 어지럽게 하고, 또 늙은 여승[尼] 사실(師室)이라는 자가 조금 글을 알고 있어, 환화설(幻化說)을 만들어 무식한 부녀들을 우롱하여 황당하고 망령된 경지로 끌어넣으니, 이에 사남(士男)·사녀(士女)들이 휩쓸려 귀의하여 모두 말하기를, '효령대군은 생불(生佛)이다. 여승 사실(師室)도 생불이다.'라고 하여, 남자는 중이 되기를 원하고 여인은 여승이 되기를 원하는 실정입니다. [47]

유생으로서 불교를 폄하하려는 의도적이고 악의적 표현이다. 당시 사실 스님이 실제로 백성들을 어떻게 교화하고 어떤 존경을 받았을지 상상해 보자. 먼저 현 왕의 형님인 효령대군과 같이 '생불'이라 일컬어진다고 하는 점으로 볼 때 사실 스님이 사회적으로 얼마나 큰 존경을 받았을지 짐작할 수 있다. 그렇다면 사실 스님은 무엇 때문에 사람들에게 그토록 큰 존경을 받았을까? 위의 실록 기록에서 '글을 좀 안다.'고 한 것으로 볼 때 스님은 필시 불경과 불교 교리에 정통한 인물이었을 것이다. 환화설(幻化說)을 잘 만들었다고 하는 것은 무아나 무상의 개념 또는 윤회나 인과에 대하여 사람들에게 알기 쉽게 잘 설해주어 백성들이 감화받았던 것은 아닐까 짐작해 볼 수 있다.

이 해 윤 11월 초순부터 시작된 유생들의 경찬회 저지 상소는 12월에도 멈출 줄 모르고 빗발치듯 올라왔는데, 실록에서 유생들은 그녀를 '구(丘) 비구니'라 칭하고 있다. 세종 23년 12월 9일의 기사에서 정인지(鄭麟趾, 1396~1478)의 발언을 살펴보자.

신 등이 그윽이 듣자오니, 구(丘)라고 하는 성을 가진 비구니가 총명하고 간사하게 말을 잘하며, 문자를 꾸며 요망하고 속이는 일을 다하여 부녀들을 미혹하게 하오니, 이는 요물이므로 멀리 내쫓아야 마땅할 바이나, 근년에 궁중을 인연하여 여러 가지로 속이고 꾀어서 의빈(懿嬪)이 머리를 깎고 중의 옷을 입게 하였으니, 이는 만세에 궁궐[宮壼]의 모범이 되게 하는 바가 아니옵니다. 하늘에 계시는 태종의 영혼도 반드시 놀라고 부끄러워하실 것이온데, 전하께서는 어찌 금하지 않으시어 태종의 부끄러움이 되게 하십니까. 이 일로 인하여 장차 궁중에서 잇달아 본받아 삭발을 원하는 자들이 늘어나면 전하께서 통제할 수 있겠습니까? 무릇 신민(臣民)의 부녀로서 혹

<관음삼십이응신도>(부분도). 조선 명종 5년(1550)에 인종비였던 공의(恭懿) 왕대비가 발원·조성하여 영암 월출산 도갑사(道岬寺)에 내렸음. 32가지 모습으로 화현한 관음보살의 모습 중 비구니로 화현한 모습. 이 그림을 통해 조선시대 비구니들도 법상에 올랐음을 유추해 볼 수 있다. 일본 지은원(知恩院) 소장. 사진제공: 강우방.

남에게 정조를 빼앗길 것을 두려워하는 자가 있어 머리를 짧게 자르고 중이 되어 정조를 온전히 함은 오히려 가하거니와, 궁중에서야 무엇 때문에 머리를 깎아야 하겠습니까. 이것은 신 등의 바람에 어긋나는 바입니다. 엎드려 바라옵건대, 전하께서는 비구니 구씨를 밖으로 내쳐서 뿌리를 잘라버리고, 또 의빈(懿嬪)으로 하여금 옛 모습으로 돌아오게 하여 궁중을 바르게 하시면 큰 다행이겠습니다. **48)**

이렇게 고하니 세종은 다음과 같이 응수하였다.

구씨 비구니가 궁에 드나들면서 궁주(宮主)로 하여금 머리를 깎게 한 일을 막지 못한 것은 과인의 과실이라 치자. 대저 임금의 허물을 갖고 (임금을) 얽어매는 것은 소인배 유자[小儒]들의 짓거리가 아니더냐. 자기 부모들은 집에서 염불하고 불경을 읽어도 그 아들이 부모에게 간하여 막지 못하면서, 조정에 와서는 다른 사람의 상소를 빌미로 임금의 허물을 꾸며대는 것이 옳은가.[49]

그러자 정인지는 한 치의 양보도 주저함도 없이 왕의 면전에서 이렇게 되받아쳤다.

신하의 간하는 말이 진실로 선하면, 그 선한 것만 취하면 되실 일을 굳이 (신하들이) 집에서 하는 일을 어찌 족히 논하오리까.[50]

의빈 권씨는 태종의 빈으로서 정혜옹주(貞惠翁主, ?~1424)의 생모였다. 비구니 구씨 스님에게 감화를 받아 구씨 스님을 은사로 모시고 출가했던 것이다. 그렇다면 비구니 사실 스님은 누구이고 비구니 구씨는 누구인가? 이쯤에서 우리는 강희맹(姜希孟, 1424~1483)의 문집 『사숙재집(私淑齋集)』에서 '비구니 구사당(丘社堂)'이라는 인물을 찾을 수 있다. 강희맹은 죽은 자신의 아내를 기리는 글을 직접 썼는데, 아내를 칭송하는 여러 내용 가운데 자신의 옆집에 살던 여승 구사당을 한양 땅의 많은 양반집 여인들이 존경하고 따라서 구사당의 사찰에는 늘 사람이 가득했다고 했다. 그러면서 비구니 구사당이 제자를 시켜 강희맹의 아내에게도 절에 나올 것을 권유했으나 자신의 아내는 끝내 절에 가지 않았다면서 불교를 좇지 않고 유교를 좇은 아내를 자랑스럽게 여기는 내용을 적고 있다.

그런데 흥미로운 것은 사실 비구니와 구씨 비구니, 구사당이 한 사람이라는 사실이다. 우리는 그 단서를 한국학중앙연구원 장서각으로 이관된 해주 정씨 고문서 중 정업원 관련 문서를 통해서 확인할 수 있

역사 속 한국비구니

다. 이 문서는 각각 1509년 정순왕후(定順王后, 1440~1521)가 비구니가 된 후 세납 70세 언저리인 만년에 단종의 조카인 정미수(鄭眉壽, 1456~1512)에게 준 별급문기, 1489년 전 정업원 주지 윤씨가 혜언(惠闇) 스님에게 준 허여문기, 1542년 한성부 입안으로 이루어져 있다. 여기서 혜언 스님은 정순왕후 허경(虛鏡) 스님을 말한다. 그동안 우리는 스님의 허경이라는 법명만 알고 있었는데,[51] 문서에 혜언(惠闇) 스님이라고 적힌 것으로 보아 두 호칭 가운데 하나는 당호이고 하나는 법명일 가능성이 높다.

이 외에 해주 정씨 종가에서 전해 온 『해평가전문견록(海平家傳聞見錄)』에는 1511년 스님이 정미수에게 준 별급문기와 1518년 정순왕후가 정미수 처 이씨에게 준 별급문기가 실려 있다.[52] 또 1489년 정업원 주지 윤씨가 사제(師弟) 혜언 스님에게 내린 「허여문기(許與文記)」가 있다. 「허여문기」란 재산의 상속과 분배를 기록한 문서인 '분재기(分財記)'의 한 종류이다. 분재기는 재산 상속의 시기와 방법에 따라 허여문기(許與文記)·화회문기(和會文記)·별급문기(別給文記)의 형식으로 나눈다. 이 가운데 '허여'란 재산 주인인 부모가 생전에 자녀에게 직접 분배하는 것이고, '화회'는 부모가 사망한 후에 자녀가 합의하여 분배하는 것이며, '별급'은 축하나 감사 등 특별한 마음을 표하고자 할 경우에 자녀와 내외손뿐만 아니라 다른 특정인에게 주는 것이다.[53]

그런데 이 별급문기 속에 뜻밖에 앞서 강희맹이 말한 '구사당(丘社堂)'과 『세종실록』에서 여러 신하들에게 거론된 '구씨 비구니', '사실(師實)' 비구니가 모두 동일 인물을 가리킴을 알 수 있다. 아래 내용은 혜언 스님이 만년에 단종의 조카 정미수에게 인창방의 토지와 집을 물려주셔서 자신의 사형이었던 정업원 주지 윤씨 스님이 자신에게 이것을 물려주었을 때 당부했던 이야기를 문서로 남겨 그 취지를 잊지 않도록 한 것이다.

존경하는 스승이자 [전] 정업원 주지 이씨 스님께서 사실 구씨(師室丘氏) [스님]의 기일과 명절 제사를 봉행하도록 [한성] 동부 인창방에 있는 집과 채마밭 및 여러 곳에 사둔 토지를 함께 친히 주시며, "이제 이 건물과 채마밭을 너(혜언 스님을 말함)에게 전해준다. 여기에 살면서 경작하다가 이 몸이 죽거들랑 의지할 만한 제자에게 차차 전해 주라."고 하셨다. 이제 자네(단종의 조카 정미수)에게 전해 준다. **54)**

따라서 정순왕후 즉 정업원 주지 비구니 혜언 스님에게 건물과 땅을 물려준 이는 전 정업원 주지이자 사형인 윤씨였고, 윤씨 이전에는 은사 이씨가 정업원 주지를 맡았으며, 이씨 스님은 후대 정업원 주지를 맡은 비구니스님들로 하여금 비구니 사실 구씨 스님의 기일과 명절에 제사를 모시라는 유언을 남겼음을 알 수 있다. 흥미로운 것은 이 문서에 등장하는 '사실 구씨(師室丘氏)'라는 표현이다.

이상을 통해서 우리는 사실 스님의 성이 구씨였음을 알 수 있게 되었다. 따라서 실록과 문인의 문집에서 어떤 때는 '사실(師室)'이라고 했다가 또 어떤 때는 '구씨(丘氏)', '구사당(丘社堂)'이라고 했지만, 이는 모두 같은 인물을 가리키는 것임을 알 수 있다. 사실 스님은 문자를 잘 알고 불경에 해박하고, 깊은 수행을 통하여 왕실 여인들의 정신적 지주 역할을 했으며, 백성들에게 생불로 추앙받아 세종대왕의 형인 효령대군과 더불어 당시 백성들에게 생불로 존경받던 비구니스님이었던 것이다.

한편 정순왕후 혜언 스님은 이렇게 스승으로부터 물려받은 인창방의 토지에 조정으로부터 하사받은 목재로 새롭게 집을 지은 다음 이곳에 단종의 사당과 함께 자신의 비구니 제자들이 살아갈 집을 마련했다. 그리고 사당은 단종의 조카인 정미수에게, 나머지 가옥은 비구니 제자들

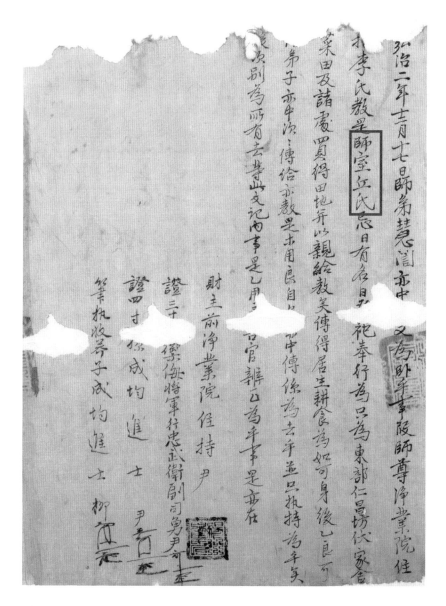

『양주 사릉 해주 정씨 종가 고문서』I에 등장하는 사실 스님 구씨. 단종의 비 정순왕후가 노
산군 부인으로 강등된 후 출가하여 비구니 혜언(惠誾) 스님이 되었다. 이 문서는 1509년 혜
언 스님이 단종의 조카 정미수에게 재산을 상속하면서 작성한 분재기이다. 출처: 한국학중
앙연구원 장서각(양주사릉 해주 정씨 종가).

에게 상속하였다. 말년에 스님은 인창방의 정업원을 떠나 정미수의 집에서 여생을 마쳤고, 해주 정씨 선산에 묻혔다.[55] 이는 혜원 스님 또한 광평대군 옆에 묻힌 것을 보아서 짐작할 수 있는 일이다. 조선시대 가문을 중시하는 유교문화의 풍토에 따라 비록 출가한 여성이라고 해도 가족들은 선산에 안장하기를 선호했던 것 같다.

3) 수행의 경지가 깊었던 예순(禮順) 스님

비구니 예순(禮順, 1587~1657) 스님은 평산부사 이귀(李貴, 1557~1633)의 따님으로 태어나 김자겸(金自謙, 1588~1651)이라는 남성과 결혼하였다. 스님은 어린 시절부터 수행자적 자질을 타고 났다. 이와 관련해서 『실록』에 기록된 당시 사건기록문서인 공초(供草)가 남아있어 일련의 정황을 살펴볼 수 있다.

스님은 남편과 남편의 벗이자 서얼 출신 오언관(吳彦寬)이라는 사람, 이렇게 셋이서 불법을 닦는 도반으로 함께 불교 수행을 하다가 남편 사후에 낙향하는 오언관에게 부탁하여 한양을 벗어나 멀리 경상도 안음현 덕유산(현 경상도 함양군 서상면) 아래에서 삭발하여 스님이 되었다. 공교롭게 마침 나라에 강도 사건이 발생하여 범인을 수색하는 과정에서 산속에 숨어살던 오언관을 범인으로 오인하고 취조하였다. 그러다가 결국 예순 스님의 신분도 탄로 나게 되었다. 예순 스님의 부친 이귀는 서인에 속한 정치인이었기 때문에 북인 계열의 신료들은 이 일을 빌미로 서인을 공격하기 위해 갖은 죄상을 꾸며서 조정에 일대 파란을 일으켰다. 이 과정에서 오언관과 예순 스님은 집을 떠나 간통을 저지른 죄인으로 오해받아 죄를 뒤집어 쓰게 되었다. 이른바 조선판 마녀사냥이라고 할 수 있을 것이다.

결국 이 사건으로 오언관은 물론 예순 스님을 모시고 따라갔던 정이 (貞伊)라는 여성까지 희생되고 말았다. 요행히 부친의 노력 등에 힘입어 천신만고 끝에 예순 스님은 살아남았고, 훗날 조정 대신들 사이의 권력 싸움이 마무리되면서 예순 스님은 당당히 정식으로 출가하여 비구니스님이 되었다. 후에 스님은 서울 숭인동 청룡사 주지를 하면서 청룡사와 회룡사 등 사찰을 중창하고 비구니로서 리더십을 발휘하였다. 『실록』의 관련 문서 안에는 예순 스님의 높은 수행력이 잘 나타난다. 먼저, 스님이 제출한 자술서를 잠시 살펴보기로 하자.

저는 부사 이귀(李貴)의 딸이고 고 유학(幼學) 김자겸의 아내입니다. 6, 7세 때부터 조금 책을 보았는데, 세속에는 뜻이 없었습니다. 열다섯 살에 시집을 갔으나 역시 부부 생활과 아이 낳은 일은 염두에 두지 않았으며, 오직 지극한 불도(佛道)에 마음을 두어 8, 9년간 공력을 쌓았더니 터득된 바가 있는 것 같았습니다.
[남편] 자겸도 뜻과 기상이 범상치 않아 일찍이 선학(禪學)을 공부했기 때문에 [저를] 아내의 도로써 대하지 않았으며, 또 [서얼 출신] 오언관과도 [신분의 차이에 얽매이지 않고] 도반으로 지냈습니다. [남편이] 일찍이 말하기를 "나는 그대와 같은 아내가 있고 오언관과 같은 벗이 있으니 일생의 행복이다." 하였습니다. 세 사람이 마치 [세 개의] 솥발처럼 마주 앉아서 종일 불도를 이야기하였는데 어떤 때는 밤이 깊도록 법담을 나누었습니다.
그런데 [남편] 자겸이 무신년에 죽었습니다. 그가 죽기 전날 가족들을 불러 말하기를 "나는 내일 죽을 것이다."라고 하였는데 정말 다음날 죽었습니다. 임종하면서 입으로 게송 몇 구절을 불러주었고, 이어 오언관에게 말하기를 "내 아내가 있으니 나는 죽은 것이 아

니다. 그대는 속세의 [다른 사람] 말을 혐의삼지 말고 모쪼록 불도를 위하여 오늘처럼 [내 아내와] 서로 왕래하라." 하니 오언관이 허락하였습니다. 그 뒤 때때로 [오언관이 우리집에 찾아] 와서 서로 불도를 논하고 학문을 강론함이 오래도록 쇠하지 않았습니다.

일찍이 오대산에 비구니가 많다는 이야기를 듣고 따라가려고 하였으나 뜻을 이루지 못하였었는데, 지난 4월에 오언관이 산천을 유람하기 위하여 떠난다는 말을 듣고 드디어 따라가기로 결심하였습니다. 이에 시어머니와 부모에게 편지를 남겨 작별을 고하고 노비를 거느리고 길을 떠나 덕유산에 이르러 머리를 깎고 중이 되었는데, 끝내 그 마을 사람에게 사로잡혔습니다. 처음부터 끝까지의 연유를 고하자면 이와 같을 뿐입니다. 만일 처사를 잘못한 것으로 말한다면 죽음도 가볍지만 간통과 같은 일은 저 푸른 하늘의 태양과 같이 아무 일도 없었으니 비록 만 번 죽더라도 부끄러울 것이 없습니다. 안음(안음현)에서 처음 공초할 때에 거짓말을 둘러대고 거짓 이름을 댄 일은 차마 하지 못할 짓임을 모르는 바는 아니었으나 만일 사족(士族) 집안의 여자로서 다른 남자를 따라서 나왔다고 말하면 현감이 필시 곡절을 묻지도 않고 먼저 엄중한 문초를 할 것으로 여겨졌기 때문에 부득이 이와 같이 했던 것입니다. [56]

위의 진술에서 알 수 있는 사실은 당시에도 선을 가르치고 배울 수 있는 여건이 많이 있었다는 것이다. 양반집에 읽을 수 있는 불경이 많이 있었기에 출가 전 예순 스님이 어린 여자아이로서 불경 책을 읽을 수 있었던 것이고, 결혼한 남편 김자겸도 젊은 나이에 이미 선을 배워 일정 경지에 이르렀던 것이다. 오언관 또한 선에 정통한 사람으로 예순과 김자겸, 오언관은 도반으로서의 유대감이 굳건했음을 알 수 있다.

역사 속 한국비구니

남편 김자겸은 가족들 앞에서 자신의 아내 예순과 벗 오언관에게 "나는 그대와 같은 훌륭한 아내가 있고 오언관과 같은 벗이 있으니 일생의 행복이다."라고 하였다. 젊은 나이에 병으로 죽음을 눈앞에 두면서도 오언관에게 "내 아내가 있으니 나는 죽지 않았다. 그대는 속세의 말을 혐의 삼지 말고(남녀의 왕래를 혐오하는 유교 문화의 풍조에 개의치 말라는 의미) 모쪼록 불도를 위하여 오늘처럼 서로 왕래하라."고 당부했던 것이다.

또한 예순 스님은 "오대산에 비구니가 많다."는 이야기를 듣고 오대산에 가서 출가하려고 마음을 먹었다는 것으로 보아 당시 오대산에 훌륭한 비구니가 많이 있었음을 알 수 있다. 덕유산에 가서 머리를 깎았다는 것으로 볼 때 당시 덕유산 영각사 주위에도 비구니 암자와 비구니들이 있었음도 함께 알 수 있다.

평소에 예순 스님을 따랐던 나정언(羅廷彦)의 첩 정이(貞伊)도 이 여행에 따라가기를 간청해서 함께 길을 나섰다가 잡혀와 함께 문초를 받았는데 이때 정이는 덕유산에서 예순 스님의 수행 모습을 다음과 같이 진술하였다.

소녀는 나이 열네 살에 무인(武人) 나정언의 첩이 되었는데, 지아비가 죽은 뒤에 절개를 온전히 하려고 그의 큰집에 가 의탁하였습니다. 그런데 김자겸의 아내 이씨(李氏, 즉 예순 스님)를 많은 사람들이 귀하게 여긴다는 소문을 듣고 정성을 다하여 만나보았는데, 제가 사람을 많이 보았으나 이와 같은 사람은 보지 못하였습니다.
이씨는 언제나 말하기를 "속세에서는 수행을 온전히 하기 어렵기 때문에 옛 사람들이 집을 나가 산으로 들어간 것이다. 오대산에는 비구니가 많다고 들었기에 그 곳에 가려고 한 지 오래되었다."라고 하셨습니다.

올봄에 오언관이 이씨와 동행하기에 소녀도 따라갔는데, 이씨는 제때에 밥을 먹지 않았고 더러는 20일 동안이나 물도 마시지 않았지만 조금도 주리고 피곤한 모습이 없었으며 혹 한 달이 되도록 잠을 자지 않기도 하였습니다. 온몸에 향기가 풍겼으며 깜깜한 밤에도 대낮처럼 광채가 발산되었는데 3년간 함께 살았으나 처음부터 끝까지 한결같아 도덕적으로 더러운 일은 전혀 가까이 하지 않으셨습니다.

천한 이 몸은 청춘에 과부가 되어 요구하는 사람들이 많았으니 개가(改嫁)하더라도 누가 탓한다고 굳이 산간에 가서 남자와 간통하겠습니까. 오언관은 땅굴 속에 거처하였지만 온몸에 향기가 났으므로 사람들이 다투어 먹을 것을 갖다 주었습니다.[57]

정이는 당시 한양에서 예순을 존경하는 사람들이 많아서 어떤 사람인가 만나본 결과 예순 같은 사람을 만나본 적이 없다고 할 만큼 당시 그녀의 수행은 상당한 경지에 이르렀던 것 같다.

예순 스님이 의금부에 잡혀와 감옥에 갇혔을 때 지었다는 시 한 수가 조선중기 문인 유몽인(柳夢寅, 1559~1623)의 『어유야담(於于野談)』에 전해온다.

마침내 누런 먼지 뒤집어 썼네.(祇今衣上汚黃塵)
청산은 어찌하여 사람을 허락하지 않는가.(何事靑山不許人)
우주[寰宇]에 사대(四大)는 묶여 있지만(寰宇只能囚四大)
의금부[金吾]가 어찌 멀리에서 노니는 정신을 가둘 수 있으리.(金吾難禁遠遊神)

'누런 먼지'를 뒤집어썼다는 것은 산에 가서 출가하여 살고자 했는데 잡혀와서 세속 홍진을 뒤집어썼다는 뜻으로 보인다. 이에 제2구에서는 이렇게 된 운명을 한탄하고 있다. 하지만 3구와 4구에서 비록 의금부에서 나를 가두어 보았자 나의 사대를 가두었을 뿐 자유롭게 아스라히 노니는[遠遊] 나의 정신[神]을 너희들이 감히 어쩌겠느냐고 당당히 외치고 있다.

훗날 예순 스님은 1623년 인조반정 후 인목왕후(仁穆王后, 1584~1632)의 도움으로 1624년(인조 2) 동대문 밖에 있던 청룡사를 중창하고 곧이어 도봉산 회룡사를 중창하는 등 조선시대 불교 발전에 큰 공헌을 했다. 『청룡사사지』에 의하면 스님은 1657년(효종 8) 세수 71세, 법랍 47세로 청룡사에서 입적하였다고 한다.

4) 선시로 교류한 도원(道圓) 스님

삼국과 발해, 고려시대를 통틀어 비구니가 쓴 글이 남아있지 않은 것은 매우 안타까운 일이다. 비록 작품은 남아있지 않지만 한시에 능하여 시축(詩軸)을 만들어 당대 유명 관료이자 문인에게 보낸 한 당찬 비구니스님에 대한 기록이 전하여 관련 내용을 소개한다.

비구니 도원 스님은 조선 전기 밀양 출신 문인 김종직(金宗直, 1431~1492)의 문집 『점필재집(佔畢齋集)』 제4권에 짧게 등장한다. 김종직은 세종 13년부터 성종 23년 사이에 살았기 때문에 획일화된 성리학적 사유에 굳어있지는 않다. 김종직은 「용라승운서원니권(用螺僧韻書圓尼卷)」이라는 시를 두 수 남겼는데 이 시는 비구니 도원 스님에 대한 내용이다. 시 제목의 뜻을 새겨 보자면 '나승 스님 시의 운자를 사용해서 비구니 도원 스님의 시집에 쓰다'라는 의미가 될 것 같다. 두 수는 각각 다음과 같다.

[제1수]
역리의 부인에 대한 이야기 들은 지 오래되었으니,(久聞郵吏婦)
매우 절개 있는 여성이라 하더이다.(剩有柏舟風)
출신 따위 따질 필요 어디 있으리?(何用論門地)
사람의 도리는 만고에 통하는 법.(民彝萬古通)

[제2수]
야호선(정견을 못 얻은 자가 선지식 행세를 하는 짓)은 이미 타파했으니,(打
散野狐禪)
수미산이 눈앞에 있겠구려.(須彌在目前)
칠십 나이에도 매우 정진력이 용맹스러우니,(耆年甚精猛)
응당 최고봉까지 오르겠구려.(應上最高巔)

　다행인 것은 김종직이 이 시를 남기면서 도원 스님에 대해서 약간의
소개를 덧붙이고 있다는 점이다.

　비구니 도원(道圓)은 속명이 득비(得悲)이다. 젊어서 안림 역리(安林
驛吏)의 아내가 되었는데 남편이 죽자 절개를 지키고 재가하지 않
았다. 만년에 가야산의 도엄(道嚴) 스님에게 선을 배우고 정각암(淨
覺庵)을 지어 기거하는데, 연세가 이미 70세가 넘었다. 내가 해인사
에 있다는 말을 듣고 시축(詩軸)을 보내어 몇마디 일러 주기를 청하
므로 절구 두 수를 써서 답신을 드린다. **58)**

　　　　　　　　　　　　역사 속 한국비구니

안림역은 오늘날 경남 고성 근처에 있던 역참 이름이다. 출가 전 도원 스님의 남편이 역참에 근무했으므로 중인의 신분이었던 것 같다. 스님에게 선을 가르친 스승이 누구인지는 알 수 없지만, 선을 배웠다는 것으로 볼 때 도원 스님도 선종 계열의 스님이었던 것으로 보인다. 스님의 작품이 후대에까지 전해져 오지 못하는 것은 매우 아쉽지만 70이 되어서까지 참선에 열중하는 구도자의 모습이 여실히 드러나 있다.

한편 김종직이 '나승(螺僧)'의 운자를 써서 이 시를 지었다고 하는데, '나승(螺僧)'은 법명이 옥명(玉明)으로 당시 소라 법구를 잘 부는 가야산의 비구승이었다. 그에 대해서는 김종직과 김종직의 제자, 가야산을 방문하고 글을 남긴 문인의 작품을 통해서 간략하게나마 파악할 수 있다. 옥명 스님은 잠깐이었지만 회암사의 주지를 지낸 적도 있다는 것으로 보아 당시 불교계에서 지명도 있는 스님이었을 것이다. 문두루(文豆婁) 작법에 뛰어난 신인종(神印宗) 스님으로서 특히 소라를 잘 불어 김종직이 그를 '나승' 즉 '소라 스님'이라는 별명으로 불렀다. 그는 행각을 즐기고 무애의 춤을 잘 추며 작곡에도 뛰어나서, 특히 스스로 지은 「나월독락가(蘿月獨樂歌)」를 부르며 소라를 불고 춤을 추었는데 넓은 소매를 너울거리며 추는 춤이 너무 좋아서 훗날 민속에서 그를 따라하여 춤을 추게 되었는데 이를 화상무(和尙舞) 즉 승무라고 부른다 하였다.[59] 이를 통해서 당시 스님들 중에는 유연하고 자유로운 무애행을 하는 인물들이 있었던 것으로 보인다.

김종직이 비구니 도원 스님에게 화답하는 시를 보내왔다는 것은 고려 말 화엄곡 스님처럼 조선 초기 비구니들 중에 남성 문인들과 문학적 교류를 하는 문화가 있었음을 보여 준다. 또한, 신분에 대한 고정 관념이 없이 남성 문인과 여성수행자들이 문학적·문화적 교류를 하고 있었음을 알게 한다. 김종직이 비구 옥명 스님의 운자를 이용하여 시를 지어 도원 스님에게 보냈다는 것은 도원스님이 선을 통하여 완전한 자유인이 되기를 응원하는 메시지도 들어있다 하겠다.

5) 여대사(女大師) 정유(定有) 스님

비구니 정유(定有, 1717~1782) 스님에 대한 기록은 영조(英祖, 재위 1724~1776)와 정조(正祖, 재위 1776~1800) 때의 문인이자 영의정을 지낸 채제공(蔡濟恭, 1720~1799)의 기록에서 찾을 수 있다. 채제공은 사도세자의 측근이자 스승이었으며, 정조의 측근이었다. 정조 즉위 후 남인의 영수로 중용되어 요직을 역임하였다. 1783년(정조 7) 의정부 우의정, 1792년 좌의정을 거쳐 1793년에는 영의정에 제수되었다. 채제공의 일생에 대해서는 집안의 부인들도 그의 행적을 알 수 있도록 순한글 필사본『번상행록(樊相行錄)』과『상덕총록(相德總錄)』이 전해져 오고 있을 정도로[60] 그는 국가는 물론 가문에서도 존경받는 인물이었다.

이처럼 저명한 인물이 사리탑에 새길 글을 써주면서 '여대사(女大師)', '대법사(大法師)'라고까지 칭송했던 비구니 정유 스님은 어떤 인물일까? 채제공의 글 외에는 현재까지 스님과 관련된 다른 자료가 발견되지 않아서 현재로서는 채제공의 자료에 의거하여 살펴보자.

채제공은 스님을 지칭하여 줄곧 '스승[師]'이라고 부르며 정유 스님에 대해 지극한 존경심을 표하고 있다. 사리탑명 중 스님의 인물됨을 파악하는 데에 참고가 될 만한 부분을 중심으로 내용을 살펴보기로 하자.

대사(大師)의 속성은 강(姜)씨이고 평양의 양갓집 따님이다. 성품이 고요하고 맑았으며 세속적 욕심이 없었다. 어려서부터 부처와 조사들께 귀의하여, 오신채와 고기를 입에 대지 않았다. 불경을 독송하느라 조석을 잊으셨다. [불법을 닦기 위해] 명산대천을 마치 문지방 넘듯이 왕래함에 이르렀고 깊은 밤이면 반드시 뜰로 나아가 북두칠성에 절하고 방으로 들어가 면벽하셨는데 고요하여 잠든 것 같았지만 실제로는 주무시는 것이 아니었다.

영조 을미년(1775) 내가 평안도 관찰사를 마치고 남산 옛집으로 돌아왔는데 하루는 스승[師]께서 나를 방문하셨다. 내가 "멀리서 오시느라 수고하셨다며 어디에 머무르실 것이냐?"라고 여쭈었다. 스승께서 말하기를 "관서의 백성으로서 대감이 베푸신 은덕이 크니 비록 여자의 몸이라지만 어찌 한번 찾아와서 감사를 표하지 않겠습니까?"라고 했다. 이에 집사람 살림도 도와주시며 수개월을 머물다 떠나셨다. 다음해도 그랬고 또 다음해도 그랬는데 모습이 조금도 게으름이 없으셨다.

내가 일찍이 [정치적으로 어려운 적이 있어 칩거하고자] 온 가족을 이끌고 명덕산에 들어간 적이 있었는데 스승[師]께서 [그곳까지] 오셨다. [그때 스승께서는] 비구승 쾌호(快浩)를 양자 삼으셨다시며 늙은 몸을 의탁할 수 있게 되었다고 말씀하셨다. 승려 쾌호를 데리고 오셨기에 내가 춘성당(春星堂)을 청소해서 스승과 쾌호를 머물게 했다.

매일 깊은 밤 내가 지팡이에 의지해 연못을 거닐며 나무가 우거진 사이로 바라보면 멀리 나무들 사이로 등불 하나가 환하게 창을 밝히고 있었다. [스승의] 독경소리가 높아졌다 낮아졌다 하면서 소나무와 골짜기 사이로 부는 바람소리와 잘 어우러져 들리곤 했으므로 [나는] 스승께서 잠들지 않으셨음을 알 수 있었다. 나는 문득 이

것이야말로 산속에 사는 즐거움임을 깨닫고 기뻐하였다. (중략)

얼마 지나지 않아 사(師)께서 행장을 꾸리고 말씀하기를 "장차 장단의 화장암(華藏菴)으로 가서 머리를 깎고 출가하고자 하여 이제 작별하고자 합니다."라고 하셨는데, 그때 스승의 연세가 이미 60이 넘었다. 내가 위로하여 말하기를 "왜 스스로 그렇게 고생하려 하십니까?" 사(師)께서 말씀하셨다. "죽을 날이 멀지 않았습니다. 제 소원은 열반에 있습니다. 출가하지 않으면 그 소원을 이루지 못할까 두렵습니다." (중략)

몇 개월 후 화장암에서 편지가 와서 이미 몇 월 며칠에 삭발을 했고 법명은 정유(定有)라고 하며, 대법사(大法師)는 율암식활(律菴食活)이라고 하셨다.

임인년(1782) 11월 15일에 대사께서 입적하시니 세납 66세셨다. 화장하니 사리가 나와서 쾌호가 관서의 칠성암(七星菴)으로 옮겨 탑에 모시고자 하여 나에게 글을 청하기에 사실을 기억해서 기록한다.

[추억하건대] 내가 무술년(1778년) 여름에 사신으로 연경[북경]을 다녀올 때 밤에 청천강을 건넜다. [이때] 스승께서 평양으로부터 200리를 걸어서 강을 건너 마중을 나오셨으니, 얼마나 반가웠던지! [스승께서 직접] 배에 올라 수박을 깎아 주셨으니 그 정성을 어찌 잊겠는가. 훗날 나에게 재앙을 면하게 해 주고자 깊은 산에 들어가 목욕 재계하고 새벽까지 신명께 기도하기를 백일을 채우고 그쳤다 하시니 이보다 더한 정성이 무엇이 있겠는가. 내가 스승의 은혜를 저버

릴 수 없어 병든 몸으로 스승을 위해 사리탑명(舍利塔銘)을 짓는다.

이 세상은 얼마나 고통의 땅이며,

저 세상은 얼마나 즐거움의 땅입니까?

무덤 만들기를 싫어하시고 다비를 원하셨지요.

무덤이냐 다비냐 따질 것 없이

모두 무(無)로 돌아가니

필경 무슨 차이가 있을런지요.

하여 저는

천지간 천만 가지 일들

바랄 것도 없고

바라지 않을 것도 없다고 감히 말씀 드립니다.

돌아가셔서 제 말씀 좀

석가모니 부처님께 여쭈어 주시옵소서. 61)

명덕산은 채제공이 정치적으로 어려움을 당했을 때 온 가족과 함께 은거하던 곳으로, 오늘날 강북구 번동(樊洞) 북서울 꿈의 숲 일대이다. 62) 그는 정조의 최측근 인물로 정조에게 큰 신뢰를 받았지만, 정적들에 의해 고통도 많이 받았다. 채제공이 어려움을 겪을 때마다 재가여성 시절의 정유 스님이 그의 옆에서 정신적으로 많은 위안을 주었다.

사실 채제공 또한 수행이 깊었던 인물이었다. 후대에 채제공을 두고 모두가 땀을 흘리는 무더위에도 "면벽하는 스님처럼 조용하게 지냈으며, 몸에서 땀이 난 적이 없었다."63)라고 평가한 것으로 보아, 비록 유교 이념이 지배하던 조선시대 사대부로서 드러내 놓고 하지는 않았겠으나 평소에 선(禪) 수행을 했을 가능성이 높은데, 일정 정도 정유 스님에게 그 영향을 받았을 수 있다.

세속 나이로 보자면 정유 스님이 채제공보다 세 살이 아래다. 그런 분에 대해서 문장에서 매번 사(師)라고 칭하고 또 여대사(女大師)라고 칭하였다. 이는 세조가 신미 대사를 존경하여 신미 대사를 거론할 때면 사(師)라고 칭했던 것을 떠올리게 한다. 채제공에게 정유 스님은 정신적 스승이요, 멘토가 아니었을까 싶다.

정유 스님이 출가한 파주 장단의 화장사는 고려시대부터 유명한 사찰 중의 하나였으나 지금은 터만 남아 있다. 1900년대 초에도 강화도의 비구니 암자들 가운데 화장사에 소속된 암자들이 있었던 것처럼 정유 스님이 활동하던 18세기 후반 화장사에는 비구니 산내 암자들이 있었음을 알 수 있다.

정유 스님이 만년에 출가한 일을 통하여 살아생전 하루라도 출가자로 지내야 서방정토에 태어날 수 있다는 고려시대 여성출가자들의 인식이 조선시대에도 변함없이 계승되고 있음을 알 수 있다. 스님의 경우 출가 전 혼인에 대한 기록은 없는 것으로 보이는데, 조선시대 삼엄한 여필종부의 강압적 사회 분위기에서 벗어나 자유롭게 "산과 강을 문지방을 넘나들 듯이" 행각을 다녔다는 것은 놀라운 일이다. 『실록』과 같이 의도를 띤 공식적인 기록과 당시 현실 사회는 온도 차이가 꽤 있었으며, 당시 비구니 또한 다양한 형태와 다양한 수준을 갖고 있었음을 짐작할 수 있게 한다. 채제공이 이 정도의 존경을 표시할 정도라면 출가 전후 정유 대사는 필시 주위 사람들에게 상당한 감화를 주는 인물이었을 것이다.

역사 속 한국비구니

6) 관음의 화신 대인등전(大印燈傳) 스님

『동사열전(東師列傳)』에 등장하는 총 199명 가운데 유일하게 한 명의 여성 인물이 있으니 그 주인공이 바로 비구니 대인등전(大印燈傳) 스님이다. 스님에 대한 자료로는 『동사열전』 3권과 6권, 건봉사의 사리탑이 있다. 3권에는 전기가, 6권에는 다른 비구 인물에 대한 전기를 적는 과정에서 스님에 대해 언급하고 있다. 장차 대인등전 스님에 대한 더 많은 자료가 발견되기를 기대하며 관련 내용을 실어본다.

> 스승[師]의 성은 김씨이다. 황주(黃州, 지금의 황해도) 사람으로 동년에 출가했는데 계행을 철저히 지키셨으며 구도 행각을 다니시며 사유와 관찰을 이어가셨다. 비구와 비구니가 계신 곳곳을 찾아 배우시며 귀가 순해지고 마음에 굶주림이 없어지는 것 외에는 다른 바라는 것이 없으셨다. [후에] 청신녀 재가보살로서의 선행도 풍부하다. 몸을 벗을 때가 되시자 급히 금강산 건봉사로 들어가 늙지도 아프지도 않고 좌탈입망하셨으니, 지지보살이 아니라면 필시 관세음보살[의 화현]이셨을 것이다. 스승의 자비행은 누구도 하기 어려운 것이었다. 세랍 41세, 법랍 22세로 입적하셨다. 다비를 하니 사리가 17개 나와서 돌을 쪼아 탑을 세워 모두 부도에 넣었는데 [이에 관한 자세한 행적은] 곧 [스님이] 지은 탑명(塔銘)에 실려 있다. **64)**

『동사열전』은 전남 대흥사 비구 범해각안(梵海覺岸, 1820~1896) 스님이 편술한 것으로, 삼국시대 신라의 아도 스님부터 동진(洞眞, 869~948) 스님까지 13명을, 고려시대 대각 국사부터 원진 국사까지 10명을, 조선시대 함허부터 회광 스님까지 모두 176명을 실었다. 이 책에서 비록 조선시대 말기의 스님을 많이 실었다 하나 비구승 중심의 인물전인데 특별히 대인등전이라는 비구니 인물을 실은 것은 매우 특별하다. 이는 중국에서 선종 계보에 해당되는 『경덕전등록』에서 '950명의 비구를 다루면서 유일하게 포함되었던 한 명의 비구니 말산요연(末山了然)'65) 스님을 떠오르게 한다.

만년에 스님은 환속했다가 입적 때 다시 사찰로 돌아와 입적했다고 하는데 관련 자료가 전해지지 않아서 자세한 것은 알 수 없다.

그런데 스님은 환속 후에도 이름만 재가자였지 출가자적 태도로 살았던 것 같고, 저자는 일관되게 스님으로서의 정체성을 부여하며 내용을 기술하고 있다. 대인등전 스님이 비록 재가자의 신분으로 입적했다고는 해도 『동사열전』이 역대 출가자를 다루고 있는 만큼 저자는 그녀를 스님의 입장에서 기록에 넣은 것이다. 스님이 잠시 환속을 했던 이유는 조선 말 사회가 극단적 유교주의에 치우쳐 있었기 때문에 어쩔 수 없이 잠시 겉으로만 재가 여성의 모습을 취했던 것은 아닐까 생각된다.

저자는 대인등전 스님을 지지보살 아니면 관세음보살의 화신이었을 것이라고 하였다. 관세음보살은 자비의 화신으로 우리에게 매우 익숙한 보살이다. 지지보살은 삼장보살(三藏菩薩) 즉 천상의 교주인 천

대인등전 스님의 사리탑. 스님은 알 수 없는 사정으로 만년에 잠시 환속했다가 임종 시 사찰로 돌아와 건봉사에서 입적하였다. 사리탑에 '비구니 대인등전'이 아닌 '청신대인당(淸信大印堂)'이라 적힌 것도 그러한 이유다. 사진 제공: 건봉사.

장보살, 지상의 교주인 지지보살, 지하의 교주인 지장보살의 세 보살 중 지상의 보살이다.⁶⁶⁾ 본래 지지보살은 길이 끊어진 험지에 다리를 놓아 주거나 패인 길에 흙을 메워 중생이 넘어지지 않게 길을 닦아주는 일을 했는데 훗날 이와 같은 방법으로 마음의 길을 닦아 깨달음을 얻은 후 보살이 되었다고 한다. 지지보살은 마치 대지가 만물을 등에 지고 운행 하듯 중생을 등에 지고 가는, 미망에 헤매는 중생의 아픔을 대신 짊어 져 주고 다독여 주는 보살이다.⁶⁷⁾

지금 건봉사 부도전에는 탑명은 남아있지 않고 '청신대인당(淸信大印 堂)'이라는 다섯 글자만 새겨져 있다. 그러나 『동사열전』 제6권 「금월선 덕전(錦月禪德傳)」에는 다음과 같은 내용이 전한다.

[비구] 금월선덕(錦月禪德) 스님은 동방 세계 건봉사의 화신불이다. 후에 몽월영홍(夢月泳泓)·동봉욱일(東峯旭日)·대인등전(大印燈傳) 스 님도 금월선덕 스님의 발자취와 같았다. 이 네 스님의 발자취에 대 한 기록을 세상에 알린다면 팔방에서 그 누군들 우러러보고 찬탄 하지 않겠는가?⁶⁸⁾

위의 자료에서 대인등전 스님과 나란히 거론한 비구스님들의 면면을 살펴보는 것도 대인등전 스님에 대한 이해를 도울 수 있겠다. 먼저 비구 금월선덕(錦月禪德) 스님은 『동사열전』에서 『능엄경』·『기신론』·『금강경』· 『원각경』과 『화엄경』을 익히고 『사분율』과 『범망경』을 배워 마침내 그 본 원을 깨닫고 천진면목(天眞面目)을 통달했다는 칭송을 하고 있다. 선지 식을 두루 참알하고 명산대천의 사찰에서 하안거 결제를 했으며 건봉 사 만일회(萬日會)에 동참했다고 하였다. 또 다른 인물인 비구 몽월영홍 스님은 전국의 고승을 찾아 경율론 삼장을 두루 달통한 인물이라 하였으며, 일종식을 하며 참선에 매진했던 인물로 서술하고 있다.

저자가 이러한 비구승들과 대인등전 스님을 나란히 놓고 거론하고 있다는 것은 스님의 인물됨이 매우 훌륭했음을 의미한다. 아울러 조선 후기에 불교계 내부에서 비구스님과 비구니스님을 평등하게 보는 인식이 있었음을 보여 준다. 실제로 1975년 한국에서 출가하여 성일(性日)이라는 불명을 받고 10년간 비구니스님으로 지낸 바 있는 프랑스인 명상가이자 저술가 마르틴 배철러(Martine Batchelor)는 한국 불교계가 겉으로는 팔경계(八敬戒)를 준수한다고 하지만 실제로 본인이 여행하거나 살았던 여러 아시아 국가 중에서 한국 비구승들이 비구니에 대해서 더 존중하고 그분들과 거의 평등에 가깝게 행동했다고 회상했다. 그리고 그렇게 된 원인은 불교가 조선 시대에 유교를 통해서 억압받았기 때문에 편안한 시기보다 서로 어려움을 겪을 때 더 평등한 생각을 갖기 쉬웠을 것이라고 보았다. 살아남는 것이 문제가 될 때는 남자와 여자라는 구분보다는 같은 인간으로서의 동등함이 더 중시되기 때문이라는 것이다. [69]

7) 나라를 구한 설화 속 비구니선사

실존 인물은 아니지만 설화에서 영웅으로 등장하는 비구니스님들이 있다. 임진왜란 때 이순신 장군을 도와 전쟁을 승리로 이끈 세 명의 비구니에 관한 설화가 이것이다. 관련 이야기가 이종익의 역사소설『사명대사(四溟大師)』(1957), 전남일보 연재『사명대사전(四溟大師傳)』(1963), 전남 순천문화원의『순천승주사(順天昇州史)』(1965),『순천승주 향토지(順天昇州鄕土誌)』(1975년) 등에 실려 있으며, 경남 통영 연화도에는 사명 대사와 세 명의 비구니가 함께 수행하던 곳과 관련한 전설이 전해오고 있다. 대략적인 이야기는 다음과 같다.

① 조선 초기 연산군은 도성 내 스님들을 모두 내쫓고 대신 기생들을 절에 기거토록 하고 가무를 즐겼다. 이때 한양 땅 삼각산에서 수도하던 비구 큰스님 한 분이 비구니 성운(性雲), 성련(性蓮), 성월(性月) 제자를 데리고 남쪽으로 내려왔고, 말년에는 충무 연화도의 산꼭대기 동쪽 바위벼랑 아래에 작은 토굴을 짓고 수행하였다.

② 스승은 세 비구니스님에게 "내가 죽거든 껍데기 육신을 이 푸른 바다에 던져라. 고기 밥이 되어 바다에 보시하련다."라는 말을 남기고 열반하였다. 그런데 큰스님의 시신을 바다에 수장하자 놀랍게도 한 송이 연꽃으로 변하여 해면 위로 떠올랐다. 이에 그 큰스님을 연화도인(蓮花道人)이라 부르는 한편, 이 섬을 연화도(蓮花島)라 칭하게 되었다.

③ 스승 입적 후 세 비구니 제자들은 20여 년간 이곳에서 수행하다가 열반했는데, 사람들은 스승과 제자 3인을 일컬어 '해상사호(海上四皓)'라 불렀다.

④ 세월이 흘러 스승은 사명 대사로, 세 명의 비구니 제자는 사명 대사 문하의 세 비구니 제자로 환생했는데 이 세 스님의 법명은 각각 보운(寶雲), 보련(寶蓮), 보월(寶月)이며, 이들은 연화도 산정에서 극적인 상봉을 하고 혹독한 수행을 시작한다.

⑤ 임진왜란이 발발하기 1년 전인 선조 24년(1591), 이순신 장군에게

해상의 세 비구니가 홀연히 나타난다. 범상치 않은 이들 세 여인의 머리 위에는 항시 자줏빛 후광이 나타났는데, 사람들은 이들 3인 중 가장 나이든 스님을 자운 선사(紫雲仙師)라 불렀다. 이들 비구니스님은 이순신 장군에게 해상지도와 각종 병서를 비밀리에 전해주며, 왜적들이 내년에 조선을 대거 침략해 올 것이니 시급히 그 대비책을 세우라고 충고한다. 그리고 전선을 건조하는 조선법(造船法), 바다에서 적을 격퇴시키는 해전법(海戰法), 하늘의 천기와 바람을 예측하는 천풍예지법(天風豫知法) 등 많은 것을 장군에게 가르쳐 준다.

⑥ 다음 해인 임진년 4월, 왜란이 발발하자 자운 선사는 이순신 장군에게 청하여 자신이 직접 군사들을 지휘하고, 경상도 바다로 출전하여 옥포해전, 당포해전, 한산해전 등에서 연전연승하게 된다.

⑦ 자운 선사는 부산포해전에 출전하여 정운(鄭運) 장군과 함께 몰운대(沒雲臺) 앞바다에서 왜적의 흉탄에 쓰러지니, 조정에서는 정1품의 영의정에 추서하고 순천 송광사(松廣寺)에 안치한다.

⑧ 이렇듯 세 명의 비구니는 임진왜란을 예견했으며, 이 가운데 자운 선사 보련(寶蓮)은 이순신(李舜臣)을, 보운(寶雲) 선사는 권율(權慄)을, 보월(寶月) 선사는 곽재우(郭再祐) 장군의 막하에서 각각 활약했다.[70]

이런 설화가 세간에 전해올 수 있었던 것은 역사적으로 비구니스님들이 민간에서 많은 활약을 해왔기 때문에 가능하지 않았을까 짐작한다.

6. 억불시대 불교를 지켜낸 무명의 비구니들

조선시대에는 억불정책으로 불교가 여러 어려움을 겪었지만, 이 가운데 가장 큰 어려움은 인재난이었다. 승과의 폐지는 남성출가자의 사회적 지위 획득의 기회가 사실상 차단되는 것을 의미하므로, 출가에 대해 아주 특별한 의지를 지닌 인물이 아니라면 가족이나 본인이 굳이 출가의 길을 선택하려 하지 않았다. 그러나 시대가 바뀌어도 위정자들에게 불교의 중요성을 끊임없이 일깨우고 정기적으로 불사와 이벤트를 이어가며 불교에 대한 백성의 신심을 지속적으로 고취시키기 위해 포교에 매진하는 인력이 필요했다. 또 계율을 잘 지키고 수행을 잘하는 승단이 운영되도록 승단을 잘 이끌 준비된 리더 인재풀이 필요했다. 하지만 승과제도가 폐지되자 이를 담당할 불교 인재가 빠르게 감소했던 것이다.

이에 조선시대 불교계 엘리트 여성에게는 이전 시대와는 다른 시대적 요청, 즉 남성출가자의 공백을 메워 여성 불교 인재가 정치적으로는 불교에 대해 우호적 여론을 조성하고, 때때로 남성출가자 대표들과 함께 불교계의 앞날을 논의하고 불사를 주도하는 역할을 맡게 되었다. 이렇게 진취적이고 주체적인 불교계 여성의 모습은 조선 초기에 가장 선명히 드러난다.

1) 비구니총림의 역할을 수행한 정업원

조선시대 유생들의 완고하고 집요한 탄압과 핍박에도 불구하고 오늘날에 이르도록 이 땅에서 불교가 이어져 올 수 있었던 데에는 여성들이 큰 역할을 했다. 위로는 왕실 여성들로부터 아래로는 하층 여성들에 이르기까지 조선의 여성들에게 불교는 자신들이 의지할 마지막 보루였기 때문이다. 그 역할의 중심에 있던 곳이 주로 왕실 불자 여성이 출가해 머물렀던 정업원이다.[71]

앞서 우리는 세조 때 간경도감에서 불경을 훈민정음으로 번역할 때에 세조의 맏며느리와 비빈, 여러 명의 비구니 사당이 참여했으며, 세조 사후 조정 대신들의 세찬 반발에도 불구하고 왕실 여성들의 적극적 개입으로 불서 언해 작업을 의연하고 꿋꿋하게 추진해 나갔음을 확인했다. 대비들은 불경을 후세에도 지속적으로 찍어내는 일이 매우 중요하다는 판단하에 내탕금을 써서 목활자(木活字)를 만들었는데 이를 '인경자(印經字)'라 한다. 간경도감이 폐지된 지 오래고, 조정 대신들의 집요하고 신랄한 공격으로 더 이상 국가의 공적인 금속활자를 쓸 수 없게 되자 소요되는 비용도 줄이고 굳이 유신들의 입에 덜 오르도록 하기 위해 목활자를 만들지 않았을까 추정된다.[72] 정업원은 이러한 일들이 가능하게 했던 든든한 버팀목이었을 것이다.

'정업(淨業院)'이란 '업을 맑히는 집'이라는 뜻이니 이른바 '업장을 소멸하는 사원' 즉 '카르마를 닦아내는 곳'이라는 뜻을 담고 있다. 조선시대에 정업원은 비구니총림과 유사한 기능을 담당했으며 특히 억불이 삼엄하여 비구승의 운신의 폭이 좁았던 조선 초기 상당 기간은 그야말로 사부대중을 총괄하는 중앙기관의 역할을 맡았다고 해도 과언이 아니었다. 이때문에 정업원 주지의 거동과 정업원을 출입하는 승려의 신원에 대해서 조정의 관료들이 촉각을 세우며 살폈고, 정업원에 각종 혐의를 만들어 뒤집어씌우기 위해 수단과 방법을 가리지 않았다. 당시 왕실 비구니 사원이 중요 정보를 파악하여 비구스님에게 전달해 주는 역할을 했음은 곳곳에서 드러난다. 예를 들어 연산군과 현종 대의 기록을 살펴보기로 하자.

첫째, 1503년(연산군 9) 1월 18일 조에는 연산군이 다음과 같은 교지를 내리는 기사가 실려 있다.

회암사와 봉선사의 주지와 도성 밖에 거주하는 중들은 앞으로 두 종파 모두 원각사에 출입하지 못하도록 하라. 그리고 절 안의 말을 절 밖으로 내지 않고, 절 밖의 말을 절 안으로 들어오지 못하게 하는 것은 이미 법에 금지되어 있는데, 비구들이 항시 자기에게 불편한 일이 있으면 문득 비구니[女僧]를 인연하여 말을 건네니 이는 절대 안 될 일이다. 지금부터는 비구니들이 만약 [중요한 비구 인물들과] 왕래하여 [정보를] 전달해주는 자가 있으면 사헌부로 하여금 법으로써 엄격히 금지하게 하라. 또 유생들은 마땅히 이단을 힘써 물리쳐야 하는데, 도리어 비구들과 더불어 교분을 맺는 자가 있으니, 이것은 나의 도(유교의 도)를 배반하는 것이다. [이런 자들은] 선비들 사이에 끼일 수 없으며, 과거시험에도 응시할 수 없다는 것을 예조로 하여금 이르게 하라.[73]

이 기사를 통해서 알 수 있는 것은 조선시대 불교 탄압이 거세어지면서 정세 동향 파악이 어려워진 비구승들을 위하여 왕실 재가불자 여성들과 비구니들이 절과 절을 오가며 몰래 정보를 전달하는 역할을 했다는 점이다.

조선 후기 현종 대의 문신 남구만(南九萬, 1629~1711)의 『약천집(藥泉集)』에도 유사한 내용이 실려 있다. 남구만은 1661년(현종 2) 1월 혜성측후관(彗星測候官)에 임명되었으며, 1월 5일 두 비구니 사원 철폐가 결정난 후 비구니원에서 나온 목재 활용에도 관여했던 인물이다.

이때(1661년 현종 2년 1월 5일 무렵) 주상께서 도성 안에 있는 자수원과 인수원 두 비구니사찰의 비구니가 궁인들과 서로 내통하는 것을 미워하여 승려와 비구니들을 도태시켜 환속시키라고 특별히 명하셨다. 대신들과 옥당에서는 갑자기 시행하기 어렵다고 아뢰어 마침내 먼저 두 비구니 사원을 철거하게 하였다.[74]

남구만에 의하면 현종이 왕실 비구니원을 없애려고 한 의도는 바로 왕실 비구니원을 통해서 조정의 정보가 외부로 흘러나가는 것을 막기 위한 것임을 짐작할 수 있다.

정업원은 고려시대에도 있었지만 고려시대 정업원은 수절하는 왕실 여성들이 출가하여 왕실에서 제공해 준 물자를 향유하며 조용히 개인 수행을 하며 만년을 보낼 수 있는 곳이었다. 그런데 조선시대 정업원은

이건희 기증 〈궁중숭불도〉 전체 모습. 소장: 국립중앙박물관.

역사 속 한국비구니

〈궁중숭불도〉 속 비구니스님들. 조선시대에 비구니들은 머리에 두건을 쓰고 등장하는 경우가 대부분인데 이 확대 부분 외에도 전체 그림 안에 두건을 쓴 비구니스님들이 활기차게 왕래하는 모습이 도처에 보인다. 전체 그림 가운데 붉은 동그라미 부분을 확대한 것이다. 〈궁중숭불도〉에 대한 자세한 내용은 유근자의 다음 자료를 참조할 수 있다. 사진 출처: 유근자, 「왕실 여성과 불상(1), 인수원·자수원 불상」, 『월간 불교』, 2024년 6월호, 통권 751호. p33.

고려시대 정업원과 다른 역할도 하게 되었으니, 사실상 조정의 관료와 맞서야 하는 불교계 대표기관의 역할까지 기능하게 된 것이다. 유생들의 집요한 반대와 정치 상황에 따라 정업원은 수차례 강제적으로 문을 닫았지만, 그것은 공식적인 것이었을 뿐 실제로 정업원은 1661년 현종 2년 초까지 유지되었다. 실록에는 연산군이 정업원 비구니를 내쫓고 정업원을 폐지했다고 기록되어 있지만 실제로 이때 쫓겨난 비구니들은 도성 밖으로 나와서 오늘날 동대문 밖 청룡사 근처에 다시 정업원을 열었고 훗날 다시 도성 안 원래 자리로 돌아갔다. 이처럼 조선시대 정업원은 평탄하게 유지된 것이 결코 아니었으며 부침을 거듭하였으나 그때그때의 상황에 맞게 적절히 모양과 이름을 바꾸면서 적어도 임진왜란 후기까지 유지되었다.[75]

정업원은 조선 초기에도 있었지만 문헌에 등장하는 것은 태종대부터이다. 개국 초 개경에 있던 정업원은 한양 천도와 함께 한양으로 이전했는데, 그 위치는 창덕궁 근처였던 것으로 추정된다. 1411년(태종 11) "승도들이 한양 남산, 안암, 사을한 등에 초막을 얽고 재를 지내고 있음"을 문제 삼아 "정업원을 제외한 산속 여승방을 모두 철거하자"는 대신들의 주청이 있었다. 또 1441년(세종 23) 풍수가의 상소에서 "정업원 동쪽 언덕으로부터 종묘에 이르기까지 좌우 20~30보 되는 곳에 소나무를 재배할 것을 건의한다."라는 내용이 나온다. 세종 집권 후반기 흥천사를 중수하고 경찬회를 여는 과정에서 조정 대신들의 끈질긴 반대 상소가 한 달 이상 지속된 바 있고 내불당 설치 과정에서도 그 갈등은 반복되었다. 세종이 1448년(세종 30)에 정업원을 철폐하기로 한 것은 세종이 조정 대신들의 공격을 무마하기 위해 정업원을 폐하는 대신 내불당 건립을 정당화하기 위한 것이었다. 이것은 정업원이 단순히 왕실 여성이 출가하여 주석하던 곳이어서가 아니라 정치적 정보가 양산되고 교환되

던 곳이었기 때문으로 보인다. 얼마 지나지 않아 1457년(세조 3) 9월에 세
조는 정업원을 다시 복원시켰다. 이 무렵 의경세자의 죽음으로 세조와
세조비는 마음속 슬픔을 불교의 힘으로 극복해 나가고 있었던 만큼 세
조비에게 정업원은 중요한 종교 장소 역할을 했을 것이다. 정업원이 궁
궐 담장 근처에 있어서 범패 소리가 궁중에까지 들린다는 조정 유신들
의 원성이 있을 정도로 정업원의 위치는 궁궐과 가까웠다. 덕분에 궁궐
에 있는 인물들과 각종 정보를 나누기에 매우 편리했다.

『연산군일기』에는 궁궐 담 밖 100자 안에는 민가를 짓지 못하게 하
는 법이 있음에도 창덕궁 담 밖의 정업원이 그 안에 있다 하여 철거 명
령이 떨어지기도 했다. 왕실의 비호 하에 약 50여 년간 유지되던 정업
원은 연산군이 1504년(연산군 10)에 폐지하였다. 연산군은 창덕궁 인근에
있던 민가를 모두 철거시키고 사냥터로 만들고, 연로한 비구니들을 모
두 한치형(韓致亨, 1434~1502)이 살던 빈집에 옮겨 살게 하였다. 한치형은
영의정으로 재직 중 연산군의 폭정에 대해 간하다가 왕의 미움을 샀던
인물이다. 그래서 사망한 지 2년 만에 부관참시되었고, 일가족도 몰살
당했으며 서자들까지 처형당했다. 이때 한양 도성 내 정업원은 철폐되
었고, 중종반정 이후 정업원 건물은 유학자들의 독서당으로 활용되고
말았다.

연산군이 정업원을 철폐한 이후 문정왕후가 정업원을 다시 세우기까
지 약 40여 년의 공백기가 존재하는 것 같지만 사실은 그렇지 않았다.
정업원에서 쫓겨난 비구니들이 여전히 한치형의 집 등 다른 곳으로 옮
겨 다니며 이름은 달라도 제2, 제3의 정업원을 유지해 왔던 것이다.

1522년(중종 17) 『중종실록』에는 비구 각령(覺靈) 스님이 승복이 아닌
민간인 복장으로 위장하고 도성에 들어와 정업원 비구니 원일(元一), 종
지(宗知), 묘심(妙心) 스님을 만난 것이 발각된 사건이 실려 있다. 대신들

은 비구가 사대문 안에 들어와 비구니를 대면했으니 간음을 했음이 틀림없다는 억지 주장을 펼친다. 그러나 정황상 실제로는 각령 스님이 정업원의 비구니들로부터 정보를 받기 위해서 도성에 숨어 들어온 것이 분명하다. 부도덕한 행위를 했다는 물증도 없으면서 억지 주장을 늘어놓던 유신들은 정업원 왕실 비구니스님들의 비호를 받는 각령 스님을 어쩌지는 못하고 스님의 시종인 것처럼 변장하고 길을 안내한 내은금(內隱今)이라는 인물을 잡아 가두었다. 그런 다음 위의 정업원의 세 비구니스님을 체포해서 문초하고 싶어 했지만 정업원 주지 때문에 어쩌지 못하고 왕에게 허락을 구하는 장면이 나온다. 이는 조정 대신도 어찌하지 못할 만큼 당시 정업원 주지의 파워가 막강했음을 짐작할 수 있게 하는 대목이다.

이러한 일련의 자료는 연산군 때 정부가 공식적으로 정업원을 철폐시켰다고 해도 비구니들이 근처 다른 곳에 다시 제2, 제3의 정업원을 세웠을 뿐 아니라 결국 정부도 이를 묵인했음을 시사한다.

또한, 명종 초 문정왕후(文定王后, 1501~1565)는 신심 깊은 재가여성불자로서 수렴청정을 하던 시절 명실상부하게 정업원을 다시 복원했다. 문정왕후는 정업원을 인수궁의 부속불당으로 삼았으며, 앞으로 선왕의 후궁들이 수시로 옮겨와 거처할 수 있는 공간으로 삼겠노라 선언했다. 이에 대신들은 "이미 선왕조 때 비구니들을 내쫓고 건물을 비워두어 폐기된 지 40년에 이르렀고, 터는 있으나 건물이 없고 쓰러진 담과 주춧돌이 잡초에 묻혀있는 곳"이라며 정업원 건립을 반대했지만, 문정왕후는 조정 대신들의 빗발치는 반대에도 아랑곳하지 않고 주춧돌만 남은 정업원 터에 인수궁을 세우고 부속 건물을 세워 정업원으로 명명했다. 인수궁은 본래 선왕의 후궁들 처소였는데 주로 비구니가 된 후궁들이 머물던 곳이다. 문정왕후가 정업원을 인수궁의 부속건물로 재건한 것은 정업원을 다시 궁 안에 소속시켜 정업원 비구니들이 정치적으로나 법적으로 보호받을 수 있도록 하려는 조치였을 것이다.

　문정왕후에 의해 중창된 정업원은 그 후 선조 대에까지 유지되고 있었다. 하지만 임진왜란 때 창덕궁 일대가 모두 불타버리는 바람에 결국 정업원도 폐사가 되고 말았다. 임진왜란 때에 정업원이 불탄 것은 정부에 의해 강제 폐사된 것이 아니며 전쟁 때문에 전소된 것이다. 『선조실록』 선조 40년 5월 4일자 기록에는 정업원 비구니들이 창덕궁 인근에 거처를 마련하여 살아가는 모습이 보인다. 이후 차천로(車天輅)의 『오산집(五山集)』에 「정업원인수궁중창모재권선문(淨業院仁壽宮重刱募財勸善文)」이라는 글이 들어있는 것으로 보아 정업원을 다시 중창한 것을 알 수 있다.

　　(이전의 정업원의) 층층의 처마는 날아갈 듯한 새와 같았고 큰 집은 구름이 피어오르고 파도가 출렁이는 것 같았다. 수정과 마노는 계단 치장에서 빛났고 옥돌과 유리는 누대의 장식에서 찬란하였다. (중략) 이를 비구니의 상방(上方)이라 부르고 우바새(優婆塞)의 비전(祕殿)이라 일렀다. (중략) 마음은 묘향(妙香)을 뚫었고 도는 최상에 이르렀다. (중략) 위에서 주고 아래서 전하니 국가와 200년 동안 존망을 같이하였고, 앞에서 시작하고 뒤에서 이루니 어찌 수만 명의 제자가 없겠는가. 그런데 어찌하여 임진년에 이르러 오랑캐의 재난이 생겼단 말인가. 주루(珠樓)와 옥전(玉殿)이 결국 하나도 남지 않았고 용발(龍鉢)과 불경도 잿더미로 변해 버렸다. (중략) 비록 옛터에 집을 얽어 놓았으나 새로 짓느라 초라하였다. 기러기 행렬 같은 계단이 황량해져 버렸고 물고기 비늘 같은 기와가 간데없었다.

　이에 석가모니불의 제자 아무개 등이 절을 새롭게 하고 도량을 확장하려고 한다. 다만 개탄스러운 것은 개미처럼 힘이 없으니, 어찌 용궁의 제도처럼 만들 수 있겠는가. 군성(群聖)에게 위엄을 빌리고 제군(諸君)에게 복을 구하려고 한다. (이하 생략)**76)**

차천로의 위의 권선문을 통해서 우리는 문정왕후 때 정업원과 인수궁의 규모가 얼마나 대단했었는지를 짐작할 수 있다. 비구니 '최고의 거처[上方]'이자 '우바이(원문의 우바새는 우바이의 오기로 추정됨)의 비밀의 전당'이라 했으니 정업원이 조선 비구니와 여성불자의 중심 공간이었음을 밝힌 것이다. 임진왜란 때 소실된 이후에도 다시 소박하게 절을 지어 운영하고 있었고 재건을 위해 사람들의 동참을 바라며 권선문을 지은 것이다.

한편 왕실 비구니사찰 명칭은 정업원이라는 이름 외에도 왕실 여성이 거주하던 거처의 이름을 따라 인수원, 자수원 등의 이름으로도 나타난다. 어느 이름으로 불리건 이것들은 모두 왕실 비구니사찰로서 역할은 같았다.

주의 깊게 보아야 할 점은 그 명칭이 무엇으로 불리든 간에 이 시기에 이르면 왕실 비구니사찰에 대한 실록의 기록이 거의 나타나지 않는다는 점이다. 이 말은 곧 임진왜란 이후 왕실 비구니사찰이 조정 대신들이 촉각을 세울 만큼 정치적 영향력이 이전만큼 강하게 작용하지 못했다는 뜻이 된다. 당연히 그것은 왕실 여성의 출가 상황과도 직접적으로 연관되는데, 1666년(현종 2) "궁중에 오래 전에 늙은 박상궁(朴尙宮)이란 자가 있었는데, 선조 조에 은혜를 받은 후궁이었다. 늙어 의탁할 곳이 없자 머리를 깎고 비구니가 되어 자수원으로 나아가 수십 년을 살다가 수년 전에 이미 죽었고 (왕실 여인으로 그곳에) 살아 있는 사람은 이제 아무도 없다."라고 하는 것으로도 확인할 수 있다.

당시 자수궁에 왕실 여인이 아무도 없다는 것은 대신들의 입에서 나온 것이 아니라 현종이 한 말이다. 오히려 대신들은 '늙은 후궁들이 비구니 사원에 많이 거주하고 있고, 선왕조 때의 후궁도 나가 살고 있는 자가 있다'고 염려하며 왕실 비구니 사원을 갑자기 혁파하기를 주저한다.

왕실 비구니 사원에 일이 생길 때마다 침소봉대하고 왜곡하여 비구니 사원 철폐에 앞장섰던 조정 대신들이 왕실 비구니 사원에 왕실 여인이 아무도 없다는 것조차 파악하고 있지 못할 만큼 이미 저들의 관심에서 멀어져 있던 것이다. 따라서 이 시기쯤에는 이미 왕실 비구니 사원이 정치적 영향력을 거의 발휘하지 못했다. 결국 조정에서는 도성 안에 있던 두 왕실 비구니 사원을 모두 철거하기로 했다.

이 사건은 곧 조선시대 불교사에 큰 의미를 시사한다. 정업원 등 왕실 비구니 사원은 조선시대 여성불자만이 아닌 온 나라 불교계 전체에 대한 정치력의 중심지이자 포교와 불사의 중심지로서 그 기능을 해왔기 때문이다. 따라서 왕실 비구니 사원의 철거는 결코 비구니들만의 문제가 아니었다. 비구 백곡처능(白谷處能, 1617~1680)이 자그마치 8천여 자의 긴 상소문 「간폐석교소(諫廢釋敎疏)」를 올려 이를 막아보고자 하였으나 역부족이었다. 「간폐석교소」의 관련 내용은 아래에서 자세히 다루겠다.

2) 한양 비구니들의 전법 활동

왕실 출신 비구니를 중심으로 1661년(현종 2)까지 불교 외호를 위해 줄기차게 투쟁했던 것이 불교 수호의 한 축이었다면 다른 한 축은 평범한 여염집 출신 비구니들의 부단한 노력이었다. 이들이 애쓴 궤적을 재구성해보면 불교가 이 땅에 전래된 이래 불교 수호를 위해 가장 치열하게 저항한 사람들 중 하나였다는 생각이 든다. 조선의 비구니들은 위로는 왕후와 대비에서부터 아래로는 일반 서민과 천민에 이르기까지 어떠한 어려운 상황에서도 불교를 지켜내기 위해 오뚝이처럼 다시 일어났다. 이들 두 축은 불교계가 조선이라는 억불의 긴 시간을 견뎌 20세기에 불교가 재건되는 데에 핵심적 역할을 해냈다고 할 것이다.

조선 초 태종은 불교에 매우 냉소적이었으나 태종 5년(1405) 평원군(平原君) 조박(趙璞, 1356~1408)이 무학 대사(1327~1405)의 법호와 비를 세워줄 것을 용감히 건의한다. 조박은 태종 이방원과 동서지간이기도 했지만 불교에 우호적이지 않았던 태종에게 이러한 건의를 한 것은 조박의 모친이 비구니였기 때문이었다는 기록이 『태종실록』에 나온다. 앞서 지공 선사와 나옹 선사의 탑비가 곳곳에 세워진 것과 달리 조선시대에 와서는 사람들이 위의 두 선사와 같은 선상에서 존경했던 무학 대사의 사후에 그를 기리는 기념사업을 하기가 매우 어려운 분위기였기 때문이다. 이런 상황에서 회암사에 무학 대사 사리탑만이라도 세울 수 있었던 것은 속세에서 벼슬하는 아들을 통한 비구니스님의 각고의 노력 덕분이었음을 알 수 있다.

학자들 중에는 조선 초 불리한 여건 속에서도 조선시대에 불교문화가 단절되지 않고 계승해 나갈 수 있었던 데에는 여성 불자의 역할이 컸다고 주장하는 사람들이 있다. 여기서 잠시 다카하시 도루(高橋亨, 1878~1967)의 견해를 살펴보기로 하자.

이조의 세시풍속을 생각건대, 4월 8일은 욕불일이라 칭하여 집집마다 손님을 부르고 소찬(素饌)을 마련하고 느릅나무 잎으로 떡을 만들고 콩을 끓이고 미나리를 삶는다. 저녁에는 자녀 수에 따라 등불을 켜서 그 밝기를 다툰다. 불자는 우란분절에는 음식과 과일을 갖추고 큰스님께 공양 올리러 간다. 불행이 닥치면 "오호라, 내가 전생에 무슨 나쁜 짓을 했는지."라고 개탄하였다. 어머니가 아이를 꾸짖을 때에도 "이런 나쁜 짓 하면 지옥에 떨어진다."라고 나무라는 것이 관습이다. 아무리 양반 유생의 자제라도 석가여래라고 하면 과거 현재 미래를 통하여 신묘한 힘을 지닌 신령한 사람이라고 생각하고, 함부로 매도하거나 무례하게 굴지 않는 것이 통례였다. 양가의 부인이 오래 아이가 없거나 자녀를 낳아도 잇따라 요절하면 부인이 사찰에 가서 기도하며 행복을 찾고 재앙이 사라지기를 비는데, 이때 남편들은 알면서도 모르는 척했다.[77]

위의 말의 뜻은 여성들 덕분에 집안에서 음식을 차려 불교명절을 이어 나가고 아이들 훈육도 불교적 가르침에 의거했기에 불교가 조선시대 사람들의 의식 속에 지속적으로 살아남을 수 있었다는 의미이다.

조선 전기의 문인 성현(成俔, 1439~1504)은 『용재총화(慵齋叢話)』에서 부처님오신날 행사에 대해 언급하였다. 그는 해마다 "4월 8일 석탄일이 오기 전에 아이들이 종이를 오려서 깃발을 만들고 물고기 껍질을 벗겨 북을 만들어 무리지어 거리를 쏘다니며 연등을 만들 도구를 구한다고 했다. 집집마다 장대 끝에 연등을 걸고 부잣집은 채붕(彩棚: 비단 장막을 늘어뜨린 장식 무대)을 설치하여 연등을 줄줄이 걸고 등잔마다 불을 밝히니 마치 밤하늘의 별처럼 빛난다."고 했다.

또한, 그는 "7월 15일은 속칭 백종(百種)이라 하여 절집에서 1백 가지 꽃과 과일을 준비해서 우란분(盂蘭盆)을 베풀었는데, 서울에 있는 비구니 사원에서는 [다른 데보다] 더 대단해서 부녀자들이 많이 모여 쌀과 곡물을 올리고 돌아가신 부모의 영령을 위해 제사를 지낸다. 종종 스님들이 거리에 탁자를 설치하고 제사를 지냈는데 지금은 심하게 단속하여 잠깐으로 그친다."라고도 기록했다.

백중은 오늘날 한국 불교의 큰 행사의 하나이다. 조선 초부터 백중 활동에 대해 국가에서 단속을 했지만 오늘날까지 이 명절이 계승될 수 있었던 것은 비구니와 여성불자들이 이 전통을 지속적으로 이어온 노력이 큰 역할을 했다는 의미이다.

그는 또한 자신의 어린 시절 즉 1454년(단종 2) 본인이 10대 중반에 본 불교명절에 대한 이야기도 남겼다. 이야기인즉, 한양의 자신의 집 근처 서산 남쪽에 비구니 암자가 있어서 7월 16일에 암자에서 우란분회(盂蘭盆會)를 베풀어 양반집 부녀자들이 많이 모였다고 했다. 그가 기억하는 한 해의 우란분회는 특별히 날이 더웠던 모양이다. 여성불자들이 행사에 참여했다가 더위를 식히려고 암자 뒤 소나무 언덕에 올라가 쉬다가 소나무 사이에 버섯이 많이 나서 독버섯인 줄 모르고 요리를 해서 같이 먹었다가 탈이 나서 여성들 가족이 총출동하는 해프닝이 있었다는 내용을 싣고 있다. 이처럼 조선시대 비구니사찰은 재가여성불자들이 가정을 벗어나 자유와 해방을 맛볼 수 있는 소중한 휴식의 공간이기도 했던 것이다.

1476년(성종 7) 2월 13일 『성종실록』 기록에 따르면, 조선시대 비구니는 여염집에 드나들며 탁발도 하고 필요 시 재가여성불자의 집에서 며칠간 유숙했으며, 이에 대해 법적으로도 금지하지 않았다. 따라서 조선시대 에는 비구에 비해서 비구니가 민심 파악도 매우 용이하고, 포교에도 상대적으로 유리한 입장이었다.

1478년(성종 9) 11월 30일 기사에 보면 조정 신하들은 비구니사찰을 도성 밖으로 추방하면 효과가 있을 줄 알았으나 기대만큼 비구니들의 활동이 수그러들지 않자 또 문제를 제기하고 나섰다. 이들은 처녀와 과부가 머리를 깎는 일이 끊이지 않을 뿐 아니라, 각종 그럴듯한 구실로 도반들을 불러 모으며 비구들과 얼굴을 드러내고 만나기도 해서 좀 더 강한 조처가 필요하다는 입장을 강력히 피력하고 있다.

이처럼 성종대에 비구니를 단속하려는 일련의 시도가 지속적으로 있었지만 기대만큼 실현되지 못했다. 성종 18년 3월 1일 기사에는 유신들이 재가여성불자들만 비구 절에 왕래하는 것을 금할 것이 아니라 비구니도 비구 절에 왕래하지 못하게 해야 한다는 의견을 내세우고 있다. 조정 유신들이 보기에 당시에 재가여성불자의 비구 사찰 출입 통제에는 성공했지만, 그것으로는 비구 사찰의 숨통을 끊어놓기에는 역부족이라고 생각했던 이유였다. 왜냐하면 비구니들이 비구 절을 왕래하면서 정보로부터 차단된 비구들에게 여전히 정보를 전달해 주고, 재가자들에게 권선하는 데에 비구니들이 훨씬 유리했기 때문이다.

성종은 『경국대전』의 조항을 이유로 비구니가 비구 절에 왕래하는 것을 금지하자는 대신들의 건의를 들어주지 않았다. 덕분에 비구니들은 비구와 재가불자에 비해서 상대적으로 상호 왕래가 자유로웠고, 비구들에게 중요한 정보들을 수시로 제공하는 역할을 할 수 있었다.

연산군 대에 들어와서도 궁 밖의 비구니들은 왕실 여성들과 밀접한 관계를 유지해나갔다. 1504년(연산군 10) 11월 13일의 기사에는 성종의 후궁의 머리를 깎아주었다는 죄명으로 비구니 2명을 대궐 밖에서 체포했다는 내용이 있다. 이처럼 이미 성종 대부터 공식적으로 양반가 여성의 출가를 금했지만 비구니들의 포교 열정은 막기 힘들었던 것 같다.

중종(中宗, 재위 1506~1544) 대에도 비구니들의 활약은 조금도 수그러들지 않았다. 1506년(중종 1) 10월 29일 기사에는 비구니가 민가에 들어오지 못하게 해야 한다는 유신들의 주장이 또 실려 있다. 유신들은 심지어 "비구니[尼僧]의 작폐는 남성출가자[僧]보다 더욱 심하여, 혹은 재상의 집에 왕래하고 혹은 궁중에 출입하면서 불경한 짓을 한다."라고 억지 주장을 하면서 비구니들과 재가여성불자와의 왕래를 차단하고자 했다. 이 시기 비구들은 여염집 가정에 출입할 수 없었지만 비구니들은 여전히 여염집은 물론 벼슬아치의 집, 심지어는 출입을 금하는 궁중에까지 왕래하면서 재가불자들과의 소통을 긴밀히 하고 있었던 것이다.

중종 4년(1509) 1월 8일 기사에는 혜명(惠明)이라는 비구니를 통하여 불교에 감화되는 백성들이 늘고 있는 만큼 혜명 스님을 체포해서 사형시켜야 한다는 유신의 주장이 등장하고 있다. 혜명 비구니스님에 대해서는 한 해 앞의 중종 3년 5월 10일 기사에도 등장하는 바, 혜명 비구니가 비구 고승 학조(學祖) 스님과 함께 불사를 하고 불법을 펴고 있기 때문에 조정 유신들에게는 눈엣가시처럼 여겨졌기 때문이다. 학조 스님은 불서 간행과 사찰 불사에 평생을 매진한 인물로 특히 신미 대사가 생존해 있던 시절에 함께 많은 일을 했다.

또 같은 해 5월 16일 기사에는 혜명 스님이 비구니 혜선(惠善) 스님과 함께 궁중을 왕래하며 왕실 여성들과 소통한 사실을 유신들이 알아채고 국왕에게 벌을 줄 것을 주장하고 있다.

그로부터 10년 후 중종 14년 기묘년 『중종실록』에는 "부처의 폐해가 이제는 거의 없어졌지만 여승(女僧)으로 인한 폐해만은 지금까지 없어지지 않아 문제가 심각하다."라는 내용이 등장하고 있다. 즉 조정 유신들이 보기에 억불에 있어 가장 걸림돌이 되는 것이 비구니였던 것이다. 이것을 달리 말하면 비구니들이 가장 용감하게 억불에 맞섰다는 의미로 풀이될 수 있다. 비구니 혜명 스님의 활약은 그 후로도 몇 년간 지속적으로 이어졌다. 1512년(중종 7) 9월 20일에 왕이 혜명 스님의 상소를 들어준 것을 철회하라는 유신들의 상소가 보이기 때문이다. 이때에 와서는 국왕도 더 이상 유신들의 압력을 어쩔 수 없어서 혜명 스님의 도성 출입 금지를 명한 듯하다.

역사 속 한국비구니

한편 도성 밖으로 쫓겨난 후에도 비구니들은 굴하지 않았다. 중종 14년 6월 21일 기사에는 남대문 밖 비구니사찰에 부녀자들이 모여드는 것을 목도하고 폐쇄시켰으나, 이번에는 동대문 밖 사찰에 주석하는 비구니들이 양반가에 몰래 드나든다는 보고가 올라온다. 한편, 유신들의 철통같은 방어에도 불구하고 정작 중종 사망 시에 왕실 여성들은 조정의 금지에 아랑곳하지 않고 비구니들을 왕궁으로 불러 재를 지냈다. 중종 39년 11월 15일 기사에는 왕실 여성들에 의해 중종의 빈소에 비구니들을 불러 기도를 했다는 내용이 나오기 때문이다. 이 일에 대해서『실록』에는 "궁궐 속의 깨끗하고 고요한 빈전(殯殿)에 요사스러운 여승들이 뒤섞이게 했다."라고 악평을 하였다.

이러한 일련의 내용을 통해서 이 시기에 오면 왕의 죽음을 맞아 불교 의례 집전 주체가 비구가 아닌 비구니였음을 알 수 있다. 비구들은 왕궁 출입이 금지되어 궁 안으로 들어갈 수 없었기 때문이다. 동년 12월 21일 기사에도 중종의 장례에 "궐내에 많은 비구니들을 불러들여 불경을 외고 복을 빌게 하는" 것에 대해서 유신들의 반대가 있었으나 그대로 진행되었다.

명종 대에는 문정왕후에 의해 불교가 다시 한번 크게 일어났다. "대대로 모범이 될 총림에 계를 받아 지닌 비구니가 5천 명이 넘는다.(萬歲 叢林, 持律之尼, 不滅於五千餘指)"[78]라는 기록처럼 문정왕후는 승과(僧科)의 부활은 물론 비구니 인재 양성에도 힘을 기울였다. 문정왕후는 또한 비구 사찰에 행패를 부리는 유생들에 대한 단속도 강화하였다. 1555년(명종 10) 4월 23일 기사에 의하면 봉은사에서 작폐를 부린 유생을 체포하라고 형조에 명하는 기사가 보인다. 또한 선종과 교종 양종의 비구들의 승복이나 버선을 모두 왕실에서 만들어 보시하였다.

그렇다면 임진왜란 전후 조선 비구니들의 사정은 어떠했을까? 전 국토가 전란을 겪었으니 비구니사찰의 타격도 매우 컸을 것이다. 무엇보다 비구니 총림의 역할을 했던 왕실 비구니사찰 정업원도 전소되고 말았다. 왕실 비구니들은 좌절하지 않고 역량을 결집하여 초가로 사찰을 재건했다. 그렇다면 도성 안의 다른 비구니들과 비구니 출가자 수는 어떤 변화가 있었을까? 1607년(선조 40) 5월 4일 기사를 살펴보자.

> 난리(임진왜란) 이후에 병혁(兵革)과 관련한 일이 많은 관계로 미처 문교(文敎)를 펴지 못한 채 연로한 유생들이 다 죽고 후생이 미처 나오지 않으므로, 유식한 사람들이 한심하게 여긴 지 오래입니다. 10여 년 전부터 인심이 흐려지고 사악한 설이 횡행해도 금하고 단속하지 못하니, 어리석은 백성들이 미혹되어 남자는 거사(居士)가 되고 여자는 사당(社堂)이라 칭하며 본분의 일을 일삼지 않고 승복을 걸치고 걸식하며 서로를 유인하여 그 무리들이 번성하고 있습니다. (중략) 경성에 엄한 법이 있는데도 출입하며 유숙하는 자가 헤아릴 수 없이 많을 뿐만 아니라 여염집에도 상하가 모두 휩쓸려 중을 접대하고 부처를 공양하며, 사신(捨身)하여 재를 지내는 자가 많고, 사대부 중에도 마음을 기울여 부처를 받들면서 부끄러운 줄을 모르는 자가 있습니다.[79]

위의 내용을 볼 때 임진왜란을 거치면서 불교에 의지하는 사람들이 큰 폭으로 늘어났음을 알 수 있다. 가족 친지가 전쟁으로 죽고 생활 근거지가 파괴되면서 정신적·육체적 트라우마가 엄청났을 것이다. 대형 괘불이 등장하기 시작한 것도 임진왜란과 병자호란을 거치면서이다. 재를 지내거나 법회를 통하여 마음의 위안을 받고자 하는 사람들이 폭발적으로 늘어났지만, 건물 내에 많은 사람을 한꺼번에 수용하기 힘들어 법당 앞에 대형 괘불을 걸어놓고 여러 사람이 함께 불교 의례를 행하며 슬픔을 위로 받았다. 윤리와 도덕을 강요하는 어설픈 이념으로는 어떻게 할 수 없었다. "조선 후기의 학자들은 대부분 불교를 제대로 알지도 못한 채 덮어놓고 불교를 배척하는 바람에 그들의 논지는 인륜론과 정치론에서 한 걸음도 벗어나지 못했다."는 다카하시 도루의 일침[80]은 참으로 일리가 있다.

1661년(현종 2) 1월은 조선시대 비구니 역사에서 매우 상징적인 시간이었다. 왕실 비구니 사원 두 곳이 철폐당하면서 이제 한양성 내에 비구니 사원이 모두 사라지게 되었기 때문이다. 이는 단순히 비구니 사원이 없어진다는 뜻이 아니라 국가 권력층과 소통하는 연결이 끊어짐을 의미하는 것이다. 비구 백곡처능(白谷處能, 1616~1680)의 문집『대각등계집(大覺登階集)』에는「간폐석교소(諫廢釋教疏)」라는 8,000여 글자의 긴 상소문이 있다. 그의 상소문에는 어떻게든 두 비구니 사원만은 살리고자 노력했던 절절한 마음이 녹아있다.

> (생략) 자수원과 인수원 두 비구니 사원은 궁궐 밖에 있으니 선대 왕후들의 내원당이었습니다. 봉은사와 봉선사 두 사찰은 능침 안에 있으니, 선왕의 외원당입니다. 내외로 구분 지은 것은 역시 남녀의 구별이 있기 때문입니다. 이것은 하루아침에 만들어진 것이 아니라 실로 돌아가신 왕과 왕후의 제도인 것입니다. 사찰은 국가와 더불어 흥하고 국가와 함께 망합니다. 사찰이 있으면 국가의 경사요, 사찰을 훼손하면 국가의 재앙입니다. (중략) 비구니들이 어찌 전하의 백성이 아니며, 전하는 비구니들의 임금이 아니겠습니까? (중략) 봉은사와 봉선사 두 절은 쇠망시켜서는 안 되며, 자수원과 인수원 두 비구니 사원도 폐지해서는 안 됩니다. 두 가지 일을 함

께할 수 없다면 차라리 봉은사와 봉선사 두 절을 없애십시오. 비구니를 [자수원과 인수원에서] 쫓아내서는 안 되며 그곳에 봉안했던 역대 왕들의 위패도 땅에 묻어서는 안 됩니다. [비구니 사원 철폐와 그 안에 봉안된 역대 국왕들의 위패 철폐 명령 취소라는] 두 가지 일을 다 할 수 없다면 차라리 비구니들을 쫓아내십시오.⁸¹⁾

그는 왕실 비구니 사원과 비구니 사원에 모셔진 역대 왕과 왕후의 위패, 또 왕실의 능침사찰인 봉은사와 봉선사를 철폐하지 말 것을 간청하였다. 그러면서 만약 피할 수 없다면 비구 사찰인 봉은사와 봉선사는 없애더라도 왕실 비구니 사원은 그대로 둘 것을 간청하였다. 그리고 왕실 비구니 사원을 철폐해야 한다면 그 안에 모셔진 왕실 위패라도 그냥 두라고 하였다. 결국 그는 외부의 봉은사와 봉선사를 없애더라도 왕실 비구니 사원만은 없애지 말 것을 간청한 것이다. 이것은 백곡처능이 단순히 비구니들을 가엽게 여겨서 동정심으로 주장한 것이 아니다. 왕실 비구니들이 그동안 조정의 동향 파악, 왕실의 불교에 대한 우호적 분위기 조성에 핵심적 역할을 하고 있었기에 이 두 비구니 사원이 사라지면 불교계 전체에 큰 타격이 오기 때문이다. 그러나 이러한 노력도 허사로 돌아가고 결국 두 곳이 모두 강제 철폐되면서 불교는 중심부에서 급격히 힘을 잃게 되었다.

그러나 이러한 조정의 강력한 조치에도 불구하고 한양 비구니들의 포교 활동은 조금도 움츠러들지 않았다. 1683년(숙종 9) 2월 19일 자 기사에는 "요사스런 여승(女僧)이 궁중에 출입한다."는 기록이 다시 등장한다. 이를 재해석해보면 비구니들이 왕실 여인들의 멘토 역할을 하고 있었다는 의미가 된다. 1704년(숙종 30) 10월 28일 자에도 "근년 이래로 비구니들이 다시 불길처럼 일어나 열 명이나 백 명씩 떼를 지어 동대문 밖[東郊]의 멀지 않은 곳에 큰절을 지으니 황금벽이 빛나고, 10리 안에 여섯 군데 [비구니사찰이] 서로 바라보이는" 정도라며 비구니사찰이 급증하고 있으니 속히 이를 허물고 비구니들을 강제 환속시킬 것을 주장하고 있다. 필시 도성 밖으로 쫓겨난 비구니들이 여전히 도성 근처에서 사찰을 세우고 활동하고 있었던 것이다.

양란 후 사회 안전망은 극도로 열악해졌을 것이며, 전쟁 중 많은 고아와 과부들이 발생했다. 이런 상황에서 정부 또한 비구니 승단을 옥죌 여유도 없었을 것이다. 또 병자호란으로 청나라에 잡혀갔다가 돌아온 여성들 가운데 가족으로부터 버림받은 여성들을 따뜻하게 맞이 해주는 거의 유일한 공간이 비구니 사원이 아니었을까 싶다.

경종(景宗, 재위 1720~1724) 집권 마지막 해인 1724년 7월 8일자 기사에는 동대문 밖 새로 생긴 비구니사찰을 강제 철거하는 내용이 등장한다. 앞서 숙종 대에도 비구니사찰과 여성출가자 수가 늘어난 것을 경계하는 것에 이어 경종 대에도 새로운 비구니 사원이 지속적으로 생겨나고 있던 것이다. 이러한 사정은 영조 때에도 대동소이하다. 1724년(영조 1) 5월 3일 기사에 의하면, "도성의 가까운 곳에 승려들이 절을 많이 지어 놓았기 때문에 여염집 여성들이 요망한 말에 미혹되어 머리를 깎는 폐단이 많이 있으니 엄금해야 한다."라고 주장하는 내용이 보인다. 여기에 대해서 영조는 다만 비구니들이 도성 안을 왕래하는 것만 못하게 조처하는 것으로 마무리 지었다. 또 영조 33년(1757) 4월 5일 자 기사에 의하면, 동대문 밖 비구니사찰에 도둑이 침입하여 불을 지르고 재물을 훔쳐가자 도둑을 잡기 위해 포도청이 출동하였다. 도둑이 절에 들어가 횃불을 켰다가 실수로 건물 수십 칸을 태웠는데 그 불길이 민가에까지 뻗쳤다고 했다. 훔쳐간 재물이 매우 많았다고 하는 것으로 보아 당시 동대문 밖 비구니사찰이 상당한 사격을 갖추고 있었음을 짐작할 수 있다.

철종(哲宗, 재위 1849~1863) 2년에도 비구니들이 왕실 여성들과의 왕래를 이어가다 적발된 기록이 실록에 등장한다. 노비구니스님이 몰래 궁 안에 들어와 왕실의 불자여성들과 소통한 것이 발각되어 비구니와 궁중의 관련 여인들이 모두 유배를 당했다. 정황상 비구니스님이 민간인처럼 변장하고 궁을 왕래했던 것 같다.

3) 지방 비구니들의 불법 수호 활동

이제 도성에서 멀리 떨어진 지방의 비구니들에 대해 살펴보자. 여기서는 지방 비구니들이 불교를 지키려는 확고한 의지를 죽음으로 보여주는 자료가 있어 소개한다. 『국조보감』 제86권에는 1849년(헌종 15)에 양주의 향교에서 발생한 사건이 실려 있다.

> 5월에 비구니 창선(昌善)이 비구니 5, 6명과 함께 불상을 짊어지고 양주(楊州)의 향교에 멋대로 들어가서 명륜당 위에 불상을 올려놓고 징을 치고 염불을 외면서 제멋대로 떠들어대는 등 그 행동이 놀랍고 사나웠다. 관찰사가 장계를 올려 이 일을 보고하니, 왕이 명하여 창선을 교형(絞刑)에 처하고 나머지 승도들은 사형을 감하여 섬에 귀양 보냈다. [82]

이 사건은 『헌종실록』 헌종 15년 5월 26일 자에도 실려 있는데 내용은 대동소이하다. 19세기 중반은 사회적으로 출가자에 대한 인식이 매우 낮아진 상황이었다. 바로 이러한 시기에 창선 비구니는 5, 6인의 비구니스님을 이끌고 불상을 가마에 태워 유생들의 활동 공간인 향교로 당당히 행진해 들어간 것이다. 명륜당은 향교에서 교육의 중심공간에 위치하며 오늘날로 치자면 강당이다. 그런데 비구니스님들이 명륜당 안에 불상을 모시고 예불을 거행한 것이다.

이 사건은 즉각 중앙에 보고되어 창선 스님은 교수형을 당했고 나머지 비구니스님들도 사형 선고를 받았으나 후에 감형받아 섬으로 귀양을 갔다. 말하자면 법정 최고형을 받았던 셈이다. 주도자 창선 스님이 사형을 당한 것에 비교할 때 섬으로 유배 조치를 당한 나머지 비구니스님들은 가벼운 벌을 받았다고 생각하는 것은 오산이다. 조선시대 여성들이 섬으로 유배를 간다는 것은 극도의 중죄를 지은 경우에만 있었던 일이다.[83]

엄혹한 유교사회에서 이 일을 주도한 비구니스님들 스스로 자신들이 장차 얼마나 혹독한 벌을 받게 될 것인지를 잘 알고 있었을 것이다. 이 사건은 조선의 비구니들 가운데 당당히 행동하는 신심 깊은 비구니들이 적지 않았음을 반증한다.[84]

【 미주 】

1) 전영숙,「불경 언해와 한글 보급에 공헌한 여성불자들」,『불교평론』제95호, 2023. 가을호.

2) 이수광(李睟光),『지봉집(芝峰集)』「침류대기(枕流臺記): 淨業院洞.在昌德宮之西.林塾深邃. 其中澗水出焉.有夷曠蕭散之致.余嘗仕實錄局.晣夕過之.而限於職役.不一窮其勝.寄恨而已.一日.從劉生希慶.出錦川橋上.見川水正漲.落紅漂出者無數.喜曰.桃源其在是矣.余將泝而跡之.與避秦人一笑可乎.(원문출처: 한국고전종합DB)

3) 굴씨 스님에 대한 관련 자료는 다음을 참조할 수 있다. 신위(申緯: 1769~1847),『경수당전고(警修堂全藁)』,「崇禎宮人屈氏琵琶歌」; 이유원(李裕元: 1814~1888),『林下筆記』권33「숭정궁인굴씨비파(崇禎宮人屈氏琵琶)」.

4) 법종,『허정집(虛靜集)』「속향산록(續香山錄): 又過雲水庵.踰牛峴.訪入寶月寺谷哈呀而洞幽邃.石确而林縈紆.壁立而发業.峽束而岹嶢.渠然一壺中別境天也.北上明道庵.尼僧二三.鼎坐針縫.即出陁客於內.七尺單前.儲松葉一紙岱而已.(원문출처: 동국대학교 불교기록유산아카이브)

5) 김우희(金禹喜),『마사시첩(麻寺詩帖)』, 哲宗 6(1855), 고려대학교 중앙도서관 소장: 北抵靑蓮庵. 庵是尼院, 有女僧數十; 太半是士家女子云. 適値齋醮, 擊磬鳴金, 拜無定數, 云是本庵尼師之祭日也, 諸尼苦挽, 要喫齋飯而去, 故回坐待飯至. 俄而老尼姑奉飯而來, 見其饌物都是菜蔬海衣等物, 而又饋以果餠諸品, 得一場飽, 頓帶斜陽歸梅堂留宿. …二十六日晴, 朝飯後東行數帳許, 靈隱庵亦尼院也. 制度則稍確於靑蓮而精灑則不及, 有數十尼姑. 後房靜僻處, 數三老尼, 方績布軸杼軋軋可聞. 欲得午飯, 諸尼互相推諉, 終不可得, 遂往隱寂庵, 庵在尼院之左岡. pp.19~21.

6) 조선 초 출가 규정에 대한 연구로 아래의 자료들을 참고할 수 있다. 양혜원,『경제육전』도승·도첩 규정으로 본 조선 초 도승제의 의미,『한국사상사학』제57집, 2017.; 양혜원,「조선 초기 법전의 '僧' 연구」, 서울대학교 박사논문, 2017.; 양혜원,「고려 후기~조선전기 免役僧의 증가와 度牒制 시행의 성격」,『韓國思想史學』44, 2013.; 김영태,「조선 전기의 도습 및 부역승 문제」,『불교학보』32, 1995.; 민순의,「조선 전기 도첩제도의 내용과 성격~경제육전 체제와 경국대전 체제를 중심으로」,『한국사상사학』56, 2016.

7) 『육전(六典)』:『경제육전(經濟六典)』의 다른 이름으로 조선 시대 최초의 통일법전이다. 조선 태조 6년(1397) 12월 조준(趙浚)의 책임 아래 편찬되었다. 고려 우왕 14년(1388)부터 조선 태조 6년(1397)까지 시행된 법령과 장차 시행될 내용을 수집·분류하여 이전·호전·예전·병전·형전·공전의 6전 체제로 정리하였음. 원래 육전의 구성은 고대 중국에서 발달하였는데, 은(殷)나라에서는 육관(六官)을 두어 국가의 업무를 분장하게 했고, 주(周)나라에서는 육전(六典)을 두었으며, 당나라에서도 율령제도를 이와 같이 구분하여 시행하였다. 조선의 법전도『경제육전』이래로 이 형식을 갖추었다. [네이버 지식백과] 육전(六典)

(한국고전용어사전, 2001. 3. 30. 세종대왕기념사업회 참조.)

8) 『태종실록』, 태종 2년 6월 18일: 凡僧尼試才行給度牒, 許令削髮, 『六典』所載.

9) 『세종실록』권44, 세종 11년 4월 16일:『經濟六典』內, 凡民有身則有役, 故欲剃髮者, 必受度牒, 方許出家, 已有著令. 今無識僧徒不畏國令, 非惟兩班子弟而已, 有役軍人, 鄕吏驛子·公私賤男女, 亦皆擅自剃髮, 甚爲未便.

10) 『세조실록』, 세조 7년 8월 12일: 上問右贊成具致寬, 兵曹參判金國光曰: "僧徒號牌詳悉爲難, 予欲京中則令兩宗備錄諸寺僧本貫體貌, 轉報該曹, 外方則令諸山維那寺備錄諸僧, 報其邑, 隨卽印給, 如有度牒不明者, 勿給牌, 窮推還俗, 何如?" 僉曰: "可." 遂定僧人號牌之法. 一, 用圓牌刻容貌歲年及父名本貫. 一, 京外官錄簿, 以憑後考. 一, 錄報時, 須考度牒, 其中年老及衆所共知有心行者, 雖無度牒幷報, 無心行不誦經者, 勿報."

11) 『세조실록』세조 7년 3월 9일: 刑曹啓公私賤爲僧者禁防條件:一, 公賤爲僧者, 告于宗門, 宗門選能誦『金剛經』·『心經』·『薩怛陁』而有僧行者, 具由報禮曹, 禮曹啓收丁錢, 給度牒, 其名字及主司之名, 移牒本曹, 本曹於諸衙門案籍, 錄其事由. 公賤爲尼者, 亦依此例, 但尼僧本無度牒, 不必收丁錢.(중략) 一, 私處奴婢從本主情願爲僧尼者, 本主告于宗門, 依公賤例選取, 勿許本主使喚. 一, 公賤爲僧者, 滿三朔不出度牒, 則本僧及族親·切隣中, 具由告官, 不告者族親·切隣抵罪, 每滿三朔必告, 滿一年猶不出者還俗. 從之. 참조.

12) 『예종실록』예종 1년 10월 27일 자 기사 참조.

13) 『성종실록』성종 1년 3월 6일 자 기사 참조.

14) 『세종실록』세종 2년 11월 7일: '凡剃髮者, 必受度牒, 方許出家, 已有著令. 無識僧徒不畏國令, 不唯兩班子弟, 有役軍人·鄕吏驛子·公私隷, 擅自剃髮, 甚爲未便. 今後兩班子弟自願爲僧者, 父母族人告僧錄司, 報禮曹, 啓聞取旨後, 納丁錢·給度牒, 許出家. 其餘有役人及獨子·處女一皆禁斷, 違者還俗, 當差其父母·師僧及寺主, 從重論罪. 婦女守節剃髮者, 不在此限.

15) 『성종실록』성종 8년 2월 29일: 俊又啓曰: "處女權氏剃髮情由, 未畢鞫, 而命棄之, 請畢問." 上曰: "此必喪母時年已三十三. 若非有病者, 其母豈過時不嫁乎? 且今醫女審驗, 多有灸處, 故棄之也."

16) 『태종실록』19권, 태종 10년 4월 4일: 又啓 "興寶有四女, 皆未嫁, 其長以父死家貧, 欲爲尼. 願賜資粧以嫁." 上從之.

17) 『성종실록』55권, 성종 6년 5월 26일: "聞尼僧洪氏誘姪女爲尼, 近日推鞫, 問其所在則, 曰: '以遊山在慶尙道', 問其父何以女爲尼乎? 曰: '少嬰疾故剃髮, 今洪氏毒死, 女年甚長, 欲還而嫁之.'"

18) 본서에서 조선시대 비구니의 활동과 수계에 대한 서술 중 감로도를 이용한 설명은 대부분 '이향순, 「감로도에 나타난 조선의 비구니승가」, 『한국문화』 49, 2010.'를 참고하여 작성함.

19) 『동사열전(東師列傳)』권4, 「허주선백전(虛舟禪伯傳)」: 夙植善根, 幼願出家, 投入曹溪, 獨守孤節, 學成道達, 受印行職.(중략) 受戒者, 受禪者, 受法者, 受業者, 不論

比丘比丘尼, 優婆塞優婆夷, 沙彌沙彌尼, 式蹉摩那, 信男信女, 卽從座起, 合掌啓請, 如在靈山拈華示衆. (교감 및 번역문 동국대학교 불교기록문화유산아카이브 참조.)

20) 金守溫, 『拭疣集』권2 「見性菴靈應記」: 大建伽藍, 歲寅僧三四百指. (중략) 天順八年甲申夏四月十四日乙卯, 夫人爲世宗大王, 昭憲王后, 超昇極樂, 先母夫人王氏, 廣平大君, 皆得涅槃之願, 邀芯蒭五十員爲上堂. (중략) 設法華道場於是寺. (중략) 其信善四衆, 又無慮千有餘人. (중략) 是日午, 供養梵唄旣作, 四衆翹誠頭而敬禮, 忽於佛前卓上輝光, 燦爛四射於外. 大衆輟行道就視之, 則舍利已分身五十八粒. (중략) 流聞京師, 男女老少, 來者往者, 絡繹於道, 數日未已. 及旣罷會, 仍坐三七員結夏, 且禪且誦, 至七月十五日俗號百終, 是十方菩薩遊行散處, 求訪大德, 咨決心疑之約也. 大開盂欄盆齋, 又於佛卓前舍利又分身千有餘粒.

21) 『세종실록』세종 23년(1441) 12월 9일 자 기록; 『세종실록』세종 23년(1441) 12월 9일 자 기록.

22) 『양주 사릉 해주 정씨 종가 고문서』I, 소장처: 한국학중앙연구원.

23) 문화재청 '양산 통도사 금동천문도(梁山 通度寺 金銅天文圖)'; 민족문화대백과사전 '양산 통도사 금동천문도(梁山 通度寺 金銅天文圖)'.

24) 황규성, 「봉서암감로탱」『감로』상권, 통도사성보박물관, 2005. 10. p.160.

25) 이상 조선 비구니들의 의식 작법 활동에 대해서는 '이향순, 「감로도에 나타난 조선의 비구니승가」, 『한국문화』49, 2010'을 주로 참고하여 정리함.

26) 이하 조선 비구니들의 법의에 대해서도 이향순의 위의 논문을 참고하여 작성함.

27) 『동사열전(東師列傳)』권3 「상월종사전(霜月宗師傳)」: (앞부분 생략) 갑인년 봄에 선암사에 기거하면서 화엄강회(華嚴講會)를 열었다. 이 상황을 기록한『대회록(大會錄)』에 이렇게 기록되어 있다. "건륭 19년 갑술(1754) 3월 16일에 상월당 선암사 큰 법회에 모인 대중들의 현황은 이러하다. 상실(上室): 종사 19명, 학인 56명, 어산 3명, 소동(小童) 16명; 지장전: 종사 24명, 학인 56명, 어산 2명, 동자 9명; 선당(禪堂): 종사 24명, 학인 93명, 어산 1명, 동자 7명; 승당: 종사 16명, 학인 60명, 어산 1명, 동자 15명; 동상실(東上室): 종사 12명, 학인 49명, 어산 1명, 동자 2명; 명경당(明鏡堂): 종사 33명, 학인 78명, 어산 7명, 동자 18명; 관음전: 종사 23명, 학인 180명, 어산 2명, 동자 5명; 칠성전: 종사 7명, 수좌 217명; 천불전·무우당(無憂堂): 도합 어산 50명; 독락당(獨樂堂): 우바이 도합 150명; 배면당(背面堂): 비구니 44명. 이상 종사 158명, 학인 519명, 어산 69명, 동자 74명이며, 대중을 모두 합하면 1,287명이었다. 강론 과목은 다섯인데, 첫째는「화엄경」「세주묘엄품」으로 파일현간(華日玄侃)이 담당하였고, 둘째는「십지품」으로 연담유일(蓮潭有一)이 담당하였으며, 셋째는『선문염송』으로 용담조관(龍潭槽冠)이 담당하였고, 넷째는『묘법연화경』으로 용암증숙(龍岩增肅)이 담당하였으며, 다섯째는『금강경』으로 두월청안(斗月晴岸)이 담당하고 있었다. 이 강회(講會)는 3월 16일에 시작하여 4월 3일에 마쳤다.(甲寅春, 在仙巖寺, 設華嚴講會. 大會錄云, 乾隆十九年甲戌三月十六日, 霜月堂仙巖寺大會大衆. 上室, 宗師十九, 學人五十六, 魚山三, 小童十六. 地藏殿, 宗師二十四, 學人五十六, 魚山二, 童子九. 禪堂, 宗師二十四, 學人九十三, 魚山一, 童子七. 僧堂, 宗師十六, 學人六十, 魚山一, 童子十五. 東上室, 宗師十二, 學人四十九, 魚山一, 子二. 明鏡堂, 宗師

三十三, 學人七十八, 魚山七, 童子十八. 觀音殿, 宗師二十三, 學人一百八十, 魚山二, 童子五. 七殿, 宗師七, 首座二百十七. 千佛殿無憂堂, 合魚山五十. 獨樂堂, 優婆夷合一百五十. 背面堂, 比丘尼四十四, 已上宗師一百五十八, 學人五百十九, 魚山六十九, 童子七十四, 衆合一千二百八十七. 講目五, 一世主妙嚴品, 當機華日玄侃, 二十地品, 當機蓮潭有一, 三拈頌, 當機龍潭橦冠, 四蓮華經, 當機龍岩增肅, 五金剛經, 當機斗月晴岸, 三月十六日, 開經, 四月初三日終.)(원문 및 번역문은 동국대학교 불교기록문화유산아카이브 참조.)

28) 불경 언해와 여성불자의 참여에 대해서는 아래 내용을 주로 참조하였음: 전영숙, 「조선 초 불경 언해와 여성불자의 참여」, 『禪文化硏究』 33, 2022; 전영숙, 「불경 언해와 한글 보급에 공헌한 여성불자들」, 『불교평론』 95, 2023 가을호; 전영숙, 「조선 전기 불서 언해 참여자에 대한 고찰-『금강경』 언해를 중심으로」, 『조선 전기 언해 불서의 기록유산적 가치』, 경북불교문화원 언해불서 국제학술대회 논문집, 2023. 11. 3.; 전영숙, 「조선 전기 불서 언해 참여자와 불서 활용에 대한 고찰」, 『조선 전기 언해 불서의 기록 유산적 가치』, 2024 언해 불서 국제학술대회, 2024. 8. 9.

29) 『세종실록』, 세종 26년 2월 20일(1444).

30) 능엄경언해 발문: 上이 입겨츨 ᄃᆞ로사 慧覺尊者께 맡기어시ᄂᆞᆯ 貞嬪韓氏等이 唱準ᄒᆞ야ᄂᆞᆯ 工曹參判臣韓繼禧 前尙州牧使臣金守溫은 飜譯ᄒᆞ고 議政府檢詳朴楗 護軍臣尹弼商 世子文學臣盧思愼 吏曹佐郎臣鄭孝常은 相考ᄒᆞ고 永順君臣溥ᄂᆞᆫ 例一定ᄒᆞ고 司瞻寺臣曹變安 監察臣趙祉ᄂᆞᆫ 國韻 쓰고 慧覺尊者信眉 入選思智 學悅 學祖ᄂᆞᆫ 飜譯 正ᄒᆞ온 後에 御覽ᄒᆞ샤 一定커시ᄂᆞᆯ 典言曹氏 ᄃᆞ大ᄂᆞᆫ 御前에 飜譯 닑ᄉᆞ오니라.

31) 『금강경언해』 「飜譯廣轉事實」: 上이 夢世宗이 問上金剛經四菩薩八金剛名字之義ᄒᆞ시며, 又夢懿敬, 上曰ᄒᆞ샤ᄃᆡ, 得非桃源君乎아! 對曰是로이다 ᄒᆞᅀᆞᆸ고 卽來抱上ᄒᆞᅀᆞ와 而痛哭ᄒᆞ야시ᄂᆞᆯ 上亦大痛哭ᄒᆞ시고 問生處ᄒᆞ신대 對以皆善處ㅣ이다. ᄒᆞ여시ᄂᆞᆯ 上이 益勉之以佛道하시고, 上이 諦視其容ᄒᆞ시고, 而思惟ᄒᆞ샤ᄃᆡ, 常時에 未得畵影호니 如是明白舊容을 吾憶畵諸아. 必未畵矣리라. 夢中之見은 其能久乎ㅣ며 非夢則其能會ㅣ리오! 夢이 非妄이며 而平이 非眞이라 ᄒᆞ시고 更又痛泣ᄒᆞ샤 相與悲戀之際에 中宮이 聞而覺之ᄒᆞ시니라. 朝에 中宮이 語夢於上曰ᄒᆞ샤ᄃᆡ 夢見世宗所成佛像五幀과 諸菩薩圍繞立像ᄒᆞᅀᆞ오이다 ᄒᆞ야시ᄂᆞᆯ 上이 感極嗚咽ᄒᆞ샤 語不能出ᄒᆞ시다가 久乃曰ᄒᆞ샤ᄃᆡ 予有言而ᄒᆞ시고 又良久不能語ᄒᆞ시다가 曰予有言, 而中宮蕩懷則言之호리이다. 中宮이 亦悲不自勝ᄒᆞ샤 相與無言ᄒᆞ시다가 其久ㅣ어ᅀᅡ 上이 乃語前夢ᄒᆞ야시ᄂᆞᆯ 兩殿이 悲痛悽切ᄒᆞ샤 淚流江河ᄒᆞ샤 衾枕이 霑濕ᄒᆞ시니라. 上曰ᄒᆞ샤ᄃᆡ, 推薦은 無餘蘊矣라. 宜豁於懷니 近日에 舍利分身이 卽其現驗也ㅣ라. 造像與畵ㅣ何者ㅣ可耶오. 中宮이 曰ᄒᆞ샤ᄃᆡ, 旣有爲造之像ᄒᆞ시니 可安近日舍利ᄒᆞ옵고 而畵幀焉이리소이다. 上曰善哉라! 予亦爲亡者ᄒᆞ야 大轉金剛經호리이다.

32) 「번역광전사실(飜譯廣轉事實): 親定口訣, 貞嬪韓氏御前書, 社堂惠瓊, 道然, 戒淵, 信志, 道成, 覺珠, 淑儀朴氏書口訣兼唱準, 永順君臣溥承傳出納臣敬依口訣宣譯孝寧與僧海超等更加硏究禮曹參議臣曹變安書國韻, 工曹判書臣金守溫, 吏曹參判臣姜希孟, 承政院都承旨臣盧思愼參校, 議政府舍人臣朴楗, 工曹正郎臣崔

瀬, 行仁順府判官臣趙祉, 行司正臣安愈成均, 注簿金季昌考諸經, 典言曹氏, 行同判內侍府事 臣安忠彦, 護軍臣張末同, 臣河雲敬可謁, 臣李元良 臣吳命山行謁者, 臣張終孫, 臣安哲貞, 行司勇臣洪仲山, 臣鄭孝常, 臣金龍守, 臣崔順全, 臣金兒守, 臣鄭壽萬給事, 臣金孝之, 臣李枝書飜譯, 行司勇臣金治孫, 臣金今音同, 承供校尉臣朴成林, 臣陳繼終, 臣金孝敏, 臣李致和, 臣崔順義, 臣楊壽, 臣許孟孫, 臣尹哲山, 臣金善唱準, 凡五日告成卽命刊經都監鏤板印布.

33) 『東文選』제94권「童子習序」, 제95권「洪武正韻序」.

34) 조두대와 광평대군, 세조와의 관계에 대해서는 '이규봉 저, 『세종대왕 며느리는 왜 절에 들어갔을까』, 이엔지미디어, 2018.'의 추론을 참고하였다.

35) 姜希孟, 『私淑齋集』「擬人作」: 性不信浮屠法. 家傍有比丘尼丘舍堂者, 解經文法語, 招集都下名家婦女化緣, 其弟子相傳不廢. 夫人在傍十餘年, 一不通問. 首尼遣小尼, 因夫人乳媼, 問請交. 夫人曰, 髡首緇衣, 狀類和尚, 非婦人對面者, 終不交.

36) 『성종실록』 성종 4년(1473) 7월 16일: 今尹氏, 雖剃髮爲尼, 本閥閲之家勳臣之妻, 豈不知上寺之禁, 而率其徒屬, 誘引士族寡婦, 往來成佛·正因等寺, 淹留信宿, 首倡不法之事? 如惠社堂·正覺等輩, 留宿水鍾寺, 經七八日, 又往來道成寺, 其隨從尼僧·侍婢之數, 不知其幾, 其敢冒邦憲, 放縱無法如此, 不可不推斷, 以定其罪也.

37) 『성종실록』 성종 4년(1473) 7월 18일: 近年以來, 氣習日變, 尼徒漸多, 窮閭密地, 處處皆有社堂, 聚集徒侶, 廣行招誘, 爲失行處女·背夫悍妻之淵藪. 無行寡婦, 夫屍未冷, 托薦冥福, 而剃髮暗投者, 不知其幾.

38) 南孝溫, 『秋江先生文集』제6「雜著」松京錄: 壽又引余輩下百草亭社堂. 入其社則有女老十餘人打鼓唱佛, 其中有最少者年可三十餘, 自謂最知佛法.

39) 한희숙, 「조선 초 廣平大君家의 佛敎信行과 왕실불교」, 『韓國史學報』79, 2020. p.169.

40) 성종실록 236권, 성종 21년 1월 17일.

41) 성종실록 및 한희숙, 「조선 초 廣平大君家의 佛敎信行과 왕실불교」, 2020. p.179 참조.

42) 세종실록 권 80, 세종 20년 3월 3일(정해) 기사 참조.

43) 조두대와 관련한 내용은 '이규봉, 『세종대왕의 며느리는 왜 절에 들어갔을까』, 이엔지미디어, 2018.'과 '박해진, 『훈민정음의 길 : 혜각존자 신미 평전』, 나녹, 2014'를 다수 참조함.

44) 이규봉, 『세종대왕 며느리는 왜 절에 들어갔을까』에서 번역문 참조.

45) 한국학중앙연구원 『한국민족문화대백과사전』 '수륙무차평등재의촬요(水陸無遮平等齋儀撮要)' 참조.

46) 이규봉, 번역문 참조.

47) 『세종실록』 세종 23년(1441) 윤 11월 24일: 臣等竊謂孝寧大君以王室懿親, 溺於邪説, 屈膝桑門, 恭行弟子之禮, 凡營建塔廟, 勸文牒亲, 皆經押署, 遍滿中外, 塗亂生民之耳目. 又有老尼, 號曰師室, 稍解文字, 作爲幻化之說, 愚弄無識婦女, 援入誕妄之境. 於是士男士女, 靡然歸依, 皆曰: "孝寧大君, 生佛也. 尼僧師室, 生佛也." 男願爲僧, 女願爲尼.

48) 『세종실록』 세종 23년(1441) 12월 9일: 臣等竊聞比丘尼姓丘者慧黠巧舌, 緣飾文字,

聘妖機幻, 媚惑婦女, 此是妖物, 所當黜遠者也. 近年因緣宮禁, 誑誘百端, 懿嬪剃髮披緇, 非所以爲萬世宮壺之軌範也. 太宗在天之靈, 亦必驚駭慼愧矣. 殿下何不禁止, 以爲太宗之羞乎? 從此宮禁繼有則效而爭願落髮者, 殿下寧能堅禁之乎? 夫臣民婦女, 或有恐爲人奪志者, 容有斷髮爲尼, 以全其節, 則猶之可也, 至於宮禁, 何所爲之, 而爲之乎? 此臣等所以缺望也. 伏望殿下亟黜尼丘, 放之於外, 以絶根本, 亦使懿嬪還復舊儀, 以正宮禁, 則不勝幸甚.

49) 『세종실록』세종 23년(1441) 12월 9일: 上曰: "…且使丘尼出入宮禁, 使宮主削髮, 不能禁止, 予之過也. 大抵羅織君上之過, 皆小儒所作. 厥父母在家, 念佛誦經, 其子不能諫止, 而立於朝, 因人上疏, 文君之過可乎?"

50) 『세종실록』세종 23년(1441) 12월 9일: "人臣進諫之言苟善, 則但取其善可也. 在家之事, 何足論耶?"

51) 한국비구니연구소 저,『한국비구니수행담록』상, 뜨란출판사, 2007. pp.37~39.

52) 탁효정.「조선시대 淨業院의 위치에 관한 재검토 -영조의 淨業院舊基碑 설치를 중심으로-」서울역사편찬원, 2017. 서울과 역사 Vol.~No.97 p.61 참조.

53) 네이버 지식백과 '분재기(分財記)'(두산백과 두피디아, 두산백과) 참조.

54) 師尊淨業院住持李氏教是 師室丘氏忌日有名日(祭)祀奉行爲只爲 東部仁昌坊伏家舍菜田及諸處買得田地 並以親給教矣 傳得居生耕食爲如可 身後乙良 可(依)弟子亦中次次傳給亦 教是等用良 自(矣亦)中傳係爲去乎(海州鄭氏古文書「前淨業院住持尹氏許與文記」(1489). 원문 판독 및 이두를 포함한 전체 번역문은 탁효정 위의 논문 p.62 참조.

55) 탁효정, [한국여성인물사전] 217. 정순왕후 송씨(宋氏), 이투데이. 2017. 10. 20.

56) 『광해군일기』광해 6년(1614) 8월 19일: 前府使李貴之女, 故幼學金自謙 兼之妻也. 自六七歲, 稍解文字, 無心於世, 十五而嫁, 亦不以男女生産爲念, 留心至道, 積功八九年, 似有所得. 自謙 兼志氣不凡, 早事禪學, 不以妻道待之. 且以吳彦寬爲道友, 嘗曰: '吾有妻如君, 有友如吳, 一生之幸也.' 三人鼎坐, 談道終日, 或至夜深. 自謙 兼戊中年身死, 死之前日, 謂在側人曰: '吾明日將化.' 果於翼日而逝. 臨終, 口號偈數句, 因謂吳曰: '吾妻在, 吾不死也. 子勿以俗言爲嫌, 須爲道相訪, 如今日也.' 吳許諾. 厥後時時來見, 談道講學, 久而不衰. 嘗聞五臺山多女僧, 欲往從之, 而未果. 去四月間, 聞吳彦寬以遊山出去, 遂決意從之. 留書於姑及父母, 爲別率奴婢而行, 行至德裕山, 翦髮爲僧, 竟爲村民所捉, 告終始緣由, 如斯而已. 若以處事之誤言之, 死亦輕矣, 其無奸犯之實, 如青天白日, 雖萬死無愧矣. 安陰初供時, 非不知權辭, 假名之不忍爲, 而若以士族女, 隨他男子而出來爲辭, 則縣監必不問曲折, 先加嚴訊, 故不得已如是.

57) 『광해군일기』광해 6년(1614) 8월 19일: "女年十四, 爲武人 羅廷彦 妾. 夫死, 欲全賤節, 依託嫡家. 聞金自謙 兼妻李氏, 人多貴之, 盡誠求見, 閱人多矣, 未見如此人. 李氏每言: '在世修道, 不能專一, 古人出家入山. 聞五臺山多女僧, 欲往久矣.' 今春吳彦寬與李氏同行, 女亦隨去, 李氏常時不食或至二十日, 水飮不入於口, 少無飢困之態, 或至一月不睡. 滿身有香氣, 昏黑之夜, 放光如晝, 三年同處, 終始如一,

汚穢之事, 千萬不近. 賤身青年寡居, 人多求之, 改嫁誰尤, 而必往山間奸夫乎?
吳彥寬雖處土室地穴, 有滿身香氣, 人皆持飲食而來饋矣."

58) 김종직, 『佔畢齋集』권14 詩: 比丘尼道圓, 俗名得悲也. 少爲安林驛吏妻, 其夫
死守節不二. 晚年珈耶山僧道嚴學禪, 構淨覺庵居焉, 年已七十餘矣. 聞余在海
印, 送其詩軸乞言, 書二絶以答之.

59) 관련한 작품은 다음과 같다. 권근(權近), 「送神印宗玉明上人」, 『양촌선생문집』 제7권;
유호인(兪好仁), 「伽倻山內院庵訪螺師玉明不遇」, 『續東文選』 제5권; 박규수(朴珪壽),
「江陽竹枝詞十三首 拜別千秀齋李公之任 幷序」, 『환재집(瓛齋集)』 권1.

60) 『번상행록(樊相行錄)』과 『상덕총록(相德總錄)』에 대해서는 '이승재, 「새로 발견된 번상행
록(樊相行錄) 고찰」, 『한국실학연구』 39, 2020.'을 참고할 수 있다.

61) 채제공, 『번암집(樊巖集)』제57권 「碑·女大師定有浮屠碑銘」: 大師俗姓姜, 平壤良家
女也. 性恬淨無人欲, 自少歸心佛祖, 口不近葷血, 喃喃誦貝葉書, 以忘晨夕. 意至
行來名山水若踉蹡閴然, 夜分必庭拜北斗, 入室面壁寂然若坐睡, 實非睡也. 英宗
乙未, 余納關西節, 歸終南舊第. 一日師請謁, 余問曰遠來良苦, 意何居. 師曰, 關西
民被老爺恩澤無終極, 身雖女人乎, 安得不一來謝. 仍侍吾室貞敬夫人, 留數月以
去. 明年如之, 又明年又如之. 其容不少倦, 余嘗盡室居明德山中, 師來言以僧快
浩者, 結爲母子, 老身庶可有托, 仍以快浩見. 余掃春星堂, 使師與快浩留. 每夜
深, 倚杖光影池上, 望見萬木叢翳中, 孤燈炯然照窓, 經聲或高或低, 與松風潤響
相答應, 可知師不眠也. 余輒喜曰, 此山居奇事. 未幾, 師俶裝曰, 將歸長湍之華
藏菴, 祝髮爲僧. 從此辭, 時師年已六十餘. 余慰之曰, 何自苦乃爾. 師曰, 死不遠,
至願在涅槃, 不祝髮恐不得如願. 仍泣下曰, 後期有無, 以是悲耳. 後數月, 在華
藏菴有書曰, 已於某日祝髮, 法名曰定有, 大法師曰律菴食活云. 壬寅十一月十五
日, 師化去, 臘六十六. 及涅槃, 舍利珠跳出, 快浩將安塔於關西之七星菴, 乞余文
以記其事. 念余戊戌夏使燕還, 夜渡淸川江. 師自平壤徒步二百里, 待我於舟中,
相見喜甚, 剖西瓜以進, 其意何可忘也. 後又爲余禳灾, 入深山齋沐, 達曙禱神,
盡百日乃止. 觀其意事, 可以益余, 死亦無辭. 嗚呼, 於今世何可復得也. 余不忍負
師, 強疾而爲之銘, 銘曰, 此界何苦, 西方何樂, 棺槨何厭, 茶毘何欲. 無問棺槨與
茶毘, 歸於無, 畢竟奚間. 吾故曰盈天地百千萬事, 無可願, 亦無不可願, 歸謁釋
迦牟尼, 試以吾言問之. 정유 스님에 대한 연구로는 '허흥식, 「조선의 정유(定有)와 고
려의 진혜(眞慧)」, 한국학중앙연구원(구 정신문화연구원), 27(4), 2004.'를 참고할 수 있으
며, 채제공의 이 글에 대한 번역문도 허흥식의 위의 논문 중 pp.178~179의 번역문을 참
고하였다. 다만 정유 스님의 출가 부분 원문에 대해서 본서는 목판본 원문의 표점(法名
曰定有大法師, 曰律菴食活云.)에 의거하였고, 허흥식이 '法名曰定有大法師曰律菴食
活云'으로 본 것을 따르지 않았다. 목판본 이미지 출처: 한국고전종합DB.

62) 채제공과 명덕산에 대해서는 다음과 같은 연구를 참고할 수 있다. 백승호, 「樊巖 蔡濟
恭과 明德洞」, 『한국고전연구』 42, 2021.; 이승재, 「正祖 初期 채제공의 은거 양상 고
찰」, 『한국한문학연구』 89, 2023.; 이종묵, 조선의 문화공간 4, 휴머니스트, 2006.

63) 이승재, 「正祖 初期 채제공의 은거 양상 고찰」, 『한국한문학연구』 89, 2023. p.118 참조.

64) 『동사열전』 제3권 「대인등전전(大印燈傳傳)」: 師姓金氏, 黃州人, 童年出家, 極守冷節, 櫛風沐雨, 撥草瞻風, 縶比丘比丘尼之堂, 耳順心飽, 更無餘願. 淸信女在家菩薩之行, 已滿. 脫身時, 急入於金剛山乾鳳寺, 不老不病而坐化, 若非地持, 必是觀音. 其所慈悲, 人所難行. 年四十一, 臘二十二, 闍維, 舍利十七箇, 伐石樹塔, 其在鵠著塔銘.

65) 미리엄 레버링, 「묘도와 은사 대혜」, 이향순 엮음, 『동아시아 비구니』, 민속원, 2023. p.143 참조.

66) 김정희, 「송림사 명부전 삼장보살상과 시왕상 연구」, 『강좌 미술사』, 2006. p.70 참조. 김정희의 연구에 따르면 1665년 조성된 경북 칠곡군 동면면 구덕리 송림사에서 지지보살상을 찾아볼 수 있다.

67) 바이두 백과, 「지대원통지지보살(地大圓通持地菩薩)」; 釋 道璨 『柳塘外集』 卷2; 葉廷璉, 『海錄碎事』 卷13.

68) 『동사열전』 제6권 「금월선덕전(錦月禪德傳)」: 師, 東方世界乾鳳之化佛也. 其後夢月泳泓, 東峯旭日, 大印燈傳, 跡同一切. 此四師之跡, 通文於告諭, 於八方窟幕, 誰不欽仰贊揚也哉. '窟幕'은 잘못 들어간 글자로 판단되어 번역하지 않음. 원문 자료 출처: 동국대학교 불교기록문화유산아카이브.

69) 마르틴 배철러 저, 조은수 역(2011), 『출가 10년 나를 낮추다』, 웅진뜰, p.25 참조.

70) 이상 세 명의 비구니스님과 사명대사, 이순신 장군의 설화는 '김일룡, 「김일룡의 향토사 산책 59, 연화도인과 사명대사 전설」, 『한산신문』, 2016. 11. 25.'의 기사를 참조하여 작성함.

71) 시기별 정업원의 설치와 철폐, 주요 인물에 관해서는 '이기운, 「조선시대 왕실의 比丘尼院 설치와 信行」, 『역사학보』178, 2003. p.32.'의 <표>를 참조할 수 있다.

72) 전영숙, 「조선 전기 불서 언해 참여자와 불서 활용에 대한 고찰」, 『조선 전기 언해 불서의 기록 유산적 가치』, 2024 언해 불서 국제학술대회, 2024. 8. 9. p.123.

73) 『연산군일기』 연산 9년(1503) 1월 18일: 傳曰: "如檜巖·奉先住持之類及一切城外居僧, 今後, 毋得出入兩宗圓覺. 且內言不出, 外言不入, 已有法禁, 而僧徒每有有不便於己之事, 輒緣尼僧, 得通言語, 甚不可也. 今後, 尼僧若有往來相通者, 令憲府痛繩以法. 且儒生當力排異端, 而反有與緇流交結者, 是背吾道也. 不可齒於儒類, 亦不可使赴科擧, 令禮曹論之."

74) 南九萬, 『藥泉集』 연보 제1권: 時上惡城中慈壽仁壽兩尼院, 交通宮人, 特命沙汰僧尼幷還俗. 大臣玉堂以爲難猝行, 遂撤去兩院.

75) 정업원의 공간 이동과 관련해서 '탁효정, 「조선시대 淨業院의 위치에 관한 재검토-영조의 淨業院 舊基碑 설치를 중심으로-」 서울역사편찬원, 2017. 서울과 역사 Vol.~No.97'를 참조함.

76) 차천로(車天輅), 『五山集』 권6 「淨業院仁壽宮重刱募財勸善文」: 層軒鳥革翬飛, 大廈雲譎波詭, 玻瓈瑪瑙, 耀砌阤之榮, 碑碣琉璃, 炫樓臺之飾. (중략) 斯號比丘尼之上方, 亦云優婆塞之祕殿. (중략) 心透妙香, 道臻最上. (중략) 上授下傳, 與存亡國家之二百, 前因後果, 何有無弟子之萬千, 云何執徐之年, 乃有卉服之孼, 珠樓玉殿, 竟入無何, 龍鉢蓮經, 化爲烏有. (중략) 縱拮据於舊址, 猶草創於新規, 荒涼

雁齒之堦, 寂寞魚鱗之瓦, 牟尼佛弟子有若某等, 欲新法院, 仍敞道場. 但嗟蟊力
之綿, 詎辦龍宮之制, 擬乞靈於羣聖, 惠徼福於諸君, 非敢將多前功, 只期無廢後
觀, 重財輕貨, 倘能筆下鉤鎖, 複閣層欄, 便見眼前突兀. 伏望諸賢, 拓功德之海,
廣報施之天, 知佛道之河沙. (출처: 한국고전종합DB).

77) 다카하시 도루 저, 이윤석 역,『경성제국대학 교수가 쓴 조선시대 불교통사: 이조불교』,
민속원, 2020. pp.31~32.

78) 普雨,『懶庵雜著』「重修慈壽宮落成慶懺法席疏」.

79)『선조실록』선조 40년(1607) 5월 4일: 亂離之後, 兵革事多, 未遑文敎, 舊老已盡, 後生
不興, 有識之寒心久矣. 十許年來, 人心貿貿, 邪說肆行, 無復禁檢, 愚民迷惑, 男
爲居士; 女稱社堂, 不事其事, 緇服乞食, 互相誘引, 其徒寔繁. (중략) 州縣不知禁
止, 平民半爲遊蕩, 道路相望, 山谷彌滿, 或自聚會, 則千百爲群, 所見駭愕. 至於
京城, 法有嚴條, 而非但出入留宿者, 其麗不億, 閭閻之間, 上下靡然, 飯僧供佛,
捨身設齋者, 亦多有之, 而士大夫亦或傾心奉佛, 不知怪恥.

80) 다카하시 도루 저, 이윤석 역『경성제국대학 교수가 쓴 조선시대 불교통사: 이조불교』,
민속원, 2020. p.65.

81) 處能,『大覺登階集』권2「諫廢釋敎疏」: 夫慈壽仁壽兩院在宮掖之外. 即后之內
願堂也. 奉恩奉先兩寺. 在陵寢之內. 即先王之外願堂也. 所以限內外者. 亦男女
有別故也. 此非一朝一夕之叛. 實是先王先后之制也. 與國同興.與國同亡. 有成
則國之慶也. 有毀則國之殃也. (중략) 尼衆豈非陛下之民. 而殿下豈非尼衆之君
哉. (중략) 兩寺不可衰也, 兩院不可廢也. 二事不兼, 則寧衰兩寺也, 尼衆不可黜
也. 聖位不可瘞也, 二事不兼, 則寧黜尼衆也.

82)『국조보감』제86권 헌종 4년: 夏五月, 女僧昌善, 聚僧徒五六人, 擔舁佛像, 攔入楊州
鄕校, 置佛像於明倫堂上, 鳴錚念梵, 恣意喧聒, 擧措駭悖. 道臣狀聞其事, 命昌
善處絞, 其餘僧徒, 減死島配.(자료 출처: 한국고전종합DB).

83) 심재우, 곱절이나 서러운 여성 유배인, 대학지성, 2020. 11. 15.
(http.s://www.unip.ress.co.kr/news/articleView.html?idxno=2440).

84)『유점사본말사지』에는 17세기 1명, 18세기 6명, 19세기 52명의 비구니 이름이 등장한
다.(탁효정, 「조선후기 금강산 일대의 비구니 암자와 비구니의 활동」,『불교학연구』2022, 제70호.
p.31 참조) 후기로 갈수록 비구니 수가 많은 것은 사료가 1930년대 중반에 수집된 영향
이 크고, 양란과 수차례의 화재를 겪으면서 조선 중기 이전에 작성된 자료들이 모두 유
실되었기 때문일 것이다. 이들의 이름이 주로 화주질이나 시주질에 등장하기 때문에 자
세한 행적을 알기 어렵지만 금강산의 비구니들이 이처럼 풍부하게 기록에 등장하는 것
으로 보아 조선시대 지방에서도 비구니의 활동은 매우 활발했을 것으로 추정된다.

제4장

:

개항기에서
한국전쟁 이전

제4장

개항기에서 한국전쟁 이전

조선왕조 500년 동안 불교는 큰 타격을 받아 사람들의 관심과 사회적 영향력이 약해지게 되었다. 그런데 1876년 강화도조약을 기점으로 개항이 되고, 1910년에 일제강점기가 시작되는 등 사회가 급변하는 가운데 불교계에도 큰 변화가 찾아왔다. 고종 32년인 1895년 봄, 마침내 승려 도성 출입 금지가 해제되어 출가자의 활동이 자유로워졌다. 하지만 이와 동시에 일본불교가 밀려와 전통적 불교 체제가 크게 흔들리는 대혼란기에 접어들었다. 큰절의 대부분을 대처승이 맡게 되면서 사찰과 사찰 주변 환경에 엄청난 변화가 일어난 것이다.

1925년 재단법인 조선불교중앙교무원에서 파악한 통계에 의하면 당시 승려의 숫자는 비구 6,324명, 비구니 864명으로 총 7,188명이었으며, 이 중 결혼하지 않은 독신 비구는 4천여 명 남짓이었다. 이 시기에 이미 대처승이 큰 폭으로 증가했으나 그래도 비구 숫자가 훨씬 많았음을 알수 있다. 그런데 조선총독부가 1926년 11월 승려들에게 대처식육을 허용하고, 대처승도 본사 주지를 할 수 있도록 사법을 개정하라는 지시를 내림으로써 마침내 대처화가 가속화되어 출가자들의 정체성이 급격히 약화되기 시작했다. '1930년대에 이르면 당시 남성출가자의 90%가 사실상 결혼을 했을 것으로 추측되며, 나머지 10% 범위 안에는 사실상 결혼생활을 유지할 수 없는 행자나 사미, 나이든 승려까지 포함되어 있으므로[1] 남성출가자 거의 모두가 대처승이었다고 말할 지경에 이르렀다.

대처와 식육은 한국불교에 엄청난 파장을 몰고 왔다. 조선왕조가 비록 불교를 탄압했다고는 해도 독신과 식육 금지의 불교전통이 유지되었으므로 계율정신의 근간을 흔드는 일은 발생하지 않았었다. 그런데 이제 일본불교가 물밀듯이 들어오면서 불교의 근본정신이 큰 타격을 입게 된 것이다.

반면, 비구니들은 독신생활을 하고 채식을 하는 등 전통적 생활방식을 그대로 유지하였다. 비구니들이 전통방식을 유지할 수 있었던 데에는 복합적인 요소가 작용했다. 무엇보다 남편과 결혼생활을 유지하면서 출가생활을 하고자 하는 여성이 거의 없었다.[2] 또한, 비구니 숫자가 적어서 비구니공동체의 역량도 미미했으므로 통치자들에게 비구니는 관심의 대상이 아니었다. 그래서 조선총독부는 비구에게는 대처와 식육의 조치를 내렸으나 비구니들에게까지 그러한 조치를 내리지는 않았다.

여기서 잠시 우리는 일제강점기 때 비구니공동체가 남성출가자들과 유사한 길을 택했다면 과연 오늘날 한국 불교가 어떻게 되었을지 상상해 볼 필요가 있다. 만약 비구니들도 남성출가자들처럼 가정생활을 영위하면서 출가생활을 하겠다는 주장이 설득력을 얻었다면 과연 이후 비구니 승단은 어떻게 되었을까? 또 일본에서처럼 정부에서 여성출가자들에게 강제 환속 조치가 내려지고 비구니들이 이를 수용했다면 지금까지 비구니공동체가 유지될 수 있었을까? 그러나 다행히 그런 일은 일어나지 않았고, 일제강점기에 비구니공동체가 청정승가의 전통을 지켜온 것이 해방 후 한국불교가 다시 제자리를 잡는 데에 크게 일조하였다.[3]

그렇다면 급변하는 외부환경은 당시 비구니들에게 어떻게 다가왔고 그들은 이 시기를 어떻게 지내왔는지 살펴보자.

먼저, 가장 큰 변화는 법률적으로 여성의 출가가 자유로워진 점이다. 조선시대에는 미혼여성의 출가가 법적으로 금지되어 있었지만, 이제 그러한 제약이 사라진 상황에서 출가는 일제강점기와 한국전쟁 기간 동안 세속에서 삶을 영위하기 어려운 여성들에게 안전을 보장해줄 수 있는 거의 유일한 길이 되었다. 비구니공동체는 부모를 잃었거나 가정환경이 어려워 오갈 데 없는 많은 아이들을 거두어주었으며, 미망인이나 불행한 결혼생활로 고통받는 여성들에게 새로운 길을 열어주었다. 그렇다고 이 시기 출가자들이 열악한 세속적 환경 때문에 출가한 사람들만 있었던 것은 아니다. 신여성, 양반가의 미망인, 궁중의 상궁과 나인, 독립운동가 집안의 여성 등에 이르기까지 다양한 계층의 사람들이 모여들면서 승가공동체의 인적 자원이 풍부해지는 새로운 시대가 열렸다.

이 시기의 또 한 가지 특징은 당시 비구니공동체는 젖먹이 시절에 들어온 동진출가자는 물론, 자녀의 출산과 양육을 마친 늦은 나이에 출가한 사람까지, 다양한 나이의 출가자들이 어울려 함께 살아가는 열린 공동체였다는 점이다. 심지어 환속했다가 재출가하는 사람들까지 받아준 사례도 있었다.

이 시기를 살았던 비구니스님들이 입산 때의 정경을 회상하는 증언 가운데 가장 많이 등장하는 장면은 어머니나 할머니 등 가족의 손을 잡고 산문에 들어온 뒤 떠나는 가족의 뒷모습을 바라본 것이다. 실로 가슴 아픈 시절이었음에는 틀림없다. 그러나 이른바 동진출가가 많았던 만큼 고도로 훈련된, 사찰 예법에 익숙하고 각종 의례 집전에 능숙한 구성원이 많아진 점은 큰 장점이었다. 일제강점기가 끝나갈 무렵 시대변화를 감지하고 도시로 진출하여 도심에 비구니사찰을 마련하고 적극적으로 수행과 포교를 펼쳤던 인물도 많다. 이는 한국전쟁 때에도 예외가 아니었다. 비구니들은 여러 곳으로 피난을 다니면서 다른 사찰의 비구니나 세속인들과 섞이고 교류하게 되었다. 이전에는 주어진 행동반경에서 크게 벗어나지 않는 삶을 살았던 비구니들이 이제는 서로 교류를 활발하게 할 수 있게 되었고, 이것이 전국의 비구니공동체가 상호 긴밀한 네트워크를 형성해 가는 기반이 되었다.

1. 열악한 환경을 공부의 밑천으로

일제강점기를 거치며 비구니공동체는 경제적으로 매우 궁핍했다. 이는 비구니공동체만이 아닌 사회 전체의 보편적 상황이었다. 비구니들은 대부분을 자급자족하며 부지런함과 절약을 생활화하였다. 공간이 협소하여 대중이 큰방에서 함께 생활하는 경우가 많았기에, 새로 들어온 출가자와 연륜 있는 스님들 간에 공간과 시간을 함께하며 오히려 활발한 상호작용이 이루어졌다. 법랍의 차이에도 불구하고 한정된 물자를 최대한 아껴 효율적으로 사용하기 위해서 이들은 청빈과 평등을 실천하였다.

이 무렵 승가공동체의 생활상을 좀 더 구체적으로 살펴보자. [4] 스님들은 새벽 3시에 기상했고, 능엄주와 이산혜연 선사의 발원문을 염송했다. 해 뜨기 전 쌀죽 한 그릇을 먹고 낮에는 울력을 했다. 심지어 비구스님이 머무는 큰절의 울력에 동참하는 비구니공동체도 있었다. 봉암사 근처 백련암의 경우 낮에는 봉암사 울력에 비구스님들과 똑같이 참여했고 오후 불식을 했다. 농사 짓기, 땔감 모으기 등과 같은 육체노동을 매일 두 시간 이상 병행했다. 성철 스님과 같은 비구 큰스님들은 비구니스님들이 자급자족으로 살아가기 위해서는 남성들이 하는 노동도 다 할 줄 알아야 한다고 가르쳤다.[5] 모든 공양은 철저히 채식이었으며, 대중의 활동은 공동체의 중심공간인 큰방에서 이루어졌다. 큰방은 공양간이자 참선방이었으며, 침실이자 울력의 장소였고, 의식을 집전하는 법당으로도 쓰였다.

점심과 저녁은 매일 보리가 섞인 밥을 먹었다. 채소 반찬 외에는 간장, 된장, 고추장, 김치, 산나물, 암자의 텃밭에서 기른 야채가 전부였다. 양념이나 식용유, 차 등을 사러 시장에 가는 일도 없었다. 가까운 마을도 절에서 수십 리 떨어져 있어 장을 보려면 그 먼 길을 걸어가야 했다. 아주 가끔 대중공양을 받을 때라야 비로소 김, 국수, 과일, 떡 같은 것을 먹을 수 있었다. 돌아가신 은사나 속가 부모의 기일이 되면 대중에게 김을 공양 올리는 경우가 있었는데, 김 한 묶음을 풀면 한 사람당 한 장씩을 받았다. 명절이나 큰 행사가 있으면 대중들은 큰 절의 대처승들로부터 과일 몇 개와 떡을 받았는데, 그렇게 받은 과일과 떡을 똑같이 쪽을 내어 나누어 먹었다.

무쇠솥에 밥을 짓고 나온 누룽지는 대중의 한 끼 아침 공양으로 쓰기 위해 잘 모아두었으며 아주 작은 양일지라도 그 누룽지를 간식으로 먹는 비구니는 아무도 없었다. 이렇게 아침 공양으로 멀건 흰죽을 먹으니 생목이 올라와 고생하는 사람들도 많았는데, 이럴 때는 솔잎가루를 탄 후 된장국을 부어 먹었다.

비구니사찰의 상당수는 사찰 전답이 없고 신도도 적거나 아예 없었다. 그래서 비구니스님들이 선방에서 안거를 나려면 한 달에 한 말씩 총 세 말의 쌀을 내야 했다. 그런 상황에서도 공양간의 힘든 소임을 맡은 사람을 배려하여 공양주스님에게는 쌀 내는 것을 면해 주었다. 대부분의 비구니스님들은 하안거나 동안거 전에 쌀을 모으기 위해 탁발을

266   역사 속 한국비구니

나갔는데, 혼자 다니지 않고 항상 짝을 지어 다녔다.

큰 선방에서 여러 대중이 함께 잠을 잘 때는 각자 솜요와 방석, 베개를 갖고 있었고, 참선도 하고 공양도 하는 큰방에서 방의 중심을 향해 머리를 두고 나란히 누운 다음 발은 다른 사람의 머리 쪽으로 뻗지 않기 위해 벽쪽을 향해 두고 잤다. 어떤 스님은 밤에도 잠을 자지 않고 계속 좌선을 하기도 했다. 잠버릇이 좋지 않아 자다가 몸부림을 치는 사람은 다른 사람에게 피해를 주지 않기 위해 두 다리를 묶은 채 잠을 자기도 했다.

2. 20세기 초·중기 전국의 비구니사찰

일제강점기 한국의 비구니스님들은 급변하는 시대 속에서 많은 어려움을 겪었다. 그러나 힘든 가운데에서도 소리 없이 사찰을 건립하고 공동체를 이루고 함께 수행했고 사회적 재난극복에도 동참하였다.[6]

1) 한양 비구니 사승방

20세기 전반 서울지역은 조선시대부터 이어온 비구니 사승방 즉, 청룡사, 보문사, 청량사, 옥수동 미타사를 중심으로 발전하였다. 이들 비구니사찰의 생활방식은 하나의 큰 법당을 두고 각방살이를 하는 구조로서, 당시 일반적인 비구니 암자의 생활문화의 전형을 보여 준다. 비구니 사승방은 도성에서 가까운 만큼 각종 재가 많았고, 스님들은 어산에 뛰어난 실력을 구비하고 있었으며, 동시에 금강산을 왕래하며 선을 익혔다. 이처럼 한양의 비구니들은 다른 지역의 비구니들과 비교할 때 세상에 대한 소식도 빨랐고 활동반경도 넓었다. 예를 들어 청룡사는 상근(祥根, 1872~1951) 스님을 비롯하여 여러 스님이 금강산에 빈번하게 왕래하며 수행하였고, 서울에서는 재를 지내며 대중 포교를 하였다. 보문사 주지를 역임한 긍탄(亘坦, 1885~1980) 스님은 '탄인도(坦引導)'라고 부를 만큼 어산을 잘했는데, 동시에 금강산을 자주 왕래하며 선을 익혔다.[7] 또 청량사의 봉학(1865~1942) 스님은 7세 때 마하연 신림암(神林庵)에서 동진출가했는데 서울 청량사로 내려올 때 마하연에서 쓰던 좌선대를 가져왔을 정도로 선 수행을 열심히 했다. 스님은 교육열이 높아 청량사에 고아들을 모아놓고 한글을 가르쳤다. 또한 금강산 유점사, 회기동 연화사, 개운사, 청량사 네 곳에 우물을 팠으며 '학인도'라고 불릴 만큼 어산을 잘했다.[8] 이처럼 비구니 사승방의 스님들은 각종 불교 의례 집전에 뛰어난 실력을 가지고 있었고 동시에 선 수행에도 열중하였다.

비구니 사승방의 건물구조는 각 별당을 중심으로 독립된 형태를 띠는 것이 공통점이다. 사승방은 큰절을 중심으로 산내암자로서 기능하던 다른 곳의 비구니공동체와 다소 다른 특색을 띠었다. 각 별당을 중심으로 공동체가 결성되었으므로 보다 더 독립적이고 독자성을 유지하고 있었다.

이 시기 비구니사찰은 친일 불교세력에 의해 사찰재산을 빼앗길 처지에 놓이기도 했지만 비구니스님들은 물러서지 않고 인내와 용기로 이를 잘 지켜냈다. 대표적인 예로 서울 탑골 보문사는 사찰 재산을 가로채려는 친일 권승 강대련(姜大蓮, 1875~1942)으로 인해 수없이 고통받았지만, 은영(恩榮, 1910~1981) 스님을 중심으로 보문사 비구니들이 수년간 맞서 싸운 끝에 재판에 승소하고 사찰을 지킬 수 있었다.

2) 금강산과 오대산 일대 비구니사찰

『한국비구니수행담록』과 『한국비구니명감』을 살펴보면 1910년대부터 1940년대까지 한국의 많은 비구니스님들이 금강산에서 수행한 것을 알 수 있다. 우리가 아는 이름난 비구니들은 대부분 금강산에 장기간 머물렀다. 청룡사 주지를 역임한 상근(祥根, 1872~1951) 스님은 1894년부터 1909년까지 금강산에서 수행했고, 1910년대에도 거의 대부분의 시간을 금강산에서 보냈다. 스님은 선 수행자이면서 동시에 범패의식과 각단(各壇)의 예경승사(禮敬承事)에 이르기까지 출중한 능력을 보인 당시 비구니계의 리더였다. 평생 모은 재산을 가람수호와 빈자구제, 독립자금 희사 등에 쓰면서 정작 본인은 납자로서 검소한 삶을 살았다.

이 외에도 당시 금강산에 비구니 수행자가 많이 있었는데, 예를 들면 부용, 진공 등의 비구니스님은 선지가 밝아서 마하연 비구 선객들과 법거량을 벌였다. 또한 금강산 신계사 법기암(法起庵)에 근원을 둔 법기문중 7세대인 심공 스님은 금강산에서 수행 중 땅속에서 작은 순금 불상을 발견해서 법기암에 모시기도 했다. 금강산의 비구니스님들은 스스로 금강산에서 철저히 수행했지만, 동시에 수행 중인 비구스님들에게도 도움을 주었다.

예를 들면 신계사 법기암 근처에 당시 비구선승 효봉(曉峰, 1888~1966) 스님이 산봉우리에 제비집처럼 토굴을 얽어 미륵암을 짓고 수행을 시작하자 법기암에서 수행하던 비구니 대원 스님이 효봉 스님의 무문관 수행을 돕기 위해 사다리를 타고 올라가 매일 밥을 날랐다.[9] 또한, 1912년 비구니 사득(四得) 스님은 금강산 유점사에 토지를 헌납하여 선원에서 안거하는 납자들의 자산으로 삼았으며, 1913년 설악산 신흥사 내원암에 거주하던 비구니 수영(壽永) 스님은 사재를 헌납하여 선원을 열었

다. 앞서 소개한 청룡사 상근 스님도 금강산에서 오래 수행하면서 금강
산의 마하연, 장안사, 표훈사, 신계사는 물론 수원 용주사, 예산 정혜
사, 서울 개운사, 오대산 월정사에도 많은 보시를 했다. 금강산 마하연
과 서울 개운사에는 스님의 공덕비가 서 있다.

현재 금강산 마하연에 서 있는 홍상근불량헌답공덕비(洪祥根佛糧獻畓功德碑).
사진 제공: 청룡사 진홍 스님.

역사 속 한국비구니

이 외에도 20세기 전반기 금강산에서 수행했던 스님 중 훗날 큰 인물로 성장한 분들이 많다. 긍탄 스님은 1902년 금강산 장안사에서 계를 받았고, 영춘(永春, 1894~1993) 스님은 1925년 법기암에서 안거했으며, 일엽(一葉, 1896~1971) 스님은 금강산 장안사 서봉암에서 성혜(1900년대 전후) 스님을 은사로 출가한 후 표훈사 신림암 등지에서 수행한 바 있다. 만성(萬性, 1897~1975) 스님도 1940년대에 금강산 보덕굴에서 수행하였고, 인홍(仁弘, 1908~1997) 스님은 법기암 옆 보운암에서 장기간 권속들과 함께 수행했다. 이 외에 해인사 삼선암의 정행(淨行, 1902~2000) 스님, 법주사 수정암의 쾌유(快愈, 1907~1974) 스님, 서울 청룡사 윤호(輪浩, 1907~1996) 스님, 대영(大英, 1903~1985) 스님, 계주(季珠, 1914~1975) 스님, 금강산 법기암에서 대원(1800년대 후반~1900년대 중반) 스님을 은사로 출가한 응민(應旼, 1923~1985) 스님 등 20세기 초부터 한국전쟁 직전까지 금강산은 한국의 많은 비구니스님들이 수행하던 정신의 고향이었다. 이 밖에 북한이 고향인 비구니스님도 많았는데, 예를 들면 만선(萬善, 1906~1989) 스님은 황해도 개풍 출생으로 개성 화장사에서 출가하였다. 또 혜춘(慧春, 1919~1998) 스님은 함경북도 북청에서 출생하여 함흥여고를 졸업한 지식인이었다.

이 시기 강원도의 비구니 암자 중 가장 대표적인 곳으로 오대산 월정사 지장암을 꼽을 수 있다. 월정사 지장암이 조선시대에도 비구니 암자였는지의 여부는 알 수 없지만, 비구니 인홍 스님이 1941년 오대산 지장암에서 정자(淨慈) 스님을 은사로 출가했다는 기록과[10] 한국전쟁 때 지장암 비구니들이 피난을 떠난 이야기들이 전해오는 것으로 보아 비구니 암자로서의 지장암은 그 역사가 매우 오래되었음을 짐작할 수 있다.
일제강점기 지장암은 오대산과 금강산을 오가는 비구니들의 교통의 중심지이자 수행의 중심지였다. 정자 스님의 은사 심공 스님은 지장암은 물론 금강산에서도 이름난 인물로, 일제강점기 때 금강산 신계사 법기암의 도력 높은 비구니 수행자 중의 한 사람으로 손꼽히는, 호랑이를 타고 다닌다는 소문이 있던 비구니선사였다.[11] 뿐만 아니라 수정 문중 쾌유 스님도 금강산 유점사와 월정사 지장암을 오가며 장기간 참선 공부를 했다.[12]

3) 충청도 지역 비구니사찰

일제강점기에도 충청도 지역 큰절 주위에는 비구니 암자들이 곳곳에 있었다. 특히 갑사, 동학사, 마곡사 주변에 비구니 암자가 많이 있었다. 비록 만공 스님을 중심으로 수덕사 견성암이 비구니 암자로서 큰 역할을 했지만, 시간적으로 보자면 갑사와 마곡사 일대가 더 앞선다.[13] 마곡사의 산내 암자에 대해서는 앞서 살펴본 바와 같이 1800년대 중반 『마사시첩(麻寺詩帖)』에도 등장하는 만큼 역사가 오래되었음을 알 수 있다. 갑사와 동학사의 산내 암자에서 생활하던 비구니들은 산을 넘어 서로 왕래하였다. 그 후 교통의 발달로 정보 소통이 빨라지자 비구니에 대해 우호적인 비구선승을 따라 비구니들도 이동하는 모습을 보였다. 대표적으로 만공 스님이 마곡사에 머물 때에는 비구니스님들도 마곡사 산내암자에 머무르며 선을 배웠고, 만공 스님이 수덕사에 주석했을 때에는 견성암을 중심으로 모였다.

또한 부여 무량사에도 많은 비구니들이 있었다. 비구니 법천(法泉) 스님의 증언에 의하면, 1950년대 무량사에는 200명이 넘는 대중이 살았다. 한국전쟁 당시 다른 절에서 피난 온 사람들까지 몰려들었기 때문이다. 당시 유명관광지 근처의 비구니사찰은 관광객을 위한 숙박시설 기능까지 담당했다. 무량사의 경우 수학여행 온 학생들이 숙박비로 한 끼에 쌀 한 되를 냈고 이는 사찰 경영에 큰 도움이 되었다.[14]

4) 경상도와 전라도의 비구니사찰

이 시기 경상도 지역의 비구니 암자로는 먼저 해인사 산내의 국일암, 약수암, 삼선암을 꼽을 수 있다. 이 가운데 연대가 가장 오래된 국일암의 경우 언제부터 비구니가 살았는지 정확히 알 수 없지만, 약수암의 경우에는 흥선대원군의 수양딸이었던 성주(性主, 1826~1921) 스님이 지리산 천은사로부터 해인사로 와서 약수암을 창건했다고 전해온다. 삼선암은 고종 30년인 1893년 비구니 자홍(慈紅) 스님에 의해 창건되었고, 1904년에 보찬(普讚) 스님과 지종(智鍾) 스님이 중창했다.[15] 이렇게 볼 때 오늘날의 해인사 비구니 암자는 늦어도 1800년대 후반에는 존재하고 있었음을 알 수 있다.

이 시기 경상도 지역의 비구니 암자 중에는 운문사 산내암자 청신암을 주목할 만하다. 1950년대부터 1960년대에 운문사 주지를 했던 비구니 수인(守仁, 1899~1997) 스님은 1908년 운문사 청신암에서 행민(幸敏) 스님을 은사로 출가했다. 조선말·대한제국 무렵 행민 스님의 윗대는 밀양 표충사 대원암에서 살다가 이곳으로 이동했다. 수인 스님과 금룡(金龍, 1892~1965) 스님은 모두 운문사 청신암 출신인데, 일제강점기 때 부산으로 진출했다가 불교정화운동 무렵 운문사로 돌아와 운문사가 비구니사찰로서 성공적으로 자리잡는 데에 큰 공헌을 했다.

경상도 지역의 비구니공동체는 급변하는 세상의 흐름을 따라 일제강점기와 한국전쟁을 거치면서 점차 도시로 진출해 새로운 공간을 확보해 나갔다. 특히 금룡 스님은 해방 직후 부산 초량동 소재 일본 사찰 소림사를 불하받아 비구니들의 보금자리로 만들었다. 그 후 소림사는 상당기간 부산 불교를 이끄는 핵심 역할을 수행했다. 한편, 해인사 산내암자의 비구니스님들은 대구로 진출하여 실달사를 세웠으며 한국전쟁 전후 부인과 어린이들의 포교에 공헌하였다.[16]

일제강점기 전라도 지역의 비구니들도 활발히 활동했다. 이들은 전라도는 물론 해인사를 중심으로 경상도 지역과 서울 보문사까지 교류 네트워크를 확장하였다. 먼저, 1899년에 창건된 전주 정혜사는 근대 전북 최초의 비구니강원이 설립된 곳이며, 보문종 계열 비구니교육의 큰 부분을 담당했던 곳이다.

정혜사는 비구니 명주(明珠, 1904~1986) 스님의 외조부가 창건한 사찰이었고, 스님의 부친 원명 거사와 최정명 보살, 정성우 보살이 법당을 지은 후 불상을 모셨다. 명주 스님이 주지를 하면서 불사를 했고, 그 후손들이 지속적으로 중창하여 사격을 갖추었다. 명주 스님의 출가에 이어 금룡, 영명(永明) 스님까지 속가 세 자매와 조모가 출가하는 등 집안에서 모두 4명의 여성이 출가했다.

명주 스님은 해인사 도덕(道德) 스님을 은사로 출가하여 해인사에서 이력을 마쳤고, 금룡 스님[17]은 운문사 청신암으로 출가했다. 불일(佛日, 19세기 말~20세기 초 추정, 생졸년 미상) 스님은 원명 거사의 어머니로 명주 스님의 친할머니이다. 해방 후 명주 스님은 군산에 충의사라는 적산가옥인[18] 일본 절을 불하[19] 받아 흥천사를 창건하였고, 그 후손들 또한 전라도 지역 곳곳에 비구니 암자를 창건하였다. 불일 스님은 후에 계민문중(戒珉門中) 불일파를 형성했는데, 전주 정혜사에서 수행하던 재가여성불자들 중 불일 스님께 출가한 인물들이 중심이 되었다. 이처럼 20세기 전반기에 전주 정혜사는 전라도 지역 여성의 출가에 기여하였다.

일제강점기와 한국전쟁 시기 전북 정읍에 위치한 내장사에도 많은 비구니스님들이 주석했다. 내장사 비구니 산내암자로 월조암, 영은암, 정재암 등이 있었으나 한국전쟁 때 모두 전소되었다. 특히 현재 내장사 백련암 근처에 있었던 정재암은 내장사 비구니 암자 중 가장 많은 비구니들이 살았던 곳이며 역사도 가장 오래된 곳이었다.[20]

한편 1900년대 초 전남 장성 백양사에도 비구니 암자들이 있었으나 나중에 없어지고 지금은 천진암만이 그 명맥을 유지하고 있다. 일제강점기와 한국전쟁을 거치며 백양사의 비구니들은 백양사를 나와 전라도 일대에 여러 비구니공동체를 개척하였고 일부는 해인사 삼선암 등으로 이동했다.

5) 제주불교를 일으킨 봉려관 스님

제주 불교 중흥은 비구니 봉려관(蓬慮觀, 1865~1938)의 헌신에서 비롯되었다.[21] 여기서는 봉려관 스님의 사찰 중, 창건 및 주요 업적을 언급하고, 항일운동 관련해서는 뒤에서 별도 거론하겠다.

조선시대 제주도의 폐사 훼불은 수차에 걸쳐 행해졌다. 제주목사 최해산(崔海山, 1380~1443), 김여수(金汝水, 1600~1670) 등이 관아를 짓고, 보수할 때 사찰의 재목을 해체해서 썼다는 기록이 있다.[22] 그 후 이형상(李衡祥, 1653~1733)이 제주 목사로 부임(1702~1703)하면서 훼불폐사가 진행되었고 이로 인해 제주불교는 암흑기에 접어들었다. 이 암흑기는 봉려관이 승려가 되어 1909년 한라산에 관음사를 창건하기까지 지속되었다. 비구니 봉려관에 의해 제주불교가 들불처럼 다시 일어나게 된 것이다.

> ### 「봉려관 스님이 제주에 중창, 창건한 사찰」[23]
>
> 수행 중심 사찰(창건): 한라산 관음사
> 역사적 가치를 지닌 사찰(중창): 고관사, 불탑사, 법화사
> 지역 포교 중심 사찰(창건): 성내 포교당, 백련사(제주 동쪽), 월성사
> (제주 서쪽), 산천단 소림사, 평대리 포교당, 대각 포교당(일본 오사
> 카) 등
> 항일을 염두에 두고 창건한 사찰: 법정사

　스님의 속명은 안려관(安廬觀)으로, 출가 전 우연히 집 앞을 지나던 비구스님으로부터 관세음보살상을 건네받고 관음신앙을 갖게 되었다. 이후 관음기도에 열중하자 가족의 반대가 시작되었고, 날이 갈수록 그 반대는 심해졌으며, 결국 집을 나와 본가 근처에 거처를 마련하고 관음기도에 전념했다. 그러나 이번에는 동네 사람들이 몰려와 모시고 있던 관세음보살상을 부숴 불태우고는 만일 앞으로 관음기도를 계속하면 가만두지 않겠다고 경고했다. 안려관은 거처를 한라산 산천단으로 옮기고 관음기도를 이어가면서 불상을 구하러 향리 곳곳을 다니던 중 비양도에 가면 불상을 구할 수 있다는 소식을 듣고 비양도를 향했다. 배를 타고 비양도에 건너가던 중 거센 풍랑을 만났지만 목숨을 부지하게 되면서 관음신앙을 확신했다.

　1901년 거처를 산천단으로 옮긴 후 6여 년간 제주 곳곳을 다니면서 한편으로는 관세음보살 염송을 권유하고, 한편으로는 아픈 사람을 만나면 병에 맞는 약초를 알려 주었다. 당시 제주도는 하루 세 끼 챙겨 먹기도 힘든 어려운 형편에 처한 사람들이 다수였으므로 아파도 의사를 찾을 엄두조차 내지 못했다. 약초에 밝았던 안려관 스님은 아픈 사람

을 만나면 약초를 알려 주었는데 신기하게도 효험이 있었다. 그런데 사람들이 치료는 고마워하면서도 정작 관음신앙을 쉽게 받아들이지 못하는 것을 보고 정식으로 스님이 되어 이들을 교화하기로 결심했다.

마침내 안려관은 1907년 9월(음) 출가를 위해 목포로 향했다. 그녀는 여기저기 사찰을 둘러보던 중 해남 대흥사에 가면 계를 받을 수 있다는 소식을 접하고 해남 대흥사를 갔지만, 행자 기간을 거치지 않아 수계할 수 없다고 했다. 안려관은 며칠 동안이라도 대흥사에 머물며 산내 암자를 둘러볼 수 있게 해달라고 부탁했고, 대흥사측의 배려로 잠시 대흥사에 남아 암자를 둘러보던 중, 허름하고 작은 건물 안에 한센병을 앓던 젊은 비구를 발견하였다. 안려관은 모두들 병이 옮을까 두려워 멀리하던 이 비구를 고쳐보겠다고 제안했다. 그리고 대흥사의 허락을 얻어 민간요법으로 그를 치료했는데 수일 안에 환부에 딱쟁이가 앉았고 얼마 지나지 않아 완치되었다. 이를 목격한 대흥사 대중은 공사를 거쳐 행자 생활을 거치지 않은 안려관에게 계를 주었으니, 이때가 바로 1907년 12월 8일 성도재일이었다. 근대 제주불교 최초 비구니 봉려관 스님이 탄생한 역사적 순간이었다.

비구니 유장 스님을 은사로 출가한 봉려관 스님은 1908년 1월 5일(음) 제주 한라산 산천단의 본인 거처로 돌아왔다. 이렇게 해서 비로소 근대 제주에서 스님이 부처님을 모시고 불구(佛具)를 사용해 불교의례에 준한 종교 행위가 이루어졌으니, 근대 제주불교의 시작이었다.

봉려관 스님은 1908년 4월 근대 제주에서 처음으로 '부처님 오신 날' 공식행사를 봉행하였다. 하지만 며칠이 안 되어 군중이 몰려와 스님이 안에 있음을 알고도 초가에 불을 놓았다. 이에 놀란 봉려관 스님은 뒷문으로 빠져나와 하염없이 산을 오르다 보니 백록담 아래였다. 1908년 5월 단옷날 생면부지의 운대사로부터 가사 공양을 받은 봉려관 스님은 제주에 사찰을 건립하겠다는 서원을 세웠고, 1909년 봄 한라산 관음사를 최초 창건하였다.

그런데 도심과 멀리 떨어진 한라산 관음사는 겨울에 눈이 오면 왕래할 수 없었고, 평상시에도 하루 이상 걸렸다. 그러자 스님은 도심포교의 필요성을 느끼게 되어 1924년 당시 제주 상권 중심지에 500여 평의 부지를 마련하고 1925년 성내 포교당을 창건했다. 이 포교당은 제주는 물론 전국을 놓고 볼 때에도 비구니가 창건·개관한 최초의 도심포교당이라 추정된다. 이후 성내 포교당은 제주 불교 포교의 중심이 되어 교계 행사는 물론 지역사회 행사, 심지어 타종교 행사까지 개최될 정도였다.

그 후 봉려관 스님은 1930년 불교유치원 창설을 추진하였고, 1932년 제주도민의 정신적 지주였던 '산천단 산신제단'을 중창해서 1933년 '한라산 산신제'를 복원하여 제주도민에게 돌려주었다. 또한 제주에 중등교육기관 부족으로 인해 사회적 문제가 발생하자 1935년 중등교육기관 설립을 추진해 개교하는 등 교육에도 기여하였다. 이처럼 봉려관 스님은 31년 동안 부처님의 가르침을 전파하고 제주에 불교를 중흥시켰다.

스님은 제주의 동에서 서, 남에서 북까지 여러 곳에 사찰을 짓고 바삐 왕래했으며, 육지에도 수시로 일을 보러 다녀야 했다. 이처럼 바쁜 스님이었기에 스님은 제주와 육지에서 말을 타고 다녔다.[24]

1900년대 초반의 시대 상황을 고려할 때 봉려관 스님이 이룬 업적은 상상을 초월할 정도였다. 평소 스님은 "죽음을 피할 수 없는 지경에 빠져봐야만 다시 살아날 수 있다."는 말을 강조했다.

한편 울릉도에서 불교를 일으킨 스님도 비구니스님이다. 울릉도 대원사는 현재 대한불교 조계종 제11교구 본사 불국사의 말사로, 1896년에 창건된 근대 시기 울릉도 최초의 불교사찰이다. 대원사의 창건주는 비구니 원허당 덕념(德念) 스님이다. 스님은 장수 출신으로 통도사에서 수계하였으며, 서울 삼각산에서 300일 관음기도를 마치고 울릉도로 건너왔다. 덕념 스님의 출생과 입적 연도는 정확히 알 수 없지만, 한국전쟁 훨씬 이전에 입적했다고 하는 것으로 보아 대략 1800년대 중반에 출생하여 1900년대 초반 입적했을 것으로 추정된다.

덕념 스님은 또한 경주 남산 미륵골 폐사지에 보리사를 세웠다. 이곳은 조선왕조 500년을 거치며 폐허가 되어 누구도 거들떠보지 않던 곳이었다. 덕념 스님이 1900년대 초반 남산을 찾았다가 옛 사찰 터임을 알아차리고 흙에 묻혀있던 불상을 찾아내고 절을 다시 세웠다. 스님이 찾아낸 경주 남산의 석불과 마애불은 현재 보물 제136호로 지정되어 있는데, 이 불상은 보리사지석불좌상 혹은 남산 미륵골석불좌상이라 불리며 남산의 불상 중 조형미가 가장 우수한 불상으로 평가받고 있다.[25]

3. 국채보상운동과 독립운동에 참여한 비구니

이 시기 비구니스님들 중 일부는 사회문제 해결에도 적극적으로 참여했다. 여기서는 국채보상운동과 독립운동에 참여한 사례를 중심으로 살펴보자.

1) 국채보상운동과 옥수동 미타사의 비구니들

조선시대 대부분의 시기에 승려들은 정치와 사회영역에서 배제되었고, 비구니의 경우 차별과 배제는 더 심했다. 그럼에도 불구하고 국난을 당하자 국민의 일원으로서 구국운동에 앞장선 비구니들이 있었다.

1907년 3월 3일 불교연구회 주도로 불교계도 국채보상운동에 동참하기로 결의했고 이 소식은 3월 6일 『황성신문』에 기사화되었으며, 이후 다양한 통로를 통하여 운동이 가시화되었다. 불교계의 국채보상운동은 언론을 통해 확인되는 사례가 많지 않음에도 불구하고 승려수를 기준으로 참여비율을 따져보면 상당히 적극적으로 모금에 참여했음을 알 수 있다. 시기적으로 나누어 보면 동년 3월에 시작해 4월에 가장 활발했고, 그 이후 조금 잦아들기는 했어도 5월까지 이어졌다.

흥미로운 것은 승단의 국채보상운동에 가장 먼저 참여한 사람들은 비구들이 아니라 비구니들이었다. 이들 중에는 개인적으로 참여한 경

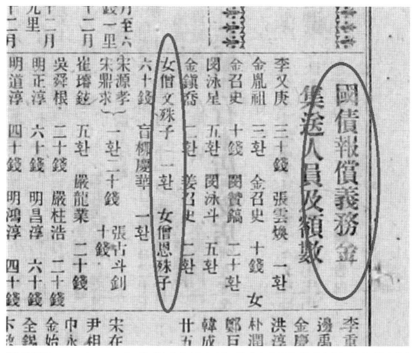

『황성신문(皇城新聞)』 1907년 3월 6일자에 등장하는 국채보상운동 동참 "여승 문수자"와 "여승 은수자." '수자'는 '수좌'의 오기로 추정. 출처: 국립중앙도서관 대한민국 신문아카이브.

　　　　　　　　　　　　　　　　　역사 속 한국비구니

우도 있고, 사찰의 대중이 단체로 참여한 경우도 보인다.

먼저, 1907년 3월 6일자 『황성신문』의 「국채보상의무금집송인원급액수(國債報償義務金集送人員及額數)」라는 제목의 기사에는 기부자들의 이름과 액수가 나오는데 "…여승 문수자 1환(女僧文殊子 一환), 여승 은수자 60전(女僧恩殊子 六十錢)…"이라는 내용이 나온다. '수저(殊子)'는 '미녀'라는 뜻으로 사용되는 단어인데 단순히 여성이므로 그렇게 부쳤을 수도 있겠으나, 신문사에서 불교용어에 익숙치 않아서 '수좌(首座)'를 잘못 기록했을 가능성이 높다. 당시 비구니스님들은 불명을 부를 때 끝 글자만 사용하는 경우가 많았으므로 불명의 뒷자리가 '문'과 '은'으로 끝나는 비구니스님일 것이다.

비구니들의 국채보상운동 참여를 다룬 두 번째 기사는 서울 옥수동 미타사 비구니 40명에 대한 것이다. 같은 해 3월 14일자 『대한매일신보』에 「비구니가 의로운 돈을 내다[僧尼出義]라는 제목으로 다음과 같은 기사가 등장한다.

종남산 미타사 여승 취(翠), 해(海), 사(寺) 등 40명이 의로운 돈을 각각 내어 도합 8원을 기성회에 가지고 왔는데,[26] 그 중 치해(致海)라는 비구니는 자신의 돌아가신 은사 봉적을 위하여 특별히 1원을 내었다더라.(終南山彌陀寺女僧翠海寺等四十人이 義金을 各出ᄒᆞ야 合八圓을 期成會에 持來ᄒᆞ얏는 딕 其中致海란 僧은 自己隱師 봉적의 亡靈을 爲ᄒᆞ야 一圓을 特出ᄒᆞ얏다더라.)[27]

이 기사에 등장하는 취(翠), 해(海), 사(寺)는 각각 옥수동 미타사 비구니스님의 불명 뒷자리일 것이다. 이들 중 해(海)는 치해(致海) 비구니이고, 치해 비구니의 은사는 봉적임을 알 수 있다.

僧尼出義 終南山彌陀寺女僧翠海等四十人이義金을各出호야合八圓을期成會에持來호얏는디其中致海와僧隱師봉적의亡靈을爲호야一圓을特出호얏다더라 ●五婆義捐 南署西氷庫居五 ●和慶獎學 三和府에셔 ●靑年祈禱 靑年會에셔各학

1907년 3월 14일자 『대한매일신보』에 현 옥수동 미타사 비구니스님 40명이 국채보상운동에 동참한 기사가 실려 있다. 출처: 국립중앙도서관 대한민국 신문아카이브.

이 기사를 쓴 사람이 불교의 '은사(恩師)'라는 용어를 몰라서 '은사(隱師)'라고 적은 것도 흥미롭다. 치해, 봉적 두 비구니의 존재는 『종남산미타사약지』를 통해서도 확인된다. 이에 의하면 '고종 21년 1884년에 비구니 봉적(奉寂)과 취희(就羲) 등이 대방을 새로 지었고, 고종 34년 1897년에 만보(萬寶) 비구니가 칠성전 개금중수와 불화를 조성했다.'는 기록과 1915년 치해(致海) 비구니가 괘불을 조성했다는 기록이 등장한다. '사(寺)'는 한자 오기(誤記)로 짐작된다. 이들 3인 포함 총 40명의 미타사 비구니들이 국채보상운동에 동참했다고 하니 당시 서울의 비구니들이 잘 단합되어 있고 사회참여에도 적극적이었음을 알 수 있다. 이 외에도 같은 해 국채보상운동에 참여한 인명 가운데 '니ㅇㅇ'라는 이름이 종종 등장하는데 이들 또한 비구니일 가능성이 있지만 자세한 설명이 없어서 확인이 어렵다.

역사 속 한국비구니

한편, 당시 국채보상운동에 참여한 여성들의 태도는 매우 당당했으며 남녀평등에 대한 인식이 강하게 드러나는 것도 눈여겨볼 만하다. 예를 들면 2월 23일자 대구 남일동의 부인들은 국채보상운동 참여방법이 현금 위주임을 비판하면서 이는 남성 위주의 참여방법이라며 이의를 제기하고 「경고아부인동포(우리나라 부인 동포들에게 삼가 알린다는 의미)」라는 제목의 격문을 작성하여 신문에 게재하고 있다.

> (중략) 나라 위하난 마음과 백성된 도리에나 엇지 남녀가 다르리요. 들사오니 국채를 갚으랴고 이천만 동포들이 석달간 연초를 아니 먹고 대전을 구취헌다 하오니 족히 사람으로 흥감케 할지요. 전정에 아름다움이라. 그러나 부인은 勿論헌다니(논하지 않는다. 즉 제외한다의 뜻) 대저 여자는 나라 백성이 아니며 화육중 일물이 아니오.[28]

여자는 이 나라 백성이 아니냐며 여성도 당당히 국난극복에 참여할 의사를 밝히고 있는 것이다. 국채보상운동에 참여한 여성 가운데 진주의 늙은 기생 부용을 중심으로 한 진주애국부인회는 참여 열성뿐 아니라 이들의 행동이 양반 여성의 마음을 움직여 여성끼리 단합하는 태도를 보이도록 이끈 점도 의미 깊다. 진주애국부인회는 부용에 의해 1907년 3월 19일에 결성되었는데, 당일 그녀는 우연히 진주 의봉루 아래를 지나다가 국채보상운동 참여를 권하는 연설을 듣고 감동을 받아 즉각 여러 기생들을 규합하여 모금운동을 펼친다.

그런데 진주에 사는 한 남성 권세가가 자신이 그런 모임을 만들려고 한다면서 진주애국부인회를 자신의 단체 아래로 들어올 것을 강권한다. 이에 진주애국부인회에서는 "나라에 보답하려는 마음은 각 개인이 내는 것이 의무일 것이며 예의로 보아도 남녀는 자리를 함께할 수 없는 법이므로 의리상 섞일 수 없다.(報國之心은 各出個人義務하나니 禮不同席에 義難混會니라.)"라고 반발하였다. 그러자 권세가는 패거리들과 순사까지 대동해서 위협을 하였다. 이에 진주애국부인회에서는 『대한매일신보』에 관련 사실과 함께 지혜를 구하는 편지를 보냈고, 3월 20일 기사화 되었다.

이 글을 읽은 서울의 대안동 국채보상부인회 회장 신소당(申簫堂)이라는 여성은 즉각 진주애국부인회를 격려하는 편지를 발송했는데, 여기서 노기(老妓, 늙은 기생) 부용에게 '부용형(芙蓉兄)'이라는 존칭을 사용하였다. 이를 통해 여성들의 국채보상운동은 단순한 구국의식을 넘어 성과 신분의 평등을 향한 근대의식의 발현을 보인다는 점에서 의미 깊다 할 수 있겠다.[29] 이러한 의식의 변화는 비단 세속 여성들에게만 있었던 것이 아니라 비구니들도 같은 마음에서 국채보상운동에 이처럼 적극적으로 참여했던 것이다.

2) 항일과 독립운동에 기여한 비구니들

이 시기 비구니들 가운데 항일과 독립운동에 큰 족적을 남긴 대표적인 사례를 살펴보자.

(1) 제주 봉려관 스님의 항일운동

제주 불교를 중흥시킨 비구니 봉려관 스님의 활동 시기는 개항 전후부터 일제강점기에 걸쳐 있다. 제주도에 불교를 되살리는 일만으로도 분주했을 스님이 독립운동에 뛰어들게 된 계기, 그 궤적과 성과, 이 일로 인해 입적에 이르기까지의 과정을 살펴보자.[30]

봉려관 스님은 어떻게 독립운동에 관심을 갖게 되었을까? 혜달 스님의 연구에 따르면, 1909년 대흥사 심적암에서 항일의병참사가 있었는데, 이때 마침 스님은 제주 관음사 창건 불사를 마치고 대흥사에 이를 알리기 위해 들렀다가 그 처참한 상황을 목도하게 되었다. 스님은 이것이 계기가 되어 항일운동에 동참하기로 결심하고 당시 지리적으로 인가와 동떨어진 외딴 장소에 법정사를 창건하여 법정사를 중심으로 은밀하게 독립운동을 해나갔다.

그러한 사실은 '봉려관이 현 법정사 터를 결정하기 전 지금의 법정사보다 아래에 있던 터가 맘에 들어서 그 터에서 일정 기간 유숙해 보니 사람의 손을 타는 곳이어서 다시 더 깊숙한 곳으로 들어가서 법정사를 창건하고는 거기서 꽤 오랫동안 거주했다는 두옥 문중 비구니 법희(法稀, 1923~1987) 스님과 법인(法印, 1931~2011) 스님의 일관된 진술'이 뒷받침하고 있다. 봉려관 스님은 독립지사들의 생명을 보호하기 위해 인적이 드문 곳에 법정사를 창건했으며, 절 안에 체력단련 장소까지 마련했다.

안타깝게도, 봉려관 스님이 1911년 법정사를 창건한 사실은 당시는 물론 오늘날 제주 도민들에게도 널리 알려져 있지만 관련 연구가 미흡해 그런 사실이 제주 항일운동사에 충분히 반영되어 있지 못한 실정이다. 심지어 법정사 항일유적지의 문화재 안내판에조차 창건주 봉려관의 이름 석 자가 누락되어 있는 것이 현실이다.[31]

봉려관 스님의 항일운동은 군자금 조달뿐만 아니라 항일인사들에게 의식주와 은신처를 제공하는 방식이었다. 스님은 또한 1918년 법정사 항일운동으로 수감된 인사들의 수감기간을 줄이기 위해 노력하였다. 그렇다면 봉려관 스님은 어떤 방법으로 군자금을 모았을까? 초기에는 불사를 가장한 탁발을 통해 조달했다. 제주불교가 어느 정도 자리를 잡게 되자 모인 액수가 늘어났고, 이렇게 모인 군자금은 제주를 넘어 육지에까지 전달되었다.

혜연 스님의 증언에 의하면, 봉려관 스님이 탁발해서 모은 돈을 비구

방동화(房東華, 1887~1970) 스님에게 전달하면 방동화 스님은 이 돈을 뭉텅이로 싸서 메고 하루 종일 바다에서 낚시꾼을 가장해 독립군이 보낸 배가 올 때까지 낚시를 하는 시늉을 했다고 한다. 날이 어둑해졌을 때 어부로 가장한 독립군이 배를 타고 와서 "고기 잡았어요?"라고 물으면 이것이 암호가 되어 배에서 고기를 넘겨주고 방동화 스님은 물고기 값으로 독립자금 뭉치를 배에 있던 사람에게 넘겨주었는데, 대개 한 달에 두어 번 정도 이런 방식으로 군자금을 전달했다고 한다.

방동화 스님은 제주 서귀포 출신으로 일제강점기 제주에서 항일운동을 했던 인물이다. 제주 출신 비구니 혜연 스님이 출가 후 부친을 뵙자 부친께서 스님에게 삼배를 하면서 "드디어 우리 집안에도 스님이 나왔다"고 감격해하며, "옛날에 제주도에 부처님 법을 일으킨 사람이 있다.", "여자 스님인데 독립투사다. … 여자 스님이 온 데 다니면서 탁발을 해가지고 … 그니까 봉려관 스님이 돈을 가마태기에 싸서 가지고 가서 건네주었다."라는 말을 했다고 한다. 한 편의 첩보영화를 방불케 하는 장면이다. 봉려관 스님은 제주에서 방동화 스님을 통해 항일자금을 지원했을 뿐만 아니라 때로는 해남 대흥사 원응 스님, 박영희 등을 통하여 전달하기도 했다.

혜달 스님에 따르면 봉려관 스님의 항일독립자금 전달 경로를 다음과 같이 유추할 수 있다.

봉려관 스님의 독립자금 전달경로

1. 봉려관 스님~~〉 방동화 스님~~〉 제주 법정사 항일 인사
   봉려관 스님~~〉 방동화 스님~~〉 독립군 배~~〉 육지 항일 운동 조직
2. 봉려관 스님~~〉 해남 대흥사 ~~〉 중앙 항일 운동 조직

역사 속 한국비구니

한편 봉려관 스님의 입적과 관련해서는 비구니 광호(光毫, 1915~1989) 스님의 증언을 참고할 수 있다. 광호 스님은 1956년 조계종의 승단정화 운동 때 전국비구니계의 추천으로 조계산 선암사 주지를 역임했으며, 봉려관 스님과는 숙질간으로서 서로 긴밀히 왕래하던 사이였다. 1983년 혜달 스님이 광호 스님에게 들은 증언에 의하면 봉려관 스님은 독버섯 국을 드시고 돌아가셨는데, 은밀히 일제의 사주를 받은 누군가에 의해 독살당한 것이라고 한다.

광호 스님은 또한 봉려관 스님이 항일운동가들을 뒤에서 도왔으며, 독립자금을 어떤 방식으로 모았는지에 대해서도 증언한 바 있다. 스님의 증언에 따르면, 불사를 핑계로 신도들한테 불사금을 걷어서 불사에는 돈을 조금 쓰고, 남은 돈은 항일 운동하는 사람들에게 몰래 가져다주는 방식이었다고 하며, 대흥사에도 군자금을 가져다주기 위해 자주 왕래했다고 증언했다. 독립운동을 하다가 독살당했기 때문에 장례도 쉬쉬하며 치렀고 관음사에서 화장한 뒤 산골했다고 한다. 생전에 봉려관 스님의 활약상은 사회적 관심의 대상이었으므로 언론에서 자주 조명되었지만, 막상 스님의 입적에 대해서는 이상하리 만큼 조용했던 점은 봉려관 스님이 항일운동을 했기 때문임을 역으로 증명하는 것이라 볼 수 있겠다.

그동안 불교계에서 여성의 항일운동은 물론 비구니스님의 항일독립 운동에 대해서는 충분히 조명되지 못했다. 봉려관 스님의 사례에서 보듯, 비구니스님들의 항일운동은 구술은 있지만 문헌자료가 없어서 묻혀 있다. 항일운동은 지하운동이고 비밀결사체 성격을 가지고 있기 때문에 비구니들은 주로 자금을 마련하고 포교를 방편으로 대중에게 항일의식을 일깨워주는 방식으로 참여했던 것이다. 따라서 이들의 활동에 대한 문헌기록의 부재는 어쩌면 당연한 결과일지도 모른다. 그럼에도 불구하고 우리는 기록의 부재가 결코 활약의 부재를 의미하지는 않는다는 점을 기억해야 할 것이다.

(2) 임시정부에서 활약한 보각 스님

하남시 통일정사 보각(普覺, 1904~2006) 스님의 속명은 이정수(李禎洙)이며, 충남 청양의 애국심이 강한 가정에서 성장했다. 어렸을 때 온 가족이 안마당에 거적을 깔고 그 위에 상을 펴서 정한수를 놓고 산발을 하고 곡을 하기에 어린 나이에 영문도 모르고 같이 곡을 했는데 훗날 철이 들고 어머니께 여쭈어보니 경술국치를 비통하게 여겨 그렇게 한 것이라고 했다. 본래 스님은 기독교 가정에서 성장하여 유관순의 사촌 올케인 노마리아를 가정교사로 두고 공부했으며, 후에 서울에 올라가 이화여전 영문과를 나왔다. 대학시절 스님은 스님보다 2살 위였던 유관순(1902~1920)과 기숙사 룸메이트로 가까이 지냈으며 이대 총장을 역임한 김활란(1899~1970)과는 의형제를 맺어 친하게 지냈다.

이화여전 재학 시절 스님은 유관순과 한 방을 쓰면서 나라 없는 설움을 토로하다가 태극기를 만들어 기숙사 친구들에게 독립의 중요성을 일깨우자고 의기투합하여 밥공기를 엎어서 태극 문양을 그리고 태극기를 만들어 36개의 기숙사 방문에 몰래 붙이기도 했다. 유관순과 함께 기차를 타고 낙향한 후에도 고향에서 태극기를 만들어 만세운동을 준비하다가 발각되어 경찰서에 끌려가 곤욕을 당했지만, 어린 나이라 하여 곧 풀려났다. 스님은 불자인 남편을 만나 불교로 개종했으며, 중국으로 건너가 중국인으로 국적을 바꾼 뒤 남편과 함께 상해 임시정부에서 독립운동을 도왔다. 남편은 인삼무역회사를 경영하였고, 스님은 막후에서 김구(金九, 1876~ 1949), 이범석(李範奭, 1900~1972), 이시영(李始榮, 1868~1953), 조소앙(趙素昻, 1887~1958) 등을 도왔다. 특히 이시영 선생과 스님의 관계는 각별하여 아버지라고 불렀다.

스님은 중국 대련에서 윤봉길(尹奉吉, 1908~1932) 의사를 만나 상해까지 동행했고, 그를 김구 선생에게 직접 소개해 주었으며, 해방 후에는 김구 주석 밑에서 부녀부장의 직책을 맡아 2년간 보좌하였다. 윤봉길은 충남 예산 출신으로 충남 홍성 출신인 한용운 스님과 가까웠다. 평소 윤봉길의 기개를 눈여겨본 한용운 스님이 윤봉길의 뜻을 용성 스님에게 전하였고, 이렇게 해서 윤봉길은 1930년 서울 종로 대각사에서 용성 스님으로부터 삼귀의를 받았다. [32] 보각 스님의 고향 또한 윤봉길과 한용운 스님의 고향과 멀지 않은 청양이므로 세 사람은 동향 사람이라 볼 수 있다.

스님은 남편 사후 귀국하여 마야부인회 등을 결성하여 재가불자여성의 활동을 촉진시켰으며 정화운동에도 참여해 재가자로서 공헌하다가 1958년에 출가하여 경기도 하남에 통일정사를 창건하고 평생을 민족통일을 염원하며 살았다. [33]

(3) 독립군자금을 모아준 청룡사 상근 스님

동대문 청룡사 상근(祥根, 1872~1951) 스님은 독립군에게 군자금을 댄 것으로 유명하다. 민족 대표의 33인 중 불교계의 대표인 한용운(韓龍雲, 1879~1944), 백용성(白龍城, 1864~1940) 두 분 스님을 위시하여 백초월(白初月, 1878~1944), 이종욱(李鍾郁, 1884~1969), 신상완(申尙玩, 1891~1951) 등 여러 스님을 받들어 독립운동에 숨은 역할을 꾸준히 하였다. 상근 스님은 23세이던 1894년에 금강산 장안사 영원암(靈源庵), 유점사 반야암(般若庵), 백련암(白蓮庵), 흥성암(興盛庵), 신계사 법기암(法起庵) 등에서 정진했으며, 1911년 40세 되던 해 몇몇 상좌들을 데리고 금강산 장안사 관음암(觀音庵)으로 가서 1918년까지 머무르며 치열한 정진을 했다. 1918

년, 삼일운동 한 해 전에 청룡사로 돌아왔는데 다음 해 삼일운동이 일어나자 독립군 지원 자금을 마련하는 데 매진했다. [34]

봉려관 스님의 속가 따님 세 분이 출가했는데, 그 중 한 분이 비구니 경화(倞化, 1889~1940) 스님이다. 경화 스님은 1926년 상근 스님의 사형이자 속가 언니인 청룡사 금전(錦典) 스님을 은사로 출가하여 금강산 신계사 법기암에서 10년간 안거를 했고, 1940년 3월 6일 법기암에서 입적하였다. 원래 경화 스님은 상근 스님을 은사로 출가하려고 했으나 상근 스님의 언니 스님인 금전 스님이 상좌가 없어서 상근 스님의 권유에 따라 형식상으로 금전 스님의 상좌로 등록했으나 실질적 은사는 상근 스님이었다. [35] 즉 상근 스님과 봉려관 스님은 매우 가까운 사이였고, 이 두 사람은 바다를 가로질러 제주와 금강산에서 함께 독립운동에 참여하고 있었던 것이다.

또한 이 과정에 봉려관 스님의 상좌 성해(性海, 1889~1982) 스님(속명 국추鞠秋)도 긴밀히 개입되었을 개연성이 있다. 일제강점기 담양의 거부(巨富) 국채웅(鞠埰雄, 1871~1949)의 따님인 성해 스님은 일찍이 재가여성불자로서 4명의 여성 도반과 함께 북간도로 건너가 수월(水月, 1855~1928) 스님을 친견하였고, 북간도에서 다시 묘향산, 금강산, 한라산까지 고승대덕을 두루 만나 선을 공부하였다. [36]

당시 수월 스님은 박해 받던 조선 유민들을 따라 중국에 건너가 연변 등지에 절을 지어 조선인들의 정착과 항일운동가들을 지원하고 있었다. 후에 국추는 봉려관 스님의 제자가 되었고 부친 사후 출가하였다. 스님은 출가 전부터 부친을 설득하여 봉려관 스님을 도와 많은 불사를 했는데, 사실상 불사를 가장해서 독립자금을 마련한 경우도 많았을 것이라는 것이 통설이다.

이렇게 볼 때 봉려관 스님의 제자가 된 담양 거부의 따님 성해 스님과 상근 스님의 제자가 된 봉려관 스님의 따님 경화 스님은 은사를 도와 독립운동 자금을 모으고 운반하는 데에 많은 활약을 했을 것으로 추정된다. 그러나 관련 인물들이 모두 입적하여 안타깝게도 상세한 내용은 알 수 없다.

(4) 용성, 만공 스님을 도와 독립운동에 참여한 수덕사 견성암 비구니들

수덕사 견성암의 비구니 정화(淨華, 1922~2016) 스님은 1933년 12살 때 금강산 표훈사(表訓寺) 돈도암(頓道庵)에서 비구니 원각(圓覺) 스님을 은사로 출가하여 19살까지 표훈사에서 머물렀다. 스님은 은사 원각 스님, 원각 스님의 사제 성공 스님, 대원 스님 등 비구니들을 따라 만주로 들어가 용성 스님을 모시고 독립운동에 참가했다. 특히 스님의 사숙 성공 스님은 만주 용정에서 독립운동을 하던 일허 거사 김현의 이모인데, 가족이 모두 함께 독립운동을 했던 독립운동가 집안이었다. 성공 스님은 만주에서 광명고등여학교를 설립했다고 전해지는데 앞으로 이와 관련된 자료를 확보하여 추가 연구가 필요할 것이다. 비구 용성 스님 귀국후 성공 스님 등은 만주에서 금강산 신계사로 돌아와 신계사 입구에 여여원이라는 선방을 세우고 효봉 스님으로부터 비구니와 여성재가자들이 참선 지도를 받을 수 있도록 했다. 정화 스님의 은사 원각 스님은 자족원(진여선원이라고도 함)을, 그 뒤를 이은 비구니 대원 스님은 신계사 근처에 법기암이라는 선방을 마련하였다. 이들 비구니스님들은 만주에서 돌아와 금강산에 독립군 은신처를 마련하고 후방지원을 계속했다. 정화 스님은 어른스님들의 독립운동에 대한 의지를 받들며 이분들을 성심껏 시봉했다. [37]

한편 견성암에서 만공 스님을 도와 독립운동에 참여했던 비구니스님들도 있었다. 2017년 수덕사 견성암 비구니 수범 스님과 2015년 수덕사 견성암 비구니 수연 스님은 만공 스님의 독립운동에 대한 증언을 했는데, 이 안에는 군자금을 보내는 데에 기여한 비구니스님들의 '조용한' 참여가 나타난다. 수범 스님에 따르면 1940년대 초 소년 시절 비구 원담 (1926~2008) 스님은 독립자금을 들고 만공 스님을 따라 서울에 가서 한용운 스님에게 전달하는 이른바 '운반책'을 맡았다고 한다.

그렇다면 만공 스님은 어떤 경로로 독립자금을 모았던 것일까? 그것은 바로 만공 스님을 시봉하고 있던 비구니 선복 스님을 중심으로 한 견성암 비구니스님들이 그 주역이었다.

원담 스님은 생전에 수범 스님에게 다음과 같은 이야기를 들려주었다고 한다.

"알고 보니까 노스님(만공)이 숨은 독립지사더라고. [내가 만공 스님을 따라 서울로 가기 위해] 수덕사를 떠날 때 노스님이 나한테 보따리를 하나 주시면서 잘 들고 따라오라고 하셨거든."

당시 어렸던 소년승 원담은 경성역에서 기차를 내려 선학원까지 가는 동안 무거운 보따리를 들고 머리에 이기도 하며 휘적휘적 저만치 앞서 가는 만공 스님을 따라가느라 땀을 흘렸다고 한다. 소년승 원담 스님은 선학원에 도착한 후 짐을 풀고 혼자 쉬고 있었는데 문득 큰방 쪽에서 새어나오는 소리를 듣게 되었다.

"자세한 것은 저녁에 삼청공원 그 집에서 만나 나눕시다."

원담 스님은 저녁 공양 후 먼 길을 오느라 피곤에 젖어 잠에 곯아떨어졌는데 문득 일어나 보니 만공 스님이 보이지 않았다. 희미하게 불이 켜진 건물로 가서 엿보니 만해 스님과 만공 스님 등 여러 스님들이 동석해 있었고, 만해 스님은 독립자금을 모아온 것에 대해 만공 스님에게 고마워하는 말을 하는 것을 엿들었다고 한다. 이때 비로소 원담 스님은 서울로 출발하기 전 비구니 선복 스님이 했던 말을 떠올렸다.

"큰스님 잘 모시고 다녀와요."

원담 스님은 선복 스님께서 하신 이 말씀이 반드시 독립자금을 무사히 전해 주고 와야 한다는 암시였음을 그제야 알아차렸다.

=선복 스님은 출가 전 궁중의 나인 출신이었다. 조선후기에 상궁 출신 가운데 신실한 불자들이 많아 나와 이들이 불교에 적극적으로 후원했으며, 독립운동자금 후원에도 적극적이었다. 선복 스님이 만공 스님의 문하에서 활동했다면, 최창운(법명 상광명) 상궁과 고봉운(법명 대일화) 상궁, 임상궁(고종의 최측근) 등은 용성 스님을 도와 독립운동 자금을 대거나 왕실인물들과의 교류에 중간 다리를 놓았다.[38]

수연 스님 또한 수범 스님과 대동소이한 증언을 했다. 뿐만 아니라 수연 스님은 간월암에서 만공 스님이 비구니스님들에게 독립의식을 고취시킨 일과 독립을 위해 비구니스님들이 기도했던 일을 증언했는데 그 내용은 대략 다음과 같다.

만공 스님이 일본 순사들의 접근이 용이하지 않은 바다 가운데 있는 섬을 골라 천일기도를 입제하고, 그것이 겉으로는 평화기원을 표방한 것이지만, 실제로는 독립을 기원하는 기도였음을 동참하면서 자연스럽게 알게 되었다. 1,000일이면 3년인데, 3년을 하루같이 간절하게 기도하며 독립을 위해 목숨을 바친 사람들이 우리 절 근처에 많다는 것을 상기시켜 주셨고, 우리도 우리 고장의 자랑인 유관순 열사나 윤봉길 의사 같은 사람이 되어야 한다고 법문을 하셨는데 나는 숨소리도 제대로 내지 못하고 경청했다. [39]

이처럼 견성암의 비구니들은 만공 스님이 독립자금을 모을 때 '조용히' 군자금을 모으는 핵심 역할을 했고, 특히 만공 스님의 시자였던 궁중 나인 출신 비구니 선복 스님 등이 중심이 되어 이 일을 해냈음을 짐작할 수 있다. 이들이 독립자금을 모으는 방법은 앞서 제주 봉려관 스님이 불사를 가장하고 돈을 모아 독립자금으로 보냈던 방법과 동일한

만공 큰스님과 비구니 제자들(첫 줄 왼쪽부터 자윤·제석·법희 스님, 만공 스님, 선복·지명·법형·현행·덕운·수업·덕수·보인 스님 등) 이 사진 원본의 뒷면에는 "佛記二九七三年丙戌元月十六日, 靑年一同記念, 朝鮮解放記念."이라는 메모가 보인다. 따라서 이 사진은 1946년 1월 16일에 만공 스님과 비구니스님들이 광복을 기념하여 찍었음을 알 수 있다. 소장: 한국비구니승가연구소.

역사 속 한국비구니

방법이다. 또한 만공스님이 간월암에서 조국 독립을 위한 1,000일 기도를 할 때 많은 비구니들이 동참했음을 알 수 있다.

한편 일엽 스님도 출가 전 독립운동에 적극적으로 참여한 인물 중 한 사람이다.

그때야 독립운동에 참가하지 않은 이가 누가 있었겠소. 인간의 정신이라면 자기 앞에 놓인 긴급한 일부터 해결지어 가는 것이 당연하지요. 민족으로서 민족성을 살리는 것이 내 생명을 죽이지 않기 위함이니까요. 나는 죽음의 직전에도 민족성을 잃어버리지 않은 기억과 요시찰인(要視察人)으로 입산해 있는 동안에도 형사들의 조사를 당하였습니다. [40)

위의 내용은 출가 후에도 일본 경찰이 계속 스님을 미행하고 있었음을 알 수 있다. 출가 후에까지 요시찰 대상이 된 이유는 3.1운동에 적극적으로 참여한 사람이었기 때문이다.

3·1운동 당시 내 집에서 등사판을 놓고 여러 가지 비라를 수없이 많이 박았지요. 나는 전문학교 학생, 중학교 학생들 틈에서 원지를 긁고 밀고 하는 작업을 여러 날 동안 서로 손을 나누어 밤늦도록 계속하였고, 학생들은 날마다 이것을 뭉텡이 뭉텡이 나누어 가지고 나갔습니다. 웬만큼 일이 끝났기 때문에 나는 뒤치다꺼리를 하느라고 우선 등사판을 지하실에 거적을 씌워 덮어놓고 그 위에 허접쓰레기들을 벌려 지저분하게 해두었지요. 그리고 방에 들어와서 더러 집에 남아 있는 비라들을 추스르는 중인데 식모 아주머니가

"어떤 학생들이 와서 형사들이 가택수색을 오는 모양 같으니 사모님께 빨리 알려드리라."는 귀띔을 하고 가더래요.
나는 북창 유리문 쪽으로 식모를 손짓해 불러서 비라 뭉치, 종이 부스러기들을 몽땅 창문으로 넘겨주었지요. 식모가 행주치마에 받아가지고 헛아궁이로 가서 얼른 불을 지펴 태워버려서 들키지는 않았지만 형사들이 와서 침실·응접실·서재·거실들을 샅샅이 뒤지러 다닐 때는 참말 가슴이 떨리더군요.[41]

이상의 증언을 통해 일엽 스님이 3·1운동 시기 집안에 등사판을 설치해 두고 각종 선전물을 만들어 배포하는 등 독립운동에 매우 적극적으로 참여했음을 알 수 있다.

(5) 독립운동에 참여한 가족을 잃고 출가한 장일 스님
한편 온 가족이 독립운동에 매진하던 상황에서 좀 더 넓은 시야에서 새로운 독립운동을 모색하겠다는 마음으로 출가한 비구니도 있었다. 동화사 내원암 장일(長一, 1916~1997) 스님은 부친이 독립운동가이셨는데, 스님이 2살 때 부친은 독립운동 거점 확보를 위해 대구에서 황해도로 피난을 가 많은 수난을 겪었다.

스님은 출가 전 7세의 어린 나이에 비밀 서류를 전해 주는 '꼬마 스파이' 노릇을 하면서 나라 잃은 아픔을 절실히 느꼈고, 조국에 대한 애국심이 싹트기 시작했다. '열일고여덟 살 때에는 오라버니들을 따라 독립운동을 돕다가 오라버니들 대신 경찰서에 끌려가 고문을 당하기도 했다.'[42] 그 후 23세이던 1939년, 세 명의 오빠가 독립운동을 위해 모두 러시아로 망명한 후 돌아오지 않자 나라 잃은 백성의 설움을 뼈저리게 느끼고 서산 대사나 사명 대사 같은 사람이 되어 나라를 구하겠다는 원대한 뜻을 품고 출가의 길에 올랐다. 스님은 집을 나서면서 세 아들의 생사조차 알 길 없어 비통해 하시는 모친께 차마 출가의 뜻을 알리지 못하고, 집 앞에 있는 연못가에 고무신을 나란히 벗어놓았는데, 모친으로 하여금 딸이 물에 빠져 죽은 것으로 여기고 미련을 갖지 않도록 하기 위한 배려였다. [43)]

이상의 출가 배경을 가진 장일 스님은 출가 후 오직 참선을 통해 깨치겠다는 일념으로 평생을 철저한 기도와 수행으로 일관하였고, 많은 상좌를 이끌었으며, 정화운동에도 큰 기여를 했다. 나라를 사랑하는 정의로운 마음을 불교를 통해 오롯이 실현하였다 할 것이다.

(6) 독립운동가의 옥바라지를 한 옥봉 스님

옥봉(玉峰, 1913~2010) 스님은 저명한 묵죽화가로서 동양은 물론 서양에서도 크게 이름을 얻은 인물이다. 스님의 불명은 동성(東城)이고 법호가 옥봉(玉峰)인데, 사회에서 옥봉 스님으로 더 잘 알려져 있다. 스님은 일찍이 15세 때 한학과 서예를 공부하기 시작했으며, 전국비구니회 초대회장을 역임한 혜춘(慧春, 1919~1998) 스님 부친의 소개로 18세 되던 1931년부터 금강산인(金剛山人) 일주(一洲) 김진우(金振宇, 1883~1950)의 제자가 되어 그림을 배우던 중 스승과 함께 독립운동에 뛰어들게 되었다. 스님은 19세 되던 1932년부터 서대문 형무소에 수감된 안창호(安昌浩, 1878~1938) 선생의 옥바라지를 비롯하여 만해 스님(1879~1944), 여운형(呂運亨, 1886~1947), 홍명희(洪命憙, 1888~1968) 선생 등의 연락책과 김정호(金鼎鎬, ?~1955), 서정관 씨 등의 자금 조달책을 맡는 등 독립운동에 적극 가담했으며, 연락 임무를 띠고 만주로 가다가 남양에서 일본 경찰에 연행되어 1개월간 옥고를 치르기도 했다. [44)]

한편 정토회 법륜 스님에 의하면 은사 도문 스님으로부터 "해방 뒤백범이 귀국하자마자 임시정부 요인 30명과 함께 대각사를 찾아 5년 전고인이 된 용성 스님이 쌀가마니에 넣어 독립운동 자금을 보내준 이야기를 하며 눈물을 흘렸다."라는 이야기를 여러 차례 들었는데 최근 사진으로 발견되었다고 했다. 용성 스님에 의해 김구 선생에게 전달된 독립운동 자금 중에는 위에서 언급한 비구니스님들의 노력도 함께 들어있었음을 짐작하게 한다.

김구 선생이 귀국 뒤 군중집회 말고 개인적으로 손병희 묘소와 도산안창호 묘소에 이어 용성이 설립한 대각사를 3번째로 찾았다는 것이다.33인 중 천도교 대표 손병희의 딸이자 방정환의 부인은 도문 스님의 증조부이자 독립운동가 임동수의 금강산 별장에서 살기도 했다고 하는데임동수(1865~1945) 거사는 용성 스님의 최대의 지원자였다. [45] 이는 당시금강산이 독립운동을 지원하는 거점 중의 하나였음을 짐작하게 하는대목이다. 앞으로 독립운동가를 연구함에 있어 연구방향이 좀 더 다양화 되어야 할 필요가 있다. 앞에서 활약했던 몇몇 개인 중심으로 조명하기보다는 그 동안 충분히 발굴되지 않았던 비구니스님들의 독립운동에 대해서도 관심을 기울여야 할 것이다.

4. 배움에 대한 갈망과 초기의 비구니강원

그동안 강원교육의 대상은 오로지 비구였으며, 비구니는 교육대상에서 소외되어 있었다. 그러나 근대 문화개방의 물결을 타고 여성들에게도 교육 기회가 주어지기 시작했고, 비구니 중에는 이미 학교 교육을받은 이도 있었다. 그러자 다른 비구니들도 점차 교육의 필요성에 눈뜨

기 시작했고, 이러한 자각이 비구니들로 하여금 강원교육을 받게 하는 원동력이 되었다. [46)]

당시 비구니스님들이 배움에 얼마나 목말라 있었는지를 비구니 덕운 (德雲, 1924~) 스님의 사례를 통해 살펴보자. 스님은 9세에 동학사 미타암에서 출가했는데 책을 사서 공부가 하고 싶어 탁발을 다녔다. 스님은 한 마을에서 좁쌀 한 주먹을 받고 다른 마을로 가서 고구마를 얻어먹으며 돈을 모았다. 이렇게 애썼으나 14세쯤에 이르러서야 비로소 신도 집에 염불을 해주고 쌀 한 말 값을 받아 마침내 『도서』와 『서장』을 구입해서 공부할 수 있었다. 쌀이 없어서 주로 쑥죽, 쑥개떡, 도토리밥, 고구마밥, 조밥 등으로 근근이 끼니를 때우며 돈을 아껴 책을 마련했다. [47)]

한편, 일제강점기 불교계에도 교육개혁이 일어나면서 비구들은 전통강원교육보다 신학문을 익혀야 한다는 분위기에 휩쓸렸다. 또 일제의 강제 징병 문제로 인하여 젊은 비구들이 강원에 모여 공부하기 어려운 상황이 되었다. 그 결과 전통강원이 쇠퇴일로를 걷게 되었는데, 마침 비구니들 가운데 비구강원이나 비구 강사를 찾아 교육받기를 청하는 일이 잦아졌고, 이런 모습을 보면서 비구 강사들 가운데 비구니라도 가르치지 않으면 안 되겠다는 생각을 갖는 경우도 생겼다. 또 속가 가족 중 출가하여 비구니가 된 사람이 있는 경우 비구니 교육에 우호적인 마음을 갖게 되어 이 또한 비구니강원 교육 현실화에 일조하였다.

비구니강원 교육은 1900년대 들어서면서 비구니에게 호의적인 몇몇 비구 강사들의 혜안과 소수 비구니의 원력으로 표면화되기 시작했다. 학인 수나 교육환경에 있어서도 그 규모가 미미하고, 일제 식민 치하라는 불안정한 시국 속에서 오래 존속하지는 못했지만, 비구니들에게 교육의 길이 열렸다는 것은 당시 상황으로 볼 때 매우 획기적이고 고무적인 일이었다.

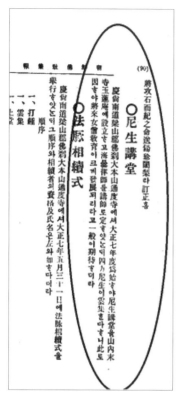

『朝鮮佛教總報』제10호(1918. 7. 20)에 실린 통도사 산내암자 옥련암에 비구니 전문강원 '니생강당(尼生講堂)' 설립을 알리는 기사. 비구니강원이 생긴다는 소식을 듣고 비구니들이 사방에서 운집한다는 내용과 함께 장차 비구니 교육이 크게 발전할 것이라고 말하고 있다. 출처: 동국대학교 불교기록유산 아카이브.

해방 이전 비구니들에게 강원 교육의 혜택을 베풀었던 대표적 비구 강사들로 만우상경(1855~1924), 해담치익(海曇致益, 1862~1942), 타불, 운허용하(耘虛龍夏, 1892~1980), 고경법전(古鏡法典, 1883~1946), 소하대은(素荷大隱, 1899~1989)과 비구니 강사로 수옥(1902~1966) 스님을 들 수 있다. [48]

그럼에도 불구하고 시대 관념상 비구와 비구니를 함께 교육하는 것은 받아들여지지 어려웠으므로 처음에는 비구기 강원이 있는 큰절 주위 비구니 암자에서 통학을 하며 몇 사람이 함께 청강을 하거나 때로는 개인이나 그룹으로 지도를 받기도 했다.

비구니강원이 언제 처음 시작되었는지에 대해서 학자들마다 약간의 견해 차이는 있다. 우선 1910년대에 해인사 국일암에서 잠깐 비구니강원이 운영되었다고 알려져 있으나 구체적 기록이 없어 자세한 내용은 알 수 없다. 다만 성문(1893~1974) 스님이 "20세에 구족계를 수지하고 국일암에 계시던 타불 스님에게 대교과를 마쳤다."[49]라고 하는 것으로 보아 적어도 1913년경에는 비구니강원이 운영되고 있었을 것이다.

이어서 1918년에 통도사 옥련암에 비구니강원인 니생강당(尼生講堂)이 설립되었다. 1918년 7월 20일자『조선불교총보(朝鮮佛敎總報)』제10호에 실린 기사에는 "통도사 산내암자 옥련암에 니생강당(尼生講堂)이 생겨서 비구니들이 사방에서 운집하고 있으니 만큼 장차 비구니 교육이 크게 발전할 것"이라 말하고 있다.

아쉽게도 니생강당은 운영 미숙으로 얼마 가지 않아서 문을 닫고 말았다. 그럼에도 불구하고 비구니들의 배움에 대한 갈망은 갈수록 커졌고, 이는 비구니를 위한 교육도량이 곳곳에서 출현하는 계기가 되었다. 마침내 비구니강원 교육이 몇몇 비구 강사스님들의 혜안과 비구니들의 원력으로 표면화되기 시작했다. 비록 초기에는 인원이나 교육 환경이 소박했고 일제 강점의 불안한 시국에서 한 곳에서 오래 존속되지 못했지만 하나가 사라지면 금세 다른 곳에 다시 세워졌다. 그리고 마침내 비구니스님이 비구니스님을 가르칠 수 있는 비구니 인재가 배양되었다.

비구니 강백이 비구니스님을 가르친 효시는 근·현대 비구니 3대 강백 금룡(金龍, 1892~1965) 스님, 혜옥(慧玉, 1901~1969) 스님, 수옥(守玉, 1902~1966) 스님에 의해서 비롯되었다. 이 3명의 비구니 강백을 통하여 비구니 전문강원의 설립과 비구니 강맥 전승의 단초가 마련된 것이다.

금룡 스님은 1911년 사미니계를 받은 후 통도사에서 비구 강백 해담 (1862~1942) 스님에게 대교과를 수료하였다. 혜옥 스님은 김천 청암사 극락전에서 사미과, 해인사 국일암에서 사집과, 법주사 수정암에서 대교과를 마쳤다. 수옥 스님은 1920년 해인사 불교전문강원에서 비구 강백 고경 스님에게 사미과와 사집과를 마쳤으며, 1929년 서대문 응선암에서 소하대은 스님으로부터 사교과와 대교과를 수료하였다. 그 후 스님은 1934년 일본 묘심사파 종립학교에서 3년간 수학하고 1937년 귀국하여 남장사 불교강원 강사로, 1947년 탑골 보문사 불교강원 강사로 활동

하는 등 일생을 비구니 교육에 헌신했다.[50]

금룡 스님은 1930년대에 이미 비구니 강백으로 활약을 시작했다. 이는 대한불교보문종 제3대 종정 일조(日照, 1910~1990) 스님이 1936년에 청도 운문사 강원에서 금룡 스님을 강사로 모시고 사집, 사교, 및 대교과를 마쳤다고 하는 것으로 보아서 알 수 있다.[51]

혜옥 스님은 사미니 시절이던 1914년 김천 청암사 극락전에서 『초발심자경문』을 배우기 시작했다. 스님은 매일 노동으로 지친 몸에도 불구하고 잠자리에 들기 전 1,000번을 읽었다고 한다. 이처럼 무섭게 공부하다 보니 밤에 자리에 누워 천장을 보면 천장에 경문이 훤하게 드러나 보였다. 당시 그곳에서 비구니들을 가르치던 비구 강백 대운(大雲, 1868~1936) 스님은 혜옥 스님의 자질을 눈여겨보았고, 1915년 15세 사미니 신분의 스님에게 법상에 올라 『초발심자경문』을 강설할 기회를 주었다.

혜옥 스님은 물자가 귀하여 종이조차 마음대로 쓸 수 없던 시대에 칡잎이나 모래 위에 글을 써가면서 공부했다. 어려운 시대 여건 속에서도 스님은 청암사에 이어 해인사 국일암에서 사집과를 수료하고 속리산 법주사 수정암에서 대교과를 이수했다. 그 후에도 스님은 비구니 강백으로서 눈부신 활약을 하던 중 1955년 정화운동 이후 청암사 초대주지로 부임하여 강원을 이어갔다.

수옥 스님도 이미 광복 이전에 비구니전문강원에서 활약하기 시작했다. 스님은 일본에서 귀국 후 당시 상주 남장사 관음선원 조실 혜봉(慧峰, 1874~1956) 스님의 요청으로 강주로 취임하였다. 본래 수옥 스님은 수덕사 견성암 만공 선사 회상에서 안거하다가 1934년경 만공 선사와 가산 처사, 은사 법희 스님의 주선으로 일본 경도(京都) 묘심사파(妙心寺派) 종립학교인 미농니중학림(美濃尼衆學林)에 입학하여 3년 과정을 수료하고 귀국하였고, 남장사에서 비구니교육에 헌신하게 되었다. 당시 남장사 관음선원에서 수옥 스님을 강주로 모시고 불교전문과정을 수료한 비구니스님으로는 사집과에서 벽안(碧眼)·광우(光雨)·묘선(妙善)·인순(仁順)·덕수(德修)·문수(文珠)·자호(慈毫)·태호(泰鎬) 스님의 총 8명이 있었고 사미과에서 보인(寶仁)·수련(修蓮)·혜련(慧蓮) 스님 등 총 3명이 있었다. 1944년에 벽안·광우·지형 스님 등은 이곳에서 대교과를 수료했으나, 일제의 정신대 징집을 피하기 위해 문을 닫고 말았다. 스님은 또한 해방 후 1947년 3월에 탑골 보문사 비구니 불교전문강원에서 권상로, 윤주일, 안진호 등 일반인 교수들과 함께 비구니강사로서 비구니스님들을 교육했다. [52]

1936년에는 서울의 탑골 보문사에도 각각 설치·운영된 바 있다. 그러나 여건이 성숙되지 않은 탓에 이 시기에 설립된 비구니전문강원은 몇 년 후 대부분 문을 닫았다.

비구니뿐 아니라 재가불자여성들도 비구니 강백들에게 큰 기대를 걸었다. 당시 서울의 대표적 재가여성불자모임인 마야부인회는 비구니 3대 강백을 한 자리에 초청하고 법화산림을 열었는데, 이 자리에서 세 비구니스님의 유창하고 진실한 법문을 듣고 감화를 받아 크게 발심한 사람들이 많았다. 이날 마야부인회는 법회를 회향하는 자리에서 세 비구니강백에게 은으로 만든 법륜마크(가사고리)를 증정했다. [53]

해방 이전 강원교육을 받은 비구니스님들을 보면, 대체로 수학기간은 사미에서 대교까지 과정을 모두 마치는 데 대략 10여 년이 걸렸으며, 한 과정이 끝날 때마다 졸업장을 수여했고, 한 과정을 마치면 상황에 따라 강원을 이동하며 공부했다. [54]

비구니 3대 강백 외에 전주 정혜사 강사, 서울 탑골 보문사 초대 강

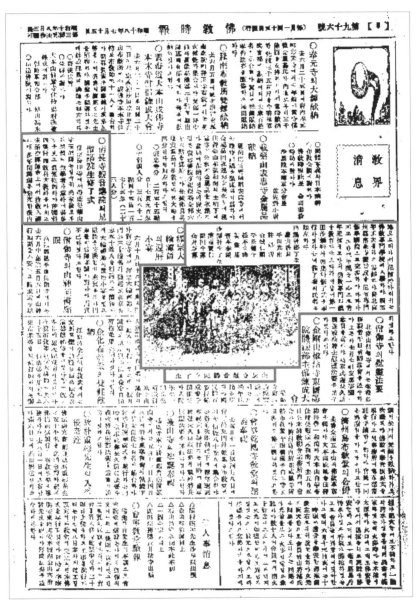

『佛教時報』제96호(1943. 7. 15) 제8면 '남장사 관음강원의 니승강원생 수료식'. 수옥 스님이 일본의 니승불교전문학교에서 유학하고 돌아와 남장사 관음전을 니승전문수학강원(尼僧專門修學講院)으로 만들어 3년간 교육하였으며, 제1회 사미과와 사집과 수료식을 거행했다는 내용. 출처: 동국대학교 불교기록문화유산아카이브.

사를 지낸 영명(永明) 스님과 동학사 미타암에서 비구니들을 교육한 비구니 대은(大恩, 1852~1954) 스님도 잠시 언급하고자 한다.

영명 스님이 공부한 강원이 어디인지 자세히 알 수 없지만, 전주 정혜사(완산선원)의 실질적 창건주이자 대한불교보문종의 제3, 4대 종정을 지낸 속가 언니 명주(1904~1986) 스님이 해인사 강원에서 공부했고, 역시 속가 언니인 금룡(1892~1965) 스님이 1910년대부터 1920년대까지 통도사에서 해담 스님과 구하 스님에게 배웠다는 것으로 보아 영명 스님도 이와 비슷한 시기에 해인사나 통도사 강원에서 공부했을 가능성이 있다.

대은 스님은 동학사 미타암과 오늘날 북한 지역인 안변 석왕사 백련암에서 많은 비구니스님에게 불경을 가르쳤다.[55] 스님은 선은 물론 경(經)과 율(律)에도 매우 밝았는데, 탁발을 하며 대전에서 평양까지 도보로 왕래하면서 비구니들을 지도했다. 당시 동학사 미타암과 석왕사 백련암의 비구니스님들이 스님으로부터 경을 공부했는데, 특히 『화엄경』, 『금강경』, 『지장경』에 뛰어났으며 웬만한 불경은 모두 줄줄 외울 정도여서 당시 주위에서 스님을 '부처님 가운데 토막'이라고 칭송했다고 한다.

대은 스님은 교학뿐 아니라 수행에도 뛰어난 분이었다. 평소에 화장실에 갈 때 입는 전용 옷까지 따로 두었으며, 열반에 드는 날까지 예불을 빠뜨리지 않았다. 식량이 부족해서 도토리 밥이 주식이었고, 보리를 돌확에 갈아 공양을 지어 먹었는데 그마저도 모자라 굶는 날이 많았으나 오로지 후학 교육과 정진에 몰두하였고, 세수 103세, 법랍 84세로 좌탈입망했다. 대은 스님이 수좌들에게 들려준 아래의 예언은 스님의 수행의 깊이를 짐작하게 한다.

> **[수좌들에게 들려준 대은 스님의 예언]**[56]
>
> - 앞으로 너희들은 좋은 세상을 볼 것이며, 허공으로 날아다닐 것이고 (비행기), 앉아서 삼천리 서서 구만리를 볼 것이며(TV), 아무리 작은 소리로 속삭여도 다 알 수 있는 비밀이 없는 세상이 올 것이다.(녹음기, 컴퓨터 시대)
> - 죽고도 살아있는 척을 하는 시대가 올 것이다.(AI 기술)
> - 장차 스님이 하산하고 세인들은 바랑을 메고 산으로 갈 것이다.(스님은 도심포교, 재가자는 참선 수행)
> - 앞으로 모든 이가 반 중이 될 것이다.(낭자를 끊고 머리를 짧게 자르고 사는 모습)
> - 여자들이 장엄할 것이다.(귀걸이, 코걸이, 목걸이, 반지 등의 사용이 보편화 됨)
> - 변소를 행주로 닦는 시대가 올 것이다.(수세식 화장실)
> - 길가에서 밥알을 주워 먹을 정도의 시대가 올 것이다.(아스팔트)

5. 비구니선객과 초기의 선수행공동체

참선 수행은 한국불교의 핵심 수행법이자 비구니공동체의 오랜 전통 수행법 중의 하나이다. 우리는 고려 때 혜심과 나옹의 비구니 제자들, 조선 중기 비구니 예순 스님 등을 통해 그 사실을 확인할 수 있었다. 그러나 신분적으로 볼 때 이러한 비구니들은 대부분 지체 높은 가문의 여성들이었다. 진각 국사 혜심 스님의 비구니 제자들이 한문으로 서신을 쓰고, 조선의 예순 스님이 한시를 지을 수 있었던 것은 모두 높은 가문 출신들이기에 가능했다. 이런 특수한 경우를 제외하면 다수의 비구니들은 한자를 몰랐고 작문은 더욱 불가능했다. 그래서 당대의 저명한 비구 고승들과 교류하며 선을 지도받는다는 것은 현실적으로 불가능했다. 대부분의 비구니스님들이 선 수행보다는 염불 수행을 바탕으로 한 정토 신앙 위주의 신앙생활을 했던 것은 이러한 요인도 작용했을 것이다.

그런데 19세기 말, 20세기 초가 되면서 많은 비구니에게 선 수행 지도를 받는 길이 열리게 되어 선을 배우고자 하는 비구니들이 빠르게 모여들었다. 이들은 자신들을 지도해 줄 경험 많고 여성에 대해 우호적인 비구선사를 중심으로 공동체를 형성하고 자신들의 영역을 개척해 나갔다. 이 시기에 비구니들의 참선 수행을 이끌어 준 대표적 비구선사로서 만공(滿空, 1871~1946), 한암(漢岩, 1876~1951), 고봉(高峰, 1890~1961), 효봉(曉峰, 1888~1966) 선사 등을 대표적으로 거론할 수 있다. 이 가운데 만공과 한암 스님은 1900년대 초기 여러 비구니를 지도하여 초기 비구니선사 인재 양성에 크게 기여하였다.

이렇게 양성된 1세대 비구니 인재는 비구니 선수행의 대중화에 초석이 되었다. 이를 기반으로 한국전쟁 이후부터 20세기 후반까지 전국 곳곳에 비구니선원이 생겨나고 많은 비구니선사들이 등장할 수 있었다. 본서에서는 편의상 이들을 2세대 비구니선사라 칭하겠다. 2세대 비구니선사들 중 상당수는 비구 성철(性徹, 1912~1993) 스님의 도움을 받는데, 이들에 대해서는 다음 장에서 다룰 것이며, 이번 장에는 1세대를 위주로 소개하겠다.

1) 20세기 초 비구니선원

근대 비구니 선수행의 시작은 1910년대 이후 만공 스님과 한암 스님 문하에서부터 비롯되었다고 해도 과언이 아니다. 두 선사는 많은 비구니를 지도하며 비구니들의 선수행에 지대한 영향을 미쳤다.[57] 만공 스님

회상에 참여했던 비구니들은 수덕사 산내암자 견성암에, 한암 스님의 지도를 받던 비구니들은 월정사 산내암자 지장암에 머물며 수행하였다. 만공과 한암 스님은 필요하다고 판단되면 자신이 지도하던 비구니를 상대방에게 보내주면서 상호 지도를 통하여 인재 양성의 효율성을 높였다.

만공 스님의 비구니선객 지도는 속가 모친이 출가자였다는 것도 한 가지 요인으로 작용하였다. 주지하다시피 만공 스님은 경허 선사의 제자로서 우리가 익히 아는 한국 근대의 대표적 선승이다. 부친이 돌아간 후 만공 선사는 출가의 길을 나섰고, 속가 어머니는 전국을 돌며 아들을 찾다가 마침내 수덕사에서 꿈에 그리던 아들을 만났다. 이 어머니가 아들 만공 스님의 권유로 출가하여 비구니스님이 되었으니 바로 의선(義善) 스님이다. 의선 스님이 이곳에 주석하면서 자연스럽게 비구니 암자 견성암이 생겨났는데, 때는 약 1910년경의 일이다. "처음 견성암은 현재 정혜사 근처에 있었고, 황해도 패엽사에서 온 비구니 도흡(道洽) 스님의

오대산에서 만공 큰스님과 비구니 제자들(1943). 출처:한국비구니연구소, 『한국비구니수행담록』 상권, p.498.

역사 속 한국비구니

보시로 초가집 두 칸에서 시작하였다."[58] 그러나 선을 배우고자 하는 비구니스님과 여성재가자들이 급증하면서 초가집 옆에 함석집을 추가로 짓고 이어서 기와집까지 들어섰다.

이렇게 볼 때 만공 스님과 의선 스님, 도흡 스님은 견성암 탄생과 근대 한국비구니선객 출현의 결정적 역할을 했다고 할 수 있다. 만공 스님의 주도로 세워진 도흡 스님의 공덕비는 본래 옛 견성암 자리에 있다가 견성암이 현재의 자리로 옮겨오면서 근처에 옮겨 세웠다. 견성암은 이름 그대로 '견성(見性)'이라는 한 길을 위해 치열한 선 수행을 하는 공간이었는데, 방함록을 보면 출가자뿐 아니라 사부대중이 함께 정진했다.[59]

한편 월정사 지장암 안에 설립된 기린선원은 1931년 황해도 출신 비구니 ○율 스님, 개성 출신 비구니 ○해 스님 외 30여 명의 비구니들이 해제, 결제 없이 정진하기 시작한 데에서 출발하였다. 그 후 지장암이 퇴락하자 비구니 본공(本空, 1907~1965) 스님이 재건하고 선방을 열어 본격적으로 발전했다. 본공 스님은 만공 스님 회상에서 공부하다가 만공 스님으로부터 한암 스님에게 가서 공부하라는 말씀을 듣고 문경 윤필암을 거쳐 상원사로 왔다. 당시 상원사 선원은 상선원, 중선원, 하선원으로 구분되어 있었다. 사람이 점점 늘어나서 공간이 부족해지자 한암 스님은 본공 스님에게 지장암에 비구니선원을 열도록 부탁했다. 이리하여 지장암의 기린선원이 탄생하게 된 것이다.

지장암에서 수행하던 비구니 선수행자들은 한암 스님과 만공 스님의 지도를 겸하여 받는 복을 누렸다. 지장암 비구니선원은 예산 수덕사 견성암과 윤필암에 이어 설립된 비구니선원으로 강원도 지역에서 비구니 선불교가 일어나는 계기가 되었다. 한편 당시 지장암은 금강산에 머물며 수행하던 비구니 수행자들이 자주 왕래하면서 일종의 비구니선객들의 교통 허브 역할을 하였다.

이 시기에 주목할 만한 또 하나의 비구니선원은 문경 윤필암의 사불선원이다. 1931년 윤필암이 비구니스님의 도량이 된 후 비구니스님들은 자체적으로 선방을 운영하다가 1936년부터 방함록을 정식으로 만들었다. 윤필암은 본래 견성암에서 수행하던 비구니스님들이 사불산에서 연락을 받고 윤필암으로 내려가 도량을 정비하고 선원을 개원한 것이었다. 당시 윤필암은 선수행에 참여하는 각 비구니선객들이 가지고 온 소두 세 말의 곡식으로 운영되었으므로 한 철 살림이 매우 빠듯했다. 산 아래 마을의 푸성귀와 나물들이 남아나지 않는다는 말이 돌 정도로 비구니 수행승들은 아침·저녁을 나물죽으로 연명하고 사시만 부처님께 마지를 올렸다. 이렇게 가난한 살림에도 불구하고 선원의 정진 열기는 뜨거워서 법희, 본공, 선경, 대영, 혜안, 태주, 월혜, 진오 스님 등 당시 굵직한 비구니선객들이 목숨을 걸고 수행에 임했던 곳이다. 이곳은 특히 1938년 비구니 선경 스님이 한 소식을 얻었던 곳이며, 묘엄 스님이 출가한 곳이기도 하다. 한국전쟁 시기 인홍 스님도 윤필암으로 피난 와서 정진한 적이 있다.

이처럼 만공과 한암 등 뜻있는 비구선사들의 적극적인 지도는 큰 파급효과를 불러왔다. 위에 소개한 비구니선원 외에도 1924년 세만 스님에 의해 내장사 소림선원, 1927년 성문 스님에 의해 동화사 부도암, 1928년 성문 스님에 의해 직지사 서전, 1945년 삼선암 반야선원 등이 설립되었다.[60] 이 외에 정확한 연도를 알 수 없으나 대원 스님에 의해 해인사 국일암에도 비구니선원이 운영되었고, 금강산 곳곳에도 비구니선원이 있었다. 이상과 같이 짧은 시간에 전국 여러 곳에 비구니선수행자들이 놀라울 만큼 급증하였다.

종합해 볼 때 일제강점기의 비구니선원은 주로 비구니 수행자들의 선수행을 지도했던 비구선승들의 배려에 의해 비구선사가 주석하는 곳 가까이에 세워졌음을 알 수 있다. 이 시기 비구니들이 선원을 운영하는 데에는 여러 가지 우여곡절이 많았고 오래 가지 못한 곳도 있었지만 비구니 스스로의 힘으로 선원을 개척하고자 노력했다는 점에서 의미가 크다.

2) 1세대 대표적 비구니선객

20세기 초 만공과 한암 등 대표적 비구선승의 회상에서 훌륭한 비구니선객들이 배출되면서 불과 몇십 년 사이에 비구니공동체의 응집력이 높아지고 리더십을 갖춘 비구니들이 등장하기 시작했다. 이러한 비구니선사들은 매우 많은데 지면 관계상 이 가운데 몇 명의 인물을 통해 유형을 나누어 살펴보겠다.[61]

(1) 일상을 통해 선을 가르친 법희 스님과 대영 스님

법희(法喜, 1887~1975) 스님은 1887년 충남 공주군 탄천면 신기리에서 태어났다. 부친이 일찍 별세하는 바람에 1890년 나이 4세 되던 해에 외할머니 등에 업혀 계룡산 동학사 미타암에 들어가 귀완(貴完) 스님을 은사로 출가하였다. 스님은 25세에 덕숭산 정혜사에 큰스님이 계시다는 소문을 듣고 깨달음을 얻겠다는 간절한 마음으로 먼 길을 걸어 만공 스님을 찾아갔다. 만공 스님 회상에서 공부한 법희 스님은 마침내 심안(心眼)이 홀연히 열리어 인가를 받게 되었는데, 이때가 시기적으로 대략 법희 스님의 세수 30세 1916년경이라고 한다.

그런데 만공 스님은 법희 스님의 공부를 인가해 주었으나 직접 법상에 올라 가르침을 펼치는 일은 삼가도록 당부했다. 만공 스님은 법희 스님에게 "자네는 이번 생애에는 어느 자리에서나 법을 설할 생각 말게나. 시기하는 사람이 많으니 시절 인연이 그런 줄 알고 내 말을 잊지 말도록 하게."라며 당부하였다. 법희 스님은 평생 만공 스님의 당부를 잊지 않아서 단 한 번도 법상에 올라 법문을 하지 않았다. 대신 스님은 손에서 일을 놓지 않고 대중을 보살피는 일로 일생을 보냈다. 스님의 손가락은 늘 흙에 닿아 무뎌지고 뒤틀려져 있었다. 스님은 수십 섬의 택미 울력을 하면서도 불평 한마디 하지 않았다고 한다.

법희 스님은 공동체 안에서 갈등이 생겼을 때 말이 아닌 따뜻한 마음으로 사람들을 품어주었다. 훗날 법희 스님과 더불어 훌륭한 비구니 선사가 된 만성 스님이 37세의 나이인 1933년 견성암에 출가자로 들어왔을 때의 일이다. 지금 37세는 전혀 늦은 나이가 아니지만 그때 환경은 지금과 달라서 그 나이면 늦깎이라 하여 이미 늦은 출가자로 인식되었다. 입산 후 만성 스님은 늦게 출가한 것이 아쉬워 더욱 분발하여 치열하게 수행했다. 그런데 만성 스님이 정진에만 몰두한 나머지 대중 울력을 소홀히 하게 되자 "만성 스님은 왜 울력을 하지 않는 거야?", "대중 공사를 붙여야 돼."라는 원성이 여기저기서 빗발쳤다.

이때 법희 스님은 무언의 법문으로 대중의 비난을 잠재웠고, 만성 스님이 성취를 이룰 때까지 남몰래 스님 몫의 일까지 대신해 주었다고 한다. 법희 스님의 그림자 같은 외호를 받은 만성 스님은 1941년 세수 45세에 만공 선사로부터 법을 인가받았고, 훗날 부산 범어사 대성암에 비구니선원을 열어 한국비구니 역사에 또 하나의 길을 열었다. [62]

대영(大英, 1903~1985) 스님도 법희 스님과 유사한 유형의 선 수행자였다. 스님은 수원이 고향으로 늦도록 자식이 없던 부부가 산에서 목이 없는 돌부처를 발견하고 목을 찾아 맞추어 놓고 자녀를 점지해 달라고 기도한 후 태어났다. 스님은 출가 후 깨달음의 길을 찾다가 견성암 만공 스님 회상에서 공부하게 되었다. 이때 스님은 늘 자진해서 후원 소임을 보면서 예불, 참회, 참선 때 작은 게으름도 피우지 않았다. 스님의 이런 면모를 높이 산 만공 스님은 훗날 소임을 잘 살아준 것에 대한 답례로 논 여섯 마지기를 상으로 내리기까지 했다. 스님은 그러나 이를 기꺼이 견성암에서 수행정진하는 선방 대중들의 공양답으로 희사하였고, 도반들을 위해 15년을 하루 같이 살았다.

대영 스님은 1937년 세수 35세가 되어서야 비로소 금강산 신계사 법기암을 비롯하여 묘향산, 오대산, 설악산, 태백산, 지리산 등지의 수행처를 찾아 만행을 시작하였다. 금강산을 함께 만행했던 도반스님으로 본공 스님, 선경 스님이 있으며, 이분들 또한 시대를 대표할 만한 대표적 비구니선객이다. 대영 스님과 본공 스님, 선경 스님은 금강산 비로봉에 올라 각자 한 가지씩 서원을 세웠다. 대영 스님은 '대중을 외호하는 공양주', 선경 스님은 '큰 대목수가 되어 불사하기', 본공 스님은 '내심 원력'이 이것이었다.

대영 스님은 견성암에서 공양주 3년과 채공 4년의 힘든 소임을 맡았으며, 더불어 노스님 세 분도 시봉했으나 10여 년간 눈 오고 비오는 날도 태산준령을 넘어 탁발을 해다가 노스님들을 시봉하면서 단 한 번도 진심(嗔心)을 내지 않았다. 또 공양이 부족한 스님들에게는 자신의 공양을 받아 두었다가 조용히 나누어 주며 자신은 굶주린 배를 물로 채우기 일쑤였다. 1946년 열반 직전의 만공 스님이 속리산에서 수행 중이던 대영 스님을 다시 불렀을 때에도 스님은 불평 없이 다시 견성암으로 돌아가서 3년간 원주 소임을 살았다. 당시 견성암에서 홍성 장터까지 가는 데에는 이렇다 할 교통수단이 없어 걸어 다녀야 했지만 불평 한마디 없었다. 문경 윤필암에서 3년 결사를 할 때에는 한번 좌선을 시작하면 잠을 잘 때에도 앉아서 잘 만큼 철저하게 수행에 임하여 많은 사람들의 본보기가 되었다. 스님은 자신의 수행을 게을리하지 않는 동시에 예산 수덕사 견성암과 서울 숭인동 청룡사에서 각각 10년씩 입승 소임을 보며 후학들을 지도했다.

한암 스님도 대영 스님의 근기를 눈여겨보고 '무위(無爲)'라는 당호와 함께 전법게를 내려 주었으며, 만공 스님도 전법게와 주장자, 발우를 내렸다.

만년에 스님은 경남 양산시 웅상읍에 있는 관음정사라는 작은 암자에 주석했다. 열반하던 날 새벽, 시자스님은 당연히 대영 스님이 먼저 일어나 정진하고 계실 것이라 여겼는데 그날 따라 무슨 일인지 스님이 기척이 없었다. 시자스님은 한 번도 대영 스님의 그런 모습을 본 적이 없어 약간 이상하다는 생각을 하기는 했으나 '스님께서 피곤하신가 보다.'라고 단순히 생각하며 이부자리를 다독여드리고 불을 켜지 않은 채 조용히 방을 나왔다. 새벽예불을 마치고 나온 후에 장삼을 벗으면서 스님이 계시는 방문 쪽을 무심히 바라보는데 방에서 신비하고 밝은 빛이 환하게 빛나는 것이었다. 시자스님은 혼잣말로 "어찌 불빛이 저리 밝을까? 난생 처음 보는 불빛이네."라고 중얼거리며 스님의 방문 앞으로 다가가 스님을 불렀다. 그러자 방금까지도 환하게 방을 밝히던 신비한 불빛이 어느새 사라지고 없었다.

아침 문안을 드리기 위해 방문을 열고 들어간 시자스님은 "스님, 아까는 불을 켜놓으셨더니 왜 끄셨어요?" 하면서 한 번 더 스님을 불렀다. 그러나 스님은 여전히 아무런 기척이 없었다. 이에 시자스님은 "상노스님, 장난하지 마셔요." 하면서 이불 안으로 손을 넣어보았으나 스님은 이미 입적한 뒤였다.[63]

(2) 신여성 출신의 비구니 수행자 일엽 스님

일엽(一葉, 1896~1971) 스님은 1896년 6월 9일 평남 용강군 삼화면 덕동리에서 아버지 김용겸(金用兼) 목사와 어머니 이마대(李馬大) 사이에서 5

남매 중 맏딸로 태어났다. 출가 전에는 우리나라 개화기 신여성이자 여성운동의 선구자로서 활약한 인물이다. [64]

어려서부터 총명하고 기백이 넘쳤던 스님은 기독교 목사로서 박애주의적 종교심을 가르치던 아버지와 일찍 개화하여 딸도 아들 못지않게 교육시키고자 했던 어머니의 기대를 한 몸에 받으며 신식교육을 받았다. 그러나 겨우 열두 살이 되던 해에 하나밖에 없던 동생의 죽음을 겪게 되었다. 이때의 일을 국문시 '동생의 죽음'으로 썼는데, 이는 육당 최남선이 쓴 신체시 '해에게서 소년에게(1908년)'보다 1년을 앞선다.

그 후 스님은 소학교를 졸업하던 해에 어머니를, 20세에 아버지를 여읜 상태에서 외할머니의 도움으로 이화학당에 진학하여 사회와 현실에 대해 고뇌했다. 출가 전 스님은 일제강점기의 시대 모순을 절감하고 비밀전단을 인쇄하는 등 독립운동에 적극적으로 가담하기도 했으며 1918년 23세에 이화학당 예과를 졸업하고 동경 유학길에 올랐다가 귀국 후에는 여성잡지를 통해 신여성운동론을 펼쳤다. 그러나 1923년 9월, 28세 때 만공 스님의 법문을 듣고 발심하여 불교에 귀의했고, 34세에 금강산 마하연 서봉암에서 성혜(性慧) 스님을 은사로 출가하였다. 스님은 만공 선사가 입적하던 1946년까지 수덕사 견성암에서 입승으로 주석하면서 25년간을 절필한 채 산문을 나가지 않았다.

일엽 스님은 「불도를 닦으며」에서 "큰 예술가들은 모두 대오(大悟)를 이루신 분들로서 위대한 예술은 철저히 깨달은 인생관 위에서 가능하다."라고 보았다. 그러면서 본인 또한 대오를 이루어 위대한 예술가가 되기를 발원하였다. [65]

스님은 1960년대에 가서야 수필집과 시집을 펴냈는데 이는 위의 발언의 연장선에서 이해할 수 있다. 당시 스님은 보살들의 시주에만 의지하며 설법과 포교활동을 하지 않았으며, 직접 사찰 근처의 땅을 개간하여 농사를 짓기도 했다. 스님의 첫 수상집 『어느 수도인의 회상』(1960년)과 두 번째 책 『청춘을 불사르고』(1962년) 가운데 두 번째 낸 책이 당시 베스트셀러가 되었다. 이 책에서 스님은 세속 사람들이 좋아할 만한 소재를 방편으로 이용하여 불교 교리를 설하고자 하였다. 이는 이야기로 교리를 설하는 불경의 스토리텔링과도 유사한데, 사람들 중에 제목이 너무 속되다고 하여 비판하는 사례도 있었으나 막상 책을 읽은 후 매료되어 출가한 경우가 적지 않았다. 대표적으로 전 수덕사 주지 비구 응산 스님은 일엽 스님의 이 책을 읽고 출가했다고 회고했으며, 김영사 대표이사 김강유 거사도 이 글을 읽고 불교에 입문하고 백성욱 박사에게 가르침을 청하게 되었다고 한다. 이는 일엽 스님이 수옥 스님에게 보낸 편지에서 "연애 이야기로 장엄하여도 그 속에는 불법 이야기를 간직한 것입니다. 불법의 핵심인 자성, 곧 겁외(劫外) 소식을 현대 술어로 해설한 것인데 이 시대에는 최고 사상인 줄 알고 있는 이도 있습니다."라고 말한 것을 통해서도 확인이 가능하다. [66]

나아가 일엽 스님은 만공 스님의 생존 시의 가르침의 본질은 살리되 용어를 자신에게 맞게 적절히 고쳐서 좀 더 평이한 표현으로 대중에게 전달하였다. 예를 들어 『만공어록』과 『만공법어』에 76조목이 실려 있는 '만공의 나를 찾는 법~참선법'을 유훈 5조로 간략화하여 제자들에게 가르쳤으며, 만공의 '완인'이라는 표현을 '깨달은 이', '각자(覺者)', 또는 '대문화인(大文化人)'이라는 표현을 사용하여 대중에게 전달하였다. [67]

이처럼 일엽 스님의 교화방법은 앞의 법희 스님과 대영 스님의 방법과 차이를 보인다. 일엽 스님은 본인의 수행이 익어졌다고 판단되자 출가 전 글쓰기 능력을 대중 포교에 십분 활용했다. 당시 비구니와 비구승을 통틀어 글을 통해 대중의 마음에 불교를 불어넣을 수 있던 사람은 매우 드물었다.

(3) 독자적 방식으로 선을 가르친 계주 스님

계주(季珠, 1914~1975) 스님은 1914년 5월 25일 충청남도에서 태어나 1919년 동학사에서 윤형(允亨) 스님을 은사로 불문에 입문하고, 비구 고봉 선사로부터 선을 배운 비구니스님이다. 스님은 서울 보문동 보문사 주지를 역임한 은영 스님의 속가 동생이며, 본인은 보문사와 담장 하나를 사이에 둔 보문동 미타사 주지를 30여 년간 역임하였다.

계주 스님은 금강산 보덕굴에 기도 갔다가 우연히 고봉(古峰, 1890~1961) 선사를 만나 발심하여 화두를 간택 받고 참선 공부를 통하여 지견을 얻었다. 고봉 스님은 만공 스님의 법맥을 이은 인물로, 당시 비구 수좌들조차 쉽게 범접하기 어려워할 정도의 대표적 선사 중의 한 분이었다. 고봉 스님은 보덕굴 옆 절벽 너럭바위에 나무와 흙으로 거처를 얽어놓고 참선을 하고 있었는데, 어느 날 우연히 어린 한 비구니(즉 계주 스님)가 정성스럽게 기도하는 모습을 보고 그녀의 근기를 눈여겨보았다. 고봉 스님은 이 일이 인연이 되어 계주 스님과 보문동 미타사, 그리고 보문사 비구니스님들의 공부 길을 열어주었다.

계주 스님은 후학을 가르칠 때 기도를 통해 마음을 모으게 한 후 화두를 통해 깨치는 방법을 사용하였다. 스님은 문자를 알면 오히려 알음알이만 깊어져 공부에 방해가 된다고 판단하여 자신의 상좌들에게 깨친 후에 학문을 할 것을 권했다. 이는 매우 독특한 방식인데, 그만큼 스님 자신이 확신할 만한 어떤 것을 이루었기 때문일 것이다.

계주 스님의 안목이 매우 밝았던 까닭에 비구니강원의 강사로서 오랫동안 비구니를 지도한 바 있는 비구 강백 대은(大隱) 스님은 스님을 육조혜능에 비유하였다. 계주 스님은 입적 전 자신의 말을 다른 사람이 받아 적게 하여 엮은『우리 불자의 길』초고를 대은 스님에게 갖고 와서 교정을 부탁했는데, 원고를 받아 든 대은 스님은 말이 논리가 있고 이치가 또렷하여 매우 놀랐다고 책의 '서문'에서 밝히며 이와 같이 스님을 칭송하였다. 나아가 대은 스님은 일찍이 고봉 스님 생전에 고봉 스님으로부터 인가를 받은 극소수의 비구니스님 중 한 분임을 밝혔다.[68] 계주 스님의 문하에는 선을 배우고자 하는 비구 제자도 있었는데 성남 무심정사 청광(淸光, 1940~?) 스님이 대표적 예이다.[69]

마지막으로 계주 스님의 마지막 입적 순간을 기록한 상좌 비구니 자원(慈元) 스님의 기억을 살펴보자.

> "상좌들이여, 머리만 깎았다고 중이 아니다. 참선 수도하여 마음을 밝히는 것이 중의 근본이니라." 이렇게 타이르듯 말하는 선사는 계속해서 "그러하거늘 너희들은 살림살이에만 머리를 쓰고 정진에는 힘쓰지 않는 것만 같구나."라고 꾸짖는 것이었습니다. 그리고는 선사가 간 뒤라도 발심하여 참선 정진에 더 힘쓰기를 눈물지어 당부하는 것이었습니다. (중략) "미타사에 선방을 짓고 또 불량답을 마련하여 선량(禪糧: 선방의 양식)을 제공하고 사부대중의 수도장소를 꾸민 연후에 [이미 완공해 놓은 미타사 대웅전] 낙성식을 올리려 하였던 것인데 불사를 이루지 못하고 떠나가니 천추의 유감이다."라고 술회하셨습니다.[70]

이처럼 당시 비구니공동체는 어려운 환경을 도리어 수행의 방편으로 삼아 난관을 극복하고 수행하였다. 이들의 출현은 20세기 후반 비구니들이 많은 사찰을 새롭게 일구고 포교와 수행에 괄목한 만한 발전을 이루는 데에 토대가 되었다.

역사 속 한국비구니

【 미주 】

1) 박재현, 「한국 근대 불교의 타자들: 사판승과 대처승의 퇴조」, 『철학사상』 제28권, 2008. 5, p.136; 김순석, 「조선불교선종의 창종」, 법보신문, 918호, 2007. 9. 26.; 김광식, 「불교 근대화의 노선과 용성의 대각교」, 『대각사상』 10, 2007. p.439.

2) 물론 당시 여성출가자 중에 독신체제를 비판하는 주장이 없었던 것은 아니다. 예를 들면 1925년 1월 『佛敎』 제7호에는 남성출가자는 절에서 아내와 함께 생활하는데 왜 유독 비구니만 옛 규칙을 그대로 준수하라고 하느냐면서 여권신장의 시대에 어째서 비구니만 해방을 시켜주지 않는가에 대해 이의를 제기하는 기사가 등장한다. 그러나 그 후 후속 기사가 실리지 않은 것으로 보아 이러한 주장이 비구니 일반의 생각은 아니었던 것으로 보인다.

3) 일제강점기 한국의 대처승 중 상당수는 낮에만 절에 나왔다가 저녁이 되면 절 아래 가족들이 사는 가정으로 돌아가 생활했다. 따라서 밤이 되면 큰절에 머무는 승려의 수는 매우 적었다. 이는 비구니사찰과 매우 다른 풍경이었다.

4) 당시 비구니들의 생활상에 대해서는 '정인영(석담) 저/석담·이향순 역, 『한계를 넘어서』, 동국대학교출판부, pp.144~148' 윤필암의 사례를 참조하여 정리함.

5) 정인영(석담) 저/석담·이향순 역, 위의 책 p.207 참조.

6) 20세기 이후 비구니 인물에 대해서는 하춘생의 『깨달음의 꽃』 1, 2와 『한국의 비구니 문중』, 한국비구니연구소가 발행한 『한국비구니수행담록』 329명, 『한국비구니명감』 560명에 대한 기초 자료, 한국비구니승가연구소에서 제작한 '디지털 비구니인물사전 아카이브' 등을 참고할 수 있다. 이 외에도 몇몇 비구니들을 개인적으로 조명한 단행본도 좋은 참고자료가 될 수 있다.

7) 탑골승방 보문사의 경우 개화파 인사들의 회합 장소로 활용되었는데, 이러한 정황을 미루어 보면 당시 보문사 비구니들이 개화파들의 이념에 동조했거나 지지했음을 짐작할 수 있다. 예를 들어 김옥균이 갑신정변에 실패한 후 일본에 망명해 있는 동안 정변의 주역으로서 자신이 체험한 사실을 기록한 『갑신일록(甲申日錄)』에 "1884년(甲申) 11월 26일(음력 10월 9일)에 김옥균·박영효·서광범·서재필·이규완·유혁로·윤경순·이인종 등이 탑골승방 보문사의 조씨 성을 가진 비구니스님 방에서 3일간 머물면서 갑신정변의 거사계획을 수립했다."라고 했다. 훗날 춘원 이광수가 인터뷰한 박영효의 회고담도 보문사에서의 거사계획에 대해 언급을 하고 있으며, 나운규가 1932년 제작한 영화 '개화당이문'도 보문사와 갑신정변에 대한 내용을 부분적으로 다루고 있다. (출처: 한국비구니승가연구소, 디지털 비구니인물사전 '보문사' 항목 참조).

8) 삼우 스님 아카이브 참조(2005 CD#83; 2005 CD#84_Track 1,2, 혜관 스님 인터뷰).

9) 삼우 스님 아카이브 참조(2006 CD#62-2, 석정 스님 인터뷰).

10) 하춘생, 『깨달음의 꽃』 2, 2001. p.47; 한국비구니연구소 저, 『한국비구니수행담록』 상, 뜨

란출판사, 2007. p.498.

11) 삼우 스님 아카이브 참조(2006 CD#62-2, 석정 스님 인터뷰).

12) 위의『한국비구니수행담록』상, p.145.

13) 삼우 스님 아카이브 참조(2006 CD#43, 금암 스님 인터뷰).

14) 「법천 스님과 무량사 감자부각」, 법보신문(2016. 6. 7.).

15) 하춘생.『한국의 비구니문중』, p.173.

16) 대구 실달사에 대해서는 다음을 참고할 수 있다. 한국비구니연구소.『한국비구니수행담
    록』상권. pp.88~92; 수정 스님, 「정암당 혜옥 스님의 수행과 포교」; 전국비구니회, 『한
    국 비구니의 수행과 삶』, 예문서원, 2007. pp.225~274; 비구니 인물사전 아카이브 '혜옥
    스님'. '인완 스님'.

17) 학계에서는 '금룡 스님'이라 칭하고 있으나 부산 소림사 주지 종인(宗仁) 스님의 증언에
    따르면 정작 스님 본인은 금룡보다 금광(金光)이라는 불명을 사용했다고 한다. 이는 현
    재 소림사에 남아있는 스님의 유품이 모두 '금광'이라고 적힌 것을 통해서도 확인할 수
    있다. '금광(金光)'은 스님의 자호이다. (한국비구니승가연구소 2023년 2월 20일 종인 스님 인터
    뷰 자료 참고).

18) 적산가옥(敵産家屋): '적산(敵産)'이란 '자기 나라의 영토나 점령지 안에 있는 적국 또는
    적국인의 재산'을 의미. 우리나라에서는 해방 후 일본인들이 남겨놓고 간 기업, 토지, 주
    택을 비롯한 각종 부동산과 동산류를 말함. '적산가옥'은 일본인이 남겨놓은 주택을 의
    미함. [네이버 지식백과] 적산가옥 [敵産家屋] (한국향토문화전자대전).

19) 불하(拂下): 국가 또는 공공 단체의 재산을 개인에게 매각하는 일.

20) 삼우 스님 아카이브 참조(2005 CD#51, 수산 스님 인터뷰).

21) 봉려관 스님의 행장은 '정진희(혜달),『봉려관, 근대 제주불교를 일으켜 세우다』, 조계종
    출판사, 2021'.을 참조하여 정리함.

22) 이익태 저, 서광덕 등 공역,『제주 최초의 인문지리지 지영록』, 국립제주박물관, 2021.
    p.120.

23) 혜달 스님, 위의 책, p.283.

24) 정진희(혜달) 스님의 위의 책, pp.176~177, p.237 참조.

25) 덕념 스님에 대한 자료로 다음을 참고할 수 있다. 대한불교조계종 교육원.『선원총람』,
    불교시대사, 2000. pp.745~746; 울릉군,『울릉군지』, 학원인쇄사, 1988. p.242;『한국종교
    편람』.

26) 당시 대한매일신보 한달 구독료가 30전, 쌀 한 말 값이 약 1원 80전 정도였다고 한다.
    (박용옥,「國債報償運動의 發端背景과 女性參與」,『한국민족운동사연구』, 1993. p.132 참조.)

27) 이상의 국채보상운동에 참여한 비구니에 대한 내용은 '이승윤,「대한제국기 불교계의 동
    향과 국권회복운동」, 충남대 박사논문, 2019. pp.117~120'을 참고하여 작성함.

28)『대한매일신보』1907년 3월 8일 자 기사(출처: 국립중앙도서관 대한민국 신문아카이브).

29) 박용옥 위의 글, p.164 참조.

30) 봉려관 스님의 독립운동과 관련된 내용은 '정진희(혜달),『봉려관 근대 제주불교를 일으
    켜 세우다』, 조계종출판사, 2021.'을 주로 참고하여 작성함.

역사 속 한국비구니

31) 정진희(혜달), 위의 책, p.225.

32) 사) 백용성조사기념사업회 지음, 『독립운동가 백용성 잊혀진 100년의 진실』, 정토출판, 2019. p.46.

33) 『한국비구니수행담록』 중권, pp.544~549; 한국경제신문, [山中閑談] (22) '보각 스님'; 월간 불광, [선지식 탐방] 팔당 검단산 통일정사 보각 스님; 대한민국정책브리핑, '유관순 열사 이화학당 졸업사진 최초 공개'.

34) 한국비구니연구소, 『한국비구니수행담록』 상권, pp.60~64.

35) 정진희(혜달), 위의 책, p.37 참조.

36) 한국비구니승가연구소, 비구니인물사전 디지털아카이브 "성해 스님(性海, 1889生, 비구니)" 참조.

37) 한국비구니연구소, 『한국비구니수행담록』 상권, 2004. pp.330~331; 한국비구니승가연구소, 디지털 비구니인물사전 아카이브 '정화 스님'.

38) 상궁 및 순정효황후의 용성 스님 후원에 대해서는 '사) 백용성조사기념사업회 지음, 『독립운동가 백용성 잊혀진 100년의 진실』, 정토출판, 2019'을 참고할 수 있다.

39) 견성암 수범 스님과 수연 스님의 증언에 대한 내용은 '김광식, 「만공·만해·김구의 독립운동 루트」, 『대각사상』 31, 2019. pp.123~126'을 참고하여 작성함.

40) 최은희, pm(祖國)을 찾기까지-한국여성활동비화(韓國女性活動秘話) Œ(中卷), 서울: 탐구당, 1973. p.406. 단, 여기서는 '한운진(경완), 「일엽선사의 만공 사상 재해석과 독립운동」, 『대각사상』 29, 2018. p.233'에서 재인용.

41) 최은희, 위의 책, p.407. 단, 여기서는 경완 스님 위의 논문 p.234에서 재인용.

42) 박원자, 『나의 행자시절 3』, 다홀미디어, 2008. p.35.

43) 한국비구니연구소, 『한국비구니수행담록』 상권, pp.460~469.

44) 한국비구니연구소, 『한국비구니수행담록』 중권, p.288 참조.

45) "백성이 주인인 나라 만들자…그게 바로 3·1운동 정신"(조현 기자의 정토회 법륜 스님 인터뷰), 한겨레신문, 2019. 2. 27.

46) 본서의 비구니강원교육과 관련한 내용은 '수경 스님, 「한국 비구니강원 발달사」, 전국비구니회 엮음, 『한국 비구니의 수행과 삶』, 예문서원, 2007. pp.15~51'을 위주로 발췌·인용하여 작성함.

47) 『한국비구니수행담록』 중권, p.104 참조.

48) 수경 스님 위의 글, p.22 참조.

49) 「비구니 원로를 찾아」 13, 『운문회보』, 17호(1986). 단, 여기서는 수경 스님 위의 글, p.23에서 재인용.

50) 수경 스님, 위의 글, pp.20~21 참조.

51) 한국비구니연구소. 『한국비구니수행담록』 상권, 뜨란출판사, 2007. p.205

52) 수옥 스님의 생애에 관해서는 혜등 스님, 「화산당 수옥 스님의 생애와 사상」 pp.275~294 참조.

53) 한국비구니연구소 저, 『한국비구니수행담록』 상권, p.91 참조.

54) 수경 스님, 위의 글, p.23 참조.

55) 한국비구니연구소,『한국비구니수행담록』상권, pp.53~57 참조.

56) 한국비구니연구소,『한국비구니수행담록』상권, p.56 참조.

57) 임홍경, 홍상욱,「근대한국 비구니 선수행문화와 선맥전승 연구」(『선문화연구』 28집, 2020. pp.238~244)에서는 근대 비구니 선맥을 만공과 한암의 두 갈래로 나누어 보고 있다.

58) 하춘생,『한국의 비구니 문중』, p.235 참조.

59) 만공 스님의 견성암 비구니 지도와 대표적 비구니 제자에 대해서 자세한 정보는 '하춘생,「만공월면의 비구니 참선 교육과 그 의의」, 한국교수불자연합학회지, 2020'을 참고할 수 있다.

60) 조계종교육원,『선원총람』의 비구니선원 부분 참조.

61) 이 시기 다른 많은 훌륭한 비구니선사를 조명한 책으로 다음을 참고할 수 있다. 하춘생,『깨달음의 꽃』 1, 여래, 1999; 하춘생,『깨달음의 꽃』 2, 여래, 2001; 전국비구니회,『한국 비구니의 수행과 삶』, 예문서원, 2007; 전국비구니회,『한국 비구니의 수행과 삶』 2, 예문서원, 2009; 한국비구니연구소,『한국비구니수행담록』, 상중하. 뜨란출판사, 2007.

62) 법희 선사에 대한 자료는 비교적 풍부한 편이며, 대표적으로 다음을 들 수 있다. 조영숙,『법의 기쁨, 사바세계에 가득』. 민족사, 1998; 하춘생,『깨달음의 꽃1(한국불교를 빛낸 근세 비구니)』. 여래, 1998. pp.25~39.; 한국비구니연구소.『한국비구니수행담록』상권. 뜨란출판사, 2007. pp.65~71.; 전국비구니회,『한국의 비구니의 수행과 삶』, 예문서원 2007. pp.199~220.

63) 대영 스님에 대한 자료로 다음을 참고할 수 있다. 한국비구니연구소.『한국비구니수행담록』상권, 뜨란출판사, 2007. pp.188~191.; 한국비구니연구소.『한국비구니명감』. 뜨란출판사, 2007. p.63.; 전국비구니회,『한국의 비구니의 수행과 삶 2』, 예문서원, 2009. pp.35~51.; 하춘생.『한국의 비구니 문중』. 해조음, 2013. p.225.; 하춘생.『깨달음의 꽃1(한국불교를 빛낸 근세 비구니)』. 여래, 1998. pp.141~153.; 운문회보, 불기 2530년 (1986년 4월 15일) 제16호.

64) 일엽 스님에 대해서는 '한국비구니연구소.『한국비구니수행담록』상권. 뜨란출판사, 2007. pp.262~269.; 경완,「일엽선사의 출가와 수행」,『한국의 비구니의 수행과 삶』, 예문서원 2007. pp.221~252.'을 참고하여 정리함.
일엽 스님이 쓴 글과 스님에 대한 소개로는 최근에 간행된 다음 책들을 참고할 수 있다. 김일엽·박진영 저, 김훈 역,『김일엽전집』, 김영사, 2024. 3.; 월송 저, 조민기 정리,『꼭꼭 묻어둔 이야기-나의 스승 일엽 스님』, 민족사, 2024. 10.

65) 경완,「일엽 선사의 만공 사상 재해석과 독립운동」 大覺思想 제29집, 2018. p.222 참조.

66) 경완 스님 위의 글, pp.223~224 참조.

67) 경완 스님 위의 글, p.225 참조.

68) 송계주 스님,『우리 불자의 갈 길』, 도서출판 담게, 2002. 재판본(1976년 초판). p.19 참조.

69) 청광 스님에 대해서는 삼우 스님 아카이브 참조(2006 CD#14-2, 15, 16, 청광 스님 인터뷰).

70) 송계주 스님, 위의 책 중, 상좌 자원 스님의「행장기」. pp.88~89.

제5장
:
한국전쟁부터 전국비구니회관 건립 이전

제5장

한국전쟁부터
전국비구니회관 건립 이전

해방 후 불교계는 기대와 달리 왜색불교를 청산하지 못한 채 복잡한 이해관계 속에서 반목과 갈등을 거듭하고 있었고, 그런 와중에 한국전쟁이 발발하여 전국의 큰 절과 산내 암자는 대부분 불타고 말았다. 조선시대 500년 동안 많은 사찰이 폐사된 상황에서 전쟁 참화까지 입게 되자 한국의 사찰 지형은 크게 줄어들고 말았다. 이런 상황에서 곧이어 불교계 정화운동이 일어났다. 일련의 혼란 속에서 불교계는 중심을 잡지 못하고 크게 흔들렸다.

이 시기 비구니들의 가장 큰 공헌은 폐허를 뚫고 용감히 사찰 건립에 나섰다는 점이다. 비구니들은 전쟁의 폐허 속에서 감히 재건의 엄두를 내지 못한 채 버려진 숱한 사찰과 폐사지로 들어가 목숨을 걸고 사찰을 재건하였다. 또한 인구증가와 경제개발, 도시화의 시대변화에 순응하며 도심에 많은 비구니사찰을 창건했다. 비구니들은 어렵게 건립한 사찰에서 여성 특유의 친화력을 발휘하여 효율적이고 활발히 포교를 했고, 일부는 해외에까지 진출하여 한국불교의 세계화에 큰 공헌을 하였다.

출가자가 늘어나고 사찰이 조금씩 자리를 잡게 되자 비구니들은 자신들의 힘으로 곳곳에 교육기관을 세웠다. 먼저 교육을 받은 비구니들이 개인적 발전에 만족하지 않고 후학들을 위해 더 넓은 길을 열었다. 전국적으로 비구니강원이 확대되고 비구니강사들에 의해 비구강원과 동일한 교육 체제하에서 교육을 진행했으며, 강원 졸업 후 대학에 진학하는 비구니도 늘어났다.

이 시기에 이르자 계율과 수계 전통을 강화할 필요성을 깨달은 비구니 선각자들에 의해 비구니율원이 설립되고 비구니율사가 배출되기 시작했다. 참선열풍 또한 뜨거웠다. 전국 곳곳에 들어선 비구니사찰 가운데 많은 곳에 비구니선원이 개원되었고, 안거 때가 되면 비구니선객들이 곳곳의 선원으로 몰려들었다. 비구니들의 단합과 승단 조직화의 필요성에 공감하게 되면서 1970년대와 80년대에 비구니문중이 곳곳에서 결성되었고, 전국비구니회라는 전국 규모의 비구니 조직이 결성되었다.

20세기 말에 이르면 비구니의 교육 수준은 비구와 큰 차이가 없어졌고, 그 역량은 교육, 포교, 복지 등 전 분야를 막론하고 비약적으로 발전하여 일일이 다 거론하기 어려울 정도로 성장하였다. 마침내 그토록 염원하던 전국비구니회관이 완공되어 2003년 8월 19일 개관기념 대법회를 개최하였다. 돌이켜 보면 이 시기는 전쟁의 폐허와 불교계 내홍 등 어려운 일이 많았지만 한국비구니승단 역사에서 폭풍성장의 시기이기도 했다.

다만 이 시기에 이르러 불교계에 여러 종파가 새롭게 출현함에 따라 비구니공동체도 그 영향에서 자유로울 수 없었다. 따라서 이 장에서는 최대한 한국비구니승가의 전체 면모를 다루고자 노력했지만, 정보의 한계로 일부 종파에 대해서는 다루지 못하고 조계종단에 속한 비구니들을 중심으로 다룰 수밖에 없었다. 장차 보다 종합적인 후속 연구를 기다리고자 한다.

1. 한국전쟁과 불교정화운동

이 시기 비구니들은 한국전쟁과 불교계 정화운동이라는 두 번의 큰 시련을 맞는다. 비구니공동체에게 한국전쟁은 비구니승가의 물질적 기반의 중요성을, 정화운동은 불교계 내부모순을 깊이 인식하게 하는 계기가 되었다. 이 두 역사적 사건은 비구니와 비구니승단에 정신적·물질적인 어려움을 안겼지만, 동시에 공동체의 단합과 자생력을 키우는 좋은 기회가 되었다.

1) 한국전쟁기 비구니의 삶

한국전쟁 3년 동안 대부분의 비구니사찰은 막대한 피해를 입었다. 특히 깊은 산중에 있던 비구니암자는 때로는 적군에 의해, 때로는 아군에 의해 대부분 불탔다. 적군의 잠입을 염려하여 큰절을 소각하면서 주변의 비구니암자까지 모두 불태웠기 때문이다. 오대산의 경우 월정사는 돌로 된 석탑 외에는 모든 건물이 전소되었으니, 비구니암자 남대 지장암이 잿더미로 변한 것은 자연스러운 결과였다. 정읍 내장사 산내 비구니 암자들도 모두 불태워졌고, 구례 화엄사 주변의 비구니암자도 큰 피해를 입었다.

북한지역 비구니사찰은 더욱 심각한 피해를 입었다. 해방 전후 금강산의 비구니암자들은 북한정권이 불량답을 몰수하는 바람에 1차적으로 큰 타격을 입은 데다, 한국전쟁 시기 유엔군의 폭격에 의해 거의 대부분 파괴되었다. 내금강 표훈사 산내 비구니암자인 신림암(新林庵)과 돈도암(頓道庵), 장안사 산내암자 영원암(靈源庵), 마하연 비구니선방인 마하실, 외금강 신계사의 법기암(法起庵)과 비구니선방 자족원, 유점사

득도암(得道庵), 흥성암(興盛庵) 등이 모두 역사 속으로 사라졌다.[1] 함경도 일대에서 가장 큰 비구니사찰이었던 함경남도 정평군(定平郡) 환희사도 역사 속으로 사라지고 말았는데, 다행히 이 사찰에 주석하던 소수의 비구니스님들이 피난길에 올라 부산을 거쳐 서울 홍제동에 정착하였고, 이 덕분에 오늘날까지 '환희사'의 명맥이 간신히 유지되고 있다.

한국전쟁기 부산에서 피난생활을 하던 비구니들의 생활은 어떠했을까? 먼저, 묘엄(妙嚴, 1931~2011) 스님의 증언을 통해 살펴보자.[2] 1951년 1월 묘엄 스님은 윤필암을 떠나 부산으로 피난을 갔다. 당시 부산에는 많은 사람이 몰리다 보니 마당이나 들판에 큰 구덩이를 파서 밑바닥에 쌀겨를 깔고 그 위에 짚이나 요를 펴서 온 가족이 함께 생활했다. 당연히 지붕을 이을 수 없었으므로 구덩이 위를 짚으로 덮어 지붕을 대신했다. 스님은 부산에서 피난살이를 하는 동안 월정사 지장암에 머물던 비구니 인홍(仁弘, 1908~1997) 스님과 금강산에 머물던 혜해 스님(慧海, 1921~2020) 등을 우연히 만나 함께 수행하기도 했다. 전쟁은 전국의 비구니들이 피난지로 모이게 해서 평화의 시기라면 상상할 수 없을 새로운 인연을 만들어 냈던 것이다.

이른 봄이 되자 비구니스님들은 극심한 식량난에 부딪혔다. 먹을 것을 구하기 위해 암자 근처에 있는 복숭아 과수원으로 나물을 뜯으러 갔지만 새 나물이 나오기 전이라 먹을 수 있는 것을 찾지 못했다. 그래도 너무나 배가 고픈 나머지 어린 잡초를 임의로 캐다가 삶아 먹었는데 먹자마자 심한 설사로 고생했다.

그 후 묘엄 스님은 부산 근교의 묘관음사로 거처를 옮겨 혜해 스님과 함께 농사에 돌입했다. 두 사람은 온갖 어려움 속에서도 참선을 하고 새로운 공부 길을 찾아 나갔다.

이번에는 대전에서 한국전쟁 시기를 지낸 경순 스님의 경우를 살펴보자.[3] 경순(景順, 1925~) 스님은 탑골 보문사의 비구니강원 학인스님이 었는데, 공교롭게도 졸업식 날이 1950년 6월 25일 한국전쟁이 발발한 날이었다. 사회적 동란 속에서 스님도 이리저리 거처를 옮기며 지냈는데, 1·4 후퇴 때를 즈음하여 존경하던 고봉(高峯, 1900~1968) 스님으로부터 전갈이 왔다. 머물 절을 구하였지만 좌골신경통이 악화되어 몸이 아프니 마곡사 은적암으로 오라는 것이었다. 스님은 서둘러 은적암으로 향했고, 고봉 스님은 "너를 믿고 피난을 갈 것이니 절을 잘 지켜야 한다. 그동안 치료를 받고 오겠다."라고 하고는 은적암을 떠나셨다.

당시 마곡사와 은적암 주위의 민심은 흉흉했다. 거지와 건달패, 일부 상이용사의 횡포까지 더해져 생활이 무척 어려웠다. 경순 스님과 도반스님들은 부처님께 의지해서 겨우 탁발을 하고 배급을 받으며 하루하루를 어렵게 넘기고 있었다. 그러던 중 고봉 스님을 따라 16명의 견성암 비구니스님도 은적암으로 피난을 오게 되어 갑자기 식구가 30여 명으로 늘어났다. 경순 스님은 날마다 탁발을 하고 산에 가서 땔감으로 쓸 나무를 해오고, 비가 오는 날에는 산이나 들로 먹거리를 찾아다녔으며, 스님들의 낡은 승복을 손질하기 위해 바느질을 하였다. 또 매일 밤 2시에 일어나 날이 밝을 때까지 휴전과 평화, 국군의 무사안녕을 기원하는 백일기도를 올렸다. 그래도 전쟁이 끝나지 않자 100일이 끝나면 또다시 백일기도를 이어갔다.

그 후 스님은 대전 복전암으로 거처를 옮겼으나 그곳도 여전히 전쟁은 진행 중이었다. 일대는 잿더미가 되어 마을도 모두 사라지고 없어서 대전 쪽으로 피난온 스님들은 아무 데도 갈 곳이 없었다. 대처승 절이 세 군데 있었지만, 두 곳은 고아원으로 운영하였고 한 곳은 장소가 너무 협소하였다. 그래서 복전암은 언제나 객스님들의 처소가 되었다. 고봉 스님, 숭산(崇山, 1927~2004) 스님, 고암(古庵, 1899~1988) 스님, 금봉(錦峰, 당시 해인사 조실) 스님, 여운 스님, 춘성(春城, 1891~1977) 스님 등 많은 어른스님들이 묵어갔다. 객스님을 맞이하느라 젊은 비구니스님들은 다락방에서 이불도 없이 두루마기를 덮고 자는 일이 다반사였다. 당연히 먹을 것도 부족해서 날마다 탁발을 나갔고, 우거지 죽으로 끼니를 해결했다. 한국전쟁기 묘엄 스님과 경순 스님이 겪은 삶은 단순히 이들만의 개인적 경험이 아니라 이 시기 비구니들의 보편적 삶이었다고 할 수 있다.

2) 불교정화운동 참여에서 얻은 교훈

한국전쟁의 상흔이 미처 아물지 않은 상태에서 불교계 정화운동이 일어났다. 주지하다시피 '정화운동(淨化運動)'이란 1954년부터 1962년까지 왜색불교를 몰아내고 비구승에 의한 한국불교 전통의 재건, 한국불교의 근대화를 기치로 하는 불교계 내 자정운동이었다. 이 운동의 직접적 계기는 1954년 5월 20일 이승만 대통령이 전통불교사원에서 '대처승은 물러가라'는 요지의 유시를 내린 것이 발단이 되었다. 일제강점기에는 대처승들이 불교계에서 막강한 영향력을 갖고 있었으며, 이와 상반되게 비구승들은 경제력은 물론 인적 기반도 매우 열악했다. 대통령의 유시에 용기를 얻은 비구승들이 막상 운동을 시작했으나, 대처승들은 완강히 저항하며 자신들의 기득권을 결코 포기하려 하지 않았다. 비구와 대처 간의 극심한 충돌 과정에서 초기에 비구들은 대처승과 비교가 되지 않을 만큼 약세에 놓여 있었다. 결국 비구들은 비구니들에게 자신들을 도와 정화운동에 참여해 줄 것을 요청했는데, 특히 깊은 산중에서 수행하던 비구니공동체에서 이에 크게 호응하였다.

(1) 정화운동에서 비구니의 공헌

불교계 정화운동은 운동이 진행되는 단계마다 비구니들에게 많은 것들을 일깨워 주었을 뿐만 아니라 각 지역 비구니승단의 입장에도 다소 차이가 있었다. 대체로 서울의 비구니공동체는 평소에 대처승들과도 밀접히 왕래하고 있었으므로 대처 쪽을 지지하는 사람들도 적지 않았다. 당시 불교계 상황은 교육 수준과 수행력이 높은 사람들이 대처승 쪽에 많았고 실제로 불교계 실권도 이들이 주도하고 있었다. 이 때문에 이들은 대처와 비구 어느 한쪽 편을 드는 것보다 가능한 중립적인 자세를 취하고자 했던 것이다.

반면 지방의 비구니들, 특히 비구선사들과 밀접한 왕래가 있던 비구니선객 위주의 공동체들은 비구들의 도움 요청에 신속하게 호응, 청정 승가의 전통이 속히 회복되기를 발원하며 정화운동에 적극 동참하였다.

그 후 정화운동이 비구 측의 승리로 끝나자 운동에 참여했던 비구니들 가운데 공로를 인정받아 큰절의 주지로 임명받는 사례들이 나타났는데, 이는 한국 불교 역사상 유례가 없던 일대 사건이다. 이들의 면모를 가만히 들여다보면 대부분 지방에서 활동하던 비구니선객들이었음을 알 수 있다. 물론 이렇게 물려받은 사찰 중에는 사찰 건물이 퇴락하여 처음부터 불사를 다시 시작해야 하는 경우도 많았다. 또 천신만고 끝에 사찰 면모를 일신했지만 다시 비구 사찰로 지정되는 경우도 적지 않았다.

그럼에도 불구하고 이러한 일련의 과정을 통하여 비구니들 중에는 넓은 안목과 지혜를 갖춘 훌륭한 비구니 지도자들이 배출되기 시작하였다. 특히 비구니선객들이 현실불교에 깊숙이 관여하며 사찰을 창건하고 창건한 사찰 안에 비구니선원을 개원하면서 20세기 후반 비구니선객이 다수 등장하게 되었다. 즉 비구니승단으로 보자면 정화운동 참여의 경험은 비구니들 스스로 비구니로서의 정체성에 눈뜨고 성장하는 계기로 작용하였다.

정화운동에 적극적으로 참여한 비구니스님들 중에는 정화운동 전
일찌감치 당시 불교계에서 비구의 지위뿐 아니라 비구니의 지위 개선이
필요하다는 문제의식과 함께 이를 공론화하고자 하는 시도가 있었다.
즉 비구니들의 정화운동 참여는 단순히 비구스님들에 의해 '동원'된 것
이 아니라 불교계의 모순을 개선하면서 비구니의 지위도 향상시켜야겠
다는 '적극적 의지'가 내포되어 있었던 것이다.4)

수옥 스님의 사례를 예로 살펴보자. 정화운동이 일어나기 한참 전에
일본에서 유학하며 일본비구니교육제도를 경험한 수옥 스님은 「내지불교
견학기(內地佛敎見學記)」5)라는 글을 잡지에 싣고 일본 비구니의 교육제도
와 비구니에 대해 존경하는 사회적 인식을 소개하고 이를 조선의 상황과
비교하며 비구니에 대한 교계의 편견을 개선하기 위해 꾸준히 노력했다.
또한 스님은 불교정화운동이 일어나자 제1선에서 적극적으로 참여했다.

스님은 일찍이 일본의 여승들은 "학문을 닦고 수행을 하며, 일반인
들은 비구니스님들을 대화상(大和尙), 대선사(大禪師), 노사(老師), 대교
사(大敎師)라고 칭한다."라고 하면서 "여승에 대한 극진한 예우는 비구
와 마찬가지"이며 "조선에 비해 일본의 니승제도가 훨씬 우월하다."라고
하며 부러워했다. 스님은 조선 니승이 열등한 이유가 "여승을 지도하는
책임을 가진 비구승의 탓"이라며, 니승의 지위와 품위를 향상시키기 위
해서는 "독립된 강당, 선방을 설치해야 한다."라고 주장했다. 스님은 만
약 이렇게 된다면 조선의 비구니들은 "가정을 감화시키고 조선불교를
발전"시킬 것이라고 강조하였다.6)

스님은 바로 이러한 생각이 있었기 때문에 귀국 후에 강사와 주지 등
의 소임을 적극적으로 맡아 조선 비구니들을 위한 전문교육과 수행도
량을 건립하고자 노력했던 것임을 알 수 있겠다.

이제 구체적으로 정화운동 과정에서 비구니들의 활약상을 살펴보자. 1954년 9월 28일부터 29일까지 선학원에서 열린 제2차 전국비구승대회에는 30명의 비구니가 참석했다. 이때만 해도 비구 참석자는 116명으로 비구니의 참여 숫자가 비구보다 많지 않았다. 하지만 같은 해 10월 6일 개최된 제3차 전국비구승대회에는 비구니 221명이 참여하여 비구승의 숫자를 넘어섰다. 동년 12월 11일부터 13일에도 500여 명의 비구와 비구니가 참석하여 전국 비구·비구니대회를 개최하고 경무대 앞까지 시위를 했는데, 이때 수백 명의 비구니가 참석해 비구 참석자의 두 배를 넘어섰다.[7] 당시 치안국에 제출된 불교정화대책안에 명기된 승려 명단을 보더라도 441명의 비구니가 입건되어 비구 366명보다 더 많은 숫자가 경찰에 연행되었다.

사정이 이렇게 되자 비구승 측에서도 비구니의 공로를 인정해주지 않을 수 없었다. 이에 따라 1954년 11월 3일 임시중앙종회에서 종회의원 50명 가운데 비구니 10명이 종회의원으로 선출되었고 비구니가 교구본사 주지에 임명되었다. 실로 획기적 변화가 일어난 것이다. 이때 선출된 비구니 종회의원은 각각 금룡·수옥·인홍·혜춘·성우·연진·혜운·자호·묘전·묘찬 스님이었다. 그러나 상황이 급박하게 돌아가고 매번 견해가 달라 당시 나온 결정들이 그대로 유지되지 못했다.

1954년 11월 11일 전국승려대회에서 구산수련(九山秀蓮, 1909~1983) 스님은 비구니총림으로 배정할 사찰을 정하자고 발언하였다. 이어 12월 13일 대회(비구366명, 비구니441명)에서는 '비구, 비구니의 차별이 없다는 것을 전제한 후 비구니에게 사찰주지나 종회의원의 1/6을 임명하기로 의결되었다. 정화운동은 더욱 확대되고 1955년 8월 12일 그동안 대처승에게 빼앗겼던 주도권을 비구승단이 되찾는 것으로 일단락되었다. 이에 혜옥·수옥·정행·법일·인홍·성우·혜진 스님이 종회의원으로 선출되어,[8] 비구니들의 종단행정 참여가 처음으로 공식적으로 이루어졌다. 아울러, 성문(1895~1974) 스님이 1955년 비구니 최초로 교구본사인 동화사 주지에 부임했다.

한편 참여자 입장에서 볼 때 비구니들의 정화운동은 두 단계로 나누어 살펴볼 수 있다. 첫 단계는 먼저 서울 조계사 일대에서 비구들과 함께한 정화운동이었다. 두 번째 단계는 비구승이 주도권을 되찾은 후 비구니들을 각 지역 사찰로 배정해 주었는데, 이렇게 배정 받은 지역 사찰로 내려간 비구니들이 비구니공동체의 자력에 의지하여 전개한 정화운동이었다. 여기서는 몇몇 스님들의 경험담을 통해서 당시 상황을 구체적으로 살펴보자.

먼저 비구니 덕수(德修, 1922~?) 스님의 경우이다. 스님은 18세 되던 해에 문경 대승사 윤필암으로 출가한 비구니선객이다. 1954년 정화운동이 시작되자, 스님은 비구선사들의 요청으로 조계사에서 벌어진 정화운동에 적극적으로 참여했다. 사형 덕문 스님 또한 동대문 시장에서 광목을 끊어 솜을 넣어 누빈 승복을 손수 몇십 벌씩 만들어 유치장에서 추위에 고생하는 스님들에게 보내주었을 만큼 적극적이었다.

덕수 스님은 경무대에 진입할 때 경찰의 총을 빼앗아 총대로 경찰을 찔러 넘어뜨려 비구스님들이 안으로 들어갈 수 있도록 길을 여는 등 용감하게 행동했다. 당시 비구니들은 두 줄로 대열을 서서, 앞으로 나아가야 할 때는 앞뒤 사람이 떨어지지 않게 장삼 끈으로 앞과 옆의 사람과 묶어 몸싸움에도 흩어지지 않도록 했다. 6비구 할복[9] 소식을 들은 비구니스님들이 장삼을 입고 서소문 청사 3층 사무실로 진입하여 경찰과 대치를 할 때도 스님은 앞장서서 나갔다. 그러다 경찰의 곤봉에 맞아 1층 바닥으로 구르면서 정신을 잃은 일도 있었다.

스님은 또한 속가의 가족 인연을 활용하여 당시 주요 신문에 비구측

의 입장이 유리하게 전달되도록 언론 홍보에도 지대한 공헌을 하였다.[10]

이와 유사한 내용은 명수 스님의 증언을 통해서도 확인된다. 특히 6 비구 할복이 있던 날 경찰은 공권력을 동원하여 조계사에서 농성하던 스님들을 강제로 해산시켰는데 명수 스님 등 대부분의 비구니들은 법원으로 이동하여 농성을 이어갔다. 이를 막으려는 경찰들은 버스를 대기시켜 놓고 물리적인 힘을 동원하여 스님들을 경찰차에 태우려고 했지만, 비구니들은 단결하여 미동조차 하지 않았다. 이에 경찰은 비구니 스님들을 한 명씩 안아서 강제로 차에 태워 경찰서로 연행할 수밖에 없었다. 당시 명수 스님과 다른 비구니스님들 중 마포경찰서로 끌려간 스님들은 유치장에 갇힌 상황에서도 침착하고 단합된 자세를 보이며 주력 정진으로 일관했다.[11] 또한 조계사 정화운동 기간 동안 시위에 참여한 사람들을 위한 공양 소임을 맡은 사람들도 모두 비구니들이었다.[12]

그런데 그동안 대처승측이 주도했던 전통이 있는 623사찰을 선별해서 비구측이 주지를 내정했지만 사실상 문교부에서 인허 받은 곳은 19개 사찰에 불과했으며, 실제상황은 여전히 무수한 난관이 기다리고 있었다. 1955년 8월 비구승단에서 개최했던 전국승려대회에 800명의 비구 스님들이 참석했는데, 비구측은 대처측에 빼앗겼던 교계 주도권을 되찾아 180곳 사찰의 주인이 되었지만 5,100명이 넘는 대처승을 상대하기에는 대처측이 비구측보다 4200명이나 많았기 때문에 각 사찰에서 대처승들을 물리치기에는 여전히 역부족이었다.[13]

이러한 상황에서 비구니사찰이 처음으로 분배되었는데, 종단에서는 당시 참여한 비구니들의 노고를 치하하며 본사격 사찰인 대구 동화사, 순천 선암사, 서울 개운사에 주지를 발령했다. 그런데 이런 조치는 아주 잠깐이었으며 비구들은 곧바로 이 계획을 철회하였다.

실제로 당시 총무원장 청담 스님은 문교부에 21곳의 주지 인가 신청을 했고(1955. 10. 6.) 그중 개운사(주지 비구니 월인月仁 스님), 선암사(주지 비구니 광호光毫 스님), 동화사(주지 비구니 성문成文 스님)를 비구니사찰로 올렸다. 동화사의 경우 인가 신청은 10월이지만 이미 8월에 성문 스님이 취임한 상황이었다. 그러나 얼마 가지 않아 교단은 동화사를 다시 비구처소로 하기로 결정하고 대신 동화사의 비구니들을 운문사로 가라고 할 계획을 세웠다. 이 소식을 안 동화사의 비구니공동체 대중 일동은 총무원장에게 서신을 보내어 운문사로 가기 어렵다는 점을 밝혔다. 그럼에도 불구하고 교단은 끝내 동화사의 비구니들을 떠나도록 조치하였다. 비구니총림 건설에 큰 기쁨을 느꼈던 비구니공동체는 좌절을 겪을 수밖에 없었다.

한편 '비구니총림'을 세우고자 하는 염원은 동화사로 갔던 스님들만 갖고 있었던 것은 아니었다. 선암사 주지를 맡은 광호 스님은 총무원장에게 〈비구니총림 실시에 관한 협조의 건〉이라는 서신을 보내어 선암사가 비구니총림의 도량으로 적합하니 인허해 줄 것을 부탁했다. 여기서 잠시 광호 스님의 서신을 살펴보도록 하자.

선암사 [비구니]대중은 일심협력으로 한국 내 비구니총림을 건설코저 그간 만난(萬難)을 배제하고 금일에 이르렀으며, 특히 이 절은 국내 유수한 대가람으로서 약 500명 대중이 거처하여도 무난할 뿐 아니라 화목(火木)과 식수가 각 방마다 풍족한 설비이며 기본수입과 임야의 부수입으로써도 운영 여하에 따라 자급자족이 충분하며 또 지방관민으로부터도 적극 협조를 얻고 있으니 비구니총림 창설에 적극 협조하여 편달하여 주심을 앙망합니다.

당시 선암사는 대처승과 종단이 여전히 재판 중임에도 불구하고 광호 스님은 큰 염원을 갖고 비구니총림 건설을 총무원장에게 제의한 것인데, 여기에 대해 총무원장은 끝내 아무런 답신을 보내지 않았다.[14]

이처럼 많은 난관이 있었지만 비구니들에게 정화운동 참여는 스스로의 존재감과 역량을 확인하는 중요한 계기가 되었다. 이는 장차 비구니 발전의 길을 비구니들 스스로의 힘에 의해 열어가야 한다는 자각의 계기이기도 했다. 비구니들은 정화운동이 끝나고 대처승이 가졌던 힘이 점차 비구들로 옮겨가는 과도기에도 희비가 교차하는 뼈아픈 교훈을 다양하게 경험하였다. 그것은 조계사 앞마당이 아닌, 전국의 사찰에서 다양한 형태로 드러났다.

조계사를 중심으로 한 서울에서의 정화운동보다 더욱 강하게 비구니를 단련시킨 것은 각 사찰에서 벌어진 정화운동이었다. 이것은 지역과 사정에 따라 성격이 다양하고 복잡했으며, 비구니들의 리더십과 내공을 더욱 단련시키는 계기로 작용했다. 그중에는 성공한 경우도 있고 실패한 경우도 있으며, 현실을 직시하는 냉혹하고 쓰라린 교훈이 되었다.

선암사를 두고 소유권 분쟁이 있었을 때 선암사에 파견된 사람들도 비구니스님이었는데, 수현(修賢, 1940~), 적조(寂照, 1942~), 일수 3명의 동학사강원 비구니학인이 주인공들이었다. 스님들이 선암사에 도착한 날은 음력 11월 20일로 찬바람 부는 겨울이었다. 비구니학인들은 심검당에 머물며 대처승과 대치했다. 그런데 수현 스님의 기억에 의하면 도착 후 며칠이 지나지 않아서 빨간 딱지가 붙어 있어 쌀조차 꺼내지 못하고 건물에서 쫓겨났다. 비구측이 재판에 진 것이다. 그런데 이 소식을 통보 받지 못했던 이들 학인스님들은 중앙에서 통지가 올 때까지 기다려야 한다는 사명감으로 추운 겨울 은행나무 아래에서 구운 은행 알 등으로 연명하며 나무 밑에 멍석을 깔고 찬 서리를 맞으며 한 달을 살았다고 한다.[15]

(2) 불교계 성차별의 모순 경험

비구니스님들은 정화운동에 적극 참여하면서 지방의 대찰을 받아 성공적으로 사찰 면모를 일신하고 비구니교육과 포교에 큰 기여를 하게 되었다. 그러나 이 과정에서 비구니들은 성차별의 부당한 대우를 받기도 했다.

앞서 살펴본 바와 같이 비구니 덕수 스님은 조계사 정화운동 때에 큰 기여를 했고 그 결과 서울과 지방의 여러 사찰에 순차적으로 주지를 맡아 폐사나 다름없던 사찰들을 새롭게 일으킨 당대 주역 가운데 한 사람이었다. 그러나 스님은 사찰 불사에 헌신하는 과정에서 예기치 않은 성차별을 경험하게 되었다.

정화운동 시절 개운사는 본래 덕수 스님의 사형인 덕문 스님이 정화운동에서의 공로를 인정받아 주지로 임명 받은 사찰이었다. 개운사 주지로 발령을 받은 덕문 스님은 덕수 스님과 함께 착실히 절 살림을 해나갔다. 당시 개운사는 서울에서 재정이 튼튼한 사찰 중의 하나였다. 덕문 스님이 주지 발령을 받고 들어가니 대처승들이 좀처럼 물러나려 하지 않았다. 비구니들은 큰방에서 생활하고, 대처승들은 사무실 쪽에서 살았다. 덕문 스님은 어려운 여건 속에서도 요사채를 지은 후, 이어서 법당을 짓기 위한 터를 닦아 놓았다.

그 사이에도 대처승의 횡포는 끝이 없었는데, 예를 들면 4월 초파일을 맞이하여 비구니스님들이 줄을 매고 연등을 달아 놓으면, 대처승들이 도량을 돌아본다며 등줄을 모조리 끊어놓는 바람에 연등이 마당으로 떨어져 못 쓰게 되었다. 이를 견디다 못한 비구니들이 경찰서에 신고하면 대처승들은 연신 허리를 굽혀 사과하며 다시는 그러지 않겠다고 말했지만, 약속은 지켜지지 않았다.

덕문 스님은 개운사 주지로 부임하면서 본인이 이루지 못한 배움의 기회가 너무 아쉬워 개운사에 비구니강원을 개설하려는 원력을 세우고 일을 추진했다. 그러나 총무원의 비구 큰스님들이 비구가 강원을 열기도 전에 비구니가 당돌하게 먼저 강원을 열려고 한다며 야단을 쳤다. 이에 덕문 스님의 계획은 수포로 돌아갔고, 나중에는 개운사에 비구스님들이 들어와야 하니 덕문 스님 이하 비구니들은 대원암으로 들어가라는 지시가 떨어졌다. 덕문 스님은 이 과정에서 마음의 고통을 겪어서 얼마 지나지 않아 입적하였다.

덕문 스님에 이어 덕수 스님이 대원암 주지를 맡았는데, 얼마 지나지 않아 대원암 주지를 그만두고 고양 흥국사 주지로 가라는 명령이 떨어졌다. 그런데 막상 흥국사에 가서 살림을 둘러보니 사무실에 약간의 서류와 보리쌀 및 쌀 몇 되만이 남아있을 뿐 도량이 매우 어수선했다. 덕수 스님은 7년간 흥국사 주지를 하면서 천신만고 끝에 전기와 전화, 수도를 개설하고 어느 정도 기반을 잡았는데, 이 즈음 총무원으로부터 절을 비우라는 연락을 받았다.

스님은 맨몸으로 나와서 갈 데가 없어 전국의 절을 헤매다가 어느 날 청양 장곡사에 다다랐다. 당시 장곡사에는 비구스님이 살고 있었는데 마침 덕수 스님이 잘 알고 지내던 신도가 요양 차 그곳에 와 있는 것을 보고 스님도 같이 동참하여 기도도 하고 약도 먹으며 장곡사에 머물렀다. 그런데 어느 날 스님이 설악산에 다녀오니 절을 지키던 비구스님은 온데간데 없었다. 덕수 스님은 승복을 입은 이상 빈 도량을 두고 차마 떠날 수 없어서 청소라도 하고 가야겠다는 생각으로 장곡사에 머물게 되었다. 그러던 차에 얼마 후 큰절 마곡사에서 덕수 스님에게 장곡사 주지 임명장을 보내왔다. 스님은 우선 급한 대로 비가 새는 법당과 기와불사, 구들과 축대 등 도량부터 정리하기 시작했다. 이어 철불 비로자나불을 비롯하여 약사여래불 등 삼존불을 불사하고, 수도와 화장실 불사를 하였다. 스님의 주지 임기가 만기가 다 되어감에 군수를 비롯한 동네 지역민이 총무원에 탄원서를 제출하였다. 그 내용인즉 지역민을 위해서나 사찰을 위해서나 덕수 스님같이 훌륭한 분이 꼭 필요하니 주지 연임을 시켜달라는 것이었다. 그러나 본사와 총무원에서 어느날 갑자기 사람을 파견했고, 결국 스님은 주지직에서 물러날 수밖에 없었다.[16)]

비구니 보각(寶覺, 1938~2006) 스님도 비슷한 진술을 하고 있다.

정화 때도 비구니가 없었으면 힘들었을 것이라는 말도 들었다. 숫자 채워서 밀어주는 역할도 비구니가 했고, 밤에 잠 안 자고 조계사 법당과 뜰을 다 맡아서 지키고 앉아있던 사람들도 비구니였다. 싸울 때 주먹 쓴 일 말고는 정화에서 비구니가 차지한 역할이 매우 컸다고 한다. 그런데 선암사도, 월정사도 몇날 며칠을 비구니가 눈 푹푹 빠져가면서 정화해 놓으니 비구가 가서 산다. 제주도 관음사도, 부여 무량사도 옛날에는 비구니 절이었는데 지금은 비구가 살고 있다. 그런 경우가 헤아릴 수 없다.

비구들은 사찰을 하나 맡으면 자기 문중끼리 대를 이어 주지하는 것을 당연하게 생각하면서, 비구니가 그렇게 하는 것은 봐주지 않는다. 그래서 비구들이 공공연하게 비구니 처소를 빼앗아 사회문제를 일으키기도 했던 것이다. 또한 말사 주지의 임명권을 본사에서 가지고 있기 때문에 말사에서 주지하는 비구니들은 자유로울 수가 없다. 그러나 따지고 보면 본말사 제도는 일본이 우리나라 종단을 쉽게 관리하기 위해 만들어 놓은 것이지 옛날에는 그런 제도가 없었다. 세속의 욕심을 떠나 한 길을 향해 가는 출가자에게 중앙권력의 눈치를 보게 하는 이 제도는 아무래도 바람직하지 못하

다는 생각이 든다. 일제가 만들어 놓고 간 폐단에 아직까지 끌려 다니고 있는 셈이다.[17]

대전 복전암의 경순(景順, 1925~) 스님과 의정부 쌍암사의 만선(萬善, 1906~1989) 스님은 끈기와 지혜로 절을 지켰다.

먼저 경순 스님이 동학사를 비구니사찰로 지켜낸 경험담을 살펴보자. 정화운동 참여에 대한 공로를 인정받아 비구니에게 준 사찰 가운데에는 동학사도 있었다. 그러나 막상 정화운동이 끝나자 비구스님이 주지로 내려와서 비구니들을 내쫓으려 한다는 소식이 경순 스님의 귀에 들어왔다. 스님은 신임 주지로 올 비구스님이 어렸을 때 경순 스님 등여러 비구니스님이 업어서 키운 인물임을 알고 주지 소임을 포기하도록 설득하여 마침내 동학사를 비구니사찰로 지켜낼 수 있었다.[18]

의정부 쌍암사 만선 스님은 1953년 전쟁으로 전소된 쌍암사를 천신만고 끝에 중창하였으나 1960년대 초 조계종 소속의 비구승이 들이닥쳐 소유권을 주장했다. 그러나 평소에 스님의 훌륭한 인품에 존경심을 갖고 있던 마을 주민들까지 합세하여 어려움을 극복할 수 있었다.

이처럼 정화운동은 비구니들에게 기회인 동시에 시련이기도 했다. 그러나 어려운 상황일수록 비구니들간의 결속력은 강해질 수밖에 없었다. 경순 스님이 증언하는 아래 일화를 통해 당시 분위기를 짐작할 수 있다. 어느 날 경순 스님은 '탁발을 나갔다가 교통사고로 목숨을 잃은 어떤 비구니스님이 있는데, 이 스님의 신분을 몰라 무연고처리 되어 도립병원에서 그냥 화장하게 되었다'는 이야기를 듣게 되었다. 스님은 도립병원 영안실로 달려가 안치된 무연고 시신들을 일일이 확인하여 승복 입은 비구니의 시신을 찾아냈다. 그런데 유품을 일일이 뒤져보아도 연고를 알 수 있는 단서를 찾지 못하자 시신의 입안과 눈꺼풀까지 다

뒤집어 보았고, 마침내 그 비구니스님이 수덕사 견성암 스님임을 알았다. 스님은 비구니스님들의 죽음이 헛되지 않도록 하고 싶어서 지독하다는 소리를 들어도 일념으로 이 일을 해냈다고 회고하고 있다.[19]

2. 눈부시게 성장하는 비구니공동체

이 시기 비구니의 활약은 사찰 불사에서 매우 뚜렷하게 나타난다. 『한국비구니명감』에는 총 560명의 비구니 인물자료가 들어있는데 이들 560명이 창건하거나 중창했다고 말한 사찰 총 수는 179곳으로 나타났다. 이 숫자는 전체의 약 32%에 해당하는 것이므로, 100명의 비구니스님 가운데 32명이 사찰을 창건 혹은 중창했다는 것이다. 이 조사에 일부 비구니스님들만 참여한 것임을 감안한다면 전국적으로 비구니가 창건 또는 중창한 사찰이 훨씬 더 많을 것으로 보인다.

실제로 한국비구니연구소가 2010년에 간행한 『한국비구니승가의 역사와 활동』 부록의 〈한국비구니가람 주소록〉에는 총 922곳의 비구니가람 주소가 실려 있다. 최근 몇 십년간 비구니스님들이 전국적으로 얼마나 많은 불사를 했는지를 잘 보여 준다 하겠다.

『한국비구니명감』의 '창건' 및 '중창' 어휘 빈도수 통계[20]

	1900년대	1910년대	1920년대	1930년대	1940년대	1950년대	1960년대	1970년대	1980년대	1990년대	계
창건	2	0	0	2	3	7	14	28	15	8	79
중창	0	1	1	3	3	8	13	26	25	21	101
계	2	1	1	5	6	15	27	53	40	29	179

분기별로 볼 때 비구니의 사찰 창건과 중창은 1950년대부터 눈에 띄게 증가하기 시작하며, 1960년대와 70년대에는 거의 100%에 가까운 급성장을 이루었음을 확인할 수 있다. 1970년대와 1980년대에 정점을 찍은 후 90년대부터는 완만한 감소세에 접어들었다.

이러한 결과의 요인은 여러 가지로 분석될 수 있겠지만 90년대 이후 비구니들은 새로운 사찰 창건보다는 기존 건물을 더욱 기능적이면서 종교적 경외감을 갖춘 공간으로 발전시키는 데에 열중했기 때문이 아닌가 생각된다. 즉 1980년대까지는 사찰을 건립하는 데에 열중했다면 90년대 이후로는 앞서 건립한 사찰의 규모를 확대하고 리모델링하여 기능성과 종교성, 예술미를 높이는 데에 집중했기 때문일 것이다. 또한 사회 전체가 여성의 교육 수준이 높아짐에 따라 비구니 또한 교육 기회 확대에 힘을 쏟았기 때문일 것이다. 사찰의 양적인 팽창보다는 질적인 향상에 매진한 결과로 볼 수 있다.

1) 해방 직후 선구적 사찰 현대화의 예

광복과 더불어 사회가 급변하자 대도시 비구니들 중에는 이를 비구니사찰 발전의 기회로 적극 활용하는 사례가 보이고 있다. 여기서는 부산과 서울의 대표적 두 사례를 살펴보자.

(1) 서울 탑골 보문사

해방 후 한국의 사찰 가운데 가장 신속하게 현대화의 길을 택한 비구니사찰을 꼽으라면 단연 서울 탑골 보문사를 들 수 있다. 은영 스님을 중심으로 한 보문사의 비구니스님들은 조선말과 일제강점기 동안 풍수가 좋다고 한양의 세도가가 멋대로 절 마당에 무덤을 짓고, 친일권승 강대련이 비구니들을 내쫓고 보문사 재산을 사유화하기 위해 모략과 협박을 서슴지 않는 등의 온갖 시련과 모욕을 견디며 보문사를 잘 지켜냈다. 그런데 본격적인 발전은 광복과 동시에 일어났다.

해방 후 보문사의 공식 주지가 된 은영 스님은 그 해에 당장 삼성각 대지를 매입하고 도량 일대를 여러 해를 두고 담장을 쌓아 더 이상 권력자가 사찰을 멋대로 할 수 없도록 사찰 경계를 분명히 하였다. 스님은 1958년 보문사의 심장격인 선불장을 시작으로 60년대에 산령각, 대종 주조와 범종각 신축, 1970년대에 극락전, 호지문, 시왕전, 보광전 등을 지속적으로 신축하였다. 1971년에는 재단법인 보문원과 시자원을 신축하고 1972년에는 석굴암을 조성한 뒤 대한불교보문종을 창설하였다. 보문종의 탄생은 서울의 영향력 있는 비구니사찰이 대처와 비구승 사이의 갈등에 휘둘리지 않고자 마침내 제3의 길을 걷기로 결단을 내린 역사적 사건이었다.

한편 이 시기 보문사가 새로 지은 건축물 가운데 선불장과 시자원, 석굴암은 불교계를 넘어 전 사회적으로 주목을 받았다. 먼저, 선불장(選佛場)이라는 이름은 다른 사찰에서도 흔히 쓰는데, 견성을 일종의 과거 합격에 비유한 표현으로 '선방'이라는 뜻이다. 1958년 보문사 경내에 들어선 선불장은 상하 2층 200여 평이나 되는, 당시로서는 최첨단 건물이었다. 그 즈음 관공서나 큰 부잣집이 아니면 모두 블록으로 건물을 지었는데 선불장은 국내 굵직한 재벌집에서나 사용하던 붉은 벽돌의 불연석 첨단 재료를 써서 건물을 지었다.

이 세련된 첨단 건물을 보기 위해 보문사 신도는 물론 외부 일반인들도 줄을 서서 찾아올 정도였다. 더구나 선불장이 지어진 자리는 앞서 말한 세도가 집안이 법당 옆에 무단으로 무덤을 써놓고 다년간 방치한 자리였다. 방치된 묘지를 없애고 그 자리를 선불장으로 탈바꿈시킨 것도 놀라운 일인데 그곳의 지하수를 뽑아 천연수로 개발하여 맑고 깨끗한 식수가 쏟아져 나오니 서울 장안의 일대 화제가 되기에 충분했다. 특히 지하실의 오밀조밀한 설계는 서울 건축계의 일대 혁명을 일으켰고, 해외에까지 알려져서 일본의 임제종과 조동종 스님은 물론 대만 불교계에서도 설계도를 얻어갔다.

1971년에 신축한 시자원(施慈院)은 비구니스님과 여성노인불자를 위한 복지센터 역할을 했던 곳으로 조선왕조 마지막 상궁도 이 곳에서 여생을 보냈다. 건물 안에는 목욕탕, 미용실, 약국, 병원 등 편의시설이 두루 갖추어져 있었다. 당시에 비구니들이 일반목욕탕에 들어가면 남자가 들어왔다고 질겁을 하는 등 웃지 못할 일들이 종종 발생했고, 스님들이 병이 나서 병원에 가면 중도 병을 앓느냐고 말세라고 하면서 비웃는 사람이 많았다. 시자원이 완공되니 비구니스님들이 몸이 아파도 편안히 쉬면서 치료 받을 수 있는 공간이 생겼던 것이다.

보문사의 또 하나의 볼거리인 석굴암은 1972년에 착공하여 3년 6개월의 공사 기간을 거쳐 완공되었는데, 경주 석굴암과 같은 규모로 지었으며, 실내 벽을 이중으로 만들고 실내 천장으로 공기가 유통되게 설계하는 등 첨단 공법을 활용하였다. 21)

이처럼 보문사는 해방 후 빠른 기간 안에 전통과 현대를 조화시켜전 불교계를 통틀어 사찰 건축의 새 시대를 열었다. 그동안 대부분의 비구니공동체가 자신들의 모습을 잘 드러내지 않은 채 열악한 환경을 감내하며 살아왔던 것을 생각한다면 당시 은영 스님을 중심으로 한 보문사의 비구니공동체는 매우 획기적인 모습을 보여 주었다. 보문사의 이러한 혁신적이고 진취적인 모습은 그 후 여러 비구니공동체에 영감을 주었다.

(2) 부산 소림사

소림사는 본래 일제강점기인 1913년에 창건된 적산가옥이었는데, 1945년 해방이 되자마자 비구니 3대 강백으로 유명한 금룡(金龍, 1892~1965, 금광이라고도 칭함) 스님이 재빨리 이를 인수하여, 1948년에는 대웅전을 전통 한국식 불단으로 탈바꿈시켰다. 소림사는 부산 지역의 지도적 재가 불자를 양성한 대표적인 사찰로 전국 여러 비구니사찰의 모델이 되었다.

금광 스님은 1911년에서 1922년 사이 약 10여 년간 통도사에서 비구 강백 해담(海曇, 1862~1942) 스님과 구하(九河, 1872~1965) 스님에게 불경을 배웠으며, 1922년에는 구하 스님에게 '월광(月光)'이라는 당호를 받은 뛰어난 비구니 강백이었다. 비구니가 법상에 오르는 것조차 허용하지 않았던 당시의 시대 정서에도 불구하고 스님은 매년 3개월에서 15일 정도 산림법회를 열었으며, 하루 3시간 이상 눕지 않고 오후 불식을 지켰다. 스님은 비구니도 법맥을 이을 수 있음을 강조하며, 1958년에 광우(光雨, 1926~2019) 스님에게 가사와 대단주를 물려줌으로써 근대기 비구니가 비구니에게 법을 전한 최초의 인물이다.[22]

소림사에서는 1948년 금광 스님이 10년간 화엄산림법회를 연 것을 시작으로, 광우 스님 법화산림 10년(1958~1967), 철우 스님 열반산림 10년(1968~1977), 그 이후 지금까지 철우 스님, 일타 스님 등의 참회산림법회 등 한 해도 빠지지 않고 산림법회를 열어 1천여 명이 운집하는 대성황을 거두었다.[23]

고려시대에는 100인의 법사스님이 매일 법문을 이어가는 백고좌법회(百高座法會)가 성황을 이룬 바 있었다. 조선시대 이후 이러한 대규모 법회를 열기는 쉽지 않았는데, 대신 여러 스님이 일정 기간 설법을 이어가는 다양한 산림법회가 있었다. 불교에서는 수행자들이 모여서 정진하는 모습을 우거진 숲에 비유해 총림(叢林), 산림(山林)과 같은 표현을 쓴다. 특히 '산림'이란 '최절인아산, 장양공덕림(摧折人我山, 長養功德林)'에서 따온 말로 '나와 남의 분별하는 마음을 뛰어넘어 자비 공덕의 숲을 기른다'라는 뜻을 담고 있다. 대개 화엄산림의 설행기간은 삼칠일, 30일, 49일, 53일, 100일 등이었다. 1927년 경봉 스님이 통도사 극락암에서 화엄산림법회를 열었고, 비슷한 시기에 부산 법륜사에서도 화엄산림이 펼쳐졌다.[24]

당시 소림사에는 통도사의 경봉(鏡峰, 1892~1982) 스님과 구하 스님 등이 자주 방문하였다. 금룡 스님이 매년 길게는 석 달이나 화엄산림법회를 연 것은 이들 비구스님의 조언을 듣고 시작한 것으로 보이며, 철저한 홍보와 준비를 통하여 규모와 진행에 있어 타의 추종을 불허할 독보적 성공을 달성한 것으로 보인다.[25]

1970~1980년대 들어 소림사는 또 한 번의 발전 전기를 맞는다. 소림사는 1960년대 후반부터 1990년대 후반까지 독서실을 운영하여 어린이와 청소년 불교 포교에도 앞장섰으며, 1970년대 초 대부분의 사찰이 한국대학생불교연합회, 학생회 등을 사찰 내부에 두기를 꺼려할 때 산문을 과감하게 개방하여 10년 넘게 공간을 제공하였고, 부산불교신도회, 거사림회 등을 조직하여 활발한 활동을 펼쳤다.[26]

2) 정화운동 후 비구니사찰로 거듭난 전통사찰

정화운동을 계기로 비구니가 받은 여러 사찰 가운데 대표적인 성공 사례를 살펴보기로 하자.

(1) 청도 운문사

초기에 청도 운문사가 비구니사찰로서 성공적으로 자리잡게 된 데에는 수인(守仁, 1899~1997) 스님의 헌신과 공헌이 큰 몫을 했다. 스님은 정화 후 운문사가 비구니사찰이 된 후 운문사에 주석하면서 대처승과의 재판을 승소시키고 잃었던 불량답을 되찾음으로써 운문사 발전의 초석을 놓았다. 1957년 비구니들이 운문사로 갔을 당시 사찰 경내에는 대처승이 완강히 버티고 있어서 많은 어려움이 있었다. 운문사의 사찰정화운동은 1955년부터 시작하여 공식적으로 재판이 마무리된 1961년까지 햇수로 6년이 걸렸다.

수인 스님은 장기간에 걸쳐 수많은 난제를 극복해 나갔을 뿐만 아니라 대치 상태에 있던 대처승들에게도 자비를 베풀었다. 당시 대법원까지 간 재판에서 비구니들이 승소했음에도 불구하고, 대처승들이 운문사 아랫마을에서 생활을 유지할 수 있도록 기반을 마련해 주었고 이들이 운문사를 나온 후에도 운문사 비구니들과 왕래를 계속할 수 있도록 상생의 분위기를 조성하였다. 이승만 정권 때 농지개혁법 시행으로 인하여 스스로 경작하지 않은 농지들이 소작인들의 손에 넘어가게 되자 대부분의 사찰들이 심각한 타격을 입었다.[27] 이에 스님은 지극한 신앙심과 원력으로 소작인 집을 하나하나 찾아다니며 토지를 다시 사찰로 돌려놓겠다는 허락을 해 줄 때까지 포기하지 않았다.[28]

그 후 운문사는 명성 스님에 의해 눈부신 발전을 이루었다. 명성 스님은 1970년부터 운문사 강사를 지냈고, 1977년부터 1988년까지 운문사 주지로서 운문사에 속해 있던 35개의 크고 작은 건물을 모두 보수 또는 중수하고, 매표소와 팔각정 등 허물어진 건물들을 다시 개축하여 총 39개 건물을 일신하였다. 스님은 20여 년 동안 주지와 학장을 겸하면서 운문사를 오늘날과 같은 대가람으로 중흥시켰다. 현재 운문사는 승가대학과 한문불전대학원, 보현율원과 문수선원을 갖춘 한국의 대표적 비구니 교육도량으로 자리매김하고 있다.

도심 속 사찰도 아닌 운문사가 오늘날과 같은 규모의 사격을 갖춘 비구니도량으로 거듭나기 위해서 기울인 명성 스님의 노력과 헌신은 가히 한두 마디 말로 표현할 수 없을 것이다.

스님은 운문사 불사를 할 때면 방학을 이용해 전국을 돌아다니면서 직접 시주를 받아왔다. 청풍료를 지을 때도 마찬가지였다. 봄방학이나 겨울방학에 전라도부터 시작하여 강원도까지 다니지 않은 곳이 없었다. 특히 젊은 강사스님들을 데리고 표충사에서 108배를 올린 뒤 이를 기점으로 해인사까지 한 바퀴를 다 돌았을 당시에는 얼마나 힘이 들었는지 식당에서 공양을 하다가 예전에 해 넣은 치아가 솟구쳐서 빠지고 말았을 정도였다. 그만큼 힘들게 요사채를 지었던 것이다.[29]

(2) 서울 진관사

서울 진관사는 일제강점기부터 한국전쟁 전까지 대처승들이 거처하고 있었다. 그 결과 대웅전 바로 앞까지 속인과 대처승 가족이 거주하는 마을이 형성되었고 진관사 토지를 불법으로 점거한 사람들이 상가와 민가를 만들어 사찰 환경을 훼손하고 있었다. 설상가상으로 한국전쟁 때 폭격으로 말미암아 진관(眞觀, 1928~2016) 스님이 주지로 부임한 1963년 당시 진관사는 각각 두세 평에 불과한 나한전·산신각·칠성각의 세 전각만 겨우 남아 있을 뿐 대웅전을 비롯한 대부분의 전각이 소실된 상태였다. 사정이 이렇다 보니 누구도 사찰을 중창할 엄두를 내지 못하고 있을 때 당시 총무원장 서운(1903~1995) 스님이 비구니 진관 스님에게 "진관사는 진관 스님만이 중창할 수 있다."라고 하며 억지로 떠밀

다시피 하여 주지로 부임하였다.

진관 스님은 1969년부터 경내의 민가를 철거하기 시작했는데, 당시에는 재가자뿐만 아니라 대처승과 대처승의 가족들도 함께 거주하고 있었기 때문에 철거에 많은 어려움이 있었고, 이들을 모두 한 사람씩 설득하고 내보내는 일은 완력이나 세간법으로만 해결될 수 있는 일이 아니었다. 스님은 때로는 단호하게, 때로는 간곡히 설득하면서 경내 정비를 추진하였고, 마침내 1976년에는 사찰 진입로를 확장하고 사찰 주변을 완전히 재정비하기에 이르렀다. 그 후부터는 본격적으로 불사를 추진하여 1980년까지 명부전·일주문·나가원·동정각·홍제루·서별원·동별원·나한전 등을 모두 중창하였다. 이때를 즈음하여 진관사는 어린이 포교의 중요성을 간파하고 1980년 어린이법회, 1985년 청소년법회를 창립하고, 1996년에 고양시 행신동에 코끼리 유치원을 개원했다.

2006년 진관 스님을 이어 주지로 부임한 계호(戒昊, 1950~) 스님은 진관 스님의 원력을 실현하기 위해 이듬해인 2007년 사회복지법인 진관무위원을 설립하고 지역아동센터, 노인종합복지관 등을 운영하기 시작했다. 스님은 또한 사찰음식을 통한 포교의 중요성을 인식하고, 정갈하면서도 정성이 들어간 음식과 경내에서 직접 디자인한 소품을 활용하여 품격 있는 사찰음식 문화를 선보이는 동시에 사찰음식연구소를 운영하고 있다. 진관사는 시대 변화의 흐름을 정확히 읽고 선도하는 대표적인 한국의 비구니사찰이라 할 수 있다.[30]

한편, 진관사에서는 2009년 보수를 위해 칠성각을 해체하던 중 태극기와 독립신문 등 20여 점의 독립운동 관련 유물들이 발견되었다. 이 유품들은 진관사에 주석했던 독립운동가 백초월(白初月, 1878~1944) 스님이 1920년 초, 일제에 체포되기 직전 긴박한 상황에서 비밀리에 진관사 내의 한적한 건물의 벽 속에 숨겨놓았던 것으로 추정된다. 진관사 소장

태극기는 우리나라 사찰에서 최초로 발견된 것으로, 일제강점기 일장
기 위에 태극기를 그린 유일한 실물본이다. [31]

(3) 산청 대원사

지리산 산청 대원사도 유사한 과정을 거쳐 비구니사찰로서 확고히
선 대표적 가람이다. 비구니 법일(法一, 1904~1991) 스님은 만공 스님과 고
봉 스님 회상에서 참선수행을 하던 비구니선객이었는데, 정화운동 참
여 후 1953년 동화사 비구니총림과 1954년 운문사 비구니강원 교무국장
을 역임했으며, 1953년 9월 조계종 중앙종회의원에 피선되었다. 1955년
9월 5일 법일 스님이 주지로 부임해 왔던 당시의 대원사는 거의 폐허가
된 절이었다. 1948년 여순반란사건 때 아군이 공비소탕작전이라는 명목
으로 사찰을 전소시켜 8년 동안 비어 있었기 때문이다. [32]

이뿐만 아니라 부임 초기에는 여전히 비구승과 대처승간의 치열한
시비가 있었던 터라 기득권을 가진 대처승의 방해로 불사가 쉽지 않았
다. 대원사 소유권 분쟁은 법정에까지 이어졌지만 1959년 법일 스님 측
이 최종 승소하였다. 재판에서 승소하자마자 스님은 본격적으로 사찰
을 일신할 원력을 세웠다. 스님의 깊고 지극한 신심에 감복한 신도들의
시주금으로 대원사는 1957년 동국제일선원 신축을 시작으로 30여 년에
걸쳐 새로운 건물이 속속 들어섰고, 마침내 1986년 17여 동의 건물을
신축, 웅장한 사격을 갖춘 비구니 대가람이 되었다. [33]

(4) 상주 용흥사

경북 상주시 지천동에 위치한 용흥사는 신라시대 문성왕 1년, 서기
839년 우리나라에 범패를 처음 들여온 비구 진감혜소(眞鑑慧昭, 774~850)
국사가 창건했다고 구전으로 전해오는 전통사찰이다. 20세기 일제강점

기와 한국전쟁을 거치며 크게 쇠락하여 겨우 명맥만 유지해 오던 용흥사는 1950년대 교단 정화운동 직후 비구니 종덕(鍾德, 1915~2011) 스님이 주지로 부임한 이후 역사상 5번째 중창불사로 기록될 만큼 엄청난 불사를 이루었다. 스님은 경내도량을 일신하고, 스러져가던 극락보전을 해체·보전하여 옛 위용을 바로 세웠다. 그후 비구니 선용(善用, 1929~2019) 스님이 1981년 이 절의 주지로 부임한 이래 2002년까지 종덕 스님의 유지를 계승하여 용흥사 제6차 중창불사를 주도하였다.

당시 재일교포 김철유(金喆裕) 불자의 신심과 대공양, 신도들의 동참 시주로 1982년 3월 극락보전 앞에 5층 진신사리탑 기공식을 갖고 10월에 준공했으며, 주불전인 극락보전에는 1836년 조성된 신중탱화를 봉안했다. 사실 이 탱화는 1973년경 도난당해 해외로 유출될 뻔했었다. 1976년 공항세관에서 도난품으로 확인되었고, 용흥사로 다시 모시는 과정에서 그해 6월 30일 탱화 틀 속 유리함에 보장되어 있던 진신사리를 발견하게 되었으니, 도난사건이 도리어 전화위복이 된 셈이었다.

선용 스님은 1983년 극락보전 왼쪽으로 비구니선원 백운선원을 신축·개원하고 용흥사를 비구니 참선도량으로 일신하였다. 스님은 용흥사 중창불사를 위해서 열 손가락의 손톱이 다 빠지고 새 손톱이 돋아나기를 세 번을 거듭했다. 1990년 극락보전 후불탱화를 문화재보수 전문인에게 맡겨 원형보존처리하고, 1992년 삼성각 개축, 1995년 만월료 중수, 1996년 요사 개축, 2003년 4월 1일 삼불회괘불탱의 보물지정(제1374호)이 이어졌다.

그러나 큰절에서 용흥사를 비구스님에게 이양하라는 의도를 보이기 시작했다. 이에 선용 스님은 곡기를 끊었고 미질을 치료하기 위해 복용하던 약재도 모두 내려놓았다. 이생을 마감할지언정 생명과도 같은 문중 본찰을 포기할 수 없는 일이었기 때문이다. 선용 스님은 2019년 12

월 19일(음력 11월 23일) 세수 91세, 법납 60세로 입적하였고, 2020년 3월 27일 스님의 백재 회향을 마치자 6월 30일 주지 소임자의 지위가 비구 스님으로 강제화 되고 말았다. 결국 청해문중 문중본찰로서의 역할도 정지되었고 대중도 흩어지고 말았다. [34]

(5) 선혜 스님과 영원사

이 외에도 폐허가 되다시피 했던 크고 작은 많은 전통 사찰들이 비구니의 땀과 노력에 의해 재건되었으니, 마지막으로 비구니 선혜(善慧, 1911~1975) 스님의 사례를 살펴보자. 본래 선혜 스님은 1935년 함경남도 안변 석왕사에서 출가했으며, 석왕사강원에서 비구스님들 뒤에 앉아 청 강을 하며 교학을 배웠다. 스님은 1953년 경기도 이천 영원사 중창을 시작으로 1960년 포천 화봉사(현 관음사)를 창건한 인물이다.

어떤 인연인지는 알 수 없으나 스님은 불교정화운동이 시작되기 한 해 전인 1953년 12월 대처승이 살던 경기도 이천의 영원암 주지로 부임 하였다. 영원암은 당시 쓰러져 가는 초가집 한 채만 남아 있었다. 선혜 스님이 이곳에 오기 전에는 마을 사람들이 도량에서 행락과 음주를 즐기는 것을 예사로 하고 있었고, 스님이 주석하면서 이를 말리자 행패를 부리기 일쑤였다. 이뿐만 아니라 당시 영원암은 구렁이들의 집이라 할 만큼 도처에 뱀이 출몰하여 생활에 어려움이 많았다.

낮에는 손을 걷어붙이고 도량을 정비하고 밤에는 늦게까지 다라니 주력을 하기를 3개월, 그 많던 구렁이가 하루 아침에 모두 사라졌다. 또 한 양식이 부족하여 채소를 길러 먹고, 도토리를 주워 물에 우려 끼니를 해결했다. 간혹 절에 보리쌀이라도 들어오면 아껴두었다가 마을의 가난한 산모나 굶는 사람들에게 골고루 나누어 주었고, 부유한 사람들 가운데 생색을 내거나 거만한 모습을 보이는 시주물은 일체 사양하며 받지 않았다. 스님은 또한 한국전쟁으로 발생한 인근의 고아들을 거두어 돌보았다.

또한 스님은 1960년 어느 날 우연히 포천 가산면 방축리 어떤 곳을 지나다가 문득 '이곳에 절이 있으면 좋겠다'라는 생각이 들었다. 그 길로 무작정 목재소를 찾아가 '지금은 당장 수중에 돈이 없으나 훗날 시주를 받아 갚을 테니 나무를 달라'고 청하였다. 처음에는 탐탁치 않게 여기던 목재소 주인이 스님의 지극한 정성에 감동하여 나무를 외상으로 주었다. 땅 주인을 알 수 없었기에 스님은 땅 주인을 수소문하여 무려 한 달 동안을 찾아다니며 설득하여 결국 그 땅을 주인으로부터 시주받아 화봉사를 창건했다.

1968년 스님은 다시 영원사로 오게 되어 이때부터 본격적으로 영원사 불사에 전력을 다하여 사찰 면모를 크게 일신하였다. 스님의 근검절약 실천은 말로 표현하기 힘들 정도였으니, 심지어 고무신 닳는 것을 염려하여 신발을 벗어서 들고 다녔고, 농사를 지어 불사금을 마련하였다. 부족한 불사금은 온 동네를 찾아다니며 탁발을 해서 마련하였다. 결국 이러한 스님을 보고 마을 사람들도 감동하여 불사에 동참하게 되었다. 스님은 농삿일로 바쁜 낮 시간을 피하여 밤에 법당을 지었다. 그렇게 시작된 불사는 절로 들어오는 진입로인 오솔길을 차량 통행이 가능하도록 확장하고서야 끝을 맺었다. 스님은 평생을 농사와 불사 등 노동을 수행의 방편으로 삼고 살았으며, 열반하는 그날까지 일을 하다가 흙발로 방에 들어와 그대로 입적했다.

3) 도심 포교의 길을 연 비구니사찰

앞에서 살펴본 사찰들은 모두 이전에 있던 사찰을 확장·발전시켜 나간 경우였다. 비구니들은 여기에서 한 걸음 더 나아가 전혀 새로운 곳에 비구니사찰을 창건하기 시작했다. 이 시기 대표적인 사례들을 살펴보기로 하자.

(1) 서울 정각사

정각사는 목동청소년 회관 관장, 조계종 종책자문 위원, 전국비구니회 회장을 역임하고 대한민국 최초 비구니명사로 품서된 비구니 광우(光雨, 1926~2019) 스님이 창건한 사찰이다. 스님은 서울 성북구 삼선동의 200평 부지에 36평의 대웅전과 요사채 1채를 건립하여, 1958년부터 2009년까지 정각사 초대 주지를 역임했다. 광우 스님은 서울 도심에 절을 창건하게 된 이유를 아래와 같이 밝혔다.

> 나는 절을 지으면 어디에 지을까 생각하다가 시골보다는 도시, 도시라면 서울에 지어야겠다고 생각했습니다. 그때 서울에는 벌써 여기저기에 교회가 우후죽순처럼 들어서고 있었습니다. 요즘 교회에 나가는 기독교 신자들이 누굽니까? 사실은 모두 불교신자입니다. 우리가 포교를 제대로 하지 않는 사이 모두 교회나 성당으로 떠나간 것이지요.[35]

사찰 창건 후 광우 스님을 중심으로 한 정각사의 비구니스님들은 효율적인 포교를 위해 다양한 노력을 기울였다. 일찌감치 청소년포교, 군인포교, 어린이포교 등 대상을 세분화하여 이에 걸맞게 다양한 포교방법을 개발했는데, 스님은 특히 문서포교에 주목하였다. 이에 정각사는 1969년 2월부터 1996년까지 27년간 통권 324호의 불교잡지 『신행불교』를 발간했다. 근대 한국 불교계에서 잡지를 처음 간행한 것은 1910년 창간

된 『원종』이 최초이다. 이후 불교계는 『불교』, 『유심』, 『조선불교월보』 등을 간행했지만 당시로서는 통권이 100호를 넘긴 잡지는 매우 드물었다. 더구나 단위 사찰이나 신행단체에서 간행하는 간행물은 더욱 쉽지 않은 일이었다. 그런 의미에서 한 사찰에서 발간한 잡지가 300회를 넘었다는 것은 매우 의미 있는 일이라 하겠다. 『신행불교』는 내용이 알찬 덕분에 받아보기를 원하는 곳이 많아서 찍는 김에 수백 부 더 등사해서 전국 교구와 중요 사찰, 단체에 무상으로 보냈는데, 반응이 폭발적이었고 법문 준비에 큰 도움이 되었다는 이야기를 자주 들었다. [36]

그 후 정각사는 상좌 정목(正牧, 1960~) 스님이 2009년 이래 2023년 현재까지 제2대 주지를 맡아 사찰 면모를 대폭 일신하였다. 스님은 광우 스님이 구매해 둔 주변 집을 리모델링하고 담을 모두 털어내어 도량을 한 울타리로 만드는 확장 공사를 했으며, 도량 전체를 재정비하여 현재 600평 규모의 가람으로 중창불사를 마쳤다.

(2) 안양 한마음선원

도심 포교의 대표적 사례이자 해외포교의 개척자를 언급한다면 한마음선원과 비구니 대행(大行, 1927~2012) 스님을 빼놓고는 이야기가 될 수 없을 것이다. 한마음선원은 1972년 안양시 만안구에서 '대한불교회관'으로 출발하였다. 선원장 대행 스님은 평상시 일반인들이 마음공부를 하기 위해서는 산중 불교를 탈피해야 한다고 생각했으며, 사찰 건물도 시대의 흐름에 맞춰 누구나 편하게 접근할 수 있도록 해야 한다고 보아 한마음선원 건물을 현대식 2층에 기와지붕을 올려 건립하였다.

대행 스님은 사람들이 어려워하는 불교를 생활언어를 사용해서 일반인이 쉽게 불교에 다가갈 수 있도록 하는 데에 초점을 맞췄다. 그래서 '주인공(主人空)'은 근본자리인 '주인'과 고정됨이 없이 돌아가는 '공'이니 그 주인을 믿고 거기에 일체를 놓고, 맡기고, 지켜보고, 실천궁행할 것을 당부했다. 스님은 만물만생은 운명공동체로서 공생(共生), 공심(共心), 공체(共體), 공용(共用), 공식(共食)하며, 한마음으로 돌아간다고 가르쳤다. 당시만 해도 시대적 편견으로 말미암아 비구니스님이 직접 법문을 하는 경우가 많지 않았다. 하지만 스님은 당당하게 법좌에 올라 법문을 펼쳤다.

한마음선원은 1972년 법당을 신축하고 학생회를 구성했으며, 1982년에는 어린이회를 창립하는 등 일찍부터 청년과 어린이포교에도 힘을 기울였다. 1984년 선법합창단을 창립해서 음성포교의 길을 열어, 가정과 직장에서 노래를 통해 부처님의 가르침을 쉽게 되새기고 실천할 수 있게 하였다. 1986년에는 국내 최초로 영탑공원을 조성하여 불교장례문화를 선도하였고, 1986년 비디오를 활용한 영상 포교의 길을 개척해서 일반인에게 쉽게 법문을 접할 수 있도록 하였다. 이처럼 불교에 대한 접근성이 쉬워지자 마음공부를 하고자 하는 사람들의 수가 빠르게 증가하였고, 1982년 충북 음성군에 첫 국내 지원 설립을 시작으로 제주, 부산, 광주, 울산, 대구, 마산, 진주, 대전, 청주, 포항, 강릉, 통영, 목포, 청주지원이 개원되었다.

대행 스님은 세계 사람들이 불교공부 즉 마음공부를 해야 세상이 달라질 수 있다고 보았다. 이에 스님은 지도자들의 마음이 달라져 공생하는 세상이 되어야 한다고 강조하였고, 일찍부터 국외 지원 개원에도 힘을 쏟아 1987년 미국 캘리포니아 산호세지원 개원을 필두로 알래스카, 캘리포니아 모건힐, 뉴욕지원을 개원했다. 척박한 환경에 폐원된 지원도 있지만, 현재는 LA, 시카고, 워싱턴, 아르헨티나의 부에노스아이레스와 뚜꾸만, 캐나다 토론토, 뒤셀도르프 근교의 독일지원, 브라질 등에서 지원이 활동하고 있다. 스님의 문하에서 혜원·혜초·혜수·혜솔 외

124명의 비구니 수계제자와 더불어 다수의 비구 법제자가 배출되었으니 일찍이 없었던 일이다.

1994년에는 〈현대불교신문사〉를 세웠다. 불교의 생활화, 현대화, 세계화라는 기치 아래 신문사는 선원의 종지와 그 뜻을 함께하고 있다.

한마음선원의 대표적인 홍법 사례는 수많은 외국어 법문집 출간, 한마음과학원 창립, 미디어를 이용한 디지털 포교 등 여러 사례가 있지만, 가장 중요한 것은 1980년대 초반부터 불교의 대표 경전들을 한글로 그 뜻을 쉽게 풀어서 제작하여 독송하도록 했다는 점이다. 이는 일상생활에서 모든 계층이 부처님 가르침을 제대로 알게 해서 기복에 빠지지 않고 자기 근본을 체득할 수 있게 하기 위해서다. 이 같은 방향성이 현대에는 공생을 위한 실천으로 이어지고 있다.

일찌감치 자체적으로 유용한 미생물을 이용한 이엠 원액을 제작 보급하고 지속적으로 교육함으로써 지구 환경문제 또한 함께 풀어가고 있다. 한마음선원은 인구가 감소하고 종교인이 줄어들고 있는 이때, 한국불교의 미래를 이끌어갈 어린이, 청년, 거사들에 대한 포교에 주력하며 불자들이 가정이나 사회에서 자기의 근본을 알고 불법의 맛을 보는 생활 선수행의 길로 안내하고 있다.

(3) 화성 신흥사

화성 신흥사는 비구니공동체의 장점을 살려 어린이와 청소년 포교를 중심으로 출발하여 비약적 발전을 이루어낸 사례이다. 오늘의 신흥사를 있게 한 비구니 성일(性一, 1944~) 스님은 1963년 12월 해인사 삼선암으로 출가했다. 1973년 신흥사 주지 소임을 맡아 왔을 당시에는 농막 같은 요사채 하나와 법당 1채가 전부였다. 스님은 직접 물지게를 지고 아궁이에 불을 지펴가며 절 살림을 꾸려나갔다. 바쁜 시간을 쪼개어 교도소 포교를 다니던 스님은 어느 날 좀처럼 마음을 열지 않던 한 사형수가 스님의 정성에 마침내 마음을 열고 보내온 편지 한 통을 받고 큰 감동을 받았다. 편지의 주 내용은 부처님 법을 알고 나니 자신이 얼마나 큰 잘못을 저질렀는지 알게 되었으며, 진작 부처님 법을 알지 못해서 한스럽다는 것이었다.

그 후 스님은 당시 신흥사 주위 사찰에서는 꿈에서조차 생각해 보지 않았던 어린이와 청소년 포교에 큰 원력을 세우고 실천해 나갔다. 스님은 1975년 어린이법회에 이어 청소년법회와 성인법회로 점차 폭을 확대해 나갔으며, 산문 밖을 나서지 않고 하루 9시간씩 기도와 정진을 지속해 나갔다. 이렇게 두문불출하며 관음기도에 들어간 성일 스님은 10년차 기도를 통해 큰법당과 교육관 등 건축불사를, 20년차 기도에서는 건축불사를 기반으로 한 불교대학과 수련회 등을 통해 인재불사에 매진했다. 그리고 30년차 기도 과정에서는 부처님 일대기와 가르침을 누구나 쉽고 재미있게 배울 수 있도록 부처님 교화공원을 조성했다. 부처님 교화공원은 2012년 준공한 뒤 수많은 사람들이 방문하여 새로운 성지순례지로 부상하고 있다.[37]

(4) 서울 삼선포교원

비구니 지광(志光, 1934~) 스님은 1979년 서울 성북구 동소문로에 삼선포교원을 열고 도심포교라는 새로운 분야를 개척했다. 교사 출신인 지광 스님은 본래 의정부에서 포교 활동을 하면서 비구니스님들에게 현대식 교육을 제공하겠다는 원력을 세웠다. 스님은 용인 화운사에서 비구니강사로 활약하던 비구니 묘순((妙洵, 1946~) 스님에게 본인의 뜻을 전하고 1978년 의정부 호원동 약수선원 내에 묘순 스님과 함께 비구니 통학강원인 주림승가학원을 개원했다. 당시 두 사람 중 지광 스님은 포교를, 묘순 스님은 비구니강원을 담당하기로 각각 역할 분담을 했다.

　얼마 후 지광 스님은 주림승가학원을 서울로 옮겨 주기를 원하는 바쁜 학인스님들의 건의에 따라 사찰을 서울로 옮겼고, 서양종교의 포교방식을 참고하여 주말에 법회를 열었다. 당시까지만 해도 대부분의 사찰은 초하루와 보름을 중심으로 법회를 진행하고 있었는데, 삼선포교원은 과감히 현대 도시민의 생활주기에 맞추어 주말법회를 시작한 것이다. 초창기에 스님은 탁발을 하며 임대료를 메꾸어 나가면서도 신도들에게 돈 이야기가 없는 편안한 절로 기억되게 하고 싶다는 마음에서 불전함조차 놓지 않았다. 그러자 오히려 많은 불자들이 적극적인 보시로 화답하였다.

　스님은 주로 가정주부로 구성된 신도들의 특성을 감안하여 주말 법회를 평일 화요일로 옮기고 일찌감치 〈찬불가집〉을 제작·판매하여 여기에서 나온 수익금으로 사찰의 살림을 장만하고 적극적으로 법당을 장엄하였다. 계속해서 늘어나는 신도를 수용하기 위해 더 큰 건물을 임대하고 어린이법회와 가족법회를 열기 시작했으며, 낮에 근무를 나가야 하는 남성불자들을 위해 야간법회를 여는 등 당시로서는 획기적이고 시류에 부응하는 포교방법을 펼쳤다. 삼선포교원은 창건 10년 만에 대형 불사를 마치고 신도수가 2천 세대를 넘어섰으며, 도심의 비구니포교원이자 비구니학인 통학교육의 구심점이 되었다. [38]

　또한 지광 스님은 묘순, 능련 스님과 더불어 1996년 충북 진천 보련산 자락에 보탑사를 창건하였다. 황룡사 9층탑을 모델로 지어진 보탑사는 강원도 소나무를 건축자재로 하여 단 한 개의 못도 사용하지 않고 전통방식을 고수하여 건축되었다. 보탑사는 높이 42.71m, 상륜부(9.99m)까지 더하면 전체 높이가 무려 52.7m에 이르는[39] 현대 한국 사찰건축을 대표하는 독창적인 사찰 중 하나이다.

3. 늘어나는 비구니강원과 비구니강사의 활약

이 시기에는 비구니강원의 설립과 비구니강사 양성에 있어 비약적 발전이 이루어졌다.[40] 이러한 발전이 가능했던 요인으로는 비구니들의 새로운 인식과 자각, 비구니강사의 활약이 중요한 역할을 했다.

먼저, 불교정화운동은 비구니 스스로 교육의 필요성을 절감하게 되는 중요한 계기가 되었다. 당시만 해도 비구니들은 힘도 없고 배움도 별로 없어서 제대로 대우를 받지 못했다. 심지어 정화운동의 중심 역할을 하던 비구들조차 비구니를 폄하하는 경향이 있었다. 이에 비구니들 스스로 자신들의 가치를 자각하고, 인재와 역량을 키워야 한다는 공감대가 형성되었다.

이를테면 비구니 성현 스님의 경우를 살펴보자. 스님은 당시 경봉 스님 문하에서 대교까지 전 과정을 수료한 동학사강원의 첫 졸업생 중의 한 사람이었다. 성현 스님은 비구와 대처 정화가 한창이었을 때 공부에만 열중할 수 있는 비구니강원의 설립이 시급함을 깨닫고 도반들과 함께 학인들이 자체적으로 주지를 내어 강원을 세우자고 주장하였다. 이러한 시대 인식은 성현 스님 혼자만의 생각이 아니라 당시 많은 비구니 스님이 공감했던 바였으므로 짧은 시간 안에 큰 호응을 얻을 수 있었다.

마침 한국전쟁 발발에 따라 젊은 비구들이 전쟁에 동원되었고, 전쟁이 끝난 후에는 근대화 물결의 영향으로 강원보다 신학문에 관심을 가지는 사례가 늘어나면서 강원이 비게 되자 비구 강사들의 걱정이 컸다. 이에 당시 뛰어난 비구 강사들이 비구니를 교육하여 비구니들에게 전강을 주기 시작했다. 우리는 제4장에서 비구니 삼대 강백 금룡·수옥·혜옥 스님과 영명·대은 스님 등 뛰어난 비구니들의 활약을 살펴본 바 있다. 그러나 이때만 해도 비구 강사로부터 공식적으로 전강을 받지는 못했다. 그런데 이런 분들이 공부를 잘하고 배움의 열정이 깊은 것을 지켜보면서 비구 강사들이 비구니들의 잠재적 가능성을 깨닫게 되는 요인 중 하나가 되었다. 이상의 여러 요인에 의해 비구 강사들이 비구니에게 전강을 주기 시작한 것이다.

1956년 경봉 스님을 모시고 동학사에 비구니전문강원이 설립되면서 비구니강원교육이 본격화되었다. 동학사 비구니강원은 현존하는 비구니강원 가운데 가장 역사가 오래된 곳이다. 동학사강원이 체계적이고 안정적으로 운영됨으로써 이후 비구니교육이 활성화되는 계기가 되었다. 동학사는 1864년 만화보선(萬化普善, 1850~1919) 스님이 강원을 개설한 이후, 제10대 운허용하(耘虛龍夏, 1892~1980) 스님까지는 비구강원으로 그 맥을 이어오다가 1956년 비구니 대현(大玄, 1916~1963) 스님이 주지로 부임하면서 경봉(鏡峰, 1885~1969) 스님을 모시고 근대 한국 최초 비구니강원을 열었다.

1960년대에 이르면 대부분의 비구니들이 동학사강원을 선호하게 되면서 비구니는 비구니강원에 가서 공부하는 것이 당연한 것으로 인식되었다. 그러자 동학사강원에 이어 비구니전문강원이 우후죽순처럼 곳곳에 생겨나 전국적으로 약 20여 곳에 비구니강원이 생겼으나 나중에 다섯 강원만 남게 되는데, 바로 동학사강원, 운문사강원, 봉녕사강원, 삼선강원, 청암사강원이다. 동학사강원은 1956년에, 운문사강원은 1958년에, 봉녕사강원은 1974년에, 삼선강원은 1978년에, 청암사강원은 1987년에 각각 문을 열었다. 그 후 1994년 개혁종단 이후 교육원이 교육체계를 정비하는 과정에서 강원의 명칭이 승가대학으로 변경되었다. 이 가운데 삼선강원은 본래 전통강원에 갈 형편이 되지 않는 학인들을 위한 통학강원으로 운영되었는데, 기본교육은 학인들이 상주하는 것을 원칙으로 한다는 교육원 방침에 따라 2013년 문을 닫고 다음 해 삼선불학승가대학원으로 전환하였다.

오늘날 문을 닫은 강원 중에는 짧게는 1~2년을 지탱하지 못한 곳도 있지만, 서산 개심사는 1968년 성능 스님을 모시고 비구니강원을 개설한 뒤 비구니강사 자민 스님에 의해 1979년까지 운영되었고, 화운사는 1974년에 호윤 스님을 강사로 모시고 강원을 개설한 뒤 1985년에 폐원되었다. 전주 정혜사는 보광 스님을 모시고 1954년에 개설되었다가 개혁종단 출범 이후 폐원되었다. 이제 이들 폐원된 강원들은 비록 역사 속에 이름만 남았지만 한때 비구니 인재양성을 위해 비구니들 스스로 자주적으로 강원을 설립하고 운영했다는 점에서 의미가 깊다.

다음으로 비구니전강제도가 이루어진 과정을 구체적으로 살펴보자. 전강은 강맥을 전승하는 일로서 사회에서 교수 자격을 인정하는 것과 같이 경·율·론 삼장을 강의할 수 있는 자격을 인정하는 것을 말한다. 1956년에 비구니 묘엄 스님이 경봉 스님에게 전강을 받았는데, 이는 비구니가 비구강사에게 처음으로 전강을 받은 예이다. 묘엄 스님은 이듬해에 운허 스님에게도 전강을 받음으로써 두 번의 전강을 받았다. 이어서 비구니 태경 스님은 비구 만우 스님에게, 지현 스님은 비구 대은 스님에게 전강을 받았다. 1958년에는 명성 스님이 비구 성능 스님에게 전강을 받아 1950년대에 비구니강사가 모두 4명이 탄생하였다. 당시 비구니에게 전강을 준 비구 강사들의 강맥을 보면 모두 정통성과 실력 면에서 전국의 대표 강백들이었다.

〈현존하는 비구니강원(승가대학)의 강맥 전승 정리〉

봉녕사

처명 – 한영 – 운허 – 세주묘엄(1957) ┬ 서안일연(1992)
├ 원성탁연(1992)
├ 기원성학(1992)
├ 영묘혜정(1992)
├ 정지대우(1992)
├ 심전일운(1992)
└ 심인적연(1997)

운문사

응암 – 진응 – 성능 – 법계명성(1958) ┬ 원해흥륜(1985)
├ 원운일진(1985)
├ 원인계호(1990)
├ 원인묘정(1990)
├ 원명진광(1999)
├ 원음세등(2003)
├ 원정운산(2003)
├ 원광영덕(2003)
├ 원응은광(2003)
├ 원조효탄(2007)
├ 원묘일진(2007)
├ 원허명법(2007)
└ 원등법장(2007)

삼선

진하 – 대은 – 연담묘순(1974)　┬ 덕원일홍(1989)
　　　　　　　　　　　　　　├ 원응도안(1997)
　　　　　　　　　　　　　　└ 원광수경(1997)

동학사

호경 – 경월일초　┬ 성지수정(2005)
　　　　　　　　├ 성조명선(2005)
　　　　　　　　├ 성법보련(2005)
　　　　　　　　├ 성관경진(2005)
　　　　　　　　├ 성덕행오(2005)
　　　　　　　　├ 성인도일(2005)
　　　　　　　　└ 성혜법송(2005)

지안 ──────── 석연명오

청암사

지관　┬ 의정지형(1982)
　　　└ 의진상덕(1983)

※괄호 안은 전강 받은 연도이고, 이후 시기는 디지털 자료인 본서의 '부록' 참조.

1970년대부터는 동학사 외에도 비구니강원이 여러 곳에 생기게 되어 점차 비구니교육은 비구니가 담당하는 현상이 뚜렷해졌다. 1985년도에 명성 스님이 흥륜 스님과 일진 스님에게 처음으로 전강을 함으로써 비구니강사에게 전강 받은 첫 비구니강사가 탄생했다. 명성 스님이 전강을 한 이후부터는 비구니강사가 비구니에게 전강을 하기 시작하여 다수의 비구니강사가 배출되었다. 비구니교육이 정착될 수 있었던 것은 비구니에게 전강을 해서 비구니들이 교육할 수 있도록 한 비구 강백들의 배려와 혜안, 비구니 강사의 능력과 후배에 대한 애정이 있었기 때문이다. 전강식을 통해 비구니 전강 제자가 배출됨에 따라 교학의 전승이 지속될 수 있었던 것은 비구니강원이 정착할 수 있는 중요한 계기가 되었다.

비구니가 비구니에게 강맥을 전하는 첫 비구니 전강식(1985.11.9.) 명성 스님(중앙), 홍륜 스님(우), 일진 스님(좌). 비구니 강사가 비구니에게 전강을 한 한국 비구니계 최초의 사례이며, 이로부터 다수의 비구니강사가 배출되기 시작했다.

예부터 전통적 강원교육은 10년을 원칙으로 하여 진행되었으나 신식교육에 비해 교육 기간이 너무 길고 교과과정에 대해서도 보다 체계화를 시켜야 한다는 주장이 제기되었다. 이에 따라 1984년 8월에 '전국비구니강원교직자회의'를 개최하여 교과과정 및 교육 이수기간에 대한 통일안을 제시하였다. 그후 1985년 운문사를 시작으로 수업연한을 4년으로 정하고 시행해 오고 있다. 이 외에 강원에 대한 자세한 내용은 디지털 자료 '역사 속 한국 비구니 부록'을 참고하기 바란다. 검색어를 이용하거나 본서의 맨 뒤에 있는 큐알 코드를 통해서 인터넷으로 확인할 수 있다.

4. 비구니선원과 비구니선객의 황금시대

일제강점기 수덕사 견성암에서 시작된 선수행에 대한 비구니들의 관심은 이후 몰려드는 선객을 다 수용하기 힘들 정도로 빠르게 확산되었다. 얼마 지나지 않아 견성암의 일부 비구니스님들이 윤필암, 오대산 지장암 등으로 옮겨가면서 점차 비구니선방의 전국화가 이루어졌다.

한국전쟁과 정화운동을 겪은 1950년대에는 전쟁 때 불탔거나 조선시대에 이미 폐사된 빈 절터를 새롭게 일구어 사찰을 중창하는 비구니선사들이 곳곳에 등장하면서 중창한 사찰마다 비구니선원을 세우는 것을 최우선시하는 곳이 많았다. [41] 비구니선객들은 한국전쟁 피난길에서조차 두세 명이 모이면 마치 안거철과 다름없이 다 함께 정진했다.

선수행의 열풍을 일으킨 비구니 주역들의 면면을 보면, 초기에는 주로 만공과 한암 스님의 회상에서 선을 배웠던 비구니선객들이 주도하였다. 양산 내원사는 견성암 법희 스님 제자인 수옥 스님이 한국전쟁 때 소실된 절을 중창한 곳이다. 스님은 1958년 내원사에 동국제일선원(개원 당시에는 '선해일륜선원禪海一輪禪院'이라 칭함)을 마련하였다. 그 후 1963년 동국제일선원에 본공 스님이 참여하여 입승을 보았고, 이후 선경 스님이 10여 년간 주석했다. 부산 금정구 범어사의 산내암자인 대성암의 대성암선원도 한국전쟁으로 퇴락한 절을 1955년부터 비구니선사 만성 스님이 주석하며 참선수행 도량으로 일신시켰다.

이처럼 비구니선객들은 선을 익힌 후 부임한 사찰에 비구니선원을 개원하여 비구니공동체 구성원 모두에게 수행의 길을 열어 주었다. 진주 대원사의 법일(法一, 1904~1991) 스님도 1955년 스님이 진주 대원사 주지로 부임해 오자마자 가장 먼저 한 것이 사찰 내에 비구니선원인 동국제일선원을 건립한 일이었다. 스님은 폐허가 되다시피 한 대원사의 어려운 상황 속에서도 1957년 가장 먼저 사리전을 세우고 여기에 비구니선원을 열었다. 법일 스님은 비구 향곡(香谷, 1912~1978) 스님을 조실로 모셔와 사찰에 주석하던 모든 비구니스님들이 참선수행을 최우선 과제로 삼을 수 있도록 하였다. 1984년 선방을 증·개축하면서 상량식 때에는 "도인이 깨알같이 쏟아져라."라고 간절히 축원하였다 한다. [42]

이 외에 대구 동화사 부도암의 부도암선원은 1927년 성문(性文, 1895~1974) 스님에 의해 개원되었다. 그런데 다음 해에 성문 스님이 직지사 서전으로 떠나게 되자 부도암선원의 운영도 어려움을 겪어 한때 문을 닫았다. 그러나 후에 비구니 상명(尙明, 1909~1994) 스님이 가람을 중창하면서 1957년 다시 문을 열었다. 상명 스님은 1955년 부도암으로 오게 되자 가람을 중건함에 있어 선원 재개원을 가장 우선시하였다. 부도암선원에는 성문·상명·정행·본공·혜해·무착·성타·현묵·도용·혜융·지광 등 여러 비구니선객이 거쳐 가면서 근대 한국비구니선사 배출에 크게 기여하였다. [43]

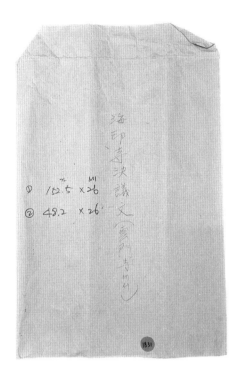

"1969년 청도 운문사 결사".
세부 내용을 통해서 성철 스님 증명 하에 묘엄 스님이 결사를 주도하여 총 57명의 비구니가 참여했음을 알 수 있다. 당시 묘전 스님이 운문사 주지, 묘엄 스님이 운문사 비구니강원의 강주를 맡고 있었다. 인명 앞부분에 "自從今身至佛身, 堅持禁戒不毀犯, 唯願諸佛作證明, 寧捨身命終不退."라는 게송으로 결의를 나타내고 있다. 봉투에 '해인사 결의문'이라 적힌 것은 이 결사의 증명을 맡았던 성철 스님이 그 당시 해인총림 방장으로 계셨기 때문에 그렇게 적은 듯하다. 봉투의 '해인사 결의문' 글씨는 묘엄 스님 친필로 추정된다. 자료 제공: 봉녕사 세주묘엄박물관.

역사 속 한국비구니

1960년대에도 많은 비구니스님들이 절을 세울 때 사찰에서 선원 운영을 최우선으로 두었다. 동화사 산내암자 내원암은 한국전쟁 때 폐허가 된 사찰이었다. 1958년 비구니 장일 스님이 해인사 국일암에서 내원암으로 온 후 가람 중창을 시작했다. 스님은 급한 일이 마무리되자마자 1959년 곧바로 선수행 환경을 조성하여 함께 정진하였고, 1966년에는 정식으로 선방과 요사를 완성하여 전국에서 온 비구니선객을 받았다.

봉암사 결사와 비견되는 1951년 성주사 비구니 결사는 '부처님 법대로 살자'는 기치 하에 인홍 스님을 중심으로 전쟁의 혼란 속에서도 한 치의 흔들림 없이 진행되었으며, 그 후 1963년 석남사에서 시작한 3년 결사수행은 내원사의 3년 결사로 이어졌다. 이 외에도 당시 충청도에서는 수덕사 견성암, 강원도에서는 뇌묵 스님을 중심으로 오대산 사고사와 강릉 죽림사 일대 (후에는 육수암 칠보선원으로 옮겨감), 묘엄 스님을 중심으로 운문사 등 전국 곳곳의 여러 비구니 사찰에서 참선 수행이 이어졌다. 이러한 비구니스님들의 수행결사는 비구스님들이 1965년 천축사 무문관을 개설하여 1966년 4월 제1차 6년 결사를 시작한 시기보다 시기적으로 앞서는 만큼 비구들의 결사에도 적지 않은 영향을 끼쳤다. **44)**

만공과 한암 스님 입적 후 비구니 선수행자들은 비구 성철(性徹, 1912~1993) 스님으로부터 가장 많은 도움을 받았으며, 이 중 대표적 인물이 인홍(仁弘, 1908~1997) 스님이다. 인홍 스님에게 있어 1949년 기장군 월내 묘관음사에서 동안거 중 성철 스님과 법연을 얻게 된 것이 일생일대의 중요한 사건이었다. 스님은 본래 수행 중의 경계에 대하여 인가를 얻고자 했는데, 오히려 성철 스님은 "공부인은 실제로 오매일여를 넘어서서 내외가 명철한 구경의 묘각을 얻어야 비로소 견성이며, 그렇게 되기 위해서는 목숨을 돌보지 않고 노력정진해야 한다."고 간곡히 당부하였고, 이것이 스님에게 평생의 큰 가르침이 되었다. 인홍 스님은 창원 성주사에 있을 때 처음으로 40여 명의 대중스님을 이끌고 성철 스님의 공주규약(共住規約)을 실천한 대중결사를 하였고, 이를 시작으로 평생 동안 많은 비구니스님들을 선수행의 길로 이끌었다. 스님은 1957년 석남사 주지로 부임하여 삼층 석가사리탑, 대웅전, 극락전 중창, 정수선원 심검당 및 요사 9동 신축 불사 등 석남사를 중창하면서 석남사 경내에 비구니선원 정수선원을 열었다. 스님의 생애는 박원자 저, 『길 찾아 길 떠나다』(2007)에 자세히 소개되어 있다.

　비구니스님들이 사찰 중창이나 폐사지 중건에서 선원 개원을 우선시하는 사례는 1970년대에 더욱 늘어났다. 충북 음성 미타사는 1742년 영조 18년 화재로 폐허가 된 후 줄곧 방치되다가 1964년 만성 스님의 손상좌 명안 스님이 이곳에 와서 1965년 8칸 당우를 세우면서 새롭게 살아났다. 스님은 어려운 환경 속에서도 1979년 법당과 함께 선원을 완공하였다. 서울 구기동 승가사도 한국전쟁 때 전소된 사찰이었는데, 1957년 비구니 도명 스님이 취임하여 불사를 시작했다. 처음에는 너무나 열악한 환경이었지만 천막 밑에서도 참선을 했고, 1960년대부터는 적묵당에 모여 정진하였으며, 상륜 스님이 주지로 취임한 후 1972년부터는 공식적으로 선원을 개원했다. 1988년에는 선원 명칭을 승가사제일선원으로 바꾸고 다 함께 모여 정진하였다. 해인사 보현암의 보현암선원은 비구니 혜춘 스님이 1972년부터 보현암 옛터에 불사를 시작하여 1974년 요사채를 짓고 이어서 대웅전, 심검당, 향적당 순으로 완공했다. 스님은 보현암을 지으며 무엇보다 참선수행을 우선시하여 1972년부터 내부적으로 선방을 운영하다가 1977년에는 대중에게 개방했다. 또 경북 울진의 불영사는 일제강점기 대처승이 거주하던 퇴락한 사찰이었는데, 1968년 견성암에서 온 비구니 일휴 스님이 주지로 취임하여 불사를 시작했는데, 1978년 마침내 천축선원을 개원하기에 이르렀다.

이 시기 비구니선원의 개원은 도심 속에 새 절을 창건하는 비구니스님들도 매우 중요하게 생각하던 문제였다. 대전 유성에 위치한 세등선원은 1972년 세등 스님이 이곳에 올 때 처음부터 선원을 목적으로 건립한 곳이다. 스님은 1973년부터 세등선원을 참선 납자의 수행공간으로 삼고 법우회를 결성하여 함께 정진했으며, 심지어 안거 때에는 수행에 관심이 많은 재가불자의 입방도 허용했다. 해인사 약수암도 1922년에 이미 7명의 비구니스님이 세 칸짜리 선방을 지어 정진하였고, 1940년에는 더 많은 사람들이 참선 수행의 대열에 함께했으며, 1970년에는 법공 스님에 의해 정식으로 선원을 개원했다.

1980년대에도 이러한 추세는 이어졌다. 조선시대에 화재로 사라진 경주 흥륜사를 중창하겠다는 비구 향곡 스님의 발원을 듣고 비구니 원만 스님이 1971년 천경림 일대에 5천여 평의 대지를 마련하여 중창했다. 원만 스님은 흥륜사를 낙성한 후에 금강산 신계사 법기암에서 출가한 비구니 혜해 스님을 선원장으로 모시고 1984년 천경림선원을 열었다. 또 의정부 회룡사는 한국전쟁 때 전소된 사찰을 비구니 도준 스님이 1960년부터 여러 해에 걸쳐 순차적으로 중창불사를 시작했다. 불사로 어려운 상황에서도 스님은 1964년에 정식으로 선방을 열었고, 이 선방이 1980년에는 회룡선원으로 거듭났다.

또 경북 영천의 백흥암은 퇴락한 암자였는데, 1981년 비구니 육문 스님이 도감으로 부임하여 극락전을 해체·복원하면서 중창불사를 시작했다. 육문 스님은 영운 스님과 함께 폐사 직전의 백흥암을 맡아 큰방 심검당부터 수리하여 선방으로 만든 후 그해 동안거부터 대중을 받았다.

예산 보덕사는 견성암 법희 스님의 상좌 수옥 스님이 1951년 주지로 취임하여 중창한 곳이다. 이 곳은 처음부터 선수행을 중심으로 하는 사찰로 운영되었고, 1986년 비구니 자광 스님이 주지를 맡아 1987년 동안거부터 제방의 납자들에게 개방하였다.

경주 남산 보리사 적묵선원도 과거에는 인법당에서 참선수행을 하다가 불사를 통하여 1996년부터 정식으로 선원을 운영하였다.

경북 상주 용흥사의 백운선원도 한때 대처승이 거주하던 퇴락한 절을 1981년 비구니 선용 스님이 부임하여 중창불사를 하면서 1984년 선방을 지어 백운선원이라 편액을 걸고 개원했다.

법주사 탈골암의 대휴선원은 한국전쟁으로 전소된 탈골암을 비구니 스님이 중창하였고, 1967년 법주사 조실 월산 스님의 권유로 비구니 영수(榮修) 스님이 도감으로 취임하여 탁발로 양식을 대며 선풍을 진작시켰으며, 1987년 영수 스님 상좌 혜운 스님이 공식적으로 선원을 개원했다.

또 용인 화운사는 1957년 당시 개심사 주지였던 비구니 지명 스님이 주지를 맡아 1972년 일하면서 공부하는 능인선농예학원(能仁禪農藝學院)을 건립했으며, 1984년에는 능인선원이라는 이름으로 본격적으로 선원을 개원했다.

그리하여 1990년대에 이르면 거의 모든 지방에 비구니선원이 설립되었다. 이 시기가 되면 이전에는 감히 엄두를 내지 못하던 더 열악한 지역에까지 선원을 개설하고자 하는 노력이 이어졌다. 전북 완주 위봉사 위봉선원은 해방 후 돌보는 이 없어 폐사 직전의 쇠락한 사찰이던 곳을 1988년 비구니 법중 스님이 주지로 부임하여 본격적으로 새 생명을 불어넣은 곳이다. 법중 스님과 여러 비구니스님들은 처음 위봉사에 들어갈 때 먼저 가건물을 지어 동안거 결제를 했으며, 2년 후인 1990년 위봉선원을 신축하여 정식으로 개원했다. 이들은 힘을 합하여 10년 만에 약 5천 평의 토지를 사서 사찰 면모를 일신하고 외부의 비구니납자에게까지 선원을 개방하였다. 그 덕분에 선원 설립 이래 많은 비구니도인이 함께 공부를 할 수 있었다.

남원시 산동면 승련사의 승련사선원 또한 오랫동안 폐사지였던 곳을 1986년 비구니 경헌 스님이 새롭게 일군 곳이다. 근처에 비구니선방이 없는 점을 안타깝게 여긴 경헌 스님은 1990년에 선원을 개원했다.

전북 장수 신광사 조인선원은 1998년 비구니 고경 스님이 주지를 맡아 선원을 개원한 곳이고, 전북 장수 팔성사는 1960년대까지 인법당 하나만 있는 퇴락한 사찰이었는데, 1969년 비구니 혜전 스님이 주지로 부임하고 1972년 비구니 법륜 스님이 주석하면서 불사를 시작하였다. 1991년 법륜 스님이 성적선원을 짓자 사방의 비구니스님들이 모여 선수행을 시작했고, 1998년부터 정식으로 대중을 받았다. 월정사 육수암은 1962년경 여섯 비구니스님이 토굴을 지어 정진하던 데에서 유래한다. 이들 스님들은 1982년경에는 별도의 공간이 없어 법당을 선원으로 겸하여 이용하다가 1997년에는 마침내 건물을 마련하여 칠보선원이라 이름하고 현판을 걸고 개방하였다.

경남 함양군 남덕유산 아래에 위치한 영각사도 한국전쟁 때 대부분 불타고 황폐일로를 걷던 사찰이었는데, 1993년 비구니 청조 스님이 주지로 부임하여 중창불사를 하고 1994년 영각사선원을 개원하여 한때 비구니선원으로 운영했던 곳이다.

백양사 천진암은 한국전쟁 직전까지 90여 명의 비구니스님들의 정진도량이었으나 한국전쟁 때 공비를 막는다는 명목으로 국군에 의해 전소되었다. 1955년 비구니 정공 스님이 천막을 치고 1971년 입적 때까지 정진하다가 1987년 정안 스님이 주지로 부임해 오면서 불사를 했다. 스님은 전남에 비구니선원이 없는 것을 안타깝게 생각하여 1994년부터 동천선원의 기초를 다지기 시작하여 1996년에 개원하고 동안거부터 공식적으로 문을 열었다.

우리는 흔히 1900년대 비구니선사들이 선수행에만 몰두한 까닭에 후학의 교육이나 불사에는 등한히 했을 것이라 짐작하기 쉽다. 하지만 오히려 비구니선사들이 여러 이름난 비구선사들의 회상에서 착실히 공부하면서 먼 곳에서 온 도반들을 알게 되고 이들과 결속감을 갖게 되면서 현실 문제에 눈뜨게 된다는 점, 한국전쟁과 불교계 정화운동 같은 혼란의 소용돌이 속에서 소실되거나 아무도 돌보지 않고 방치된 첩첩산중의 절로 들어가 새롭게 절을 일군 점 등을 눈여겨볼 필요가 있다. 이들 비구니선객들은 천막을 치고 참선을 했으며, 불사를 할 때 선원 개원을 최우선시하는 모습을 보였다. 이처럼 조선시대와 한국전쟁기를 거쳐 버려진 폐사지에 비구니선객들이 들어가 절을 개척하고 선방을 열었던 것이 결과적으로 오늘날까지 아름다운 많은 전통사찰이 전승되는 데에 큰 공헌을 하였다.

5. 비구니율원 건립과 비구니율사의 탄생

1982년 비구니승가는 이부승수계(二部僧受戒)를 회복하였고, 여법한 비구니수계제도의 정착은 비구니들의 자부심을 크게 고취시켰다. 비구니구족계는 비구니계를 받을 식차마나(니)가 비구니별소계단(別所戒壇: '별소'는 별도의 장소라는 의미. 따라서 '별소계단'이란 '별도의 장소에 설치한 계를 주는 단'을 의미)에서 비구니 삼사칠증(三師七證)으로부터 수계를 받은 후에 본단(本壇)으로 가서 비구 삼사칠증으로부터 한 번 더 수계를 하는 것을 말한다. 즉 총 20명의 스님으로부터 승인을 받는 수계절차를 거치는 것이다.[45] 이와 같은 비구니수계제도의 정립에는 무엇보다 비구율사 자운(慈雲, 1911~1992) 스님과 자운 스님 문하에서 공부한 비구니 묘엄 스님의 공헌이 컸다.[46]

자운 스님은 조선조 500년과 일제강점기 왜색불교로 말미암아 쇠잔해진 불법을 중흥시키기로 발원하고 오대산 중대 적멸보궁에서 1일 20시간씩 100일간 문수기도를 봉행하였다. 99일째 되던 날 스님은 문수보살이 푸른 사자를 타고 앞에 나타나 '계율을 잘 수지하면 불법이 다시 흥할 것'이라는 말씀을 전해 받았다. 스님은 적멸보궁 기도 회향 후 금강산 마하연에서 동안거를 마치고, 그 다음해인 1940년 1월 서울 봉익동 대각사에 주석하면서 본격적으로 율장 연구에 들어갔다. 당시 스님 주위에는 율학에 대해 물어볼 스승도 없고 관련 서적의 판본이나 주석서도 매우 희귀하여 어려움이 이만저만이 아니었다.

　그렇지만 스님은 1940년 1월 20일부터 당시 남산에 있던 국립중앙도서관을 찾아 그곳에 소장된 『만속장경(卍續藏經)』에 수록된 율장과 주석서를 베끼는 일을 멈추지 않았다. 자운 스님은 삼복염천에도 두터운 무명 장삼을 입고, 날마다 도시락을 준비하여 도서관에 가서 율장과 주석서를 모두 베꼈다. 장기간의 강행군으로 말미암아 폐렴과 눈병에 걸려 한때는 작업을 중단하는 위기에 처했지만 이에 굴하지 않았고, 마침내 3년여 동안 관련 자료를 모두 베끼고 연구함으로써 율장에 정통하게 되었다. 자운 스님은 1949년(세수 39세) 3월 천화율원(千華律院) 감로계단(甘露戒壇)을 세우고 대각사에서 한문본 『범망경』, 『사미율의』, 『사미니율의』, 『비구계본』, 『비구니계본』의 원고를 완성해 놓았다. 그런데 출판을 준비하던 중 한국전쟁이 발발하여 모든 원고가 소실되었다. 그러나 스님은 포기하지 않았고, 1951년 부산 피난지인 전포동 감로사에서 어려운 여건을 무릅쓰고 다시 원고를 준비하는 한편 율문을 강의하면서 위의 계본 다섯 가지 포함, 도합 2만 5천 권을 간행·유포하였다. [47]

　묘엄 스님이 자운 스님과 만나게 된 것도 바로 부산 피난 시절이었다. 이때 맺은 인연에 의해 마침내 20세기 아시아 불교계에서 최초로 비구니의 손에 의해 비구니율원이 건립되고 비구니율사들이 배양되어 비구니수계를 비구니가 주도하는 대 역사가 이루어진 것이다. 이를 좀 더 자세히 살펴보도록 하자.

부산에서의 피난 시절, 묘엄 스님은 통도사로 가서 자운 스님에게 율장을 배우라는 속가 부친 청담(靑潭, 1902~1971) 스님의 권고에 따라 1952년 봄 비구니 묘영, 묘희 스님과 함께 통도사로 떠났다. 세 비구니스님은 통도사 근처 보타암에 방을 하나 구해 숙식하며 매일 통도사까지 걸어서 자운 스님께 율장을 공부하러 다녔다.

당시 보타암에는 묘엄 스님의 도반비구니 권속을 포함하여 네 권속의 비구니 열 명이 살고 있었는데, 각 권속 단위로 방을 한 칸씩 쓰면서 각자 서로 다른 생활방식으로 살았고 식량도 각 권속끼리 해결했다. 암자의 비구니들은 몹시 가난했기 때문에 각자 자기의 생계를 유지할 길을 찾아야 했으므로, 어떤 권속은 비구스님들의 빨래를 해주며 생계를 도모하기도 하고 탁발을 하며 살아가기도 했다. 묘엄, 묘영, 묘희 세 스님은 같은 권속으로서 같은 방을 썼다. 이들은 나물을 캐어 먹으면서도 하루의 중심을 공부에 두고 매일 자운 스님을 찾아뵙고 율장 공부에 전념했다. 당시 자운 스님은 자신도 경제적으로 어려워 대처승이 주도하는 사찰에 부전을 살면서 한편으로 젊은 비구와 비구니들에게 율학을 가르쳤으나 이들 비구와 비구니들에게 어떠한 경제적 대가도 요구하지 않았다고 한다.

그 당시에는 대부분의 큰 사찰이나 암자는 대처승들이 차지하고 있었다. 안거 때마다 소수의 비구들은 선방에서 선방으로 옮겨 다녔고, 사찰의 모든 재정은 대처승들에 의해 철저히 통제되고 있었다. 통도사 선방도 대처승의 관리 아래에 있었다. 당시 전쟁으로 인한 파괴와 참혹한 현실 속에서 승단에 계율을 무시하는 풍조가 널리 퍼져 있었는데 자운 스님은 비구와 비구니 몇 명에게라도 계율을 가르쳐서 독신승 비구와 비구니 수행 전통을 복원시키고자 노력을 다했다.

묘엄 등 비구니스님 셋이 비구니율장을 공부하겠다고 찾아오자 자운 스님은 기다렸다는 듯이 『사분율』의 「사분비구니계본」 필사본 한 권을 묘엄 스님에게 주었다. 자운 스님은 이들 젊은 비구니스님들을 통하여 비구니계맥 전승의 길을 마련하고자 한 것이다.

자운 스님은 비구니들에게 「사분율」의 「사분비구니계본」과 대승계인 『범망경』을 가르쳤는데, 당시 이 율전은 한글로 번역되지 않았고, 세 비구니들은 한문을 읽을 능력이 없었다. 스님은 가부좌를 틀고 세 비구니 앞에 앉아서 계율에 관한 한문 음절 하나하나를 한글로 새겨 가며 가르쳤다. 세 비구니스님은 책을 무릎 위에 올려놓고 자운 스님이 한문 계율들을 하나하나 새겨 주면 자운 스님의 말을 반복해서 따라하며 배웠다. 이런 학습과정은 대승계율인 『사분비구니계본』의 비구니 348계와 대승계인 『범망경』의 열 가지 주요 계율, 그리고 소소한 계율 48가지를 하나하나마다 되풀이하여 익히는 방식이었다. 스님은 비구니 제자들로 하여금 계율 수지를 철저히 내면화하여 삶의 모든 면을 다스리는 제2의 천성이 되도록 하라고 가르쳤다.

자운 스님 외에도 비구니수계에 도움을 준 비구스님들이 적지 않았다. 당시 총무원에서는 비구니계 수계산림을 앞두고 비구니 계단의 계사 양성을 위한 교육을 시작했다. 제1차 연수교육은 '본법니계단계사연수교육(本法尼戒壇戒師研修敎育)'이라는 제목으로 자운 스님의 주도하에 1982년 8월 비구니사찰 서울 진관사에서 60여 명을 대상으로 2주간 진행했다. 자운 스님의 증명 하에 지관 스님이 비구니 348계를 중점적으로 강의하였다. 이때 묘엄 스님 외에 인홍, 윤호, 묘전, 성우, 혜춘, 명성 스님 등의 비구니스님들이 참여하였다. 교육내용의 핵심은 『사분율』에 나와 있는 비구니 348계에 대한 것이었다. 이때 선출된 비구니 3사(師)와 7증사(證師)를 모시고 마침내 부산 범어사 대성암에서 역사적인 비구니 이부승구족계 수계제도를 부활시켰다. 이 수계식을 주재한 3명의 비구니계사는 각각 전계아사리 정행 스님, 교수아사리 묘엄 스님, 갈마아사리 명성 스님이다.

이듬해 1983년 운문사에서 열린 제2차 '비구니계율특강'에서는 일타 스님이 강의하였고, 1984년 봉녕사에서 실시한 제3차에서는 자운 스님의 증명 하에 지관 스님이 강의하였으며, 1985년부터는 비구니스님의 주도로 별소계단에서 강의가 이루어질 수 있도록 배려하였다. 그래서 1985년 열린 제4차 교육부터는 자운 스님을 증명으로 모시고 묘엄 스님이 포살의식과 함께 강의를 맡았고, 그 이후로 묘엄 스님은 1999년 국내 비구니율원인 금강율원을 자신의 주도로 설립할 때까지 지속적으로 교육을 담당하였다. 이처럼 비구율사스님들의 각별한 관심과 도움이 없었다면 비구니율사의 배출이나 비구니 구족계 수계제도의 정비는 불가능했을 것이다.

이후 묘엄 스님은 1994년 비구니 이부승구족계 수계식의 전계사가 된 이래, 매년 비구니 이부승구족계 수계산림에서 가장 중요한 3사의 핵심 요직을 16년간 맡았다. 그런데 1999년 묘엄 스님이 비구니계사직에서 물러났는데, 스님이 이렇게 갑자기 직을 사임한 데에는 이유가 있었다. 어느 날 묘엄 스님 등 수계식을 주재한 비구니스님들에게 신세대 비구율사들로부터 해인사로 오라는 전갈을 받았다. 당시는 이미 연로한 자운 스님은 더 이상 비구니구족계 수계산림에 관여하지 않았고 새 세대 비구율사가 수계산림을 주도하기 시작했던 시기였다.

해인사에 당도한 묘엄 스님에게 새 비구율사들은 별소계단의 비구니구족계 수계에서 비구율사가 교수아사리로서 비구니 348계율을 비구니구족계 수계자들에게 강의하겠다고 했다. 묘엄 스님은 율장에 명시된 비구니 이부승구족계 수계의식에 관한 조항들을 일일이 지적하면서, 별소계단의 비구니 구족계 수계산림에서 비구교수아사리가 비구니 348계율을 비구니구족계 수계자에게 강의하는 것은 옳지 않으며, 반드시 비구니교수아사리가 강의해야 옳다며 강력히 반발하였다. 묘엄 스님은 1982년 10월 자운 스님과 일타 스님이 이미 비구니 이부승구족계 수계산림의식을 거행했을 때, 별소계단의 교수아사리는 비구니교수아사리가 맡아야 한다고 정한 바 있는데 이제 와서 왜 갑자기 별소계단에서 비구가 교수아사리직을 맡으려 드느냐고 이의를 제기했다. 그러나 동행했던 다른 비구니계사들은 묘엄 스님과 비구율사들 간의 율장 논쟁에 누구도 끼어들지 못했다. 이유는 율장에 대한 전문적인 지식이 부족했기 때문이다.

비구율사들은 묘엄 스님에게 자운 스님이 비구니들에게 율장을 잘못 가르쳐서 비구니들이 건방지고 반항적이며 오만으로 가득 차서 감히 비구를 능멸하며 든다며 분개했다. 묘엄 스님도 물러나지 않고 현직 비구 율사들과 달리 자운 스님은 비구니들을 응원해 주고 할아버지처럼 자비롭게 대해 주었노라고 항의했다. 하지만 항의는 통하지 않았고 결국 비구율사들이 별소계단에서 교수아사리직을 맡았다. 상황이 이렇게 되자 묘엄 스님은 비구니계사직에서 스스로 물러났다.

이 일을 계기로 묘엄 스님은 비구니율사를 제대로 양성하기 위해서는 비구니율원이 반드시 필요하다는 것을 깨달았다. 스님은 비구니계사직을 사임한 뒤 같은 해에 즉각 봉녕사승가대학의 비구니들에게 율장을 가르치기 위해 금강율원을 개원했다.

금강율원의 비구니는 사분율의 비구니 율장 348계에 의거하여 수행하면서 율장과 율장에 관련된 지식을 배워 율장의 전문가가 될 수 있다. 총 2년의 교육과정에서 1학년 때에는 『사분율』, 『수계의범』과 다른 한문 율서들을 공부하고, 2학년 때에는 『사분비구니율장』의 건도부와 『범망경』, 종색(宗賾, 11세기 중후반~12세기 초)의 『선원청규(禪苑清規)』와 한 국, 인도, 중국 비구니승가의 역사를 가르쳐 왔으며, 지금은 시대 요구 에 따라 더욱 전문화된 프로그램을 갖추고 있다. 이렇게 전문가를 양성 하자, 마침내 2007년부터 율사 자격을 갖춘 새로운 세대의 비구니가 사 미니 수계식의 율사로 임명되기 시작했다. 2007년 3월 묘엄 스님은 금강 율원의 첫 졸업생인 적연 스님을 금강율원 원장으로 임명했으며, 2007 년 5월 적연 스님과 신해 스님, 같은 해 9월에 대우 스님에게 전계(傳戒) 를 했다. 한편 비구니 원로들의 꾸준한 문제 제기로 2006년 총무원장 은 비로소 별소계단의 비구니아사리직을 비구니율사로 환원시켰다. 이 로써 비구니계맥이 비구니로부터 비구니에게로 전승될 수 있게 되었고, 비구니승가는 한국의 승단에서 비구니 이부승구족계 수계제도의 자율 성과 정통성을 확보하게 되었던 것이다.

묘엄 스님의 금강율원 개원은 다른 비구니승가대학에도 율원이 탄생 하는 데에 촉진제가 되어 2007년 4월에 두 번째 비구니율원이 청암사승 가대학에 개설되었다. 아울러 이 해 7월 비구·비구니율원의 대표들이 모여 율원 설립과 운영에 대한 새로운 규정을 만들었다. 묘엄 스님은 같 은 해 7월 18일부터 20일까지 독일 함부르크대학 아시아·아프리카 연구 소와 불교재단이 '비구니 계율과 계맥'을 주제로 개최한 국제회의에서 「한국 봉녕사 비구니율원의 구조와 교육과정」이라는 제목으로 금강율 원의 교육과정과 포살의식에 대해 세계의 비구니들에게 소개하였다.

【 미주 】

1) 해방 전후 금강산 비구니암자에 대해서는 다음을 참고할 수 있다. 한국비구니연구소 저, 『한국비구니수행담록』 상, 뜨란출판사, 2007. pp.328~332; 한국비구니승가연구소 제작, 디지털 비구니인명사전 '정화 스님(淨華, 1922生, 비구니)'; 삼우스님 아카이브 참조 (2006 CD#62-2, 63, 64-1, 석정 스님 인터뷰).

2) 묘엄 스님의 부산 피난생활에 대해서는 『한계를 넘어서』, pp.218~225의 내용을 발췌.

3) 경순 스님에 대해서는 '한국비구니연구소, 『한국비구니수행담록』 상권, 뜨란출판사, 2007. pp.357~373'를 발췌·인용함.

4) 이하 수옥 스님의 비구니 위상 강화를 위한 노력, 정화운동 무렵 동화사와 선암사에서 발생한 일련의 사건들에 대해서는 '혜원, 「근현대기 한일 비구니의 존재양상에 대한 고찰」, 대각사상 22집, 2014.'를 발췌·인용하여 작성함.

5) 혜원, 「근현대기 한일 비구니의 존재양상에 대한 고찰」, 대각사상 22집, 2014. 참조. 수옥스님이 쓴 원문은 '鄭守玉, 「內地佛敎見學記」 上, 佛敎時報48호, 1939. 7.; 鄭守玉, 「內地佛敎見學記」 下, 佛敎時報, 49호, 1939. 8.'에 나와 있음.

6) 혜원, 위의 논문 참조. 수옥 스님이 쓴 원문은 '鄭守玉, 「內地佛敎見學記」 上, 佛敎時報48호, 1939. 7.'에 나와 있음.

7) 「경향신문」 1954. 12. 15., 「비구승들 시위, 13일 경무대 앞에서」.

8) 한국불교승단정화사편찬위원회, 『한국불교승단정화사』, 1996. p.110, p.651; 하춘생, 『한국의 비구니문중』, p.104; 임홍경, 「대한불교조계종 성립에 있어서 비구니의 역할 연구」, 동국대 석사논문, 2017. pp.106~111.

9) 6비구 할복: 6명의 비구스님들이 불교정화운동의 정당성을 알리기 위해 칼로 자신들의 복부를 찌른 사건이다. 이 소식을 듣고 달려온 400여 명의 스님과 재가불자들이 대법원에 진입하며 항의하였다. 이 사건으로 300여 명이 연행됐고 20여 명이 구속됐다. 동아일보는 이 사건을 그해 10대 사건의 하나로 선정하는 등 사회적 파장이 컸다. (동아일보 "나의 삶 나의 길/송월주 회고록」〈27〉유 비구 할복사건과 정화운동", 2011. 12. 8. 기사 참조)

10) 『한국비구니수행담록』 상권, pp.478~479.

11) 『한국비구니수행담록』 상권, p.411.

12) 한국비구니승가연구소 비구니 구술채록: 안홍사 회주 수현 스님(2021. 10. 9.).

13) 황인규, 『조선시대 불교계 고승과 비구니』, 혜안, 2011. pp.408~409.

14) 이상 광호 스님의 편지 내용 및 분석 내용은 '혜원, 「근현대기 한일 비구니의 존재양상에 대한 고찰」, 대각사상 22집, 2014.'를 발췌·인용하여 작성함.

15) 한국비구니승가연구소 비구니 구술 채록: 안홍사 회주 수현 스님 2021. 10. 9. 비구니명사 적조 스님 2021. 11. 15. 인터뷰 자료 참조.

16) 대담 효탄 스님·정리 이경순, 『한국불교 정화 관련 인사 증언 채록(3)-수덕사 건성암 덕

수 스님, 보인 스님, 정화 스님』, 1988. 1. 20. 장소: 수덕사 견성암. pp.195~214;『한국비구니수행담록』상권, 2010. pp.480~484.

17) 보각 스님,『스님 바랑 속에 무엇이 들어있어요?』, 효림출판사, 2005. p.263.

18)『한국비구니수행담록』상권, pp.369~370.

19)『한국비구니수행담록』상권, 위와 같은 곳.

20) 이 통계에는 제주불교의 현황이 포함되지 않았으므로 제주불교까지 포함하면 그 수는 더욱 많을 것이다. 다만, 이 자료는 등장하는 어휘의 빈도수를 조사한 것이므로 중복 포함된 것도 있다.

21) 이상 1945년부터 1870년대까지 보문사의 불사에 대해서는 '안덕암 저,『송은영 스님 일대기』, 보문문도회 발행, 1984. p.21, p.204, p.205, p.235의 내용을 발췌·인용함.

22) '인물탐구 100 금룡 스님', 법보신문, 2004. 1. 18.

23) '6만명 독경 소리 부산 파도 잠재우다' 불교신문, 2007. 4. 4.

24) [구미래의 불교 세시의례] 〈21〉 화엄산림법회, 불교신문, 2020. 11. 30.

25) 소림사에서는 산림법회를 주제로 학술대회를 열기도 했다. 2007년 4월 7일 오후 2시 소림사 무량수전에서 〈산림(山林) 그 수행의 역사와 한국불교의 미래〉를 개최한 바 있다.

26) 부산역사문화대전 "소림사"(http://busan.grandculture.net/Contents?local=busan) 참조.(검색일자: 2023. 3. 1.).

27) 김광식, 농지개혁법시행과 불교계의 대응,『불교평론』, 2008. 11. 20.

28) 운문사에서의 수인 스님의 공헌에 대해서는 '최연희(경조),『한국 여성종교지도자 비구니 성월수인 연구』, 중앙승가대학교 박사논문, 2021; 한국비구니연구소.『한국비구니수행담록』. 상권. 뜨란출판사, 2007. pp.112~115; 하춘생.『깨달음의 꽃2(한국불교를 빛낸 근세 비구니)』. 여래, 2001. pp.75~88; 한국비구니승가연구소, 디지털비구니인물사전'을 참조하여 작성함.

29) 명성 스님의 업적에 대해서는 다음을 참고할 수 있음: 한국비구니연구소 저.『한국비구니수행담록』중. 뜨란출판사, 2007. pp.193~210; 남지심,『구름 속의 큰 별 명성』, 불광출판사, 2016; 법계명성 전집 편찬위원회,『法界明星 全集』, 불광출판사, 2019; 김광식,『명성 스님 수행록』, 불광출판사, 2023 등.

30) 전국비구니회,『비구니』29, 30호 합본, 2012. pp.11~14 참조.

31) 진관사 홈페이지; 두산백과사전 두피디아 '진관사 태극기'.

32) 한국비구니연구소 저,『한국비구니수행담록』상권, 뜨란출판사, 2007. p.380.

33) 법일 스님의 대원사 중창에 대해서는 '한국비구니연구소 저,『한국비구니수행담록』상권, 뜨란출판사, 2007. pp.374~380'를 발췌하여 작성함.

34) 본서의 용흥사 관련 자료는 '하춘생,「연악에 불광 드밝힌 정진보살-연악산 용흥사 자월선용(慈月善用) 스님」,『선(禪)』통권 34호, 재단법인 선원수좌선문화복지회, 2022. 5. 15. pp.6~11.'을 중심으로 정리함.

35) 광우 스님 구술, 최정희 진행,『부처님 법대로 살아라』, 조계종출판사, 2008. pp.83~84.

36) 광우 스님 구술, 최정희 진행,『부처님 법대로 살아라』, 조계종출판사, 2008. pp.98~99.

37) 신흥사와 성일 스님에 관한 자세한 사항은 '성일,『신흥사 사적기-신흥사 포교·기도·불

사 45년 한결같이』, 민족사, 2018.'을 참고할 수 있음.

38) 삼선포교원 어린이 불경학교 개설, 불교신문, 1981. 3. 1.; 도심 최초의 비구니포교원, 주간불교, 1989. 8. 10.; 도심 포교의 선두주자들, 삼선포교원 지광 스님, 법보신문, 1990. 4. 16. 참조.

39) 네이버지식백과 두산백과 참조.

40) 이 시기 비구니강원에 대해서는 '수경 스님, 「한국 비구니강원 발달사」,『한국 비구니의 수행과 삶』, 2007. pp.26~51을 다수 발췌·인용함.

41) 근대 이후 비구니선원에 대한 자료로는 다음을 참고할 수 있다. 전호련(해주), 「한국 근현대 비구니의 수행에 대한 고찰」,『한국사상과 문화』33, 2006; 오인, 「비구니선원의 수행과 생활문화」, 한국비구니연구소 편,『한국 비구니승가의 역사와 활동』뜨란출판사; 교육원 불학연구소,『선원총람』, 대한불교조계종, 2000.

42) 한국비구니승가연구소 주최, 1900년대 초중반 비구니 인물 스터디 모임 중 법일 스님 상좌 도행 스님의 증언, 2023. 5. 1.

43) 대한불교조계종 교육원,『선원총람』, 2000. p.755 참조.

44) 임홍경(2017), 「대한불교조계종 성립에 있어서 비구니의 역할 연구」, 동국대 석사논문, pp.93~95.

45) 전호련, 「한국(韓國)의 문화(文化) : 대한불교조계종(大韓佛敎曹溪宗)의 이부승수계(二部僧授戒)와 사분율(四分律)」,『한국사상과 문화』39권, 2007. p.255; 가산지관,『한국불교계율전통』, 가산불교문화원, 2005. p.94.

46) 묘엄 스님과 비구니율원 건립에 대한 이하 내용은 정인영(석담) 저, 이향순 역,『한계를 넘어서』, 동국대학교 출판부, 2012. pp.222~225, pp.315~357의 내용을 발췌·인용하고, 부분적으로 한국비구니연구소,『한국비구니수행담록』상권, 뜨란출판사, 2007. pp.583~600; 묘엄 스님, 『회색 고무신』, 시공사, 2002 등을 참조하였다. 지금까지 나온 묘엄 스님에 관한 저작물을 종합적으로 파악하고자 할 경우 한국비구니승가연구소, 디지털 비구니인명사전의 '묘엄 스님(妙嚴, 1931生, 비구니)'을 참조할 수 있음.

47) 법혜(최창식), 「율풍 진작(律風振作)을 통(通)한 한국불교 중흥(中興)의 행적(行蹟)」,『전자불전』19권, 2007. pp.31~34.

제6장
:
미래로 나아가는
한국비구니승가

미래로 나아가는 한국비구니승가

2,000년대 이후 세계는 사람과 물자, 기술과 문화 등이 자유롭게 오가며 국제간 관계가 매우 중요한 시대를 맞았다. 생활 단위가 국가가 아닌 지구촌으로 확장되어 국경 없는 사회가 열리기 시작한 것이다. 그동안 각각 다르게 살아왔던 국가와 지역이 서로 밀접한 관계를 갖게 되고, 인류는 과학과 기술의 도움을 한껏 누리며 물질적 풍요와 높아진 삶의 질을 체감하고 있다. 21세기 인류는 휴대폰 하나로 많은 일을 할 수 있게 되었으며, 빅 데이터를 기반으로 한 인공지능사회로 빠르게 접어들고 있다. 또한 자원남용, 환경파괴, 빈부격차, 치열한 경쟁 등에 따른 다양한 문제를 겪고 있다. 국가와 지역 간의 인적·물적 수송의 증가는 병원균 매개체의 이동성을 크게 높여 새로운 질병의 감염경로도 다양해지고 있다.

이런 시대 상황 속에서 2,000년대 이후 한국의 비구니승가는 급격한 시대 변화에 적응하며 발전해가고 있으며, 한국을 넘어 세계의 여성 불교인들과 조우하게 되었다. 이에 한국의 비구니승단은 새로운 환경과 도전에 직면하여 다시 한번 새로운 도약을 위해 노력 중이다. 이번 장에서는 지역 단위로 활동하던 비구니공동체가 전국을 단위로 네트워크가 이루어지고, 세계의 여성출가자 공동체들과 함께 손잡고 세계를 향해서 나아가는 모습을 살펴볼 것이다. 아울러 변화하는 시대에 비구니 승가의 지속가능한 발전을 위해서 어떤 노력을 기울여야 할 것인지에 대해서 살펴본다.

1. 비구니의 조직화와 전국비구니회관 건립

한국전쟁과 불교계 정화운동을 거치며 비구니승가는 자신의 정체성을 되돌아보게 되었고, 산업기반의 변화와 인구증가로 새로운 시대가 열리면서 승단의 정비와 조직화에 눈뜨게 되었다. 이러한 일련의 노력은 마침내 전국비구니회의 출범과 전국비구니회관의 건립이라는 놀라운 성과를 낳았다.

전국비구니회의 성립을 이해하기 위해서는 우선 그 전신인 우담바라회부터 살펴보아야 한다. 우담바라회 결성에는 여러 가지 요인이 동시에 작용하였다. 무엇보다 약 8년 동안 진행된 불교정화운동에서 비구니들은 큰 역할을 해냈다. 그 결과 동화사, 선암사, 동학사, 운문사, 김룡사, 개운사, 대원사, 청암사 등지에서 스스로의 역량을 가늠해 볼 수 있는 기회가 주어졌다. 또한, 훌륭한 비구선사들을 쫓아 죽음을 각오하고 수행하던 비구니수행자들이 늘어나면서 자연스럽게 도반으로서의 결속감도 높아졌으며, 시대적 문제의식에도 눈뜨게 되었다. 특히 정화운동에 참여하면서 불교계에 만연한 성차별에 대해 비구니스님들끼리 경험을 함께 공유한 것도 중요한 변화 계기가 되었다. 여기서는 먼저 이들의 경험을 살펴보고 이어서 우담바라회의 결성에 대해서 살펴보기로 하자.

1) 우담바라회의 결성과 비구니의 조직화

1968년 결성된 최초의 전국 규모 비구니 조직 우담바라회는 결코 우연히 이루어진 것이 아니었다. 무엇보다 당시 서울의 대표적 비구니사찰을 중심으로 비구니의 단합을 중요하게 생각하는 공감대가 형성된 때문이었다. 당시에 특히 동대문 숭인동 청룡사와 보문동 보문사는 그 중심 역할을 했다.

한양 사승방의 하나였던 청룡사는 일찍이 왕실이나 양반가의 여성들이 출가하던 대표적 비구니사찰이었을 뿐 아니라, 1900년대 초·중반 비구니 상근 스님을 중심으로 염불과 범패, 선수행, 독립운동, 한양의 상류층 재가여성불자들의 교류의 장소이기도 했다. 그래서 당시 청룡사는 시대 변화와 불교계 이슈를 재빨리 감지하고 미래를 선도하는 역할을 했다. 1965년 무렵부터 청룡사에서는 비구니의 수행과 수계 등에 관한 자주적·자생적 수행모임이 있었고, 이것이 우담바라회 출범의 정신적 기반이 되었다.

당시 청룡사 주지를 맡고 있던 상근 스님의 상좌 윤호(輪浩, 1907~1996) 스님과 청룡사 강사였던 명성 스님은 비구니 수계제도를 정비하겠다는 원력을 함께 세웠다. 비록 간판을 걸지는 않았지만, 이미 1961년부터 청룡사에 비구니강원이 있었다. 일부 스님은 사찰 내에 상주했지만, 편리한 교통 덕분에 사정이 여의치 않은 스님들은 통학을 하며 청룡사 내 강원에서 공부했다. 이때 명성 스님이 비구니스님들의 교육을 맡았다. 당시 명성 스님은 교학뿐 아니라 비구니계율 교육을 자주적으로 시행하여 사미니율의에 대해서도 교육을 진행했다. 이를 기반으로 청룡사에서는 1968년 9월 16일 사미니계 20명, 9월 17일 비구니계 93명, 보살계 278명의 수계식이 있었다.[1] 이때 경순 스님, 재운 스님, 세등 스님, 광우 스님 등 훗날 한국비구니계의 거목이 된 여러 스님도 공부에 참여했는데, 특히 이들 네 사람은 서로 공부를 독려하며 끈끈한 관계를 유지하다가 훗날 우담바라회 창설에 뜻을 같이 하였다. 또 뒷날 동국대 총장을 지낸 이선근 박사의 누이가 당시 봉은사 뒤에서 고아원을 운영하고 있었는데, 청룡사에서 이 문제를 의논하다가 광우·덕수·윤호·명성 스님 등이 비구니도 사회적으로 좋은 일을 해야겠다고 각성하게 된 것도 우담바라회 설립의 한 요인으로 작용하였다.[2]

청룡사와 더불어 한양의 비구니 사승방 중의 하나인 보문사에서 시작한 자축회(1924년 갑자생과 1925년 을축생 모임) 모임도 우담바라회 결성에 기여하였다. 이들은 모두 비구 고봉 스님에게 선을 배우던 비구니들로서 당시 보문동 탑골 보문사와 미타사, 대전 복전암, 세등선원을 오가던 고봉 스님과의 인연으로 상호 교류가 많았다.

일제강점기 왜색불교, 불교계 정화운동 등 일련의 역사적 경험 속에서 비구니들은 불교계 내부에 안고 있는 모순과 문제에 대해 점차 눈뜨기 시작했다. 1967년 어느 날 광우 스님은 당시 정각사에서 법회를 맡고 있던 김동화 박사로부터 '세계에서 한국만큼 비구니가 많고, 공부도 많이 하고 제대로 역할을 하는 나라도 드물 것이다. 비구니스님들이 조직을 결성하여 절차탁마한다면 더 큰 일을 할 수 있고 나아가 비구니 총림을 만드는 것은 어떤가?' 하는 제안을 듣고 당시 숭인동 청룡사에서 동국대학교를 다니던 명성 스님을 만나 '비구니회'를 결성하자고 제안하기에 이르렀다.[3]

여성출가자의 수가 지속적으로 증가하면서 인적 자원이 늘어나고 정화운동 참가 등 사회적으로 다양한 경험을 쌓으며 비구니의 응집력이 높아진 상황에서 비구니조직의 결성이라는 화두는 삽시간에 전국의 비구니들로부터 폭발적 지지를 얻기 시작했다. 곧이어 진관(진관사)·도원(승가사)·명원(석불사)·세등(탑골 보문사) 스님도 이 일에 대해 대찬성을 표하였다. 마침내 1968년 2월 24일 보문사에서 50여 명의 비구니가 참여한 가운데 우담바라회 창립총회를 열었다. 초대회장으로 보문사 주지 은영(1910~1981) 스님이 선출되었고, 세등(1926~1993) 스님이 총무를 맡았다. 모임의 이름은 '천년에 한번 피는 우담바라꽃'처럼 '과거에 없던 아름다운 일을 해보자'라는 뜻에서 '우담바라회'라고 지었다. 더하여, 우담바라회의 활동방안으로 '총림의 건립', '포교의 합리화', '복지사회건설' 등 3대 강령을 세웠다. 이는 한반도 비구니 역사에서 새로운 시대를 선언하는 상징적 사건이라 할 수 있다.

당시 우담바라회 고문으로 도원(道圓: 승가사), 윤호(輪浩: 청룡사), 인홍(仁弘: 석남사), 묘전(妙典: 봉녕사), 천일(天日: 석불암), 법일(法日: 대원사) 스님을 영입하고, 발기인으로 성우(惺牛: 내원사), 덕문(德門: 개운사 대원암 大圓庵), 광우(光雨: 정각사), 지명(智明: 화운사), 봉민(奉敏: 옥천사), 진관(眞觀: 진관사), 법열(法悅: 대구 서봉사), 덕수(德修: 대원암, 현 흥국사), 경순(景順: 대전 복전암), 묘엄(妙嚴: 봉녕사), 동림(東林: 청주 영탑사), 명수(明洙: 보은사), 태경(泰鏡: 금강사), 혜명(慧明: 미타사), 법운(法雲: 석불사), 태호(泰鎬: 대구 대원사), 법준(法俊: 보문사), 명성(明星: 운문사), 세등(世燈: 보문사) 스님 등 19명이 모였다.

창립 1년 뒤인 1969년 4월 16일 제2차 정기총회에서 회원 수가 600여 명으로 늘어날 정도로 비구니회 결성에 대한 비구니스님들의 관심과 기대는 폭발적이었다. 흥미로운 점은 이 비구니스님들 중 거의 대부분이 정화운동에 적극적으로 참여했던 인물들이라는 점이다. 그동안 산중에서 수행에만 집중하는 삶을 살았던 비구니들이 높은 수행력을 갖춘 상태에서 정화운동의 경험을 통하여 비구니의 결집의 중요성을 깨닫고 시대적 요청에 부응하려는 의지가 공동체 전체에 확산된 까닭이다.

얼마 지나지 않아 우담바라회는 전국에서 조직이 꾸려져 지부가 생겼다. 당시 수국사 주지 비구니 희경 스님은 비구니총림 부지로서 서대문구 갈현동에 1만5천 평을 희사하겠다고 약속하기까지 할 정도였다. 그런데 기증하려던 부지가 그린벨트로 묶여 회관 건립의 기대가 좌절되었다. 이런 상황에서 1971년 우담바라회 제2대 회장에 마포 석불사 천일 스님이, 1975년 제3대 회장에 화운사 지명 스님이 취임했지만, 비구승들이 비구니총림 건설에 부정적인 의사를 표방하면서 우담바라회는 침체기를 맞이하고 말았다.

2) 전국비구니회관 건립과 활동

1980년에 이르러 '우담바라회'는 '전국비구니회'로 명칭을 변경하고, '불교의 현대화를 위한 인재양성과 시대가 요구하는 포교의 근대화'를 조직 목표로 삼았다. 물론 이보다 앞서 1960년대부터 1980년대까지 비구니문중을 결성하고 문중계보를 엮어내면서 권속 간의 결집을 강화하고 자신들의 정체성에 대한 역사적 가치 인식하에 체계적인 계보관리를 시작했다. 그러나 비구니문중은 비구니승단 안에서 각 단위별 조직화를 시도한 것이라는 점에서 종단 내에 미치는 파장이 그다지 크지 않았다. 이에 비해 우담바라회나 전국비구니회 결성은 교계 전반에서 여성출가자의 존재감을 드러내는 역사적이고 상징적 사건이었다.

전국비구니회로 거듭난 비구니조직은 1981년 서울 성라암(星羅庵)에 한국비구니대학을 개설하고 묘엄 스님이 초대 학장을 맡았다. 그러나 한국비구니대학4)은 드러나지 않은 복잡한 우여곡절로 인해 이듬해 중앙승가대학에 합병되고 말았다.

그럼에도 불구하고 전국적인 비구니회의 조직 건설에 대한 비구니들의 열망은 계속되었고, 마침내 1985년 9월 5일 언양 석남사에서 비구니

대한불교조계종 전국비구니회 사무실 개원 현판식(1985. 12. 10.).

계율 특강에 참석했던 비구니원로 중진스님들이 비구니회 재건의 필요
성에 공감하고 제4대 회장으로 해인사 보현암 혜춘 스님(1919~1998)을 회
장으로 선출했다. 이어서 전국비구니회를 '대한불교조계종 전국비구니
회'로 재창립하여 종로구 관훈동 근학빌딩 2층에 사무실을 개원하고 현
판식을 가졌다. 혜춘 스님은 비구니교육에 큰 관심을 갖고 조직체계를
더욱 튼튼히 하기 위하여 1987년 인홍 스님을 한국비구니승가의 상징
적 존재로서 비구니회 총재(1987~1997)로 추대했다.

전국비구니회관 건립을 추진하던 당시 전국비구니회 혜춘 스님은
사무실 한쪽 벽면을 다 차지할 만큼 커다란 서울시 전도(全圖)에
비구니회관 부지를 빨갛게 색칠해 두고 "나는 그동안 바랑 지고 참
선만 하러 다녀서 아는 것도 없고, 능력도 없는데 이런 중책을 맡

역사 속 한국비구니

아 내 나름대로는 애를 쓴다고 하는데도 일의 진척이 늦어서 죄송한 생각뿐"이라고 하면서 "그렇지만 원력을 세워 열심히 하면 비구니회관은 건립될 거라고 믿는다. 비구니회관을 건립하여 비구니들의 성품을 단속하고, 행자가 되려고 오는 사람들을 한 곳에 모아 놓고 교육도 시키고, 고뇌에 싸인 중생 가운데서 비구니회에 의지하는 사람이 있으면 법문도 들려주어서 모든 고뇌를 씻어주고 싶은 것이 전국 비구니회의 소망"이라고 했다.

또한 "벌써 비구니회관 건립의 원력을 세운 지가 6년이 되었고 한 임기 끝나고 회장직을 내놓아야 하는데 자의반 타의반 해서 연임을 하게 되었다며 오월이면 만기가 되는데 그 안에 부지를 매입해야지 하면서 혼자 냉가슴만 앓고 있다."라고 하였다. 스님은 전국 비구니가 줄잡아 4천~5천 명은 되고, 지방 조직까지 다 잘 되어 있으니 덩치가 작다고는 할 수 없다며 어서 빨리 비구니회관을 건립하여 교육도 시키고, 법문도 듣고, 수행도 할 수 있는 구심점이 되었으면 좋겠다고 했다.

그러면서 "내 자신이 무능하여 이 일을 아직도 이루지 못하고 있다고 생각하며 자책할 때가 많다."라고 했다. 스님의 간절한 마음이 잘 느껴지는 대목이다. 당시 회장 소임을 맡았던 스님의 소원은 첫째도 비구니회관 건립이요, 둘째도 비구니회관 건립이었다. "첫째는 만불전을 지어서 기도도량으로 만들고, 둘째는 행자원을 만들어 승려가 되려고 오는 사람들에게 보다 체계적인 단체교육을 통하여 기본적인 자질을 갖추도록 하고, 셋째는 기존 승려들의 자질을 향상시키기 위해 전문교육을 시킬 예정이며, 그 나머지는 불교 신자들의 포교활동과 꽃꽂이, 다도 등 여가선용을 통하여 인간적인 소양을 윤택하게 함이 목적"이라고 소회를 밝혔다. **5)**

이상을 통해 당시 전국비구니회 집행부의 비구니스님들이 비구니회관 건립을 얼마나 간절히 염원하며 얼마나 어렵게 이를 현실화시켰는지 짐작하게 한다.

　　전국비구니회 제6대와 7대 회장을 지낸 광우 스님은 1995년 회관 부지 매입, 1998년 9월 10일 회관 신축공사 기공식에 이어 2002년 총공사비 120억원으로 지상 3층 지하 2층, 총면적 2,500여 평의 비구니회관 건물을 완성하였다. 이런 큰 불사가 기적적으로 성공할 수 있었던 것은 전국 비구니스님들의 '땅 1평 사기' 운동과 안양 한마음선원장 대행 스님이 묵묵히 거액을 쾌척한 덕분이다. 마침내 2002년 만불전 봉불식까지 마치고 2003년 8월 19일 전국비구니회관 개관기념 대법회를 개최하면서 한국비구니승가의 새로운 시대가 본격적으로 열렸다. 전국비구니회관의 건립은 약 30여 년에 걸친 비구니스님들의 염원과 피와 땀의 결실이다. 한국비구니역사에 꿈같은 일이 현실로 이루어진 것이다.

전국비구니회관 기공식(1998. 9. 10.). 사진출처: 한국비구니승가연구소.

　　　　　　　　　　　　　　　　　　　　　　　역사 속 한국비구니

전국비구회관 상량식(2000. 10. 11.). 사진출처: 한국비구니승가연구소.

상량식 후 어느 여름날(오른쪽 첫번째 당시 섭외부장 성우 스님, 두 번째 전국비구니회 회장 광우 스님, 한마음선원 대행 스님, 현 한마음선원 이사장 혜수 스님, 2001. 6. 22.). 사진출처: 한국비구니 승가연구소.

전국비구니회관 개관기념 대법회(2003. 8. 19.). 사진출처: 한국비구니승가연구소.

전국비구니회관 개관을 알리는
『비구니』제16호 표지 사진(2003).

이어서 전국비구니회관이 완성된 2003년부터 2011년까지 운문사 명성 스님이 제8·9대 회장을 맡은 이래 여성포교를 위해 다도·서예·요가·사찰요리·규방공예·도자기·비누공예·천연염색과 같은 문화강좌를 여는 등 비구니승가와 재가불자여성의 역량을 결집하기 위해 노력하였다.

제10대 명우 스님에 이어 육문 스님이 이끈 제11대 전국비구니회는 각 지역의 활동을 보다 체계적으로 돕기 위해 13개 지회를 17개 지회로 확대하고 2016년 제1차 원로회의를 개최했으며, 늘어나는 노비구니스님들을 위해 해인사 자비원을 인수·운영하기 시작했다. 2017년 종단 승려복지회 및 동국대학교 의료원과 업무협약 체결로 비구니스님들의 무료건강검진을 시작했고, 백천문화재단과 업무협약을 체결하고 의료비 지원사업과 장학금 사업을 시작했다. 2018년 10월 28일에는 전국비구니회 50주년 기념행사를 개최하였다.

이어서 본각 스님이 회장으로 활동한 제12대 전국비구니회는 현실적인 복지체계 구축, 비구니 인재육성과 활용, 열려있는 전국비구니회, 사회문제 능동적 대처, 세계화·4차 산업시대 선도라는 공약을 걸고 출범하였다. 제12대 집행부 스님들은 비구니회관에 상주하면서 업무 효율성을 높여 비구니스님들은 물론 재가불자들과도 긴밀히 소통하였다. 국내적으로 볼 때 코로나19 팬데믹이라는 어려운 시기를 지나면서도 디지털 비대면 방식을 적극 활용하여 각 지역의 비구니승단과 적극적으로 소통하였고, 1회용 안 쓰기 운동, 천진암·주어사 불교역사 왜곡 대응과 공공역사 바로세우기, 비구니역사 보존을 위한 자료 정리 등 다양한 사업을 했다. 국제적으로는 미얀마 평화를 위한 릴레이 기도회, 유학생 장학금 전달, 의료품 후원, 미얀마 민주화와 평화 기원법회 등을 진행했고, 2023년 6월에는 전국비구니회와 샤카디타 코리아 공동으로 역대 샤카디타 국제대회 중 최대 규모인 31개국 3천여 명이 참가한 제18차 샤카디타세계대회를 성황리에 개최하였다.

2. 민주와 평등의 공동체 실현을 위한 다양한 목소리

불과 몇십 년 사이에 전국적으로 많은 비구니사찰을 세우고, 비구니강원과 비구니율원을 통하여 비구니의 질적 수준을 향상시킨 비구니승가는 마침내 전국비구니회라는 조직과 전국비구니회관이라는 건물을 마련하기에 이르렀다. 이제 비구니승가는 민주와 평등의 실현을 위한 일에도 용기와 열정을 발휘하였다. 1990년대 중반 개혁종단 시기 비구와 비구니가 평등한 조건으로 종단운영에 참여하기를 바라는 비구니들이 정혜도량을 결성하여 활동하였으나 고참비구니들과의 의견 차이로 말미암아 제대로 뜻을 이루지 못했다.

정혜도량은 개혁종단이 출범을 준비하던 시기에 개혁종단의 종헌 종법상에 명시될 수 있는 비구니 위상 정립의 다양한 근거를 연구하여 제안하고자 하는 목적에서 출현한 비구니모임이었다. 이는 정화운동 이후 약 40년간 소외된 비구니들의 권익 주장이 구체적으로 표출된 것이기도 했다. 개혁 운동이 한창 진행되던 1994년 5월 9일, 비구니들이 삼선포교원에 5백여 명이 모여 문제를 논의할 만큼 비구니 참종권 문제는 비구니 모두의 열망이었다. 정혜도량은 전국의 사찰 및 강원과 선원의 비구니들을 대상으로 설문조사까지 하여 비구니들의 목소리를 모았다. 설문 결과 총무원의 종단행정 참여, 비구니 종회의원 선출, 비구니 원로회의 참여, 비구니 교구본사 설치 등을 요구하는 적극적인 주장이 많이 나왔다. 그러나 결과적으로 개혁종단은 전국비구니회에 중앙종회의원 10명에 대한 추천권을 부여하는 정도밖에 비구니들에게 힘을 실어주지 않았다.[6]

비구니스님들은 남녀가 평등한 종단구성을 요청했으나 이는 전혀 먹혀들지 않았고 비구니종회의원으로 20~30명을 줄 것이라는 전망도 있었으나 결국 비구니 종회의원 10명을 비구니계에서 분리 선출 추천하고, 총무원장·종회의원 선거에 비구니 참여는 불가하다는 결정이 나고 말았다. 그로부터 몇 년이 지난 2005년에는 종회의원이던 본각 스님을 대표로 발의한 산중총회법 개정안 부분의 산중총회의 구성 자격에 "비구니계를 수지한 지 10년을 경과한 당해 교구의 재적승"이라는 자구를 삽입해 비구니의 산중총회 참여를 요구했으나 이 또한 받아들여지지 않았다.

당시 전국비구니회 회장 명성 스님은 "총무원장을 선출하는 것은 종단의 중대사로 여러 종도들의 다양한 견해가 반영되어야 함에도 그동안 우리 종단은 유독 비구들에게만 그 권한이 부여돼 왔다."라고 하며 중앙종회 기초위원회가 실시한 여론조사에서도 "비구니들에게도 동등한 자격을 주어야 한다."라고 목소리를 높였다. 비구니의 참종권에 대해 여론도 매우 우호적이었으나 종단에 받아들여지지 않았다.

2011년 사상 첫 직선제를 통하여 선출된 제10대 전국비구니회 회장 명우 스님도 당선 후 "비구니스님들이 종단 내 참정권 강화를 바라고 있다"며 "비구니스님 종회의원 및 각 위원회 위원 확대를 추진하겠다. 공약이 관철될 때까지 노력할 것이다. 중도 포기는 없다."라고 선언했으나 비구니참종권 문제는 한 발짝도 더 나아가지 못했다.

2012년 2월 28일 제10대 전국비구니회는 '자성과 쇄신을 위한 전국비구니의 역할'을 주제로 토론회를 열었다. 세미나에서 '비구니참종권 확대는 피할 수 없는 시대적 요청이며 미래지향적 종단발전을 위해 반드시 해결해야 할 선결요건'임을 인식하고 비구니들의 역할이 늘어나면 종단발전에 기여하게 될 것이라는 주장이 나왔다. 이처럼 정혜도량을 시작으로 비구니의 참종권 확대를 위한 노력이 지속되고 있지만 아직까지 큰 변화가 없는 것이 현실이다. 그럼에도 불구하고 문제의 개선을 위한 노력은 지속되어야 할 것이다.

한편 2014년부터 2015년까지 진행된 열린비구니모임 운동은 비구니조직 내부의 평등과 민주화를 열망하는 운동이었다. 여기서 잠깐 열린비구니모임의 결성 경위와 경과를 살펴보기로 하자.

2011년 제10대 회장으로 명우 스님이 선출됐는데, 이때 처음으로 회장을 투표로 선출하는 선거제도를 도입하는 등 전국비구니회의 운영에 대한 기대와 관심은 매우 높았다. 그런데 제10대 전국비구니회 집행부는 비구니의 참종권 확대를 위해 노력했지만 막상 비구니 종회의원 후

보자 선출 과정을 놓고서는 사사로운 결정을 내리고 말았다. 이 일은 전국의 비구니들을 크게 실망시켰고, 집행부의 리더십과 도덕성을 의심하게 되었다. 이에 곳곳에서 다양한 의견이 대두되었고, 마침내 이들의 의견이 조직적으로 표출되기 시작했다.

비구니들은 집행부의 문제를 바로잡기 위해 2014년 10월 8일 열린비구니모임을 발족시키고, 10월 9일 「전국비구니회의 투명한 상호소통과 비구니종회의원 선출 절차문제 제기」라는 제하의 성명서를 교계일간지에 발표했다. 이어서 10월 10일에는 종단 내 중앙선거관리위원회에 「비구니대표 중앙종회의원 후보 자격 박탈 요청」 이의신청서를 제출하였다. 더불어 기자간담회, 교강사 비구니 34인 지지성명서, 비구니수좌 108인 지지성명 발표, 각 승가대학 동문회의 지지성명서 발표 등을 통하여 신속하고 단결된 자세를 취하며 행동으로 뜻을 표출하였다.[7] 2014년 11월 27일 '한국비구니 청정성 회복과 승가상 확립을 위한 공청회'에서는 다음과 같은 취지문이 발표되었다.

> 전국비구니회가 발족된 1985년 이래 지금 비구니승가에는 초유의 사태가 일어나고 있습니다. 그것은 제16대 중앙종회 비구니의원 후보들의 선출과정에서 일어난 운영위원장의 원칙과 절차를 무시한 독선적이고 파행적 행위에 대한 운영위원들의 불만이 발화가 되었습니다. (중략) 이에 '열린비구니모임(가칭)'은 6천여 비구니를 대표하는 전국비구니회가 비민주적이고 권위적인 단체로 전락하여 더 이상 전체 비구니스님들의 권익을 대변하지 못한다는 점을 심각하게 인지하고 지난 10월 13일 기자회견 및 성명서를 발표하였습니다. 성명서는 전국비구니회의 파행적 운영과 제16대 중앙종회 비구니의원 후보 선출과정을 투명하게 공개할 것을 요구하며, 임시총회를

소집할 것을 요청하는 것이었습니다. 여기에는 140여 명의 비구니 스님들이 동참했고, 이후 동국대학교·중앙승가대학교·지방의 각 승가대학의 교수와 강사 그리고 제방선원의 비구니 수좌스님들과 각 승가대학의 동문스님들이 지지성명서를 발표하였습니다.

(중략) 대중의 공의를 무시하는 전국비구니회는 과연 누구를 위한 비구니회인가! 되묻지 않을 수 없습니다. (중략) 지금 전국비구니회 를 바로 세우지 않는다면 비구니승가는 더 이상 희망도 미래도 없 다는 데에 뜻을 함께하였습니다. [8]

이상의 내용은 한국비구니공동체의 긴 역사에서 한 번도 보지 못했 던 역동성과 적극성을 단적으로 보여준다. 이제 비구니승가는 비구니조 직화에서 한 걸음 더 나아가 조직 내부의 민주와 평등, 운영의 투명성 을 요구하고 있는 것이다. 이어서 12월 18일에는 300여 명이 운집한 가 운데 〈한국비구니의 청정성 회복과 승가상 확립을 위한 공청회〉를 열 고, 이 모임의 공동대표 중 한 명인 임대 스님이 '열린비구니모임의 발 족동기와 행보, 그리고 향방', 전국비구니회 강원지회 재무 재범 스님이 '현 전국비구니회의 문제점이 무엇인가', 삼선불학승가대학원 학감 수경 스님이 '전국비구니회의 역할과 승가상 확립'이라는 제목의 글을 각각 발표하고, 조계종 전국비구니회 총회 개최와 10대 집행부 즉각 사퇴, 16 대 비구니 중앙종회의원 재선출을 요구하였다. [9]

이어서 '전국비구니회 정상화를 위한 결의대회'가 3월 16일 전국비구 니회관 법룡사가 폐쇄된 가운데 회관 앞마당에서 600여 명의 비구니스 님들이 참석하여 개최됐다. 이 자리에서 비구니스님들은 전국비구니회 장 불신임의 건과 전국비구니회 운영위원장 불인정 건, 전국비구니회 운영위원회 불인정 건, 제16대 비구니종회의원 추천 무효의 건, 회칙 개정의 건, 비상대책위원회 구성의 건 등 6가지 '안건'을 올려 모두 만장일치로 결의했다. 이날 결의대회는 전국비구니회의 장소 제공 거부로 입구가 폐쇄되어 앞마당에서 열렸지만 열기는 뜨거웠다. 대회장 법륜 스님은 대회사를 통해 "추녀 끝의 풍경소리는 바람이 불어야 아름다운 소리를 내듯이 오늘의 결의대회가 청정비구니승가의 백년대계의 발화점이 될 것임을 믿어 의심치 않는다."며 "반드시 우리는 결의대회를 성공적으로 이끌어 전국비구니회를 바로세우고 이를 계기로 청정승가의 위상을 회복하도록 끝까지 고군분투하자."라고 외쳤다. [10]

여러 가지 우여곡절이 있었으나 이처럼 많은 비구니들의 열망을 바탕으로 2015년 제11대 회장으로 육문 스님이 선출되었다. 열린비구니모임이 비록 처음에 생각했던 조직의 민주화와 평등의 실현이라는 목표에까지는 이르지 못했다고 하지만 이 사건은 비구니의 차원을 넘어 불교계 전체, 나아가 한국 종교계 전체를 종합적으로 놓고 볼 때에도 그 의미가 크다고 할 수 있을 것이다.

이처럼 '정혜도량'이나 '열린비구니모임'은 비구니들 스스로 조직을 결성하고 토론회, 공청회, 기자회견, 성명서 발표, 학인스님들과 원로스님들과의 연대 등 체계적이고 다양한 방법을 동원하여 비구니의 참종권 확대와 비구니조직의 민주화를 목표로 행동했다는 점에서 역사적 의의가 매우 크다. 더불어 출가자 양성평등과 참종권 확대의 길은 여전히 지난한 과정이지만 회피할 수 없는 문제이다. 단순히 비구니승단의 발전을 위해서가 아니라 불교계의 전체의 발전을 위해서 반드시 변화가 필요하다.

2022년 7월 11일 전국비구니회는 '선학원 소속 비구니사찰 보호를 위한 긴급회의'를 열었다. 조계종과 선학원의 갈등의 골이 깊어지면서, 많은 비구니스님이 선학원과 조계종간 선택의 기로에 놓이게 되었기 때문으로, 그 동안 전국비구니회는 이 문제를 해결하고자 지속적으로 노력해 왔다.

재단법인 선학원은 정관과 분원관리규정을 개정하면서 조계종 승적을 가진 비구니스님들을 향해 '이중승적'이라며 권리를 제한하고, 창건주 승계 및 분원장 임명에서 자격을 제한하는 등 사실상 조계종에서의 탈종을 종용하고 있다. 조계종 또한 법인관리법을 제정해 선학원 소속 승려와 그 도제에 대한 권리를 제한하고 있다. 선학원 소속 승려는 조계종으로부터는 수계, 교육 등의 권리를 박탈당할 뿐만 아니라 종단 내 활동도 제한하고 있는 것이다. 선학원을 선택하면 조계종 승적을 잃고, 조계종을 선택하면 선학원에 등록된 사찰을 잃게 되는 말도 안 되는 상황에 내몰리게 된 것이다.

선학원 소속 비구니분원의 상당수는 과거 한국불교의 혼란기에 조계종 승려로서 삼보정재를 보호받기 위한 순수한 의도로 등록되었다. 그런데 이제 비구니분원들은 조계종과 선학원 간 오랜 갈등 속에서 그 어느 곳에서도 온전히 인정·보호받지 못한 상태로 혼란과 불안에 고통받게 된 것이다.

선학원 소속 승려 중 75%가 비구니스님이며 6,000여 비구니스님 중 1,300여 명이 선학원 소속 사찰의 분원장 혹은 그 도제에 해당한다. 조계종과 선학원의 갈등은 결국 남성출가자들의 재산과 권력 다툼이 주된 원인이다. 이 과정에서 비구니스님들이 또 다시 고통을 받게 되었으니, 큰 틀에서 볼 때 이것은 20세기 중반 불교정화운동이 비구와 대처승이라는 남성출가자들 사이에 벌어진 재산권 싸움과 유사한 면이 많다. 남성출가자들 사이에 벌어지는 분쟁에 비구니가 피해를 보는 일이 더 이상 반복되지 않아야 한다.

뿌리가 같으니 양쪽 대표 비구스님이 손을 맞잡으면 될 일이다. 평생을 조계종 승려로 살았는데 사찰 소유권을 지키기 위해서 선학원종으로 소속을 바꾸는 일은 비구니들에게는 감내하기 어려운 비애감을 느끼게 한다.

3. 한국비구니에 관한 자료 축적과 학문적 연구의 시동

그동안 대부분의 비구니스님들은 상을 세우지 않는다는 입장에서 자신은 물론 윗대 스님들에 대한 이야기조차 세상에 드러내지 않으려는 경향이 있었다. 이 때문에 긴 역사와 전통을 갖고 있음에도 불구하고 한국비구니승가에 대한 기록은 전해오는 것이 거의 없는 실정이었다. 그러나 최근 몇십 년간 스님들의 인식이 조금씩 바뀌면서 기록이 없는 역사는 없는 역사와 같다는 주장에 공감하게 되었다. 이에 뒤늦게나마 윗대 스님들에 대한 남은 흔적을 찾아서 자료화하는 동시에 한국비구니에 대한 학문적 연구를 시도하는 움직임이 점차 활기를 띠고 있다.

1) 사보 및 사찰 회지 발간

비구니사찰 중에는 일찌감치 1960~1970년대에 신도 교육과 포교에 미치는 간행물의 영향력을 간파하고 사보를 간행하는 곳들이 있었다. 대표적인 사례로 서울 삼선동 정각사와 삼선포교원을 들 수 있다. 정각사는 1969년 2월부터 1996년까지 27년간 통권 324호나 되는 불교잡지『신행불교』를 발간했다. 삼선포교원도 1979년부터 90년대까지 매주 〈삼선포교원회보〉를 간행하여 사찰과 신도들 간의 소통과 포교에 큰 역할을 했다.

강원을 운영하는 사찰들은 사찰의 회지를 계간으로 간행하는 일에도 관심을 기울여 오고 있다. 운문사는 1982년에 계간『운문』을, 동학사는 1989년에 계간『동학』을, 청암사는 1994년에 계간『청암』을, 봉녕사는 2003년에 계간 『봉녕』을 창간한 이래 중단없이 오늘에 이르고 있다. 전국비구니회도 1990년 5월에 회지 『비구니』를 창간한 이래 오늘에 이르고 있다. 1994년에 한마음선원이 『현대불교신문』을 창간한 것도 비구니의 조명에 도움이 되고 있다. 이들 간행물은 급변하는 시대 속에 비구니의 발자취를 이해하는 데에 소중한 자료를 담고 있다.

2) 한국비구니의 자료화 및 연구 대상화

1990년대 초 누구보다 먼저 비구니스님에 대한 기록의 중요성과 가치를 깨닫고 자료화를 시도한 비구니 연구의 개척자로 하춘생을 거론하지 않을 수 없다. 하춘생은 교계 기자로 있던 1991년부터 10여 년에 걸쳐 연재한 '한국의 비구니'가 큰 반향을 일으키자 이를 손질하여 1998년과 2001년에 각각 『깨달음의 꽃』 1, 2(부제: 한국불교를 빛낸 근세비구니)를 세상에 내놓았다. 그는 이 두 권의 책에서 제1권의 17명과 제2권의 15명, 도합 32명의 근세 한국불교의 대표적 비구니스님을 발굴하고 이들의 삶을 조명했고, 이것이 한국비구니계에 큰 활력을 불어넣었다. 하춘생은 이 두 권의 출판에 그치지 않고, 비구니선지식들의 후학을 다시 찾아 비구니문중과 관련된 구체적인 내력을 확보하여 '한국의 비구니문중'을 박사학위 논문으로 내놓음으로써 비구니를 학문영역으로 끌어들이는 데 성공하였다. 비구니를 연구 대상화한 본격적 시도라 할 것이다.

한편, 김영미는 삼국과 고려의 비구니와 여성 재가불자를, 황인규와 탁효정은 조선시대 왕실불자여성을 중심으로 여러 편의 연구 결과를 내놓았고, 조은수, 이향순은 거시적인 관점에서 연구를 진행하는 동시에 해외에 한국비구니를 알리는 데에도 기여하고 있다. 또, 혜달 스님, 경완 스님, 석담 스님, 박진영 등과 같이 특정 인물을 중심으로 한 미시적 관점의 연구도 이루어지고 있다.

본각 스님이 1999년에 설립한 한국비구니연구소는 비구니에 관한 역대 자료를 광범위하게 수집하고 분류하여 주제별로 자료집들을 풍부히 엮어 출간하였다. 이러한 자료들이 나옴으로써 연구자들이 이들 자료에 기대어 연구할 수 있는 연구 기반이 비로소 마련되었다 할 것이다.

본각 스님에 따르면 1999년 중앙승가대 교수 시절 대한매일신문사에서 '근세 여성 종교지도자 명감'을 제작하면서 비구니 스님에 대한 자료를 스님께 요청한 것이 한국비구니연구소 설립의 계기가 되었다고 한다. 스님은 당시 비구니에 대한 자료가 『삼국유사』와 같이 고문헌에 나온 것 외에는 거의 전무함이 안타까워 한국비구니연구의 필요성을 절감하고 1999년 한국비구니연구소를 설립하고 2017년까지 한국비구니에 관한 자료를 모아 간행했다. 한국비구니연구소는 본래 중앙승가대 산하에 설립하고자 했으나 비구연구소도 아직 없는데 어떻게 비구니연구소를 먼저 만드냐며 학교에서 허가를 내주지 않아 본각 스님이 개인적으로 연구소를 설립하였고, 2017년 퇴임 후 어려움으로 잠시 업무를 쉬고 있던 중 전국비구니회 한국비구니승가연구소에 2020년 합병하였다.

'한국비구니연구소' 간행 자료 목록

1. 『한국 고중세 불교여성비구니 자료집』 총1권
2. 『신문기사로 본 한국 근현대 비구니자료집』 (1896~2000 총6권 / 2001~2006 총2권 / 2007~2012 총3권)
3. 『비구니와 여성불교』 총6권
4. 『한국비구니수행담록』 총3권
5. 『한국비구니명감』 총1권
6. 『한국 비구니승가의 역사와 활동』 총1권

역사 속 한국비구니

한국비구니연구소에서 나온 여러 자료집 가운데 특히『한국비구니수행담록』3권(총 329명의 비구니 행장)과『한국비구니명감』1권(총 560명의 비구니에 대한 이력 소개)은 그동안 알려지지 않았던 수많은 비구니 인재들을 세상에 알리는 놀라운 자료집이다. [11] 이 방대한 작업은 중앙승가대학교에 재학하고 있던 97학번 비구니수행관 대중을 주축으로 시작되었다. 비구니스님에 대한 기록이 너무도 없는 상태에서 학인스님들이 직접 발로 뛰어 자료를 모으기로 마음을 모아 전국의 비구니 어른스님을 찾아다니며 녹취를 진행했다. 왜 군이 상을 세우려 하느냐며 인터뷰를 거부하고 혼만 나기도 일쑤였지만 이렇게 모은 자료를 97학번 현진 스님이 맡아 녹음을 풀어서 정리해 나갔고, 작업이 잠시 중단되다가 뒤를 이어서 2001학번 효범 스님이 중심이 되어 자료 정리, 녹취 내용을 글로 옮기는 작업을 했다. 태산을 짊어진 심정으로 녹취된 테이프를 수없이 반복하여 듣고 또 들어 컴퓨터에 옮기는 일은 끝없는 인내심을 필요로 하는 고행 그 자체였으며, 녹음 상태가 안 좋거나 각 지역의 억양과 사투리가 달라 헤매기 일쑤였고, 상좌스님은 물론 본인조차도 출생연도를 정확히 기억하지 못하는 경우도 다반사였다고 한다. [12]

본각 스님은 2019년 9월 제12대 전국비구니회 회장에 당선되자 산하에 한국비구니승가연구소를 열어 삼선불학승가대학원 원감 수경 스님을 소장으로 임명하였다. 스님은 전국비구니회관 내에 연구소 공간을 마련해 주고 한국비구니연구소에서 간행한 서적과 개인 소장 문헌 자료를 기증하여 한국비구니승가연구소가 첫걸음을 내딛을 수 있도록 배려하였다. 이에 한국비구니승가연구소는 한국비구니의 역사를 조명하고 비구니의 위상과 역량을 재정립하여 미래불교발전에 기여하고, 전국비구니회의 현안 해결을 위한 방향과 비전을 제시한다는 목표를 세우고 활동을 시작했다. 연구소는 2024년 현재까지『한국비구니수행담록』

3권과『한국비구니명감』을 활용하여 '비구니 인물사전 디지털 아카이브' 구축,『신문기사로 본 한국 근현대 비구니자료집』을 바탕으로 신문기사 디지털화, 연륜이 깊은 비구니스님의 구술 채록, 비구니 인물을 활용한 문화콘텐츠 제작, 비구니 역사 조명 및 공부 모임 운영 등의 활동을 펼치고 있다.

한편, 명성 스님이 이끈 제9대 전국비구니회에서는 2007년『한국 비구니의 수행과 삶』, 2009년『한국 비구니의 수행과 삶 2』를 각각 간행하였다. 이 두 권의 책에서는 한국비구니승가의 역사를 종합적으로 조명한 후 총 23명(2007년 8명, 2009년 15명)의 비구니의 삶과 수행, 불사와 포교를 다루었다. 이 책은 전문연구자는 물론 해당 스님을 가까이에서 지켜본 후손 등이 집필진으로 참여하여 가치를 높였다. 한편, 대행선연구원에서도 학술대회 개최와 학술잡지 간행을 통하여 비구니를 지속적으로 조명해 오고 있다.

4. 변화하는 시대, 변화를 이끄는 비구니의 다양한 활동

21세기에 접어들어 시대가 빠르게 변화하자 전통적 수행과 교학을 여전히 중시하면서, 동시에 자신만의 역량을 계발하여 변화하는 시대에 적극적이고 유연하게 대응하는 비구니스님들이 늘어나고 있다. 이러한 스님들은 불교계를 넘어 대사회적으로 긍정적 영향을 미치고, 한국을 넘어 세계를 무대로 포교에 매진하고 있다.

먼저, 사찰음식은 한국을 넘어 전 세계인에게 큰 호응을 받는 분야로서 비구스님과 차별화되는 분야이다. 지금까지 조계종 사찰음식 명장으로 선재 스님(2016년), 계호 스님(2017년), 대안 스님(2019년), 정관 스님(2022), 우관 스님(2022)이 지정되었다.

선재 스님은 한식진흥원 이사장, 전국비구니회관 사찰음식문화센터 센터장, 전통사찰음식문화보존회 회장 등을 맡아 활약 중이다.

사찰음식명장 2호 계호 스님은 2009년 진관사에 산사음식연구소를 설립하고 사찰음식의 사회 저변을 확대하는 데에 공헌하고 있다. 스님은 2010년 G20 세계종교지도자협의회, 2011년 가든클럽연회, 2016년 프랑스 국무장관 초청 행사 등에서 사찰음식 만찬을 진행한 바 있다. 또한, 버락 오바마 전 미국 대통령의 개인 요리사이자 백악관 주방장이었던 샘 카스와 뉴욕 미슐랭 에릭 리퍼트 셰프 등에게 사찰음식 조리법을 전수하기도 했다.

대안 스님은 출가 초기 해인사에서 채공 소임을 맡으면서 사찰음식에 관심을 두게 되었고, 경남 산청의 금수암 주지이자 금당사찰음식연구원 이사장으로 사찰음식을 알리는 데에 앞장서 왔다.

이상의 비구니스님 외에도 유튜브 등 다양한 채널을 통하여 사찰음식을 알리는 스님들이 많다. 백양사 천진암 주지이자 금발우 선음식 아카데미 원장을 맡고 있는 정관 스님은 2015년 미국의 유명 TV프로그램인 '아벡에릭'에 이어, 2016년 넷플릭스의 '셰프의 테이블'에 출연하는 등 세계 무대에서 활약하고 있다.

마하연사찰음식문화원 원장 우관 스님은 2009년 수원 봉녕사 사찰음식 대향연을 시작으로 2014년 이탈리아 세계슬로푸드대회, 2015년 문화사업단 사찰음식 전문위원, 2017~2019년 뉴욕 한국문화원 초청 미국 사찰음식 홍보 등을 맡아 활약했다.

한편, 선엽 스님은 주변에서 흔히 볼 수 있는 평범한 나무와 풀까지 훌륭한 차 재료로 활용, 약차 200여 가지를 개발하여 차문화 확산에 기여하고 있다. 또 차행법 숙우회 사범, 홍법사 선다회 지도법사 성각 스님은 헌다(獻茶) 다례 시연의식 전문가로서 한국은 물론 해외에서까지 주목받고 있다.

꽃꽂이와 전통지화 분야를 개척한 비구니스님들도 눈여겨볼 만하다. 정명 스님은 불교 특색의 꽃꽂이 분야를 개척해 오고 있다. 특히 스님은 조선시대 감로탱 속의 지화장엄을 재현하는 등 사단법인 전통지화보존회를 이끌고 있다. 보명 스님도 한국불교연화꽃꽂이회연합회 회장으로서 꽃꽂이를 육법 공양의 하나로 보고 불교 꽃꽂이의 사회적 지평을 넓히고 있으며, 불교꽃예술원 원장 지연 스님도 불교 꽃꽂이 분야를 개척해 왔다.

혜담 스님은 출가 후 40여 년을 고려불화의 복원과 보존, 전승에 매진하고 있다. 프랑스 루브르박물관은 수년 전부터 한국을 대표하는 작가로 혜담 스님의 작품을 각국의 대표작들과 함께 전시하고 있다. 또 경원 스님은 불복장에 관한 연구와 의식 전문가이며, 선진 스님은 불복장 의식의 전문연구자이자 불교설치미술가이며, 영운 스님은 도자기 속에 불심을 담는 도예가로 활약하고 있다.

불교음악 방면에서 비구니스님의 활약도 눈부시다. 일찍이 강화 백련사의 성탄(性坦, 1911~2007) 스님은 대한불교조계종 어산종장으로 후학을 양성하였다. 동대문 청량사의 동희 스님은 불교 역사상 비구니 최초 무형문화재 50호 영산작법 이수자이자 (사)동희범음회를 이끌고 있으며, 2022년부터 조계종 초대 비구니 어산어장으로 활약 중이다. 어린 나이에 출가한 스님은 꼬마 적부터 범패가 좋아 못 쓰는 냄비 뚜껑에 손고리를 만들어 바라로 삼고 냄비를 태징으로 삼아 청량사 뒷산에서 범패 흥내를 내며 놀았다고 한다. 동환 스님은 대한불교조계종 어산종장으로 활약하고 있으며, 반야심경, 삼귀의 등을 명상음악으로 현대화하였다. 최근 현준 스님도 대한불교조계종 비구니 어산종장으로 지정되어 활약 중이다. 또 범조 스님은 찬불가 분야를 개척했으며, 정률 스님은 성악을 전공한 음악도 출신으로 찬불가를 통하여 음성포교에 공헌하고 있다.

복지 분야 비구니스님들의 활약도 크다. 1988년 당시 비구니 회장 혜춘 스님의 노력으로 목동청소년회관을 서울시로부터 위탁 받아 초대관장 광우 스님에 이어 명우 스님, 경륜 스님, 지완 스님이 청소년 복지사업에 기여하였다. 1997년 군포시 매화종합사회복지관이 개관하고 안양 안흥사 수현 스님과 상좌 지언 스님이 차례로 관장을 맡아 공헌하였다. 같은 해 대전 서구 노인복지관을 종실 스님이 위탁받아 관장으로 취임했으며, 지금은 근석 스님이 역할을 맡고 있다.

1998년 옥수동 미타사 상덕 스님이 옥수종합사회복지관 초대 관장으로 취임하여 20여 년간 근무하며 많은 공헌을 했다. 스님은 1997년 IMF 한파 속에서도 지금의 옥수종합사회복지관을 위탁받아 1998년 개관했다. 스님은 온갖 역경을 딛고 3년도 채 안 돼 이 복지관을 다른 지역 복지전문가들이 참관하러 올 정도의 모범복지관으로 우뚝 세웠다.

2001년에는 서울노인복지센터를 개관했는데, 초대관장 지완 스님에 이어 현재는 희유 스님이 재직하고 있다. 2007년에는 종로노인복지관을 개관하면서 정관 스님이 관장을 맡아 활약하고 있다. 스님은 노인복지관 운영에 있어 수년간 전국 1위를 차지해 왔는데, 다양성·형평성·포용성·미래지향성을 목표로 노인들이 생산한 제품을 온라인판매하여 성취감을 고취시키는 한편 종로 시니어 디지털센터 운영, 찾아가는 죽음 준비교육 등 웰다잉 문화 확산에도 애쓰고 있다. 지현 스님도 강남구립 대치노인복지관 관장 등을 맡아 노인복지와 웰다잉, 호스피스 교육에 매진 중이다.

이 외에 노인복지 종사자로 한산, 태고, 혜철, 수안, 일광, 휴담, 선오, 진성, 육통, 지웅, 정견, 정욱, 태민, 우성, 근석, 금선, 동건, 법현, 대현, 일관 스님 이하 많은 비구니스님이 애쓰고 있다.

한편, 이보다 앞서 공주에서 활동한 정관 스님은 앞서 백양사 천진암의 정관 스님 및 종로노인복지관 관장으로 활동하고 있는 정관 스님과는 다른 동명이인의 비구니스님인데, 평생을 노인복지에 헌신하여 '공주의 마더테레사'라는 찬사를 받은 바 있다. 스님은 1980년대 일본 유학시절 오사카에 연화사 포교당을 열어 어려움에 처한 동포 불자의 손발이 되어 주었고, 1990년대 약 10년간 공주에 금강사회복지관 관장을 맡아 헌신하였다.

이 외에 도광 스님은 병자를 돌보겠다는 원력으로 비구와 비구니스님을 통틀어 가장 먼저 한의대를 졸업한 한의사스님이며, 종실 스님은 점자불경을 발행하는 등 사회적 약자를 보살피는 데에 헌신했다. 해성 스님은 1993년 청각장애인 배움터 연화복지학원을 개원한 이래 청각장애인을 위한 수화 법회와 상담을 해오고 있고, 청각장애인이 운전면허를 취득할 수 있는 길을 열었다. 근래에는 병원법당에서 법회활동과 음성공양을 하고 있다. 사회복지법인 불교자제공덕회 이사장 및 원장과 새마을유아원 원장 등의 소임을 맡으며 사회복지분야에 매진한 자제공덕회 묘희 스님과 불교자원봉사연합회 성덕 스님 또한 복지 분야에 큰 공헌을 한 분들이다.

또한, 불교계 최초의 호스피스 완화의료전문기관으로 탄생한 울산 정토마을 자재병원 간월사 능행 스님은 1999년부터 오갈 데 없는 말기 암 환자들을 돌보기 시작하여, 현재까지 스님이 돌본 임종 환자의 수는 이미 3천명을 넘었다. 스님은 자신이 경험한 현장의 모습을 『섭섭하게,

그러나 아주 이별이지는 않게』(2005), 『이 순간』(2010), 『숨』(2015), 『우리 봄날에 다시 만나면』(2024) 등의 책으로 엮어 사회적으로 큰 감동을 주고 있다.

어린이 돌봄 분야 또한 오래 전부터 비구니스님들이 활약하였다. 안양 안흥사의 수현 스님은 1981년 정부 주도로 한국에서 처음으로 세운 어린이집 5곳 중의 하나인 낙산어린이집 원장을 맡았다. 1년 후인 1982년 정부가 전국에 어린이집을 3천개로 확대했는데 이때 낙산어린이집이 전국 1등을 하기도 했다. 그 후 스님은 군포시 매화종합복지관 관장을 맡아 복지포교를 했다. 효림원 무구 스님도 가정폭력 예방, 노인복지 등을 위해 헌신해 왔다. 이 외에도 일일이 거론하기 어려울 정도로 복지 분야에서 활약하는 비구니스님들이 많다.

한편, 상담포교 분야에서도 많은 비구니스님들이 활약하고 있다. 정덕 스님은 불모지나 다름없던 불교 상담 분야의 중요성을 일찌감치 간파하고 자비의 전화와 불교상담개발원의 장기적 발전 토대를 닦았다. 이 외에 도현 스님, 계환 스님, 본각 스님, 해주 스님, 광용 스님, 정운 스님, 운성 스님을 위시하여 많은 분이 애쓰고 있다. 이 밖에 군 포교, 경찰 포교, 교정교화, 어린이 청소년 포교, 청년 포교 등 제 방면에서 활약하는 비구니스님도 매우 많다. 송추 보타사 일양 스님은 20여년 간 한지공예를 해왔으며, 군·경찰·교도소 포교에 헌신하여 주위에 모범이 되고 있다. 또 비구니 군승으로 명법 스님, 균재 스님, 자원 스님, 관묵 스님 등 8명의 비구니스님이 활약 중이다.

비구니스님들의 템플스테이 프로그램도 큰 인기를 얻고 있다. 서울 진관사의 템플스테이 프로그램을 위시하여 비구니스님 특유의 섬세한 배려가 더해진 산사의 템플스테이는 종교와 국적의 경계를 넘어 국내외 사람들에게 큰 인기를 끌고 있다. 또 비구니스님들은 추모공원 건립을 통하여 장례문화 개선에도 노력해 왔다. 한마음 영탑공원은 1986년 안양 한마음선원 대행 스님이 국내 처음으로 조성한 가족영탑이다. 영탑은 불교 장례법인 부도탑을 현대적으로 계승한 것으로, 화장을 통하여 돌아가신 분이나 그 후손들이 육신에 대한 집착을 떨치고 마음으로 귀일하게 하여 후손과 돌아가신 분 모두에게 공덕이 되는 장례문화이다. 그리고, 충북 음성 미타사 추모공원은 2000년 10월 문을 열었는데, 5만 여 평의 대지에 1차로 3000기의 탑을 모시고 있는데, 많은 사람들의 관심을 받고 있다.

비구니스님들은 방송계에서도 활약하고 있다. 정목 스님, 진명 스님, 운성 스님 등 많은 비구니스님들이 진행하는 방송프로그램이 시청자들로부터 큰 호응을 얻고 있다.

강원(승가대학)의 역대 학장으로 묘엄·명성·흥륜·일진·진광·운산·영덕(이상 운문사), 묘엄·도혜·의천·도연(이상 봉녕사), 일연·일초·보련·명선·명오(이상 동학사), 지형·혜묵·상현(이상 청암사) 스님 등이 후학 교육에 매진해 오고 있다. 또 묘순·수경 스님이 삼선불학승가대학원에서 후학을 양성하고 있다. 대학의 비구니교수스님도 지속적으로 배출되고 있다. 계환(戒環) 스님, 서광(瑞光) 스님, 자헌(玆憲) 스님, 정완(政完) 스님, 해주(海住) 스님, 혜원(慧諒) 스님이 동국대학교에서, 대원 스님, 범우 스님, 자문 스님, 혜조 스님이 동국대 WISE 캠퍼스에서, 능인(能仁) 스님, 오인 스님, 본각(本覺) 스님, 지은 스님, 혜도(慧棹) 스님이 중앙승가대학교에서 각각 교수를 역임했거나 현재 재직 중인 것으로 파악된다. 또한 역대 비구니정각원장으로 해주, 혜원, 묘주, 진명 스님이 있다.

재단법인 명경문화재단·문화예술사단법인 쿠무다(KUMUDA) 이사장 주석 스님은 부처님의 가르침을 문화예술에 기반을 둔 '문화전법'이라는 방법을 활용하여 포교 일선에서 활약하고 있다. 또한, 환경운동을 통해서 이 사회가 가고 있는 흐름에 문제를 제기하는 비구니스님도 꾸준히 배출되고 있다. 지율 스님은 양산 천성산 내원사에서 수행하던 중에 2001년 천성산의 습지가 관광지 개발이라는 명분으로 훼손되는 현장을 목격한 것이 계기가 되어 2003년부터 350여 일간의 단식을 통하여 경부고속철도의 천성산 터널 공사를 중단하고 환경영향평가를 다시 실시하자는 운동을 펼친 바 있다.[13)]

이 외에도 많은 비구니스님들이 환경보호에 적극적으로 나서고 있는데 이 가운데 울산 불교환경연대 대표 천도 스님은 '마음에 조화로움을 심는 수행의 일환'으로서의 불교적 환경운동을 전개하여 일반 환경운동과 차별화된 불교사상에 입각한 환경운동을 펼치고 있다.

최근 들어 남방불교의 수행 전통에 의거한 비구니수행지도자들도 서서히 출현하고 있다. 거창 붓다선원의 진경 스님, 전국비구니회 청정승가공동체 수행결사 2024년 지도법사 범라 스님, 제따와나선원 교무 정념 스님, 뛰어난 미얀마어 수행통역사[14)]이자 양곤의 담마마마까 고려사 국제선원 창건주이면서 선원장인 혜송 스님 등이 대표적이다. 서울 수유동 향운사 지상 스님이 이끄는 자비공덕회[15)]나 서울 홍제동 비로자나국제선원 자우 스님과 같이 네팔이나 캄보디아 등 어려운 나라의 아이들에게 배움의 길을 열어주는 비구니스님들도 적지 않다.

대해 스님은 '색즉시공 공즉시색', '무엇이 진짜 나인가', '아기도 아는 길', '소크라테스의 유언', '산상수훈' 등을 제작한 바 있는 비구니 영화감독이다. 스님은 유니카(UNICA) 코리아 국제영화제조직위원장을 맡기도 했으며, 유튜브 채널 '대한불교조계종 국제선원 청소년법회'를 운영하고 있다.

제12대 전국비구니회에서는 주어사와 천진암이 18세기 천주교인들의 강학 장소로 제공됐던 역사적 사실은 묵살된 채 '한국 천주교 발상지'

로 부각돼 천주교 성지로 탈바꿈되는 현실에 대한 심각성을 직시하고 2021년 9월 25일 비상대책회의를 소집, 종교평화공존위원회를 발족시켰다. 그 후 좌담회와 시굴조사, 세미나 등을 개최했으며, 주어사지 외에 해미읍성, 광화문광장 등 역사 왜곡 현장을 답사하며 역사바로세우기 운동을 확산시키고 있다. 제13대 전국비구니회도 출범 이후 첫 번째 순례지로 주어사지를 선정, 역사 속 걷기명상 행사를 추진하는 등 가톨릭의 불교유적 성지화 사업 추진에 대응하고 종교간 평화와 공존 모색을 위한 노력을 이어가고 있다.

예로부터 한국의 비구니승단은 세상의 변화에 유연하게 대처함과 동시에 자신들의 역량을 최대한 발휘하여 불교와 비구니승단을 지켜왔다. 21세기 비구니스님들의 활약도 유구한 역사와 전통 속에 흘러온 힘찬 에너지의 맥동이다.

5. 샤카디타 세계대회와 국제간 연대

2000년대 이후 세계는 빠르게 연결되기 시작했다. 한국 불교계도 해외 불교계와 상호 교류가 많아졌고 그 과정에서 한국의 비구니승단은 한국 밖 다른 나라의 여성출가자 상황에 대해서 알고 상호협조와 연대를 통하여 함께 발전해가야 한다는 것을 깨닫게 되었다.

해외 성지순례 경험을 다녀온 비구니스님들은 셀 수 없이 많고 해외 유학을 다녀온 비구니스님들도 적지 않다. 배우고 싶어도 다닐 강원이 없어 애태웠던 것이 불과 수십 년밖에 되지 않는데 수행과 교육환경에 큰 변화가 일어난 것이다. 이러한 변화에 눈뜨게 만든 가장 중요한 계기는 샤카디타 세계대회의 참여라 할 것이다.

1) 스리랑카 비구니계맥 부활을 도운 한국비구니승가

1987년 2월부터 시작된 세계여성불자모임 샤카디타대회는 격년마다 열리는, 현재 가장 대표적인 세계여성불자 모임 중 하나이다. 샤카디타의 주요 성립 취지 중 하나가 비구니승단이 없는 곳에 비구니승단이 설립되도록 돕는 일이다.

한국비구니승단에서 샤카디타 대회에 처음 참가한 것은 1991년 10월 25~29일까지 태국 수도 방콕에서 개최된 2차 대회부터였다. 혜춘 스님과 임원들은 1993년 스리랑카 콜롬보에서 개최된 3차 대회에도 참석하였다.[16] 당시 비구니회 회장이던 혜춘 스님은 축하인사에서 아직 비구니구족계를 받지 못하는 남방불교계 여성수행자들이 비구니계를 받도록 촉구했다. 당시 혜춘 스님과 함께 참석했던 안양 안흥사 회주 수현 스님의 증언에 따르면, 오전 논문 발표 행사 시작 전 한국비구니스님들이 예불과 반야심경을 독송하자 행사장은 한순간에 거룩한 예경의 분위기에 젖어들었다고 한다.[17] 당시 행사에 참석했던 스리랑카의 쿠수마 (Kusuma, 1929~2021) 스님 등은 이것이 결정적 계기가 되어 한국에 건너와서 비구니계를 받았다.

스리랑카 비구니계맥의 복원은 1988년 대만 불광산사에서 건립한 미국 캘리포니아 서래사(西來寺)에서 열린 비구니 수계식이 시작이다. 당시 수계식에는 5명의 스리랑카인 여성출가자가 수계했지만, 정작 스리랑카 불교계에서는 이를 인정하지 않았다. 그러던 차에 전국비구니회 회장 혜춘 스님의 격려와 한국비구니스님들의 경건한 예불 모습을 보면서 한국비구니에 대해서 큰 관심을 갖게 되었다. 비구스님이 이끄는 대만 불광사에 비해 한국의 전국비구니회는 비구니스님들만으로 구성되어 주도적으로 활동하는 모습을 보고 당시 현장에 있던 남방불교 여성출가자들에게 강력한 인상을 남기게 된 것이다. 마침내 1996년 인도 사르나트에서 한국불교계가 주도해 쿠수마 스님 등 스리랑카인 10명을 포함한 전 세계 여성들에게 비구니구족계를 주었고, 그 후 스리랑카에서 비구니계를 받은 사람들이 큰 폭으로 늘어나면서 비구니스님들의 활동이 매우 활발해지고 있다.

2) 샤카디타 세계대회 개최

그동안 한국에서는 샤카디타 세계대회를 두 번이나 개최하였다. 먼저 2004년 제8차 샤카디타 대회가 한국에서 개최되었다. 당시 제8대 전국비구니회 회장이던 명성 스님이 대회장을, 본각 스님이 추진위원장을 맡아 45개국 1,300여 명이 참석한 대회를 성공적으로 마무리했다. 이 대회를 치르면서 한국비구니승가는 비로소 세계불교에 대한 안목이 크게 성장하게 되었다. 당시 이 대회에 참여했던 비구니 보각(寶覺, 1938~2006) 스님이 쓴 글에는 한국비구니들이 세계의 다른 비구니와 불자여성들이 한국음식에 대해 보이는 반응을 보고 감동했던 모습이 묻어난다.

비구니, 학자, 일반수행자, 불교계에서 일하는 여성들이 한자리에 모였고, 나라도 다양했다. 대만, 일본, 말레이시아, 베트남, 태국, 캄보디아, 스리랑카, 부탄, 티베트 등 아시아권 나라들과 미국이나 유럽, 호주 같은 데서도 참석했다. 평상시 아침은 500명, 점심은 800명에서 1,000명, 적어도 600명 내지 700명, 그렇게 많은 여성불자들이 함께 밥 먹는 모습을 보는 것만 해도 장관이었다. 우리 절에서는 김치를 한 차 준비해서, '냄새난다고 안 먹으면 어쩌나.' 하

면서 가지고 갔는데, 의외로 서양 사람들까지도 빵보다는 김치와 밥을 더 많이 찾았다.[18]

이어서 2023년 제18차 대회가 제12대 전국비구니회 회장 본각 스님을 대회장으로, 서울대학교 철학과 조은수 교수를 부대회장으로 서울에서 성황리에 열렸다.

샤카디타는 국경과 인종, 세대와 종파를 넘어 여성출가자와 재가자가 함께하는 세계의 대표적 불자여성 조직으로 2023년 현재 정회원 수는 약 2천여 명, 회원국은 총 45개국이며, 샤카디타 코리아처럼 지부가 있는 나라만 해도 약 20여 개(미국, 캐나다, 영국, 프랑스, 독일, 인도, 말레이시아, 네팔, 몽골, 러시아, 스리랑카, 태국 등)이다. 이번 대회는 30여 개국에서 약 600여 명의 외국인이 참가했으며 내국인을 포함하면 총 3천여 명이 참가한 역대 가장 큰 규모의 세계대회였다.

제18차 샤카디타세계대회의 개막식에 참가한 한국의 비구니스님들. 사진제공: Olivier Adam.

설문조사 결과 이번 대회는 치밀한 프로그램 구성과 질 높은 콘텐츠, 양호한 환경, 친절하고 열정적인 봉사자의 헌신에 힘입어 한국인 참가자는 물론 외국인 참가자들로부터 지금까지 샤카디타 세계대회 가운데 최고의 성공적인 대회였다는 평가를 받았다.

6. 미래로 나아가는 한국비구니승가

지금까지 살펴본 바와 같이 한국의 비구니승가는 역사적으로 숱한 난관에도 불구하고 불법에 대한 굳은 믿음과 지혜로 많은 어려운 위기를 슬기롭게 극복해 왔다. 그 결과 불과 수십 년 사이에 유래를 찾기 어려울 만큼 비약적인 발전을 이루었다. 이제 비구니승가는 21세기 새로운 시대를 맞이하여 새로운 기회와 새로운 과제 속에서 살아가고 있다. 늘 그랬던 것처럼 한국의 비구니승가는 위기를 기회로 녹여내면서 힘차게 발전해 나갈 것이다.

제12대 전국비구니회는 2020년 11월 30일부터 2021년 1월 말까지 〈비구니스님의 수행환경 향상을 위한 설문조사〉를 실시한 바 있다.[19] 설문조사 결과 세대 간의 인식 차이와 출가자 감소에 따른 승단의 노령화 및 노동력 부족 문제 해결, 물질중심주의 해결, 수행풍토 회복, 성평등 실현 등이 해결해야 할 가장 시급한 문제로 나타났다. 아울러, 설문조사 응답에는 나오지 않았지만, 4차 산업과 인공지능시대라는 새 시대 환경에 비구니승단이 어떻게 적응해 나갈 것인가도 중요한 화두라 할 수 있다.

그동안 비구니승가는 앞만 보고 가느라 과거 선배 비구니스님들의 삶과 수행에 대해 제대로 살펴볼 기회가 많지 않았다. 그러나 본서에서 확인되는 것처럼 역사 속 한국의 비구니 중에는 세계 어느 나라에서도 찾기 힘들 만큼 높은 수행력과 따뜻하고 자비로운 마음을 지닌 훌륭한 수행자들이 많았다. 따라서 윗대 어른들의 삶과 역사를 살펴보는 것만으로도 한국비구니로서의 자부심과 긍지, 세대 간의 유대 강화에 적지 않은 도움이 될 것이다. 역사는 미래로 향한 길을 알려 주는 이정표이다.

또한, 디지털 시대를 맞이하여 예전에는 꿈도 꾸지 못했던 편리한 소통수단이 나날이 발전하고 있는 만큼 비구니승단 일원 모두가 디지털 시대에 잘 적응할 수 있는 훈련이 되어야 한다. 인터넷과 모바일 기기의 보급 덕분에 온라인 플랫폼을 활용한 포교도 가능하고 비구니스님들끼리 세대간 소통도 훨씬 효율적으로 이루어질 수 있다. 따라서 이에 걸맞는 디지털 교육은 매우 시급한 과제라 하겠다. 그러기 위해서는 디지털 활용 능력이 상대적으로 부족한 노령세대 비구니스님들에게 인내심을 갖고 친절하고 따뜻한 마음으로 체계적인 디지털 활용 교육을 꾸준히 제공할, 사부대중을 망라한 디지털 전문 봉사자를 풍부하게 양성할 필요가 있겠다.

불교 디지털 인재 양성도 중요하다. 전국의 산재한 사찰을 지킬 출가자 숫자가 줄어드는 만큼 사찰의 소소한 노동을 대체할 인공지능 로봇이나 상담 책봇 등 다양한 보조수단을 창의적으로 개발하고 활용할 수 있는 인재들이 많이 나와주어야 한다. 이뿐만 아니라 사회 각 영역이 갈수록 세분화되고 있는 만큼 여기에 대응할 수 있도록 영역을 세분화한 포교 전문가 양성도 중요하다.

물론 이 모든 것은 수행력과 화합의 실천이 뒷받침되어야 가능한 일이다. 20세기에 비구니승단이 그처럼 비약적인 발전을 이룰 수 있었던 여러 요인 중의 가장 중요한 요인은 훌륭한 구도자들이 승단의 토대를 튼튼히 받쳐 주고 있었기 때문이었다. 부처님이 말씀하신 공동체 생활에서의 여섯 가지 중요한 화합의 덕목인 육화(六和) 정신을 여법하게 받들며 수행과 포교에 매진한다면 어떤 시대가 오더라도 한국비구니승가의 미래는 환하게 빛날 것이다.

【 미주 】

1) 김광식, 『명성 스님 수행록』, 불광출판사, 2023. p.170, p.397.
2) 효탄 스님, 「세등 스님, 가없는 세상에 등불이 되어」, 『한국비구니의 수행과 삶 2』, 예문 서원, 2009. p.123, p.130.
3) 이하 우담바라회 창립부터 전국비구니회 출범까지의 일련의 역사에 대해서는 '수경 스님, 「대한불교조계종 전국비구니회」, 한국비구니승가연구소, 2020. 7. 17'을 발췌·인용함. 이와 관련하여 특히 전국비구니회 결성과 전국비구니회관 건립 과정에 대해서는 전국비구니회에서 발행하는 『비구니』의 1990년 5월 창간호부터 전국비구니회관 개관 대법회에 관한 기사가 실린 2003년 제16호까지의 관련 내용을 참고함.
4) 한국비구니대학의 설립과 경과에 대해서는 '김광식, 「한국비구니대학의 설립과 운영」, 『한마음연구』 제10집, 2023'을 참고할 수 있다.
5) 『월간 해인』 1991년 2월호.
6) 당시 비구율사스님들의 반대 표명에 대해서는 '김광식, 「비구니 정혜도량(1994)의 역사와 성격」, 『大覺思想』 제35집, 2021'을 참조할 수 있다.
7) '열린비구니모임'에 관한 보다 자세한 내용을 알고 싶다면 2019년 '열린비구니모임'에서 발행한 『열린비구니모임 활동 백서』를 참고할 수 있다.
8) "한국비구니의 청정성 회복과 승가상 확립을 위한 공청회 취지문", 불기 2558년(2014) 11월 28일, 불교저널; "전국비구니회 현 문제점 진단하겠다, 열린비구니모임 18일 더케이호텔서 관련 공청회 개최키로"; 「비구니 청정성 회복과 승가상 확립을 위한 공청회 취지문」, 『열린비구니모임 활동백서』, pp.43~44.
9) 주간불교, "전국비구니회 집행부 즉각 사퇴하라", 열린비구니모임 18일 공청회, 4백 명 운집, 2014. 12. 22.; 미디어붓다, "전국비구니회장·운영위원장 사퇴 촉구 열린비구니모임, 18일 공청회서 결의문 발표", 2014. 12. 19.; 「한국비구니 청정성 회복과 승가상 확립을 위한 공청회」, 『열린비구니모임활동백서』, pp.48~64.
10) "비구니스님들 600여 명 모여 결의대회", 불교신문, 2015. 3. 16.; "비구니 내분 사태…물리적 충돌 우려", BBS뉴스, 2015. 3. 6.
11) 이 작업에 참여한 사람의 명단은 다음과 같다.
소장: 본각 스님/ 회원(졸업생): 현진·정혜·정호·현화·희광·지원·환오·무구·희공·공곡·보경·혜구·여준·법해·여범·해강·서광·성목·태민·승우·도선·동욱·혜강·상현·선재·일휴·지광·영명·자연(이상 1997학번)/ 여준·성관·정각·인성(이상 1998학번)/효공·일진(이상 1999학번)/ 상윤·지향·도응(이상 2000학번)/ 성환·길상·탄호·묘정·진황·효범(이상 2001학번)/선나·형구·자광(이상 2002학번) 현담·도은(이상 2003학번)/ 회원 재학생/ 학인회장 도원/학인재무 휴담/학인회원 설해·진성·무연·대엽·지성(이상 4학년)/ 기현·금선·자우·명공·시안·효욱(이상 3학년)/법제·법성·수인·명원(이상 2학년)/재마(1학년)/

기타 작업을 도운 분: 덕효 스님·선형 스님·도원 스님·이영숙·권미영·어래지. 출처: 한국비구니연구소,『한국비구니수행담록』상권, p.708.

12) 효범 스님,「편집 후기- 후래 비구니들의 밑거름이 될 소중한 기록」,『한국비구니수행담록』상권, pp.705~707.

13) "지율 스님 난 지금 이 사회 흐름에 문제 제기하는 것…천성산, 못 놓는다", 경향신문, 2008. 10. 23.

14) 〈천안 호두마을 수행지도법사 혜송 스님〉, 법보신문, 2005. 2. 1.

15) 지상,『꽃은 피고 꽃은 지고』, 책만의 향기, 2018. p.245.

16) 운월 스님,「여성불자의 힘, 새로운 불교의 가능성」,『불교평론』, 2008. 6. 16.

17) 한국비구니승가연구소 인터뷰자료(2021. 10. 9. 수현 스님).

18) 보각 스님,『스님 바랑 속에 무엇이 들어있어요?』, 효림출판사, 2005. p.257.

19) 총 581명에게 배포, 비구니 440명, 식차마나 63명, 사미니 71명 응답, 무응답 7명.

찾아보기

참고자료

1. 원전류

『經國大典』

『經濟六典』

『高麗史』

『高麗史節要』

『國朝寶鑑』

『大明律直解』

『大日本仏教全書 · 寺誌叢書』

『比丘尼傳』

『三國史記』

『三國遺事』

『續日本紀』

『宋高僧傳』

『元亨釋書』

『魏書』

『日本書紀』

『入唐求法巡禮行記』

『朝鮮王朝實錄』

『周書 · 異域列傳』

『册府元龜』

『海東高僧傳』

權近, 『陽村先生文集』

金守溫, 『拭疣集』

金禹喜, 『麻寺詩帖』

金宗直, 『佔畢齋集』

李穡, 『牧隱文集』

李裕元, 『林下筆記』

梵海覺岸, 『東師列傳』

法宗, 『虛靜集』

徐居正 編, 『東文選』

申緯, 『警修堂全藁』

安鼎福, 『雜同散異』

圓仁, 『入唐求法巡禮行記』

應允, 『鏡巖集』

李奎報, 『東國李相國集』

李敦宇 編, 『淸權輯遺』

李睟光, 『芝峰集』

車天輅, 『五山集』

蔡濟恭, 『樊巖集』

處能, 『大覺登階集』

虛應普雨, 『懶庵雜著』

慧諶, 『曹溪眞覺國師語錄』

2. 디지털 자료

한국사데이터베이스 https://db.history.go.kr/

한국고대사료 DB https://db.history.go.kr/ancient/

한국고전번역원 https://www.itkc.or.kr/

불교기록문화유산아카이브 https://kabc.dongguk.edu/search/group?q=

세종한글고전 http://db.sejongkorea.org/

한국고문서자료관 https://archive.aks.ac.kr/

대한민국신문아카이브 https://archive.aks.ac.kr/

규장각 한국학연구원 https://kyu.snu.ac.kr/

디지털 장서각 jsg.aks.ac.kr.

비구니 인물사전 디지털 아카이브.

https://dh.aks.ac.kr/~biguni/wiki/index.php/%EB%8C%80%EB%AC%B8

국가유산지식이음 https://portal.nrich.go.kr/kor/index.do

삼우 스님 아카이브.

3. 단행본

가산지관, 『한국불교계율전통』, 가산불교문화원, 2005.

광우 스님 구술, 최정희 진행, 『부처님 법대로 살아라』, 조계종출판사, 2008.

교육원 불학연구소, 『선원총람』, 불교시대사, 2000.

국사편찬위원회, 『신편한국사』, 한국사데이터베이스.

김광식, 『8·15해방과 불교계의 동향, 韓國 近代佛敎의 現實認識』, 민족사, 1988.

김광식, 『명성 스님 수행록』, 불광출판사, 2023.

김용선, 『(속)고려묘지명집성』(개정증보판), 한림대학교 아시아문화연구소, 2021. 전자책.

김용선, 『고려묘지명집성』, 2003. 한림대학교 아시아문화연구소, 전자책.

김일엽·박진영 저, 김훈 역, 『김일엽전집』, 김영사, 2024. 3.

남지심, 『구름 속의 큰 별 명성』, 불광출판사, 2016.

대담 효탄 스님·정리 이경순, 『한국불교 정화 관련 인사 증언 채록(3)-수덕사 견성암 덕수 스님, 보인 스님, 정화 스님』, 1988.

대한불교조계종 불학연구소, 『불교정화운동의 재조명』, 조계종출판사, 2008.

대한불교조계종 불학연구소, 『조계종사-근현대편』, 조계종출판사, 2001.

마르틴 배철러 저, 조은수 역, 『출가 10년 나를 낮추다』, 웅진뜰, 2011.

묘엄 스님, 『회색 고무신』, 시공사, 2002.

박원자 저, 『길 찾아 길 떠나다』, 김영사, 2007.

박해진, 『훈민정음의 길 : 혜각 존자 신미 평전』, 나녹, 2014.

법계명성전집 편찬위원회, 『법계명성 전집』, 불광출판사, 2019.

보각 스님, 『스님 바랑 속에 무엇이 들어있어요?』, 효림출판사, 2005.

불교학회 편, 『고려후기 불교사 전개사의 연구』, 민족사, 1986.

불필 스님, 『영원에서 영원으로』, 김영사, 2013.

사)백용성조사기념사업회 지음, 『독립운동가 백용성 잊혀진 100년의 진실』, 정토출판, 2019.

선우도량, 『22인의 증언을 통해 본 근현대 불교사』, 선우도량출판부, 2002.

선우도량, 『교단정화운동과 조계종의 오늘』, 선우도량출판부, 2001.

성일, 『신흥사 사적기-신흥사 포교·기도·불사 45년 한결같이』, 민족사, 2018.

송계주 스님, 『우리 불자의 갈 길』, 도서출판 답게, 2002. 재판본(1976년 초판).

신대현, 『대한불교보문종 보문사 사지』, 보문사 발행, 2015.

신복룡 번역·주해, 『입당구법순례행기』, 선인출판사, 2007.

열린비구니모임, 『열린비구니모임활동백서』, 2019.

안덕암, 『송은영 스님 일대기』, 보문문도회 발행, 1984.

울릉군, 『울릉군지』, 학원인쇄사, 1988.

월송 저, 조민기 정리, 『꼭꼭 묻어둔 이야기-나의 스승 일엽 스님』, 민족사, 2024.

이규봉, 『세종대왕의 며느리는 왜 절에 들어갔을까』, 이엔지미디어, 2018.

이능화, 『조선불교통사』, 신문관, 1918.

이향순 엮음, 『동아시아 비구니』, 민속원, 2023.

이향순, 『비구니와 한국문학』, 예문서원, 2008.

전국비구니회, 『한국비구니의 수행과 삶』, 예문서원, 2007.

전국비구니회, 『한국비구니의 수행과 삶 2』, 예문서원, 2009.

정인영(석담), 『한계를 넘어서(묘엄 스님 생애와 한국비구니 승단)』, 동국대학교출판부, 2012.

정진희, 『봉려관, 근대 제주불교를 일으켜 세우다』, 조계종출판사, 2021.

조영숙, 『법의 기쁨, 사바세계에 가득』, 민족사, 1998.

조은수, 『불교와 근대, 여성의 발견』, 모시는 사람들, 2022.

지상, 『꽃은 피고 꽃은 지고』, 책만의 향기, 2018.

최병헌, 『한국사시민강좌』 39, 일조각, 2006.

포항시, 「포항 법광사지 삼층석탑 학술조사 보고서」, 2019.

하춘생, 『깨달음의 꽃 1』, 여래, 1999.

하춘생, 『깨달음의 꽃 2』, 여래, 2001.

하춘생, 『한국의 비구니 문중』, 해조음, 2013.

한국불교승단정화사편찬위원회, 『한국불교승단정화사』, 1996.

한국비구니연구소 저, 『한국비구니명감』, 뜨란출판사, 2007.

한국비구니연구소 저, 『한국비구니수행담록』 상중하, 뜨란출판사, 2007.

한국비구니연구소 저, 『한국 고중세 불교여성비구니 자료집』, 2005.

한국비구니연구소 저, 『신문기사로 본 한국 근현대 비구니자료집』(1896~2000 총6권 /
　　2001~2006 총2권 / 2007~2012 총 3권).

한국비구니연구소 저, 『비구니와 여성불교』 총 6권.

한국비구니연구소 저, 『한국 비구니승가의 역사와 활동』, 뜨란, 2010.

허흥식, 『고려로 옮긴 인도의 등불』, 일조각, 1997.

허흥식, 『고려불교사연구』, 일조각, 1986.

허흥식, 『한국금석전문』 중세하, 아세아문화사, 1984.

勝浦令子, 『古代·中世の女性と佛敎』, 山川出版社, 2003.

湯用彤, 『隋唐佛敎史稿』, 中華書局, 1982.

4. 논문

강인철, 「해방 후 불교와 국가: 1946~1960 비구·대처 갈등을 중심으로」, 『사회와 역사』
　　57호, 2000.

경완, 「일엽 선사의 출가와 수행」, 전국비구니회 엮음, 『한국비구니의 수행과 삶』, 예문
　　서원, 2007.

권용철, 「승려 指空과 관련된 추가 자료와 그 해석을 위한 試論」, 『역사와 세계』, 2023.

권인한, 「6세기 신라 금석문들의 고유명사 표기자 분석」, 『대동문화연구』 113집, 2021.

김광식, 「농지개혁법시행과 불교계의 대응」, 『불교평론』, 2008.

김광식, 「만공·만해·김구의 독립운동 루트」, 『대각사상』 31, 2019.

김광식, 「불교근대화의 노선과 용성의 대각교」, 『대각사상』 10, 2007.

김광식, 「불교정화운동 연구, 회고와 전망」, 『대각사상』 21집, 2014.

김광식, 「한국비구니대학의 설립과 운영」, 『한마음연구』 10집, 2023.

김범수, 「경신사(鏡神社) 수월관음도(水月觀音圖)의 연구 동향과 쟁점」, 『원불교사상과 문화』 66, 2015.

김수연, 「고려시대 밀교사 연구」, 이화여대 박사논문, 2012.

김아네스, 「고려시대 천추태후의 정치적 활동」, 『한국인물사연구』 제10호, 2008.

김영미, 「고려 여성들의 불교 신앙과 수행」, 『사학연구』 86호, 2007.

김영미, 「고려시대 비구니의 활동과 사회적 지위」, 『한국문화연구』 1, 2001.

김영미, 「고려시대 여성의 출가」, 『이화사학연구』, 1999.

김영미, 「삼국~고려시대 비구니의 삶과 수행」, 전국비구니회 엮음, 『한국비구니의 수행과 삶』, 예문서원, 2007.

김영미, 「신라불교사에 나타난 여성의 신앙생활과 승려들의 여성관」, 『여성신학논집』 1권, 1995.

김영미, 「한국비구니승가의 태동과 전개-삼국~고려시대 비구니의 위상」, 한국비구니연구소 엮음, 『한국비구니승가의 역사와 활동』, 뜨란, 2010.

김영미, 「불교의 수용과 여성의 삶·의식세계의 변화」, 『역사교육』 62집, 1997.

김영태, 「신라의 여성 출가와 尼僧職 고찰」, 『법계명성전집(6)』, 불광출판사, 2019.

김영태, 「조선 전기의 도승 및 부역승 문제」, 『불교학보』 32, 1995.

김유진, 「고려시대 구정(毬庭)의 의례적 활용과 다변성 고찰」, 『民俗學研究』 44, 2019.

김응철, 「한국비구니승가의 현황과 미래 방향」, 『한마음연구』 9집, 2022.

김일진, 「전계사 비구니장로 정행 스님의 삶」, 전국비구니회 엮음, 『한국비구니의 수행과 삶』, 예문서원, 2007.

김정숙, 「신라불교에서 비구니의 존재와 활동」, 『대구사학』 99집, 2010.

김정희, 「송림사 명부전 삼장보살상과 시왕상 연구」, 『강좌 미술사』, 2006.

민순의, 「조선 전기 도첩제도의 내용과 성격-경제육전 체제와 경국대전 체제를 중심으로」, 『한국사상사학』 56, 2016.

민현구, 「월남사지 진각국사비의 음기에 관한 일고찰」, 『진단학보』 36, 1973.

박광연, 「한국불교에서의 수계법의 수용과 변천」, 중앙승가대학교대학원, 『대학원연구논집』 9집, 2016.

박재현, 「한국 근대 불교의 타자들: 사판승과 대처승의 퇴조」, 『철학사상』 제28권, 2008.

백승호, 「樊巖 蔡濟恭과 明德洞」, 『한국고전연구』 42, 2021.

법혜(최창식), 「율풍 진작(律風振作)을 통(通)한 한국불교 중흥(中興)의 행적(行蹟)」, 『전자불전』 19권, 2007.

본각, 「원허당 인홍 선사와 비구니승가 출가 정신의 확립」, 전국비구니회 엮음, 『한국비구니의 수행과 삶』, 예문서원, 2007.

본각, 「한국비구니승가의 교육과 법계제도」, 한국비구니연구소 엮음, 『한국비구니승가의 역사와 활동』, 뜨란, 2010.

상영, 「수인 스님, 운문사 초대 주지 성월당 수인 스님」, 전국비구니회 엮음, 『한국비구니의 수행과 삶 2』, 예문서원, 2009.

석담·이향순, 「국제화시대 한국비구니의 위상과 역할」, 전국비구니회 엮음, 『한국비구니의 수행과 삶』, 예문서원, 2007.

선주, 「혜춘 스님, 심신의 피로를 모르는 사자분신」, 전국비구니회 엮음, 『한국비구니의 수행과 삶 2』, 예문서원, 2009.

선혜, 「응민 스님, 방울 대사, 정진제일 응민 스님」, 전국비구니회 엮음, 『한국비구니의 수행과 삶 2』, 예문서원, 2009.

성정, 「쾌유 스님, 속리산 사자 쾌유 스님의 사상」, 전국비구니회 엮음, 『한국비구니의 수행과 삶 2』, 예문서원, 2009.

수경, 「한국비구니강원발달사」, 전국비구니회 엮음, 『한국비구니의 수행과 삶』, 예문서원, 2007.

수정, 「정암당 혜옥 스님의 수행과 포교」, 전국비구니회 엮음, 『한국비구니의 수행과 삶』, 예문서원, 2007.

양혜원, 「『경제육전』 도승·도첩 규정으로 본 조선 초 도승제의 의미」, 『한국사상사학』 제57집, 2017.

양혜원, 「고려 후기~조선전기 免役僧의 증가와 度牒制 시행의 성격」, 『韓國思想史學』 44, 2013.

양혜원, 「조선 초기 법전의 '僧' 연구」, 서울대학교 박사논문, 2017.

염중섭, 「麗末鮮初의 한국불교에 끼친 指空의 영향 검토」, 『동아시아불교문화』 39, 2019.

염중섭, 「指空의 戒律觀과 티베트불교와의 충돌 양상 고찰」, 『온지논총』 44, 2015.

염중섭, 「指空의 大都 귀환 후 행보와 입적 관련 기록 검토」, 『보조사상』 61, 2021.

오인, 「비구니선원의 수행과 생활문화」, 한국비구니연구소 엮음, 『한국비구니승가의 역사와 활동』, 뜨란, 2010.

우관, 「대영 스님, 불퇴전의 인욕정진으로 무위에 들다」, 전국비구니회 엮음, 『한국비구니의 수행과 삶 2』, 예문서원, 2009.

운산, 「장일 스님, 소아를 버린 비구니계의 사표」, 전국비구니회 엮음, 『한국비구니의 수행과 삶 2』, 예문서원, 2009.

운월, 「동남아시아 비구니승가의 역사와 현황」, 한국비구니연구소 엮음, 『한국비구니승가의 역사와 활동』, 뜨란, 2010.

운월, 「여성불자의 힘, 새로운 불교의 가능성」, 『불교평론』, 2008.

원묘일진, 「한국비구니의 해외활동과 국제교류, 1976~2009」, 한국비구니연구소 엮음, 『한국비구니승가의 역사와 활동』, 뜨란, 2010.

유근자, 「왕실 여성과 불상(1), 인수원·자수원 불상」, 『월간 불교』, 2024년 6월호, 통권 751.

윤기엽, 「高麗後期 寺院의 實狀과 動向에 관한 硏究」, 연세대학교 박사논문, 2003.

이경순, 「불교정화운동의 인식과 현재적 의미」, 『대각사상』 33집, 2020.

이기운, 「조선시대 왕실 중심의 비구니승가」, 한국비구니연구소 엮음, 『한국비구니승가의 역사와 활동』, 뜨란, 2010.

이기운, 「조선시대 왕실의 比丘尼院 설치와 信行」, 『역사학보』 178, 2003.

이세열, 「백운경한 저작 출판 후원자 비구니 묘덕(妙德)에 관한 연구–금속활자 탄생의 어머니 묘덕 스님」, 『디지털불교』, 2019.

이세열, 「直指와 비구니 妙德에 관한 연구」, 『중원문화연구』 4, 2000.

이승재, 「正祖 初期 채제공의 은거 양상 고찰」, 『한국한문학연구』 89, 2023.

이승혜, 「고려의 오월판 보협인경 수용과 그 의미」, 『불교학연구』 43호, 2015.

이향순, 「감로도에 나타난 조선의 비구니승가」, 『한국문화』 49, 2010.

이향순, 「보문종과 한마음선원: 현대 한국불교의 새로운 모습」, 『제8차 샤카디타 여성대회 논문집』, 2004.

이향순, 「조선시대 비구니의 삶과 수행」, 전국비구니회 엮음, 『한국비구니의 수행과 삶』, 예문서원, 2007.

이현주, 「한국 고·중세 백고좌법회와 '재승(齋僧)/반승(飯僧)'의 정치적 함의」, 『사림』 제86호, 2023.

일법, 「만성 스님, 걸림 없는 대도인」, 전국비구니회 엮음, 『한국비구니의 수행과 삶 2』, 예문서원, 2009.

임창순, 「대구에서 신 발견된 무술오작비소고」, 『사학연구』(1), 1958.

임홍경, 「대한불교조계종 성립에 있어서 비구니의 역할 연구」, 동국대 석사논문, 2017.

임홍경·홍상욱, 「근대 한국비구니 선수행문화와 선맥전승 연구」, 『선문화연구』 28집, 2020.

적연, 「진오 스님, 정진제일의 삶으로 회향한 수행승」, 전국비구니회 엮음, 『한국비구니의 수행과 삶 2』, 예문서원, 2009.

전영숙, 「불경 언해와 한글 보급에 공헌한 여성불자들」, 『불교평론』 95, 2023 가을호.

전영숙, 「비구니 은영의 생애와 보문종 창종의 의의」, 『한마음연구』 제12집, 2024.

전영숙, 「조선 전기 불서 언해 참여자와 불서 활용에 대한 고찰」, 『조선 전기 언해 불서의 기록 유산적 가치』, 2024 언해 불서 국제학술대회, 2024.

전영숙, 「조선 초 불경 언해와 여성불자의 참여」, 『禪文化硏究』 33, 2022.

전호련(해주), 「한국 근현대 비구니의 수행에 대한 고찰」, 『한국사상과 문화』 33, 2006.

전호련, 「한국(韓國)의 문화(文化): 대한불교조계종(大韓佛敎曹溪宗)의 이부승수계(二部僧授戒)와 사분율(四分律)」, 『한국사상과 문화』 39권, 2007.

程民生, 「宋代僧道数量考察」, 『世界宗教研究』 第3期, 2010.

정우택, 「고려의 중국불화 선택과 변용」, 『미술사연구』 제25호, 2011.

정재영·최강선, 「무술오작비 3D스캔 판독」, 구결학회 발표 자료, 2019.

정진희(혜달), 「1918년 법정사 항일운동 발상지 재고찰」, 『한마음연구』 13집, 2024.

정진희(혜달), 「봉려관과 근대 제주불교 지평의 확장」, 『한마음연구』 11집, 2023.

정혜련(여현), 「담연당 선경의 삶과 수행」, 『한마음연구』 12집, 2024.

진광, 「본공당 계명 선사의 삶과 수행」, 전국비구니회 엮음, 『한국비구니의 수행과 삶』, 예문서원, 2007.

진일, 「은영 스님, 모든 중생을 다스리는 대장부」, 전국비구니회 엮음, 『한국비구니의 수행과 삶 2』, 예문서원, 2009.

천혜봉, 「고려 초기 간행의 일체여래심비밀전신사리보협인다라니경」, 『도서관학보』 2, 1973.

최병헌, 「고려 사회 속의 인간과 생활: 혜덕 왕사 소현(韶顯)과 귀족불교」, 『한국사시민강좌』 39, 일조각, 2006.

최연희(경조), 『한국 여성종교지도자 비구니 성월수인 연구』, 중앙승가대학교 박사논문, 2021.

추보경, 「고려시대 비구니사찰의 존재와 운영」, 영남대학교 석사논문, 2014.

탁효정, 「조선시대 淨業院의 위치에 관한 재검토-영조의 淨業院 舊基碑 설치를 중심으로-」, 『서울과 역사』 Vol.~No.97, 2017.

탁효정, 「조선후기 금강산 일대의 비구니 암자와 비구니의 활동」, 『불교학연구』 제70호, 2022.

하일식, 「무술오작비 추가 조사 및 판독 교정」, 한국목간학회, 『목간과 문자』 3, 2009.

하춘생, 「근·현대 비구니사의 전개와 문중 확립」, 한국비구니연구소 엮음, 『한국비구니승가의 역사와 활동』, 뜨란, 2010.

하춘생, 「만공월면의 비구니 참선 교육과 그 의의」, 『한국교수불자연합학회지』, 2020.

하춘생, 「연악에 불광 드밝힌 정진보살·연악산 용흥사 자월선용(慈月善用) 스님」, 재단
　　법인 선원수좌선문화복지회, 『선(禪)』 통권 34호, 2022.

한기문, 「高麗時代 寺院 轉藏儀禮의 成立과 性格」, 『한국중세사연구』 제35호, 2013.

한기문, 「신라말·고려초의 계단사원과 그 기능」, 『역사교육논집』 2집, 1988.

한운진(경완), 「일엽 선사의 생애와 사상」, 『한마음연구』 11집, 2023.

한운진(경완), 「일엽 선사의 만공 사상 재해석과 독립운동」, 『대각사상』 29, 2018.

해주, 「한국 근현대 비구니의 수행」, 전국비구니회 엮음, 『한국비구니의 수행과 삶』, 예
　　문서원, 2007.

허흥식, 「조선의 정유(定有)와 고려의 진혜(眞慧)」, 『정신문화연구』 제27권 제4호, 2004.

현담, 「한국비구니승가의 포교와 사회활동 현황」, 한국비구니연구소 엮음, 『한국비구니
　　승가의 역사와 활동』, 뜨란, 2010.

현정, 「성문 스님, 승려의 언행이 바로 교화가 된다」, 전국비구니회 엮음, 『한국비구니
　　의 수행과 삶 2』, 예문서원, 2009.

혜등, 「화산당 수옥 스님의 수행과 사상」, 전국비구니회 엮음, 『한국비구니의 수행과
　　삶』, 예문서원, 2007.

혜성, 「법일 스님, 동체대비의 우주를 꿈꾼 지리산의 질박한 거목」, 전국비구니회 엮음,
　　『한국비구니의 수행과 삶 2』, 예문서원, 2009.

혜원, 「근현대기 한일 비구니의 존재양상에 대한 고찰」, 대각사상 22집, 2014.

혜원, 「한국비구니선원의 '청규' 고찰」, 전국비구니회 엮음, 『한국비구니의 수행과 삶』,
　　예문서원, 2007.

혜전, 「금광 스님, 한국 근현대불교사의 한 축을 세운 비구니법사」, 전국비구니회 엮
　　음, 『한국비구니의 수행과 삶 2』, 예문서원, 2009.

혜전, 「봉려관 스님과 제주 불교의 중흥」, 전국비구니회 엮음, 『한국비구니의 수행과
　　삶』, 예문서원, 2007.

혜정, 「월혜 스님, 무소유의 삶을 살다 간 진정한 비구니 선객」, 전국비구니회 엮음,
　　『한국비구니의 수행과 삶 2』, 예문서원, 2009.

혜정, 「윤호 스님, '평상심시도'를 실천한 윤호 스님」, 전국비구니회 엮음, 『한국비구니의
　　수행과 삶 2』, 예문서원, 2009.

황규성, 「봉서암감로탱」, 통보사성보박물관, 『감로』 상권, 2005.

황인규, 「북한지역 고구려와 발해의 불교 사찰」, 『불교연구』 제51집, 2019.

황인규, 「전·근대 비구니도량의 존재 양상과 전개—문헌에 나타난 제 기록을 중심으
　　로」, 한국비구니연구소 엮음, 『한국비구니승가의 역사와 활동』, 뜨란, 2010.

효탄, 「비구니 선풍의 중흥자, 묘리법희 선사」, 전국비구니회 엮음, 『한국비구니의 수행과 삶』, 예문서원, 2007.

효탄, 「세등 스님, 가없는 세상에 밝은 등불이 되어」, 전국비구니회 엮음, 『한국비구니의 수행과 삶 2』, 예문서원, 2009.

盧偉, 「渤海國佛教遺蹟發掘及其佛教的傳佈考」, 『Journal of Mudanjiang Normal University(p.hilosop.hy Social Sciences Edition)』, 2010, (05)

劉泳斯, 「道殷『顯密圓通成佛心要』新考」, 『華林國際佛學學刊』 3卷 第1期, 2020.

程民生, 「宋代僧道数量考察」, 『世界宗教研究』 第3期, 2010.

周奇, 「唐代宗教管理研究」, 復旦大學 博士論文, 2005.

周玉茹, 「北魏比丘尼統慈慶墓誌考釋」, 『北方文物』 2, 2016.

5. 기타 자료

계간 『운문』

계간 『동학』

계간 『청암』

계간 『봉녕』

대행선연구원, 『한마음연구』

월간 『해인』

전국비구니회, 『비구니』

집필자 소개_ 전영숙(田英淑)

연세대학교 중문학 박사. 순천향대학교, 북경연합대학교, 대만사범대학교 등에서 근무하였다. 현 연세대학교 중국연구원 전문연구원, 한국비구니승가연구소 책임연구원.
저서로 『다문화사회교육론』(공저, 양서원, 2016), 『아시아의 이해』(공저, 양서원, 2015), 『중국문화의 이해』(공저, 학고방, 2000) 등이 있으며, 역서로 중국 근대 4대 고승 홍일(弘一) 스님의 법문집 『그저 인간이 되고 싶었다』(불광출판사, 2014), 『돌의 미학 전각』(학고방, 2011), 『韓國電影一百年』(한국영화 100년, 중국어 번역, 북경 電影出版社, 2013) 등이 있다. 대표 논문으로는 「조선초 불경언해와 여성불자의 참여」(선문화연구, 2022), 「소금장수와 여우 잡은 작대기 설화 연구」(한어문교육, 2014) 등이 있다.

역사 속 한국비구니

초판 1쇄 인쇄 | 2024년 12월 11일
초판 1쇄 발행 | 2024년 12월 19일

저 | 한국비구니승가연구소
집필 | 전영숙
감수 | 본각 · 수경 · 원광 · 최병헌 · 김광식 · 조은수 · 하춘생

펴낸이 | 윤재승
펴낸곳 | 민족사

주간 | 사기순 기획편집 | 정영주
기획홍보 | 윤효진 영업관리 | 김세정

출판등록 | 1980년 5월 9일 제1-149호
주소 | 서울 종로구 삼봉로 81 두산위브파빌리온 1131호
전화 | 02)732-2403, 2404 팩스 | 02)739-7565
홈페이지 | www.minjoksa.org
페이스북 | www.facebook.com/minjoksa
이메일 | minjoksabook@naver.com

ⓒ 한국비구니승가연구소, 2024

ISBN 979-11-6869-081-3   03220